GENGHIS KHAN AND THE QUEST FOR GOD

HOW THE WORLD'S
GREATEST CONQUEROR
GAVE US RELIGIOUS FREEDOM

征服者與眾神

成吉思汗
如何為蒙古帝國
開創盛世

JACK
WEATHERFORD

獻給「脫鄰蘇勒德」，蒙古國的國徽與指導神靈
以及所有為精神自由而奮鬥的人

國內外好評推介

成吉思汗（名鐵木真，中國史書上的元太祖），帶領他的部族，崛興於北亞，把原來的韃靼草原，變成統一的蒙古草原，震撼了當時的中原王朝、北亞、中亞乃至歐洲地區，影響延續至今，他也成為著名的世界征服者。

美國人類學者魏澤福所著《征服者與眾神》，延續一貫風格，藉由寬廣而扎實的史料基礎，創作可讀性極高的作品，力求通俗文學與學術研究之間的平衡，是不可多得的著作。

成吉思汗是古老而歷久不衰的題材，廣義上《元史．太祖本紀》可為濫觴，狹義則以十七世紀法國傳記作家德拉克魯瓦利用當時尚存、現今已佚的中亞多種語言文獻，撰成《古代蒙古人和韃靼人的第一個皇帝：成吉思汗大帝的歷史》，開啟近現代成吉思汗傳記的序幕，時至今日，成吉思汗的傳記數量之多，亞洲史上的帝王與名人皆無出其右。已故蒙元史學者蕭啟慶院士曾言：「魏澤福兼具人類學家的細膩與史家的宏觀」，相信此一鉅著同樣會給讀者帶來廣闊的視野、強烈的臨場感、優美的文詞與思想上的激盪。

洪麗珠——台灣清華大學歷史所博士、四川大學歷史文化學院副研究員本書展現了學者刨根究底的精神，讀來每一個文字都有著揭發謎題般的樂趣。作者花了十二年的時間，串起二十一世紀的自己、十八世紀英國史家吉朋、美國建國時期起草「獨立宣言」的傑佛遜，以及十三世紀蒙古帝國的成吉思汗等四人之間的關係。因為一則小註中對成吉思汗「宗教自由」政策的讚許，他從成吉思汗成長時期的遭遇，壯大部落過程中的用人，國土的擴張等等，一點一滴追尋這位「一代天驕」施行宗教寬容政策的各項因素，及對帝國各地的影響。因此，讀著這本書的同時，像是隨著作者從十三世紀到二十一世紀，完成了一場精彩的歷史之旅。

張斐怡—輔仁大學歷史學系兼任助理教授、「生活在歷史裡」講座主講人

作者藉由豐富的材料，以細膩生動的文筆，娓娓道出從崛起到建立帝國的過程中，成吉思汗對宗教的態度以及各類宗教多方面的影響與呈現，使讀者認識到除了鐵騎、征戰之外，宗教在成吉思汗的生命與其帝國的重要位置。

許守泯—國立成功大學歷史學系副教授

作者從成吉思汗對宗教包容的角度切入，更從匈奴、突厥、契丹、女真等遊牧帝國的政治傳統吸取經驗，以有別於《成吉思汗：近代世界的創造者》的敘事，讓讀者了解其如何維繫帝國多元民族的穩定。

蔡長廷—國立嘉義大學應用歷史學系兼任助理教授

修正既有觀點的皇皇歷史大作，但以周密深嚴的研究為基礎，絕非淺薄的歷史翻案之作……這部出色且令人著迷的著作，最引人注目之處，乃是魏澤福的核心主張：成吉思汗推動各大宗教大聯合之舉，留下政教嚴格分離的遺風，而且美國的政教分離觀本身就得益於此一遺風的加持。美國憲法第一修正案追根究柢是蒙古思想的體現……魏澤福以非常有力的論證闡明他的主張，從而進一步闡發了西方那麼多據稱擁有的成就其實源於東方一說。

賽門．溫契斯特（Simon Winchester）—《紐約時報》書評

成吉思汗，十三世紀初期征服中亞、東亞遼闊土地的蒙古戰士，在世人心目中，絕非寬容精神的典範。但在這部描述他汗廷之律法與習俗的著作裡，成吉思汗不只是個支持宗教自由的人物，還是首開先河落實自由宗教之人。蒙古人的帝國裡有著諸多水火不容的宗教，為打造統一的帝國，蒙古人推出在魏澤福眼中影響了美國憲法制定者的政策……剖析成吉思汗思想，使此一主張更加站得住腳，而且為這個受誤解的人物增添了令人樂見的面向。

《紐約客》（*The New Yorker*）

把成吉思汗這個世界史上最殘暴無情的帝國主義者之一，和應讓人民（或許特別是被征服的子民）可自由選擇宗教信仰的觀念扯上關係，著實讓人意想不到。此觀念源於這個精明蒙古人的高明認知：讓人民享有宗教自由，比強迫人民皈依特定宗教，能使他的帝國存世更為久遠。然後，這個觀念影響了數

代的思想家，包括美國的建國先賢，尤其是湯瑪斯・傑佛遜。

《芝加哥論壇報》（*Chicago Tribune*）

伏爾泰以下的描述，塑造了最為人知的成吉思汗形象：殘酷暴虐的「萬王之王」，以殺戮和殘暴作風橫行中世紀世界。但在這部簡練、發人所未發、體現嚴謹研究成果的著作裡，傑克・魏澤福有憑有據地證明這位蒙古軍閥是讓今日數億美國人享有宗教自由之憲法第一修正案的最早推手。魏澤福對蒙古帝國的瞭解，當今寫作界無人能出其右，而這本書立論大膽，引人入勝，立論嚴謹，是他以此為主題推出的新一部力作。

丹・瓊斯（Dan Jones）──《金雀花王朝》（*The Plantagenets*）作者

傑克・魏澤福再度以成吉思汗為題，提出一個驚人的結論：西方的政教分離傳統其實受到這位蒙古梟雄的宗教寬容觀加持。一部引人入勝、研究縝密、打破世人直覺認知的思辨性大作。

維克多・戴維斯・漢森（Victor Davis Hanson）──胡佛研究所暨史丹福大學古典學課程與軍事史高級研究員、《殺戮與文化》（*Carnage and Culture*）作者

目錄

第二部　成為成吉思汗

第三部　成為世界征服者

第四部　成為神

亞洲
一二〇六年
西伯利亞
葉尼塞河
貝加爾湖
蒙古國
庫蘇古爾湖
烏蘭巴托
戈壁沙漠
北京
莫斯科
伏爾加河
基輔
巴爾喀什湖
錫爾河
鹹海
伊塞克湖
黑海
裡海
阿姆河
魯姆
塞爾柱帝國
底格里斯河
阿拔斯王朝
哈里發帝國
喀什噶爾
西遼帝國
金帝國
黃河
長江
吐蕃王國
地中海
幼發拉底河
巴格達
花剌子模
帝國
印度河
喜馬拉雅山
恆河
宋帝國
波斯灣
阿拉伯半島
印度
阿拉伯海
孟加拉灣
南中國海
凡例
1206年的蒙古國
黑體 鄰國
© 2016 Jeffrey L. Ward

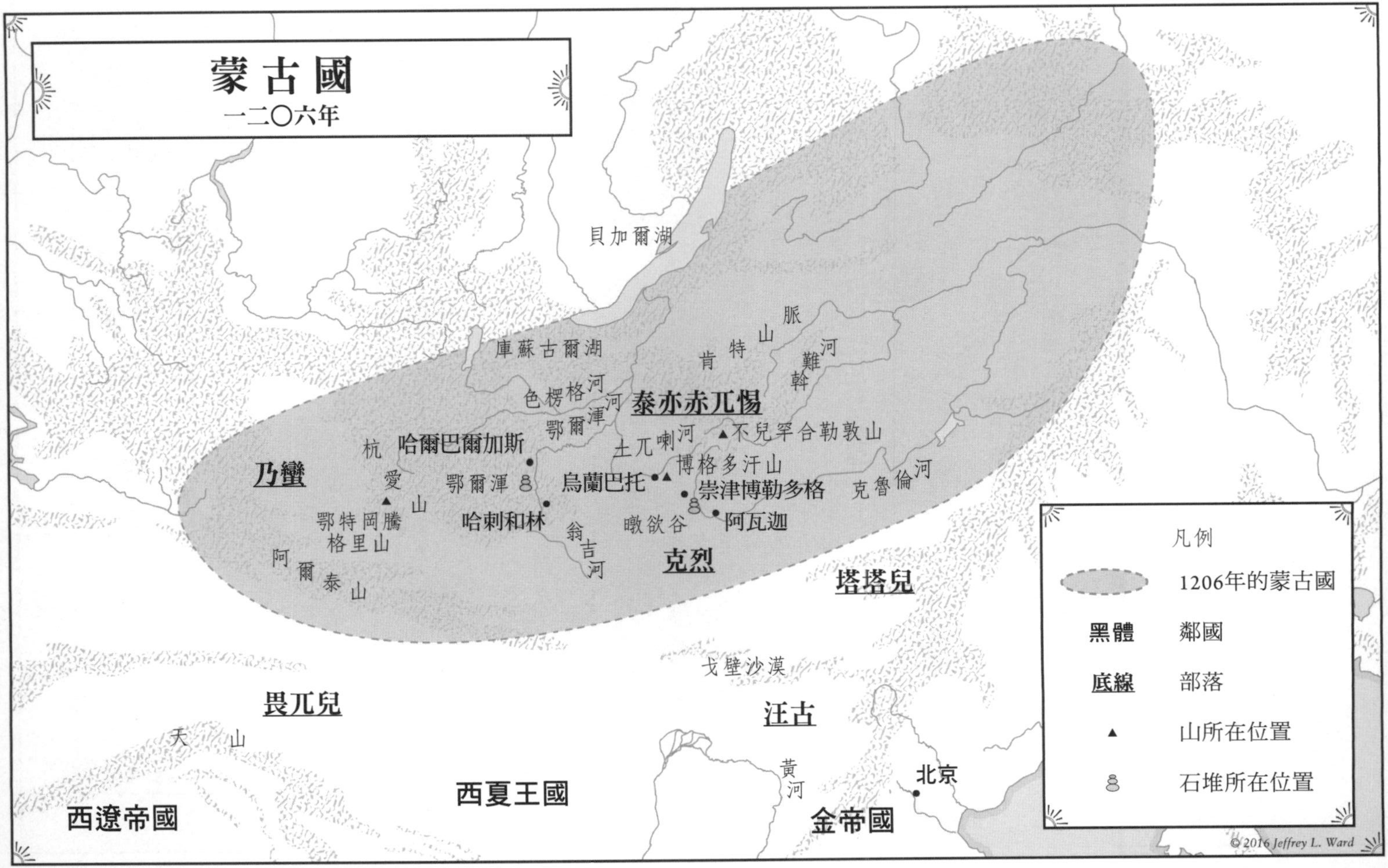
蒙古國
一二〇六年
貝加爾湖
庫蘇古爾湖
色楞格河
鄂爾渾河
泰亦赤兀惕
肯特山脈
斡難河
不兒罕合勒敦山
土兀喇河
博格多汗山
哈爾巴爾加斯
杭愛山
乃蠻
鄂爾渾
烏蘭巴托
崇津博勒多格
克魯倫河
鄂特岡騰格里山
哈剌和林
阿瓦迦
瞰欲谷
翁吉河
克烈
阿爾泰山
塔塔兒
戈壁沙漠
畏兀兒
天山
汪古
黃河
北京
西夏王國
西遼帝國
金帝國
凡例
1206年的蒙古國
黑體 鄰國
底線 部落
山所在位置
石堆所在位置
© 2016 Jeffrey L. Ward

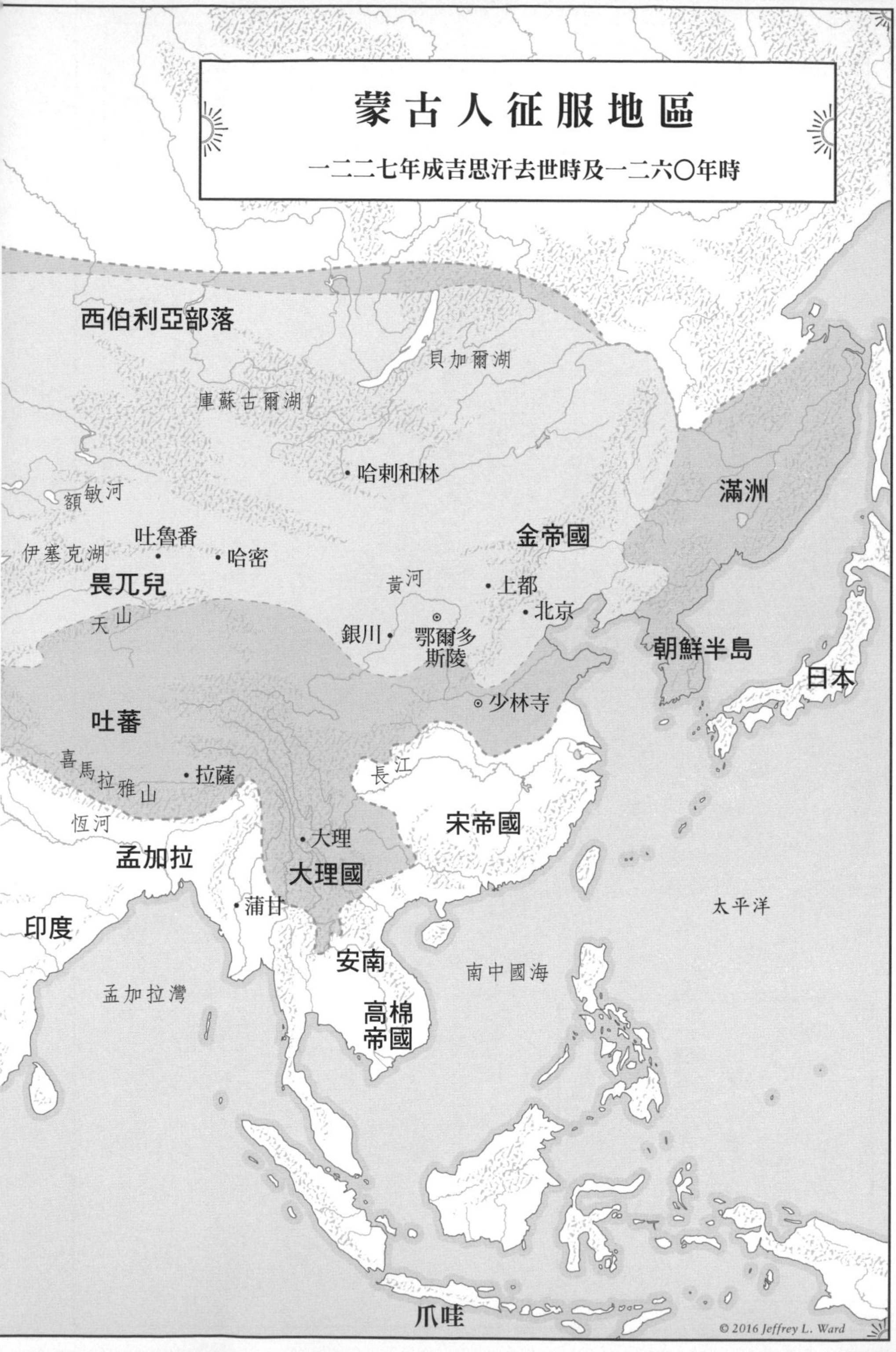
蒙古人征服地區
一二二七年成吉思汗去世時及一二六〇年時
西伯利亞部落
貝加爾湖
庫蘇古爾湖
哈剌和林
額敏河
滿洲
金帝國
吐魯番
伊塞克湖
哈密
畏兀兒
黃河
上都
北京
天山
銀川
鄂爾多斯陵
朝鮮半島
日本
少林寺
吐蕃
喜馬拉雅山
拉薩
長江
恆河
宋帝國
大理
孟加拉
大理國
蒲甘
印度
太平洋
安南
南中國海
孟加拉灣
高棉帝國
爪哇
© 2016 Jeffrey L. Ward

西伯利亞
烏拉山
異教徒
（立陶宛）
莫斯科
波蘭王國
基輔羅斯
金帳汗國
基輔
伏爾加河
欽察諸汗國
多瑙河
布達佩斯
匈牙利
錫爾河
鹹海
高加索山
黑海
巴剌沙袞
訛答剌
拜占庭
裡海
希瓦
乞兒吉思
（黠戛斯）
阿姆河
不花剌
撒馬爾罕
科尼亞
底格里斯河
大不里士
喀什噶爾
摩蘇爾
木鹿
阿剌木特
地中海
十字軍國家
也里
（赫拉特）
八米俺
幼發拉底河
哥疾寧
報達
阿音札魯特
大馬士革
加拉巴格
花剌子模帝國
阿尤布蘇丹國
阿拔斯王朝哈里發帝國
波斯灣
德里蘇丹國
阿拉伯部落
阿拉伯海
凡例
1227年左右的蒙古帝國
1260年左右的蒙古帝國
黑體 鄰國
印度洋

推薦序

「跟著蒙古人走進歷史舞台」，還原成吉思汗真實面貌

洪麗珠／台灣清華大學歷史所博士、四川大學歷史文化學院副研究員

「最會說故事的人類學者」魏澤福（Jack Weatherford）教授，致力於探尋成吉思汗與其蒙古帝國的歷史與文化，扭轉過去西方對於成吉思汗征服的負面印象。由於流暢的文字與長期田野調查的扎實基礎，在商業性與學術上皆獲得顯著的成功，《成吉思汗：近代世界的創造者》（*Genghis Khan and the Making of the Modern World*）曾佔據《紐約時報》暢銷書榜長達數週之久，也替魏澤福贏得了蒙古國北極星勳章的殊榮，無怪乎已故蒙元史泰斗蕭啟慶院士將他和同樣以敘事能力聞名於世的歷史學者史景遷（Jonathan Spence）並稱。

無論對成吉思汗是褒是貶，都不得不承認他是偉大的世界征服者（World Conqueror）之一，也是許多傳記創作的靈感來源。波斯史家志費尼（Juvaini，一二二六～一二八三年）於《世界征服者史》（*The History of the World-Conqueror*）中曾說：「運籌帷幄、料敵如神的亞歷山大，在使計用策上當是成吉思汗的學生；攻城掠池的妙策上，最好盲目地跟著成吉思汗走」。另外一方面，伏爾泰（Voltaire，一六九四～

一七七八年）的《中國孤兒》（*The Orphan of China*）劇作，則形容他是「暴躁易怒的諸王之王」，「讓亞洲的良田盡成荒野」，這位「暴君」的軍隊則是姦淫文明社會婦女的野蠻人，摧毀一切他無法理解的事物。魏澤福不以為然，他指出許多民族對於蒙古征服的負面評價，是推卸自身失敗與無能的藉口：例如俄羅斯將科技的落後，歸咎於「韃靼枷鎖」；波斯宣稱其文明衰落，是拜蒙古摧毀灌溉體系所賜；中國近現代的積弱不振，則歸咎於蒙古元朝、滿人清朝的壓迫與剝削統治。

魏澤福善用文化人類學者的能力，在廣袤的空間中，述說成吉思汗與蒙古帝國的歷史，從世界史的角度再評估蒙古征服的影響。他特別強調「蒙古和平（盛世）」（Pax Mongolica）所帶來的國際貿易、科技轉移、全球文化與世界體系的發軔，可說是《成吉思汗：近代世界的創造者》一書的核心看法。多年以來，雖然不乏歷史學者曾提出類似看法，呈現深入程度各有不同的著作，例如羅沙比（Morris Rossabi）、岡田英弘、杉山正明等，但魏澤福的創作所展現的臨場感與文化觀察深度，毋寧更具有特色。

魏澤福的創舉是把《蒙古秘史》（*Secret History of Mongols*）當做密碼，讓自己跟著密碼「回到現場」，與考古、軍事、政治等領域專家合作，探索事件發生地的環境，再對照文本的記載，重新掌握、發掘成吉思汗的世界，講述形塑成吉思汗性格的環境，娓娓道來他的草原霸業與子孫的內訌。魏澤福傳神地形容自己是「跟著蒙古人走進歷史舞台」，從上帝的視角回到地面，展現對歷史的敬畏。最終，他總結蒙古征服所帶來的盛世使「全球覺醒」，為近代世界的各方面體制奠定了基礎。

《成吉思汗的女兒們》（*The Secret History of the Mongol Queens: How the Daughters of Genghis Khan Rescued*

His Empire）延續魏澤福擅長的碎片拼湊能力，對文本中的蛛絲馬跡提出大哉問，並不懈地追尋答案。他敏銳地注意到明代翰林院簡譯《蒙古秘史》中有句：「女子每行，賞賜咱。」（扎奇斯欽譯：「給本族的女子們恩賞吧」），開啟了他為蒙古皇室女子歷史的鉤沉之旅。《成吉思汗：近代世界的創造者》為魏澤福帶來了殊榮，但《成吉思汗的女兒們》在撼動讀者的同時，不免引起爭議。蕭啟慶院士曾為此書初版的中譯本寫就精采的推薦序，我僅能狗尾續貂，相對於《秘史》本意的不公開，魏澤福則企圖「揭密」這些隱沒的蒙古皇室女性歷史。中文書名或許會引起一些直觀的誤解，實際內容上，遠遠不僅是成吉思汗的女兒、媳婦一代。第一部分聚焦於成吉思汗幾個出嫁的女兒（阿剌海別乞，也立可敦，拖萊與扯扯亦堅）身上，描述她們如何控制東西方絲路，經營世界性的金融組織。但或許因為矯枉，不免得過正，成吉思汗的兒子們，在魏澤福的筆下，成為愛好飲酒、作戰平庸的無能之輩，對成吉思汗的帝國帶來的傷害比建樹多。

第二部分則講述窩闊台、貴由與拖雷的妻子，這是成吉思汗的媳婦（daughter-in-law）們，尤其是拖雷之妻唆魯禾帖尼，魏澤福譽為蒙古人稱雄時代最能幹的女性，這個看法即便是蒙元史學者也無法挑剔。她有四個兒子成為大汗，被譽為「四帝之母」，這不僅僅是偶然與幸運所致，更與她的謀略與高明的政治手腕相關。同一部分，魏澤福也挖掘了忽必烈的女兒忽禿倫在元朝與西北宗王長年內戰中的重要角色，相較於《元史》，將戰功歸於忽必烈的男性後人，魏澤福對禿忽倫的描寫，確實令人驚奇。

第三部分聚焦於十五世紀（大約是中國明朝晚期）復興蒙古的達延汗背後被隱沒的賢者滿都海。魏澤福指出達延汗是比他年長十六歲的皇后滿都海一手培育的領袖，她是蒙古人眼中皇后的典範，甚至有人視滿都海為成吉思汗的化身。整體來看，魏澤福這本傑作的重心，主要是為滿都海翻案，他將達延汗時期復興蒙古的功勞，歸諸滿都海這位女性。蕭啟慶院士曾言，在許多缺乏史料的空間上，魏澤福可能不免有過度詮釋這些女性角色之嫌，但這僅是基於歷史研究立場的質疑，如同史景遷的著作成功遊走於歷史的理性與文學的感性之間，《成吉思汗的女兒們》或許輕信一些無可考察的歷史傳說，以致於學術上的說服力不足，但就歷史文學來說，魏澤福的貢獻主要在於跨越歷史研究者無法克服的障礙，成功結合田野考察、文本分析與文學想像，讓世人得以隨著他的創作，耳目一新。

《征服者與眾神》（*Genghis Khan and the Quest for God: How the World's Greatest Conqueror Gave Us Religious Freedom*），是魏澤福對蒙古宗教自由主義的極度推崇，並藉此思考他自身所處的西方與美國歷史發展，可說是第一部書的再延續，也是這一趟「旅程」的里程碑。他自述撰寫《成吉思汗：近代世界的創造者》時讀到吉朋（Edward Gibbon，一七三七～一七九四年）的一段話：「成吉思汗與洛克（John Locke，一六三二～一七〇四年）兩人的宗教法或許有個不謀而合之處」，就是在「卡羅來納基本憲章（Fundamental Constitutions of Carolina）中體現的烏托邦式願景」。他自己也警覺到把蒙古帝國與美國的歷史產生聯繫，可能有些牽強，不過正是這個浪漫想像，支持著他追尋答案的熱情。雖然他始終未曾找到華盛頓（George Washington，一七三二～一七九九年）曾讀過《成吉思汗：韃靼史》（*Zengis: A Tartarian History*）這本傳記式小說的證據，卻透過一些蛛絲馬跡，堅信幾位美國開國先賢，諸如富蘭克林（Benjamin Franklin，一七〇六～一七九〇年）、傑佛遜（Thomas Jefferson，一七四三～一八二六年）受到成吉思汗宗教自由思想的影響。

如果我們承認成吉思汗代表的是一種東方帝王的形象，那麼一直以來，以美國為代表的西方自由思想根源，甚為罕見與東方的文化發展有過直接的聯繫，甚至兩者常常是擺在對立面。魏澤福的嘗試十分勇敢，不管是說服東方還是西方的讀者（這種二元對立或許需要修正，但此處還是不可免俗），極可能兩面不討好，這正是《征服者與眾神》的創新與可貴之處。從歷史研究者的角度，還是應當盡責地提出一個疑問，美國先賢即便閱讀過關於成吉思汗的傳記作品，或知道大札撒的內容，是否就能順藤摸瓜地論證他們腦海中的「自由」，是受到成吉思汗與其帝國文化直接或間接影響？不過，有一點是確定的，蒙古治下的宗教自由，有豐富的史料證據，即使是忽必烈的元朝，法律的核心精神明確地遵循著「各從本俗（宗教、文化）」的原則，政策上也一直優待各種宗教人士。

綜言之，這三部鉅著的基礎，絕大部分立足於《蒙古秘史》，但由於《秘史》本身的文學特性與存在許多未解之謎，魏澤福的創作不免受到局限，需要依靠豐富的想像力與難以佐證的傳說補充，從歷史文學的角度看待，這些質疑也就不再尖銳。他透過文獻探討與實地考察，馳騁想像力於草原空間之中，雖然有時不免戲劇化地突出人物的性格，或者加油添醋地強化細節，以成就扣人心弦的故事，但無可否認，這是通俗文學與學術史料結合的成功範例。

成吉思汗作為研究與書寫的題材，不僅古老而且歷久不衰。廣義來說，中國的《元史·太祖本紀》可為濫觴，狹義則以十七世紀法國傳記作家德拉克魯瓦（François Pétis de la Croix，一六二二～一六九五年）利用了當時尚存、現今已佚的中亞多種語言文獻，撰成《古代蒙古人和韃靼人的第一個皇帝：成吉思汗大帝的歷史》（*The History of Genghizcan the Great, First Emperor of the Ancient Moguls and Tartars*），開啟近現代成吉思汗傳記的序幕。成吉思汗的傳記數量之多，亞洲史上的帝王與名人皆無出其右，通俗性作品如蘭姆（Harold Lamb，一八九二～一九六二年）的《人類帝王：成吉思汗傳》（*Genghis Khan: The Emperor of All Men*），書寫特色生動活潑，引人入勝，卻謬於史實。在學術界影響最廣者，是俄國漢學家符拉基米爾佐夫（B. Ya. Vladimirtsov，一八八四～一九三一年）的《成吉思汗傳》（*The Life of Chingis Khan*）以及法國東方學家格魯塞（René Grousset，一八八五～一九五二年）的《世界征服者》（*Conqueror of the World*），前者讓成吉思汗的「天才野蠻人」（savage of genius）形象深植人心，小林高四郎（Kobayashi Takashirō，一九〇五～一九八七年）就以此說法刻劃成吉思汗結合游牧戰士與草原領袖的理想性格。不過符拉基米爾佐夫的作品在俄國大革命之後，被指責具有「唯心主義觀點的本質」，受到「將成吉思汗的個人成就凌駕於社會發展之上」的批判，最終在壓力之下，於遺作《蒙古社會制度史》中改採唯物史觀描述成吉思汗的角色，否定西征的正面意義，但是他的《成吉思汗傳》，對於共產國家以外的學術界影響深遠。

格魯塞則是與東方學泰斗伯希和（Paul Pelliot，一八七八～一九四五年）齊名的學者，他在一九四四年出版的《世界征服者》，雖是普及性讀本，卻嚴格遵守了歷史的客觀原則，除了生動傑出的敘述，極少發表個人議論，但透露著對成吉思汗英雄特質的崇拜，也解釋蒙古西征的殺戮，導因於蒙古文化與當時正義觀的局限，而非成吉思汗性格上的嗜殺。對於蒙古征服的影響，則文學性地描述：「將環繞禁苑的牆垣吹倒，並將樹木連根拔起，卻將鮮花的種子從一花園傳播到另一花園」，暗示其西征在促進文化交流上的正面作用。

中華人民共和國建國之初，對於成吉思汗的各種書寫，基本上延續符拉基米爾佐夫《蒙古社會制度史》的唯物史觀，秉持著「肯定其統一蒙古諸部的相關作用，卻不推崇成吉思汗的個人功績」，尤其是強調征服戰爭中造成了人民的傷亡、流離與對各地的破壞。但隨著共產世界中政治情勢的變遷，關於成吉思汗的評價也再度擺盪，例如一九六二年成吉思汗誕生八百周年紀念，大陸學者韓儒林為了反駁蘇聯對成吉思汗的否定，展現中方史學界的自主，強調成吉思汗對中國歷史的貢獻，以及西征功大於過的評價。蘇聯學界對此馬上做出回應，其科學院院士邁斯基（Ivan Mikhailovich Maisky，一八八四～一九七五年）撰〈成吉思汗〉一文，肯定其統一蒙古諸部的貢獻，但否定其征服價值。

與此同時，在成吉思汗的故鄉（外蒙古，即當時的蒙古人民共和國），處於蘇聯附庸的時代，蒙古人民一度喪失頌揚自己的民族英雄的自由，直到蘇聯解體之後，蒙古國的民族主義勃興，展開對成吉思汗的重新評估。其中最值得注意的是著名學者比拉（Bira Shirendev，一九一一～二〇〇一年）的影響，他譴責過去共產政權對成吉思汗的評論是削足適履，曾說道：「成吉思汗在歷史上既不是上帝，也不是魔鬼。他是一位功績與矛盾兼具，並且充滿傳說與神話的偉大歷史性人物」，更不無情緒地說：「他將繼續是（蒙古）民族的守護神」。

從上述成吉思汗傳記的書寫史，以及魏澤福的三部作品，讀者可以發現成吉思汗的形象與其帝國征服的評價，深深受到外在政治、學術環境與創作者的情感牽動。著有《世界征服者及其子孫》一書的蒙元史學者楊訥先生曾反思道：「何以相同的事實會得出不同的結論呢？原因很簡單，因為採用了不同的衡量是非的準繩」，這值得讀者放在心中，時時警惕。借用我的恩師蕭啟慶院士對中外成吉思汗研究的總結：「上帝的還給上帝，凱撒的還給凱撒」（Give to Caesar the things which are Caesar's, and to God the things which are God's）。成吉思汗既不是上帝，也不是撒旦，他愛酒、愛色、愛馬，更愛狩獵；他謹慎、自制、敬天，也磊落光明，學術研究者應該致力於將真實面貌還給這位歷史人物。

最後，我複述蕭啟慶院士對魏澤福作品的高度評價：「（魏澤福）兼具人類學家的細膩與史家的宏觀，閱讀他的創作，能給讀者帶來廣闊的視野、強烈的臨場感、優美的文詞與思想上的激盪」。

二〇一八年二月二十八日於臺北

導讀

成吉思汗的宗教自由政策及其歷史遺產

蔡偉傑／印第安納大學內陸歐亞學系博士、
國立政治大學民族學系博士後研究員

如果要票選在世界史上影響最大以及最具爭議性的帝王，我想成吉思汗應該有機會排入前三名。過去成吉思汗與他一手建立的蒙古帝國在歷史上的評價一直相當兩極，即便在其故鄉蒙古亦然。在伊斯蘭世界中，成吉思汗被認為是上帝之鞭，而且殘殺了許多穆斯林，而後來其孫旭烈兀更終結了阿拔斯王朝的哈里發統治，自此伊斯蘭世界失去了共主；但是蒙古帝國的征服與伊斯蘭化也有助於伊斯蘭教的廣為傳播。在俄羅斯世界中，蒙古統治所造成的「韃靼桎梏」（Tatar Yoke）被視為是俄羅斯發展落後於西歐的主因，但是在蒙古庇護莫斯科大公國作為收稅與統治的代表下，也創造了後者日後崛起的條件。在中國，元朝的統治過去被認為是中國歷史上的逆流，漢文化與儒家思想受到打壓，科舉制度一度停擺；但是蒙古人打破超過百年的中國南北分裂態勢，使漢地重新得到一統，也奠立了後來大中國的領土規模。在蒙古國，原先在社會主義時期（一九二四～一九九二年），成吉思汗被認為是壓迫蒙古人民的封建領主，不能公開崇拜。直到一九九二年民主化之後這種情況才逐漸好轉。

近年來在引介成吉思汗與蒙古帝國的歷史給大眾的通俗非虛構作品中，傑克・魏澤福的著作應該是最受歡迎的作品之一。其首部與蒙古相關的作品《成吉思汗：近代世界的創造者》英文版於二〇〇四年出版①。在這部作品中，作者主張蒙古帝國所揭櫫的原則，諸如通行紙鈔、國家位階高於教會、宗教自由、外交豁免、國際法等，對於後來歐洲社會啟發甚大。而印刷術、火藥與指南針等三大科技在蒙古帝國時期東傳至西方，也促成了文學、戰爭與航海等方面的進步。可以說，成吉思汗所創建的蒙古帝國是近代世界的先聲。該書出版後一時洛陽紙貴，榮登紐約時報暢銷書排行榜長達數週。作者也因此獲頒蒙古國的北極星勳章，以表彰其推廣蒙古文化與歷史的貢獻。其第二本書《成吉思汗的女兒們》則探討女性在蒙古帝國建立的過程中被忽略的貢獻，例如成吉思汗的女兒們被作為政治聯姻的工具，穩定了蒙古帝國與周邊同盟國間的關係；成吉思汗過世後，其兒媳脫列哥那與孫媳斡兀立・海迷失攝政所造成的混亂，還有其兒媳唆魯禾帖尼讓拖雷系的後裔能夠掌握大權的經過；最後是賢者滿都海可敦輔佐年幼的丈夫把禿猛可（達延汗）重振黃金氏族在蒙古的統治。②該書也堪稱是英語學界關於該主題的第一部綜合性專著，其重要性不可磨滅。而前揭二書的正體中文版也由黃中憲翻譯，並由時報出版社發行。二〇一六年，魏澤福推出了他的第三部相關作品《征服者與眾神：成吉思汗如何為蒙古帝國開創盛世》英文版。

① Jack Weatherford, *Genghis Khan and the Making of the Modern World* (New York: Crown Publisher, 2004).

② Jack Weatherford, *The Secret History of the Mongol Queens: How the Daughters o Genghis Khan Rescued His Empire* (New York: Crown Publisher, 2010).

如今正體中文版也由原班人馬擔綱出版，我個人也很期待本書中文版的面世。

在本書《征服者與眾神》的序言中，作者首先從吉朋（Edward Gibbon）在《羅馬帝國衰亡史》（*The History of the Decline and Fall of the Roman Empire*）一書主張成吉思汗與歐洲哲學的寬容觀和新興國家美國的宗教自由之間的關聯開始談起，並且梳理了由法國學者佛朗索瓦・佩帝・德拉克魯瓦（François Pétis de la Croix）於一七一〇年初版的《古代蒙古人和韃靼人的第一個皇帝：成吉思汗大帝的歷史》（*The History of Genghizcan the Great, First Emperor of the Ancient Moguls and Tartars*）一書在北美十三州殖民地的流通與閱讀史。他發現美國獨立革命先賢之一的湯瑪斯・傑佛遜（Thomas Jefferson）曾經受該書中提到成吉思汗將宗教自由形諸法律的影響，以及維吉尼亞成文法與美國憲法第一修正條款中對與成吉思汗的第一道法律在強調宗教自由的精神上的相似性。導論〈神的憤怒〉則說明成吉思汗自認為是上天派來懲罰穆斯林的人，因為穆斯林犯了過錯。自成吉思汗以降的蒙古大汗都深信上天透過祂所授予權力的那些人表達祂的意旨。而蒙古人的勝利和興盛正是他們得到天佑的證明。而成吉思汗晚年在阿富汗聆聽各宗教人士的說法，這種對神的追尋則必須要從他早年歲月的成長過程開始談起。

其後的正文分為四大部分：第一部分「成為鐵木真」強調了蒙古境內的「神山」不兒罕合勒敦山在成為成吉思汗以前的鐵木真生命中的重要地位。蒙古人信仰長生天，而不兒罕合勒敦山則是讓成吉思汗最接近天的地方。在自己氏族和部落不願保護鐵木真時，不兒罕合勒敦山保護了他，而從他母親訶額倫和老獵人札兒赤兀歹那兒，他學到尊敬這座山，並視它為世界中心與生命源頭。而來自不兒罕合勒敦山的札兒赤兀歹更是鐵木真名義上和行為上的精神導師，幫他指出人生的正道。也因此，成吉思汗要求之後世世代的蒙古人都要崇拜不兒罕合勒敦山。

第二部分「成為成吉思汗」則討論鐵木真在統一蒙古諸部後登基為成吉思汗，建立大蒙古國後。反對派以其父好友蒙力克之子闊闊出．帖卜騰格理為核心集結起來，成為成吉思汗的最大對手。闊闊出是一名薩滿，他自稱能跟神靈感應，勢力漸強，並教唆成吉思汗對付有可能篡位的弟弟合撒兒與鐵木格。但後來成吉思汗聽從妻子孛兒帖之建議，除掉闊闊出。但是此舉也開了一個血腥的先例，即蒙古可汗頭一次殺掉自稱權力高於國家或可汗的宗教領袖。

第三部分「成為世界征服者」討論的是成吉思汗在向外擴張的過程中遭遇到許多定居大國的賢者與宗教人士，例如兼通儒佛的耶律楚材、道教長春真人丘處機與佛教的海雲禪師等等。他利用這些賢者與宗教人士來協助他所征服的定居社會，因為他們大多有管理收稅和編纂法典的經驗。而成吉思汗應受佛教徒壓迫的西遼穆斯林之邀前往解救他們，則被作者視為是他的首次宗教戰爭。在征服西遼後，他下令每個人都應遵守自己的宗教，遵行自己的宗教信條——這也被視為是蒙古帝國首次將宗教自由的規定納入法律中。而成吉思汗後來拿下花剌子模後，創立了一個全新的穆斯林行政人員集團，並派他們到中國協助管理他們剛征服的領土。他利用穆斯林的文書本事，但又利用其中不同教派、族群相互牽制，以限制每個宗教的潛在影響力。但一二二一年，蒙古人兵敗八米俺，成吉思汗在這場敗戰中失去了他的愛孫莫圖根，成為他人生的一個轉捩點。成吉思汗尋求其他宗教，企圖找到能夠撫平人心的知識，並找到他所未參透的奧祕。因此成吉思汗在阿富汗時，召見了長春真人丘處機，但是這次會面卻不盡人意。他認知到宗教人士在治理他的龐大帝國上功用有限。他們會一些有用的技能，但長於論道，拙於行動，因此用處不大。

第四部分「成為神」則提到成吉思汗與薩滿、教士、學者、佛僧、道人、毛拉多次晤談之後，認為其中某些人真心求善，但無人展現了對道德、生命意義或神之本質的充分認識。他們和他一樣都只是努力想瞭解世界的人。而獨尊一教，貶抑他教，對其帝國是有害的。但是成吉思汗歸天後，蒙古帝國內部開始分裂，蒙古統治者也逐漸放棄宗教自由的政策方針。蒙哥汗（Mongke Khan）為了征服南宋，必須爭取南宋周邊之佛教國家（如大理、吐蕃等）的支持，因此設計了一連串的佛道宗教辯論，而且偏袒佛教一方，以便崇佛抑道。後來旭烈兀西征，摧毀了阿剌木忒和報達（今巴格達），殺害哈里發和伊瑪目，則顯示成吉思汗的宗教寬容敕令已經不再得到尊重。直到成吉思汗過世後數百年，他的宗教自由想法才重獲十七世紀的法國學者關注。但他的遺風在十八世紀北美洲影響最大，北美殖民地的反英分子爭取獨立時，試圖尋求歐洲經驗以外的模式來借鏡。最後蒙古模式的宗教自由透過成吉思汗的傳記在北美流傳，而影響了湯瑪斯・傑佛遜，並且成為美國憲法的基本精神。這也呼應了本書原英文版的副標題「世上最偉大的征服者如何給了我們宗教自由」（How the World's Greatest Conqueror Gave Us Religious Freedom）。

本書的內容與作者先前出版的兩部著作有不少重疊的部分，特別是在於蒙古帝國崛起與衰微過程的描述。如果說第一本書《成吉思汗：近代世界的創造者》是綜論成吉思汗與其子孫所建立之蒙古帝國的興衰史與其歷史遺產；第二本書《成吉思汗的女兒》說的是成吉思汗所建立的蒙古帝國，在其子孫不成材的情況下，有賴於其女兒與兒媳等人才得以維繫，那麼本書說的就是成吉思汗所建立的蒙古帝國之所以衰微的原因，在於未能嚴守成吉思汗所立下的宗教自由「大札撒」。然而這種以宗教為綱領貫穿蒙古帝國興衰史的寫作風格，是本書最大的特色。而且對於成吉思汗所揭櫫的以法律保障宗教自由的做法影響後世美國革命先賢的發現，更是讓人大開眼界。

誠如作者所言，成吉思汗允許其子民各自信仰其宗教。但是這不代表成吉思汗尊重所有的宗教儀軌與做法，而且也曾發布禁令干涉這些信眾的做法。例如本書作者曾提過成吉思汗反對以割喉、放血至死的方式宰殺動物。但是他沒有提到的是，成吉思汗曾經發布關於回回（包括穆斯林與猶太人）宰殺牲畜習慣的禁令。蒙古人傳統宰殺牲畜的做法是在牲畜胸部切開一道口子，伸手入胸腔掐斷心臟主動脈使牲畜斃命，而且讓血留在體內。以符合蒙古人不濺血於地的習慣。但穆斯林與猶太人實行「潔食」（kosher）或「清真」（halal）之法，宰殺牲畜食必須切斷牲畜的頸部動脈，將血放乾，而且在宰殺與食用過程中都必須祝禱。因此蒙古人宰殺的牲畜對回回人而言是不潔的，故而不願食用。根據《元典章》的記載，成吉思汗就曾經因為回回此舉否定了蒙古帝國的權威，故禁止回回抹殺羊的作法，並且強迫他們食用依蒙古傳統宰殺的羊。這道禁令在窩闊台汗與忽必烈汗也都曾被重申。③

③ Johan Elverskog, *Buddhism and Islam on the Silk Road* (Philadelphia and Oxford: University of Pennsylvania Press, 2010), 228–229; Timothy May, *The Mongol Conquests in World History* (London: Reaktion, 2012), 183–184. 該禁令全文參見陳高華等點校，《元典章》（天津：天津人民出版社；北京：中華書局，二〇一一），刑部卷十九，典章五十七（第一八九三～一八九四頁）。

另外，雖然成吉思汗允許其子民各自信仰其宗教，但並非蒙古帝國境內所有的宗教都能得到大汗的承認，並享有豁免賦役的特權。美國賓州大學東亞系教授艾騖德（Christopher P. Atwood）就表示在蒙古帝國境內允許自由信奉各種宗教的政策應該要與獲得國家認可並且得以豁免賦稅的政策分開討論。根據《元史》記載，往昔僅有五個宗教的神職人員獲得免稅特權：儒家、佛教、基督教、道教與伊斯蘭教。④然而考慮到一二三二年才是蒙古最早注意到儒家的時間。因此追溯到成吉思汗時期獲得免稅特權的宗教應該有四個：佛教、基督教、道教與伊斯蘭教。這裡我們可以發現，猶太教是一個特例。猶太教的信仰從未被禁，但是猶太教士則極少獲得免稅待遇或是得到國家的贊助。就我們所知，猶太教士一開始並未得到如同基督徒與穆斯林一般的免稅待遇，一二五一年蒙哥汗即位時再度確認了這項規定。直到一二九一年伊利汗國才給予猶太教徒免稅待遇，而要到一三三〇年元朝才確認猶太教為得以免稅的宗教。成吉思汗所尋求的是能夠給予其統治宗教「克里斯瑪」魅力（Charisma）的特定聖人，而非關注宗教的懺悔或教條。免稅優遇僅僅給予個體而非整個宗教。艾騖德認為宗教寬容並非蒙古宗教政策支持與保護四大宗教背後的主要思想。儒家與猶太教一開始被排除於豁免賦稅的宗教行列之外就是例證。兩者都同樣難以與蒙古的政治哲學相符合：由於儒士並未將其習慣解釋為一種對上天或神的祈禱，因而未被成吉思汗視為神職人員；而猶太教則由於未指向一個現存的國家，因此缺乏上天的確認即所有真正的宗教都被賦予之至高無上的權力。⑤

綜上所述，成吉思汗所給予其屬民的宗教自由與現代世界所謂的宗教自由的內容與實行上是否如此一致，其實還有值得探討的空間。不過本書從宗教信仰的視角來看待成吉思汗的崛起與蒙古帝國的興衰，以及對成吉思汗主張的宗教自由影響後世美國建國的主張也確實獨樹一幟。成吉思汗與蒙古帝國的歷史總能以各種不同形式，給予後世影響與啟發，我想這也是蒙古史之所以迷人的緣故吧。

④ 宋濂等編纂，《元史》（北京：中華書局，一九七六），卷五，第九五頁。

⑤ Christopher P. Atwood, "Validation by Holiness or Sovereignty: Religious Toleration as Political Theology in the Mongol World Empire of the Thirteenth Century," The International History Review 26, no. 2 (Jun., 2004): 237–256.

序言

成吉思汗、湯瑪斯・傑佛遜及上帝

一七八七年初夏某個夜晚，英國史學家愛德華・吉朋坐在他位於洛桑的避暑屋子裡。他遠離塵囂，隱居此屋，以完成他《羅馬帝國衰亡史》的皇皇六大史冊中最後一冊。這套鉅著論及二十五個王朝的一百七十個皇帝，從西元前四十四年三月十五日尤利烏斯・凱撒（Julius Caesar）遇刺身亡到一四五三年五月二十九日君士坦丁十一世（Constantine XI）抵禦突厥人進攻時陣亡，前後長達一千五百年，涵蓋歐亞非三洲。無論是當時還是現在，吉朋對羅馬帝國與皇帝的瞭解都是其他學者所不能及。

在這項為期十五年的著書工程接近尾聲時，隨著他的注意力從地中海地區的諸帝國，轉移到新誕生於大西洋彼岸且注定要承接羅馬帝國大業的美國身上，他開始關注未來，而且對未來的關注之情，絲毫不下於他對過去的關注。吉朋對權力與宗教間的關係常遭濫用一事很感興趣，並持續密切關注著美國就宗教在社會、公共生活及政治裡的地位所展開的激烈辯論。他曾就讀牛津大學，而這些年輕的美國抗英人士，也有一些曾在牛津求學過。他清楚他們的理想有多激進，也清楚那些理想的體現有多困難。哲學家時而費心思考宗教自由的理想，但沒人知道如何打造一個體現該理想的社會，或打造一個透過法制來促成宗教寬容的社會。以湯瑪斯・傑佛遜為首的美國人選擇讓公民擁有完全的宗教自由和徹底的政教分離。

在歐陸所受的教育和國會議員的經歷，讓吉朋對權力與宗教間錯綜複雜的關係有了深入的瞭解。他從知性和心靈的角度探索世上諸多宗教，他的人生走過天主教徒、新教徒、自然神論者的不同階段。在探討羅馬帝國和歐洲根基的歷史鉅著中，他仔細探察了宗教趨勢與宗教迫害的消長，覺得可取之處寥寥可數。經過一輩子的鑽研，他推斷在政治和上帝間的統合，有個統治者凌駕其他所有統治者——那便是成吉思汗。

早年吉朋撰寫他那部歷史大作的頭幾冊時，流露了他對匈人、突厥人、蒙古人的偏見，對於他們的殘暴極度反感，表露了對這些民族之領袖（包括匈人阿提拉〔Attila〕和成吉思汗）的些許輕蔑。但隨著年紀更長，學養漸趨成熟，比起文明開化的歐洲統治者，他在這些所謂的野蠻人身上，看到更多可取之處。他寫道，羅馬皇帝「滿腔熱情卻無德」，斥責他們在政治上和精神上都缺乏領袖風範。他指摘羅馬人的殘暴無度，說他們先是迫害基督徒，後來自己成為基督徒，又轉而迫害其他所有宗教教徒。

潛心探究過西方史之後，吉朋認定歐洲在宗教自由的確立上提不出足堪效法的典範。在論羅馬人的最後一冊裡，他大膽斷言，「成吉思汗（Zengis）的宗教最值得我們讚嘆」[1]。吉朋解釋道，在蒙古人的營地裡，不同宗教「自由且和諧」地並存，只要它們遵守「大札撒」（Ilh Yasa）——即「大法」，成吉思汗即尊重其「最水火不容之諸教派的先知和教主」的權利。相對的，歐洲的歷史往往受到宗教狂熱分子左右，那些人「以殘酷行徑捍衛一派胡言」，「可能驚訝於一位野蠻人所立下的榜樣——比哲學教訓更先著一鞭，透過他的法律建立一套講究純粹有神論和完全寬容異己的制度。」

過去，只有少數歐洲學者有機會品評吉朋的立論，因為他的所有著作曾在歐陸許多地方被禁。天主教會把他的名字和書列入《禁書目錄》（*Index Librorum Prohibitorum*），而使閱讀或印刷其著作成為違反宗教戒律之罪，並在許多國家成為法定的罪行。他的觀念太激進，著作長期被列入這份目錄中，直到一九六六年教會廢除此目錄，才得到平反。

吉朋探討成吉思汗的一生時，插進一個具挑釁意味的小註釋，認為成吉思汗與歐洲哲學的寬容觀、新興國家美國的宗教自由有關連。吉朋寫道，「成吉思汗與洛克（Locke）兩人的宗教法或許有個不謀而合之處」，且具體援引了約翰．洛克在卡羅來納基本憲章（Fundamental Constitutions of Carolina）裡的烏托邦式願景。這份憲章是洛克於一六六九年為其雇主安東尼．庫珀（Anthony Cooper）勛爵所寫，作為治理維吉尼亞殖民地南邊新取得的北美洲土地的依據。

◆

我是在撰寫《成吉思汗：近代世界的創造者》（*Genghis Khan and the Making of the Modern World*）這本談蒙古帝國的書時，首度讀到吉朋的精闢觀點。在吉朋的著作裡，這個小小的註釋只是他一百五十萬字世界史大作裡大約八千個註釋的其中之一，但這個註釋卻讓我印象深刻。吉朋是唯一認為成吉思汗與我的南卡羅來納州家鄉有關連的歷史學家。那時，我覺得這個看法令人激賞，但不可信。我很想相信吉朋的看法，但即使是敬佩成吉思汗且熱愛所有蒙古事物的我，那時都覺得這看法似乎太牽強。一二〇六年蒙古帝國的創立和將近六百年後美利堅合眾國的創立，兩者能有什麼關連？會有哪個學者認真看待這個看法？我找不到。不過，這份關連雖然薄弱，我不能置之不理。為求心安，我決定找出證據來支持或駁斥吉朋的主張：體現在美國憲法而備受看重的西方宗教自由法源於亞洲？它不只是啟蒙運動哲學家的遺產，還是一名不識之無的中世紀戰士的遺產？

那時的我不知道這趟尋索答案之旅一走就超過十二年。我受了吉朋書中一個小註釋啟發而開始撰寫此書，結果完成此書所花的時間，竟幾乎和吉朋寫完他六大冊《羅馬帝國衰亡史》一樣久。

吉朋認知到追求宗教自由一事在歐洲思想和社會裡有牢固的基礎，但在如何把這項追求化為法律上，哲學家、理想主義者、宗教異議人士、政治人物各執一詞。人得先相信上帝的存在才有資格享有這樣的自由？應該有個受政府控制的國教？宗教自由是個人權利，還是只有國教會才配享有的權利？個人不願歸屬任何宗教，仍具有公民身分嗎？當時，欲打造寬容法的種種作為，大部分聚焦於幾種基督教教

1 成吉思汗這個稱號，今日蒙古語的正確拼法是Chinggis Khaan，但在蒙古境外，拼法有好幾種：阿拉伯語和波斯語將它拼成Chingiz，在歐洲，最早提到此名的拉丁語文獻，把它寫成Chingischam Imperator，而在喬叟（Geoffrey Chaucer）的最早期英語著作裡，它則以Cambyuskan之名出現。

會。它們談到信徒時，把他們化約為擁有共同信仰的社群一員，未考慮到個人能不能自主決定是否歸屬哪個宗教團體。

我追隨吉朋的腳步，頭幾年專注於爬梳英國哲學家約翰・洛克和其贊助者安東尼・庫珀勛爵的著作，詳細查閱卡羅來納基本憲章的手寫原件。這份原件保存在查爾斯頓圖書館學會（Charleston Library Society），那裡距我家僅有幾分鐘的步程。這份憲章為卡羅來納殖民地勾勒出具有理想主義性質的模範社會，為居於社會少數的教派成員提供了某些公民權利，但也針對他們加諸許多新的限制，並支持英國國教會為國教和唯一真正的宗教。這項計畫給予教會有限的宗教自由，而非給予個人真正的自由，而且只讓支持政府的教派享有如此有限的宗教自由。籠統來講，這個憲章與成吉思汗一體適用的寬容原則有某些相似之處，但我找不到哪個具體的細項足以指出該法受到成吉思汗的原則啟發——措詞或論據沒有相似之處，連可將兩者勉強拉上關係的小細節都沒有。

於是，我不情不願地拋棄了洛克在成吉思汗的法律裡得到啟發或我南卡羅來納的家鄉大受此觀念影響的想法。不過，還有個更大的疑問有待釐清——美國的建國先賢是否真有機會接觸到關於成吉思汗「大法」的知識？如果有，是他們抄襲了該「大法」？我把重點從洛克轉移到美國建國先賢身上。不久，我發現瑪莎・華盛頓（Martha Washington）曾把一本成吉思汗傳記給她的丈夫，心情因而大受鼓舞。這是以小說形式寫成的傳記，書名為《成吉思：韃靼史》（*Zengis: A Tartarian History*），作者是安娜・德拉羅什吉揚（Anne de La Roche-Guilhem），一六九一年以法語首度出版，隔年出現英譯本。喬治・華盛頓（George Wasinton）把此書保存在芒特弗農（Mount Vernon）的藏書室，至今仍留存在那裡。

我以為自己找到寶，結果空歡喜一場。讓人洩氣的是，這本書躺在華盛頓的藏書室三百多年，我卻找不到有人讀過此書的證據。喬治．華盛頓從未提到此書，我翻遍他的書信或文件，也未曾發現提及成吉思汗。我覺得已非常接近答案，但由於欠缺證據，我擔心自己會是白忙一場。

幾年後，我無意中得知，從查爾斯頓到波士頓等地方的美國商人的確曾進口並販售以成吉思汗為主題的書籍，心情再度大為樂觀。除了喬治．華盛頓藏書室裡的那本小說，十八世紀北美洲諸殖民地最暢銷的書是《古蒙古人和韃靼人的第一個皇帝：成吉思汗大帝的歷史》。這是本可靠的大部頭傳記，由法國學者佛朗索瓦．佩帝．德拉克魯瓦於一七一〇年出版。熟悉法國文化的班傑明．富蘭克林（Benjamin Franklin）大力推廣此書，在他的報紙上刊登廣告，從費城郵局透過郵購販賣此書，運送到北美洲諸殖民地。

一七七〇年代誰買了這些談成吉思汗的書？誰對成吉思汗感興趣，那些書流落何方？同樣的，我一頭栽進富蘭克林浩繁的文件和出版品裡，想找到那無從捉摸的證據來證明成吉思汗的宗教寬容敕令和美國建國先賢讓他們新國家的所有公民享有信仰自由的決定兩者之間有直接關連。當時的美國人，一如成吉思汗，想打造一個前所未見的新國家。十八世紀的美國學者沒有自己的知識史，很想從西方思想的死水之外找到行政、司法典範。他們想找到更好的模式，於是博覽群書，其中特別著迷於亞洲的領導人。雖然富蘭克林似乎對世上每個主題都有自己的看法，但在他身上，我除了找到與蒙古人有關的一些若隱若現暗示，找不到別的東西。

後來，我發現美國諸位建國先賢裡，買下最多本佩帝．德拉克魯瓦所著傳記的人是湯瑪斯．傑佛遜，隨之得到一個重要線索——傑佛遜是美國「獨立宣言」的作者，買了數本此傳記的法文原版，當禮物分送他人。他的孫女科妮莉亞．傑佛遜．蘭道夫（Cornelia Jefferson Randolph）十七歲生日時，他送了此書給她當生日禮物，並在書中題字，敦促她展書一讀。[2]他手中的諸多成吉思汗傳記，有一本落腳於美國國會圖書館，一本擺在維吉尼亞大學的圖書館裡，而傑佛遜是這兩個機構的創辦人。晚至一七九五年五月二十六日，傑佛遜仍寫信給巴黎書商尚．佛朗索瓦．佛魯萊（Jean François Froullé），再訂購一本成吉思汗傳，並叮囑將此書「裝進牢靠的行李箱裡，用皮革蓋住，或者更確切的說用海豹皮蓋妥。」

我細心翻閱了傑佛遜所擁有的一本成吉思汗傳複印本。這本書強調成吉思汗的宗教寬容政策，並複抄了蒙古宗教自由法的原文。佩帝．德拉克魯瓦強調該法是成吉思汗頒行的第一道法律。誠如在此傳記裡所闡述的，這項蒙古法律是普通法，以非常淺顯易懂的文字載明每種宗教的信徒都享有自由。一七七七年，即起草「獨立宣言」的一年後，湯瑪斯．傑佛遜為他老家維吉尼亞州制訂美國的第一道宗教自由法時，將蒙古該法的崇高詞語轉化成了具體的法規。他在讀過關於成吉思汗的書之前就極力贊成宗教自由，但他在這本傳記裡找到的，乃是把對宗教自由的追求轉化為法律的具體方式。宗教自由是個人權利，不是教會的特權。

蒙古法律規定任何人都不得「以宗教理由干擾或騷擾任何人」。同樣的，傑佛遜的法律載明，「沒有人會……因他的宗教看法或信仰而受苦。」成吉思汗的法律強調，「每個人都該可以自由宣稱信奉讓他們最滿意的宗教」。傑佛遜的法律呼應此觀點，載明「所有人都可以自由宣說……他們對宗教的看法。」成吉思汗的第一道法律和維吉尼亞成文法在精神上類似美國憲法第一修正條款，僅在措詞上有所不同。這一修正條款寫道：「國會不會立法確立國教或禁止信教自由」。

◆

蒙古帝國子民的宗教信仰極為多元，為此前任何帝國所未見。在此之前從未有哪個人統治那麼多種宗教的信徒，自己卻不屬其中：穆斯林、佛教徒、道教徒、儒士、祆教徒、摩尼教徒、印度教徒、猶太教徒、基督徒及數種萬物有靈論者，各大宗教底下又分為多個相互競爭且往往誓不兩立、打得你死我活的教派。成吉思汗一生最大的難事，不是征服那麼多部落、城市、國家——那對他來講不算太難——而是使他們共同生活在由同一個政府治理的團結社會裡。

一九九七年，我開始研究《蒙古祕史》（*Secret History of Mongols*），試圖找出手稿裡所有事件的發生地，分析重大事件在蒙古境內和中國、中亞全境何處展開，然後根據以上分析來評估文本。第一年，我以為一個夏天就能完成這項工作，然後為了探明從哈剌和林到巴爾幹半島的各個征服地，又以為兩個夏

2　傑佛遜把他的法語版成吉思汗傳題贈給孫女科妮莉亞（一七九九～一八七一年），作為她的十七歲生日禮物（一八一六年七月）。這本書後來轉贈給維吉尼亞大學。

天就會完成。結果，經過將近二十年，如今這工作還沒完成，仍憑藉步行、騎駱駝、騎馬或開四輪傳動車繼續進行。一開始我單槍匹馬，但漸漸地參與人員愈來愈多，其中除了對此區域有獨一無二的認識且把這份認識貢獻給此計畫的遊牧民，還有一組全心奉獻本計畫的蒙古學者。久而久之，探究的範圍從最初僅是成吉思汗人生中的重大事件，擴及緬甸北部和高棉帝國遺跡等區域（緬甸北部被成吉思汗後代的蒙古人征服，高棉帝國從未被蒙古人征服，但與蒙古大汗發展出合作關係）。這項研究的後半階段遠超出《祕史》的範圍，但《祕史》仍是我的指南。

蒙古征伐的駭人，在各式書籍和影片裡得到翔實的描述，但成吉思汗在制訂宗教法上的角色，大體上仍未得到探明。晚年，他把身處遙遠的各地宗教領袖叫到他的行宮，試圖使彼此競爭的宗教永遠和平相處，使生靈不再因為這些宗教的好戰仇視而塗炭。最初那只是欲找到自己精神核心的個人作為，後來漸漸成為瞭解宗教在社會裡之角色的探求。他愈是深入思考不同教派的律法和特性，愈是深信只要任由人為了信仰而殺人或因為信仰而被殺，沒有哪個帝國能長治久安。

成吉思汗在近代世界的影響力之廣、之深，遠超乎我原本所料想之外，這一體認驅使我寫下這第三本書。從我做研究開始，我就承認成吉思汗的精神性和其對待宗教的特殊作風具有重要性，但並未真正瞭解其重要在哪裡。探明觀念與信念的傳播，比探明印刷機、火藥或羅盤之類新科技的傳播難上許多。直到現在，在我研究成吉思汗生平和蒙古帝國將近二十年後，我才覺得可以把我的研究心得拿出來就教於大家。

此書大體上是應我結褵四十四年的妻子沃克・皮爾斯（Walker Pearce）的要求而寫，她覺得我先前的著作忽略了成吉思汗和蒙古人豐富且獨特的精神生活。此書書名由她決定。撰寫此書期間，我曾把原稿讀給她聽，她對此書將呈現的面貌比我更為清楚，但她未能看到此書的完成。本書也得到編輯Joy de Menil不少的鼓勵和指引，在查爾斯頓，我還受益於Stephanie Hunt在編務上的協助。

無論十三世紀成吉思汗在世時或十八世紀美國建國先賢重新發掘出他時，成吉思汗的觀念都具有革命性，至今依舊不減，他所面臨的許多難題，和我們在這個往往因宗教多元而陷入對立衝突的全球社會裡所面對的難題一樣：信仰自由與狂熱分子的行動兩者間如何取得平衡？當這類狂熱分子擺脫社會控制而成為社會的主宰時，會出現什麼情況？要怎樣才能防止某教的信徒攻擊別教的信徒？要怎樣才能使各自宣稱自己乃唯一真正宗教的相對立宗教在社會上和諧共處？宗教的界限為何？成吉思汗急切求索這些疑問的答案，而在八百年後的今日，找到這些答案一樣刻不容緩。

導論

神的憤怒

軍營裡的夜晚是年輕士兵狂歡的時刻，但太陽升起前的最後黑暗時刻則屬於身經百戰的老戰士，他們不發一語攪動記憶的灰燼，等待曙光的到來。這是遊魂在世間遊走，對過去的悔恨和未來的憂心縈繞於人心的時刻。六十歲的成吉思汗有許多回憶可品味、可追悔。

一二二二年，當他進入晚年之際，仍在外征戰。他所記得的人生歲月都在征戰中度過。在他的指導下，有個兒子正在伊朗北部打仗，另有兩個兒子帶兵於烏茲別克的花剌子模帝國征戰，還有個兒子跟他一起待在阿富汗的山谷裡。他麾下將領要去攻打歐洲俄羅斯的罩門，此時正在高加索山高歌猛進。他已征服和消滅的城市和國家，多到記不清。

波斯編年史家朮茲札尼（Juzjani）寫道，「根據可靠之人」的說法，他「身材高大，孔武有力，體格壯碩，臉上毛髮稀少且轉白，具有貓一般的眼睛，眼神散發著專注、精明、過人本事、對世事理解的透徹，他是令人望而生畏的屠夫，公正、果決的摧敵者，大無畏、好殺戮、殘酷。」成吉思汗和他的蒙古戰士的外表，令人一望生畏。「他們面目猙獰嚇人。」亞美尼亞編年史家乞剌可思・剛扎克（Kirakos of Gandzak）如此寫道。中國南宋特使趙珙寫道，他們「其面橫闊，而上下有顴骨，眼無上紋，髮鬚絕少」，但有些人的人中或下巴上有一些毛髮，眼睛細而銳利，嗓音高而尖，能吃苦且長壽。趙珙表示看到這位大汗未像皇帝般蓄髮，而是留著與他的士兵一樣的獨特髮型，大為驚訝。大汗頭頂剃光，額頭上有劉海以保護靈魂，並有兩條辮子下垂及肩。這樣的髮型雖然奇怪，對防止虱子上身卻管用。年老時，他稀疏的長鬍轉為灰白。

與他人的一生相比，成吉思汗成就斐然。他出生於蒙古草原偏遠地區的某個次要家族，逐步征服了一個又一個比他還強大的敵人。他不是可汗之子，不是強大家族的繼承人。事實上，他和他母親被趕出自己的部落，任由自生自滅。四十五歲時他完全掌控人口將近一百萬的草原諸遊牧部落，此後他才開始突破局限他早期人生的蒙古高原，向外征伐。征服了蒙古高原旁邊的西伯利亞、中國北部和西部、天山的西遼帝國之後，他開始對付花剌子模國王，該國王的領土涵蓋從裡海到阿富汗的大部分中亞地區。他的軍隊繼續西征，入侵伊拉克、亞美尼亞、喬治亞及俄羅斯南部。

他以約十萬之眾打敗了兵力十倍於他的軍隊，降服了數億人。他驕傲的後人尹湛納希（Injannasi）寫道，成吉思汗「征服了此前從未聽過的土地」，他的帝國「抵達此前從未踏足過的世界遙遠角落」，他「在海外四處征伐，包括許多異國。」他所征服的土地和人民，比歷來所有皇帝所征服的還多。他把敵人埋葬在他蒙古快馬捲起的塵土裡。

他既有獵人悄悄靠近獵物的本領，又有牧民的機敏，能引領山羊、綿羊、乳牛、馬、氂牛、駱駝穿過遼闊大地，同時保護牠們不受掠食者和天災的危害。他的軍隊移動快速又靈活，觀察家一再將其比擬為風暴、洪水或其他迅猛的自然力。他輕鬆攻下一座座城市，就如他的馬踩過花草那般輕鬆。他大敗敵軍，把數千人遷移到他處，就和移動他的牧群到新草地一樣平順。他要被打敗的敵人活命或受死，就和冬天初降臨時決定哪些牲畜該宰殺一樣毫不遲疑。

蒙古人征伐的範圍之廣，令人咋舌。在約七十五年的歲月裡，成吉思汗和他的子孫在今日約四十個國家的領土上征戰。從成吉思汗一二〇九年首度發兵征討到該世紀末他的孫子忽必烈汗（Khubilai）去世為止，蒙古人征服了今日以下諸國的領土：俄羅斯、中國、南北韓、哈薩克、塔吉克、烏茲別克、吉爾吉斯、土庫曼、阿富汗、巴基斯坦、伊朗、伊拉克、敘利亞、亞美尼亞、喬治亞、亞塞拜然、土耳其、保加利亞、波士尼亞、塞爾維亞、克羅埃西亞、羅馬尼亞、白俄羅斯、烏克蘭、捷克共和國、斯洛維尼亞、摩爾多瓦、立陶宛、匈牙利、希臘（色雷斯）、阿爾巴尼亞北部、波蘭、緬甸，以及西藏、喀什米爾等如今隸屬較大國家一部分的幾個較小國家。蒙古人還使統治今日越南、泰國、柬埔寨的諸王國稱臣納貢。蒙古鐵蹄所到之處，從布達佩斯到今日的首爾，從河內到布達佩斯，綿延超過五千哩。

從蒙古人征伐失利的地點，也最能反襯出他們所征服領土的遼闊。他們在維也納近郊遭遇挫敗，蒙古兵鋒在西方亦受阻於埃及的馬木魯克，在東方受阻於日本軍隊，在南方受阻於今印尼境內的爪哇王國。在美國於二次大戰期間同時與德國、日本交戰之前，沒有哪國的軍隊能同時在相隔如此遙遠的地方作戰。

成吉思汗在宗教主宰世界、諸神大行其道的世紀橫空出世。從太平洋上的日本到大西洋上的愛爾蘭，伊斯蘭教宣禮員的召喚禱告聲、教堂鐘聲、僧侶念經聲、朝聖信徒的歌唱聲，飄蕩於城市、鄉村空中。不論是在中國宋朝的京城、報達哈里發的王宮、羅馬的教皇寶座、君士坦丁堡拜占庭皇帝的宮廷、開羅愛資哈爾（Al-Azhar）大學、德里蘇丹的要塞，還是西班牙境內塞維爾、格拉納達的清真寺，皆高調表現宗教虔誠，並且也都是藝術、文學、建築及哲學的主要精神。在那個宗教的黃金時代，瘦高的佛塔聳立於亞洲東部和南部，宣禮塔遍布穆斯林世界，主教座堂尖塔在歐洲高高指向天空。它們把人的思維舉向天，猶如一根根勝利之柱，宣告宗教新力量主宰一切和表面上的亙古長存。

宗教凌駕世俗生活。教士、喇嘛、僧侶、毛拉[3]（mullahs）支配曆法，確立競爭者各自的勢力範圍，徵收稅款。他們主持法庭，管理監獄，建立大學，開設醫院，掌理酒廠、銀行、妓院、拷問室。他們大肆揮霍貧富信徒自願或非自願的捐款，使宗教的藝術、文學、音樂、建築輝煌燦爛，猗歟盛哉。透過以書法呈現的可蘭經文、山區和寺廟裡的佛像雕刻、呈現耶穌生平事蹟的畫作，藝術已成為向世人灌

3 （編註）伊斯蘭對宗教學者、導師或領袖的敬稱。

輸宗教信仰的利器。

許多有組織之宗教的教主，宣稱自己是上天授意的世間代理人，卻悍然無視「天意」，違反自己聖典的精神，傾注心力於最令他們開心的事：搜括財富，專斷地制定飲食法和兩性法然後懲罰違反此二法者，建造宏偉建築，舉行花俏的裝束儀式，為了聖典裡該不該加標點和該用什麼顏色的墨水書寫而大打出手。由於皇帝大權旁落，國王老邁，貴族忙於打獵或作詩，宗教權勢更盛。

在歐洲，教皇擁有最高權力，大力壓制國王和異端，且日益提防他人奪權。在穆斯林世界，搖搖欲墜的阿拔斯王朝哈里發以報達（現巴格達）為都城統治帝國，其身分既是世俗皇帝，也是穆罕默德的神聖繼承人，權位較小的毛拉則在帝國全境的村鎮執行真主的啟示。阿剌木忒（Alamut）的阿薩辛教派（Cult of Assassins）是伊朗山區一個特別心狠手辣的什葉派狂熱分子教派，許多穆斯林、基督徒和多神教徒皆命喪他們的毒手，他們不時現身殺害膽敢批評他們或不肯乖乖獻貢的統治者。

宗教的大行其道既未帶來和平，也未造就繁榮。每個教派都在鞏固其在自己地盤裡的權力，各自宣稱自己所擁有的神啟是唯一的上帝啟示，彼此展開爭鬥。基督教、佛教和日益壯大的新興宗教伊斯蘭教這三個好戰團體的追隨者，為了稱霸世界，彼此激鬥。佛教某些教派的僧侶練功習武，基督教徒和穆斯林建立以散播自己宗教的上帝啟示和在世間打造神國為宗旨的大型神聖民兵組織。諸宗教彼此對抗，控制歷史，宣稱未來由其支配。每個宗教都宣說必會帶來永久和平的技法和儀式，且精神救贖之道完全控制在其手裡。

宗教未打造出洋溢著藝術、慈悲、美感的精神烏托邦，反倒使世界充斥著怨懟與仇恨。此前的戰爭大部分是為了滿足人的淫欲與貪婪而起，但世界性宗教的興起鼓勵人仇恨、殺戮，只為了要人們以別種方式崇拜上帝。受宗教驅動或被宗教合理化的戰爭，強力威脅了世界和平及社會安定。各擁其神而開打的戰爭，超越貪婪、嫉妒、族群，成為暴力的最大根源，而且這些神永遠不滿足。一場衝突平息，立即有某教信徒捏造另一個藉口，向不信者、多神教徒、教內異端，或他們口中的異教徒開戰。滿腔宗教情懷的虔信者發覺，只要出以慈悲、愛好和平的上帝之名，拷問、搶劫、毆打、弄瞎、強姦、火燒、溺死、餓死、肢解或奴役任何人皆不是難事。當對付的是據認會危害真宗教之人時，從殺嬰到族群滅絕，任何加諸他們的懲罰都談不上過分或喪盡天良。這類殺戮未違反宗教戒律，而是神聖職責，是保證會讓殺人者得到永恆回報的聖事。

就在十三世紀人心混亂、殘暴之際，有支驃悍的軍隊，騎著長滿粗毛的馬，從冰天雪地的遙遠北方突然南下，衝進各地的佛寺、清真寺、僧院、堡壘、宮殿、主教座堂。此前從未有軍隊以如此迅猛之勢狂飆於諸大陸全境。蒙古人個個騎馬，沒有步兵或輜重車隊拖慢速度，能一連馳騁數日，途中一路換馬，需要睡覺或就食時，就在馬背上吃睡，不必停下來紮營或生火。蒙古軍襲擊彼此征伐的諸國，宣告自己是上帝的懲罰，上帝派他們來制伏在位君王，使他們造福萬民，並恢復「天意」和「上帝的命令」。

上天派了許多使者到人間：孔子、佛陀、耶穌、摩西、瑣羅亞斯德（Zoroaster）[4]、摩尼、穆罕默德和許多較次要的先知。起初，以波斯語、梵語、漢語、阿拉伯語、希伯來語、希臘語、阿拉姆語（Aramaic）和其他現已不通行的語言寫成的聖典，皆受到熱情接納，不久後卻遭到濫用和忽視。成吉思汗未送出來自上天的新聖典，未建立新教會；他深信上天已送出足夠的聖典，所有人基本上能知道是非對錯。因此，他著手整頓偏離正軌的國家，引導既有的宗教實現它們助人服從「上帝命令」的使命。勸說、諂媚及賄賂不足以使已廣獲認可的宗教當局和代表宗教當局掌權的統治者改弦更張；他要用武力，用噼啪作響的鞭打，將他們拉回正軌，把他們趕回到符合道德的路子上。

成吉思汗看重他所遇到的所有宗教裡尋獲的道德真理，卻不信任那些宣稱擁有宗教權威卻往往濫用的人。他要做壞事的人為自己所作所為負責，將某些人處死，並查禁其餘的人。對廣大老百姓，他宣告只要履行對社會和對天的義務，就一定給予他們自由和金錢支持。

成吉思汗的軍隊最初清一色皆為蒙古人，但很快就成為十足的多民族聯軍：亞美尼亞人、喬治亞人、欽察人、奧塞梯人（Osettian）部隊來自高加索山區；還有數十個不同部族的突厥人，從中亞前來加入蒙古軍隊；中國工程師造出用來攻破城牆和讓整條河川改道的可怕戰爭機器，中國醫生負責包紮傷患；斯拉夫人被遠從俄羅斯帶來，還有來自日耳曼薩克森的礦工，一同加入蒙古軍，甚至有個英格蘭貴族變節投入這支全球性軍隊。曾有個阿拉伯作家描述蒙古軍撲天蓋地，猶如大群蝗蟲。成吉思汗死後，他的兒子和孫子繼續征討腐敗的宗教、政治體制。蒙古人擊潰阿薩辛教派，摧毀他們在敘利亞境內築有嚴密防禦工事的山區藏身處，把他們的教主送到蒙古處決，然後在一二五七年向報達進發，開始對付哈里發。

蒙古大軍一二五八年攻克報達，結束了漫長且早已褪色黯淡的阿拉伯人黃金時代，但蒙古騎兵未就此止步。此後直至這個世紀結束，蒙古人繼續擴大他們的帝國，摧毀基輔和該城的主教座堂，隨之消滅東正教斯拉夫世界的文化中心，輕鬆吞滅吐蕃，打敗高強的朝鮮半島武僧。在匈牙利、波蘭的戰場上，他們徹底打垮基督教騎士團。這些騎士先前即誓言將財富與性命獻給教會，於是蒙古人俘擄他們之後，要他們履行諾言，並殺掉他們的領袖西里西亞的虔信者亨利公爵（Duke Henry the Pious of Silesia）。剩下的戰俘被送往西伯利亞的礦場和哈薩克山區。

蒙古大軍揮兵攻打大馬士革，接受身為安條克親王及的黎波里伯爵的博希蒙德六世（Bohemond VI）投降，兵鋒最西遠至埃及邊緣的巴勒斯坦加薩地區。此後，他們拿下中國南部，攻入東南亞，輕鬆征服白族所建立的大理國，並拿下緬甸的蒲甘（大理國歷任國王有數人禪位為僧，緬甸國王則把巨資耗費在興建宏偉佛塔，而非構築防禦體系上）。[5]

4 （編註）又名查拉圖斯特拉（Zarathustra），瑣羅亞斯德教（Zoroastrianism，又稱祆教、拜火教）的創始人，該教起源於古波斯地區並信仰一神論。

5 美國總統西奧多．羅斯福（Theodore Roosevelt）在美國帝國世紀的開始時曾寫道，「他們處死哈里發，劫掠報達，就和他們劫掠俄羅斯、匈牙利的城市一樣」，「他們徹底摧毀膽敢抵抗他們的突厥部落，就和他們對付歐洲境內任何抵抗時一樣的徹底……他們征服中國，建立蒙古王朝。他們的後代也征服了印度，也在那裡建立了偉大的蒙古帝國。波斯同樣落入他們手裡……他們一舉就擊倒俄羅斯人，把土地踏成他們馬蹄下的血沼。他們一仗就擊潰馬札兒人，劃出一道貫穿匈牙利的寬大紅溝，迫使匈牙利國王倉皇逃出他的王國。他們橫行波蘭，消滅西里西亞一地的北日耳曼騎士團。」

蒙古人把矛頭指向宗教中心，既因為它們庇護敵對的政權，也因為它們有龐大的財富。他們洗劫寺廟和紀念性宗教建築，搶走金銀製品以便切割或熔化轉作他用，拿走所有值錢的東西，把剩下的大部分東西毀掉。從基輔的主教座堂到報達的清真寺，蒙古人把宗教建築和豪華宮殿或日常市場一視同仁看待。他們把大量宗教財富重新投入市場流通。他們重振絲路，開闢國際性的客棧、銀行網絡以便商人通行無阻，消滅土匪和海盜，建造橋梁，清理港口，降稅，努力建立全球紙幣體系，這批財富隨之促成第一波全球性的經濟發展。數千名商人，包括馬可·波羅（Marco Polo）和其父親、叔叔，不久後就走蒙古人的路線從歐洲長途跋涉到亞洲，再返回故鄉——蒙古人打破狂熱宗教的控制，開啟了前所未見的全球繁榮時代。

成吉思汗的孫子貴由（Guyuk）汗宣布，「由於上天，從日出到日落，所有國度都已授予我們。沒有上天的命令，誰能做成什麼事？」成吉思汗的另一個孫子蒙哥汗，繼貴由之後接任大汗之位。他告訴法國國王路易九世（Louis IX），「這是長生天的命令：天上只有一個長生天，地上就該只有一個君主成吉思汗。」蒙古人深信上天透過祂所授予權力的那些人表達祂的意旨，深信祂已要成吉思汗擔起確保「從日出到日落之地的幸福、和平」的任務。

對成吉思汗的敵人和他們此後數百年的後代來說，成吉思汗一直是上帝的敵人。他死後，外界只記得他的征服和破壞，不記得他的成就。歷來無數書籍、戲劇、歌曲及影片描述了他的強大軍隊，但他的勝利通常被說成沒必要、無腦的破壞，只帶來血流成河、焚書、割耳及頭骨堆。如果成吉思汗真的在歷史上扮演過什麼角色，那就是代天行道懲罰世人——他是「上帝之鞭」。

與外界這一認知相反，蒙古人始終把成吉思汗視為他們的精神指導和宗教導師，與佛陀、耶穌或穆罕默德相當。蒙哥汗提到他時，不只稱他是蒙古國的創立者，還說「成吉思汗，甜蜜而令人崇敬的上帝之子。」[6]上帝的誡命很簡單：每個國家都必須聽從蒙古人。蒙古大皇后斡兀立·海迷失（Oghul Ghaimish）在寫給路易九世的信中說道，只有透過降服，才能令世間那些「用四足走路者」和「用兩腿走路者」乖乖不鬧事。

我們對成吉思汗早年的瞭解，大部分來自《蒙古祕史》這份寫於他去世兩年後的文獻。有人——很可能是蒙古最高斷事官失吉忽禿忽（Shigi-Khutukhu）——竭盡所能收集了與蒙古開國君主有關的所有資料。成吉思汗的話語具有某種力量，因為他征服了世界，於是有人認為，控制他的話語的人能利用那股法力。因此而問世的文本是具有神祕力量且應受到嚴密守護的珍寶，很快就被鎖藏起來。原稿歸皇族所有，他們小心守護，唯恐失去，往往連自己人都不輕易示之，只在必要時，例如有一份副本得跟著大軍一起出征時，才允許製作副本。這份文獻以只有少數人看得懂的暗語寫成，久而久之即佚失，十九世紀才重見天日，二十世紀終於得以破譯。

6 「甜蜜而令人崇敬的」似乎指涉摩尼教的耶穌是甜的一說。這可在摩尼教「詩篇」中找到：「嘗一下，就知道主是甜的。基督是真理之言；聽到此言者會活。它嘗起來是甜的，我發覺沒有東西比真理之言還甜。嘗一下，就知道主是甜的。」

《蒙古祕史》在身，將賦予人權力，因為手稿被認為能傳送成吉思汗的靈，令《祕史》擁有者的對手和外敵心生畏懼。當《祕史》的擁有者需要它來加持他想採行的策略時，可以搬出其中的一句話或故事來加持，而存世的《祕史》副本不多，因此有幸也擁有其中一部副本的此家族遠親，能以手中副本質疑前者所搬出的話或故事。要分辨何者是成吉思汗真說過的話，何者是後人為了一時的需要而編造，變得愈來愈難。流通的少數副本可能始終就非完全一致，久而久之它們還被人進一步刻意修改，不合需要的段落佚失，而新的篇幅則隨著政治的突發需要被人加入。

這些不盡相同的《祕史》版本構成部分相互一致的幾份文本基礎，而那些文本最後則以數種不同書名為人所知，包括中國境內的《聖武親征錄》和蒙古境內的《蒙古祕史》——在波斯的伊利汗國[7]境內，它被稱作阿勒壇·迭不帖兒（Altan Debter），即「金冊」。總而言之，成吉思汗的話語、智慧、律法、教誨，以蒙古語「札撒」（yasa，意為「敕令、命令或律法」）為本，而有多種大同小異的統稱，例如Ikh Yasa, Yasa-nama, yasa-yi-buzurg, as-Si-yasa, yasaq, zasag, jasaq等。

成吉思汗走出蒙古展開征伐後，威名遠播，於是我們擁有以漢語、拉丁語、波斯語、阿拉伯語、亞美尼亞語、喬治亞語寫成，以他為主題的早期編年史，且提供了彼此大相逕庭的穆斯林、基督徒、儒士、佛教徒、道教徒、猶太人的觀點。此前歷史上少有人受到差異如此鮮明之數種文化的強烈關注。

在征服敵人、洗劫他們的城市、控制他們的市場之後，成吉思汗開始思考敵人們的作為和他們掛在嘴上的信念一致性程度有多高。從前，宗教當局習慣於裁定他人有罪或無罪，判生判死，此時則發現他們自身和他們的信仰受到一名不信教者的審判。「你們犯了滔天大罪，」成吉思汗對著剛收服的不花剌（Bukhara，今日的布哈拉）諸位領袖如此喊道。「你們之中的重要人物犯了這些罪，」他說明，「如果問我此話有何證據，我會說那是因為上帝的懲罰。如果你們沒犯大罪，上帝不會派像我這樣的人來懲罰你們。」

他停頓下來，讓通譯譯出他所說的話，然後向眾人談起他與上帝的「密切聯繫」和「透過祂的授意他擁有治理世間萬國的權力。」就像他要戰敗的領導人為誤導他們自己的社會負責，要宗教領袖為他們的作為和他們追隨者的行為而負責。他對判定聖典的正確性、先知的真實性或任何人所宣稱信仰的事物興趣不大——他只根據他們的作為來評判他們。

成吉思汗似乎對外界如何評判他與其他征服者的功業高低不甚知情或對此不感興趣。他把自己的攻城略地視為沉重的義務，而非榮耀。他在履行命運要他扮演的角色，以及對自己人民所肩負的義務。佇留於氣候宜人的阿富汗時，他的注意力偏離瑣碎的軍務，畢竟憑著蒙古軍驍勇善戰的威名，如今輕易就

7 （編註）Ilkhanate，舊多譯為「伊兒汗國」，然按其正確發音應譯為「伊利汗國」。

可克敵制勝。他享受較高海拔地區的阿富汗山谷和肥沃平原的涼爽氣候，注意力偏離過去和現在，聚焦於未來：他死後會出現什麼情況？他的家族會怎樣？他的蒙古人民會怎樣？他的大帝國會怎樣？

成吉思汗坦承他的過人之處不多，但他有識人之明，懂得找到最有才幹之人輔佐並激勵他們盡展才華。在與敵廝殺上他不如兄弟合撒兒（Khasar），在籌謀畫策上他不如麾下將領速不台（Subodei），在決斷上他不如妻子孛兒帖（Borte），在意志的堅定上他不如母親訶額倫（Hoelun）。但他看出他們的過人之處，讓他們為己所用。他最親信的顧問是蒙古同胞，特別是他的妻子和將領，但隨著他邁出蒙古草原，進入南方營定居生活的地區，他迅即運用同一套識人辦法，找出能人大材。每攻下一座城市，他即下令將城內人民和資源（包括他們的技能）清查列冊。於是，他吸收了來自中國的工程師、書記官、醫生和來自穆斯林國家的會計、審計員、金工匠人。

晚年置身阿富汗時，他清楚知道自己大限將至，想與有學問之人談談，聽聽最有學識的文明人的看法，於是召見最優秀的穆斯林學者、中國學者。他要毛拉從他新征服的土地、要中國道士從他們幽靜的道觀，千里迢迢來到還在悶燃的阿富汗城市，向他說說他們的宗教並提供意見。

成吉思汗最初對定居文明的宗教組織深為懷疑，認為有寺廟、財富、盛大慶典的大型宗教可能有所詭詐。但他想聽聽這些奇怪組織領導人的看法。十三世紀的多產學者把·赫卜列思（Bar Hebraeus，舊譯巴爾·希伯來）寫道，成吉思汗召見「地位崇高的智者」，要他們用自己的語言宣讀各自的聖典，在他面前討論各自的宗教並相互辯論。僧侶、教士、星象學家、巫師、預言家、煉金術士、占卜者、賢人、算命師、江湖郎中，長途跋涉數個月，渡過最狂暴的河川，翻過最高的山，越過遙遠的邊界，找到成吉思汗的行營。

他以一次召見一人的方式，與這些自封為宗教大師的人交談，聆聽他們的教義，詢問他們的作為，探問他們的成就，測試他們的德行。他審視帝國內已知的每個宗教，包括基督教、道教、佛教、伊斯蘭教、摩尼教、儒教和從主要宗教分出的小教派。他每日征戰，這些賢人則於夜間與他會面，討論道教、伊斯蘭教的神學，生命的意義，命運，上天與塵世的關係，戰爭、暴力、和平、法律四者在人世的角色。成吉思汗是個畢生以武力追求權力與支配的戰士，但他亦是戮力追求悟道之人。阿富汗的殺戮戰場充當了這場奇怪的哲學辯論之場景，而這場辯論的效應仍以可見和不可見的方式迴蕩於今日整個世界。

這場追索始於更早數年前，蒙古最神聖的山——不兒罕合勒敦山上。

第一部

成為鐵木真

佛入涅槃三千兩百五十多年後，許多惡王出生，令眾生受苦。
為鎮住他們，佛陀下令，於是成吉思汗誕生。

——羅卜藏丹津（Lubsang-Danzin），《黃金史》
（*The Golden Chronicle*），約一六五一年

第一章

吃人的牙

一一六二年秋天，成吉思汗生於斡難河源頭處的一個小營地，當時正值一年中的繁忙季節，要加工處理夏季的乳製品，又要宰殺牲畜貯肉過冬。這是採集松子、野蔥、林菇、藥用植物種籽、枯花，來為冬季的湯品和茶添加風味的時節，也是牧民能喝到源源不絕的馬奶子並享用野草莓和覆盆子搭配酸綿羊奶或酸山羊奶的最後季節——簡而言之，這是一年中最快意的時光。

與他的出身相關並獲認可的事蹟不多，而且都不是讓人欣然樂見的事。他父親蒙古戰士也速該（Yesugei），把已為他人妻子的訶額侖搶回家，不久後訶額侖就生下鐵木真。已有一妻一子的也速該，為了搶這個女人做他第二個老婆費了好大工夫，但如願之後，幾乎立即就再度騎馬出門，襲掠塔塔兒部（Tartars）。塔塔兒是草原上較富有的遊牧部落，與中國關係密切。新丈夫在外期間，訶額侖誕下一子，據說他出生時右手握著一個血塊。後來，這個血塊的存在被解讀為這個男孩注定要走上征伐之路。蒙古人正面看待此事，但他的敵人把這視為他天性殘暴的表徵。

今人根據一連串蒙古文手稿得知成吉思汗的童年歷史，而這些手稿又源自《蒙古祕史》。《蒙古祕史》寫於他死後不久[8]，收錄有一份系譜和關於他家族起源的神話，結合了目擊和參與他一生諸多重大事件者的所有憶述，往往能一字不差地重現對話。《蒙古祕史》以淺顯易懂的文字鋪陳，幾乎沒有添枝加葉，後來的著作則替這段童年故事增添了細節予以美化。

凡是值得講述的故事都適合踵事增華，於是，關於他出生的事蹟，隨著時日的推移，被人添枝加葉而日益繁茂。據某些版本，血塊變成聖石、玉璽或寶石。據佛教的《珍珠數珠》所載，成吉思汗生來具有「美麗標記」，「手中握有一閃亮的紅色寶石，同一日天上出現一道彩虹。」

也速該攻打塔塔兒部回來之後，以他所殺死的一位戰士之名，將他的新生兒取名鐵木真，意為「鐵人」。也速該以戰場上敢於冒險犯難著稱，希望他的兒子以後不辱沒父親威名。也速該係部落可汗家族之後，但他本人未被選為可汗。他雖擁有一些牲畜，但據《蒙古祕史》的描述，他主要是個獵人和戰士，而非牧民。

8 已知最古老版本的《蒙古祕史》，由兩百八十一個編了號的節（§）構成；大部分外語譯本使用這套系統，因為使用節來檢索，比使用頁碼來得容易。Arthur Waley及Paul Kahn的版本較易讀，亦列入本書的參考書目裡。

關於鐵木真與父親的關係，史料記載甚少，而且這少許的記載令人惶惑不安。在遊牧戰士社會裡，兒子出生時，做父親的常常不在家，但也速該不在家可能未必純粹出於偶然。問題似乎出在——誰是鐵木真的生父？據十八世紀的某份蒙古文手稿，訶額侖遭劫走時已有孕在身，因此她的第一任丈夫，蔑兒乞部（Merkid）的赤烈都（Chiledu），才是他的生父。後來的手稿，特別是出自佛教徒之手者，未交代他父親的名字，甚或賦予他超自然的出身，把他說成佛教某神祇投胎轉世，但他的氏族裡卻少有人把他看得如此崇高。

蒙古社會看重後天的父子關係更甚於血脈。如果某個男人將孩子視如己出，部落會認同他們的父子關係。在也速該的世系裡，父系血脈雖數度遭打斷，但孩子還是會成為家族和氏族的正格成員。不過也速該選擇不接納鐵木真，或始終冷淡對待。

一般來講，蒙古小孩出生時，父親會送上第一份禮物，通常是用自家綿羊毛製成的毛氈人像，但鐵木真出生時，父親遠在外地打仗。這時，正好有另一個身分不明的人在場，這人只是個看來無足輕重的獵人，名叫札兒赤兀歹（Jarchigudai）。他肯定不是鐵木真的父親，但在這個男孩的童年時代扮演了父親的角色。

札兒赤兀歹屬於兀良哈部（Uriyankhai）的某股。兀良哈部是林中百姓，住在聖山不兒罕合勒敦山周遭。兀良哈人獵狼、狐、黑貂、北山羊、鹿、林羚，不像遊牧民族般住在圓形毛氈蒙古包裡，而是居住在用木頭和樹皮搭成的小型圓錐狀帳篷中。兀良哈部有好幾股，大多都不放牧草原牲畜，但有些人放牧馴鹿，擠馴鹿奶食用，打獵時騎馴鹿穿行森林。雪太深時，不適合以馴鹿為交通工具，這時兀良哈人就在腳下繫上兩塊木板，用兩根桿子撐地前行。他們也會把骨頭綁在靴底，滑過結冰的河湖。人們看到他們飛也似地滑下山坡或掠過冰面，有時還以為他們在飛。這些奇怪的本事令草原遊牧民既驚嘆且害怕、懷疑，認為兀良哈人有無形的神祕法力。

蒙古人在小孩出生時會請來一位年長的智者替小孩算命。根據《青史演義》，參與鐵木真一生的許多重要時刻的札兒赤兀歹，就扮演這樣的角色——一位「解兆者」。據說他是第一個看出這男孩日後必成大人物且解釋了血塊涵義的人。他窮到沒馬可騎，因而徒步翻山前去看這個小孩。他以打獵為生，沒有綿羊也沒有羊毛可供其製成毛氈人偶送給孩子，於是帶上了他所擁有最值錢的獻禮：一件可充當毯子的厚黑貂毛皮。

在鐵木真之後，他母親又陸續生了三個兒子合撒兒、合赤溫（Khachiun）、鐵木格（Temuge）和么女鐵木倫（Temulun）。也速該的第一任妻子速赤吉勒（Sochigel）也另外生了一個兒子，叫別勒古台（Belgutei），比她的長子別克帖兒（Begter）年幼數歲。到了一一七〇年，也速該一家已有兩個女人和總共七個不到十歲的小孩。由於子女不少，這兩個女人幾可肯定擁有各自的蒙古包，但兩人住得很近。在這時代，年歲皆為概略，因為蒙古人沒有曆法。他們以月亮圓缺和森林或草轉綠多少次估算年歲。每年短暫的夏季冒出新植被，代表又一個年度過去。很少人需要算出比數年還久的時間跨度或曾想這麼做。他們以「森林」（oi）作為量詞計算幼兒歲數——三歲大、四歲大或五歲大——但幾年後或第二個小孩出生後，家庭即開始算不清楚歲數，因此這個詞不用在較年長的小孩或大人身上。

亞美尼亞編年史家海屯（Hethum），對蒙古人持較為肯定的立場。在他一三〇七年的《東方史華》

（*The Flower of Histories of the East*）中寫道，他們「像殘暴野獸，沒有文字，也沒有宗教，牧養畜群，為替畜群找到草料而四處遷徙。他們不善於作戰，受到每個人鄙視，向每個人進貢。」

男人常為了打獵、放牧或襲掠而不在家，妻子則在家用羊毛、毛皮、皮革製作衣服和自家的牆。毛氈是他們最精緻的材料，用數層羊毛打成，雖厚又粗糙但保暖、防水，可作靴子和蒙古包的襯裡。偶爾男人自外襲掠歸來時，帶回來自中國的織布，但蒙古人本身不事布料紡織。

他們沒有金屬製作鍋具，因此把石頭放進燃燒的乾糞堆裡加熱，然後把燒熱的石頭丟進裝了水與肉的碗或皮革囊裡，藉此烹煮食物，或者用同樣方式將獸肉置於自身獸皮內煮熟，什麼都不浪費。取肉食用之前，他們把溫熱的石頭傳給每個人，好讓沾附在石頭上的所有獸脂能被他們的手吸收或被摩擦到他們身體上，以防乾冷寒風吹裂皮膚。天氣嚴寒，要沐浴幾乎不可能，因此蒙古男子去除身上大部分體毛，以防虱子上身，只留下臉上的毛髮和從未被帽子蓋住的那部分頭皮長出來的長綹頭髮。

◆

儘管有時仍會爭吵，但鐵木真與其母親的關係始終親密。他母親大體來講偏愛她的二兒子合撒兒和么子鐵木格。鐵木真在家中地位不穩，由幾件事可清楚看出：有次，他還很小時，他父親舉家搬遷到新營地，卻把鐵木真留在遺棄的舊營地。這究竟是無心還是有心之舉，難以斷定，所幸泰亦赤兀惕部（Tayichiud）的塔古泰可汗（Targutai Khan）找到這個小男孩，並收留了他。那時，他就說鐵木真「眼裡有火，面上有光。」蒙古文獻中未透露鐵木真和泰亦赤兀惕部一起生活了多久，但肯定頗有時日，不然塔古泰不會因為曾撫養他而受到讚許。誠如他後來說明的，「他好似已有學習能力，因此我調教他，就像訓練兩歲或三歲大的馬駒。」

最後鐵木真回到原生家庭，但不久後又離家。一一七〇年左右，他八歲大時（或者照蒙古人的算法九歲大時），他父親決定帶他去他母親的氏族斡勒忽努（Olkhunuud）部，讓他跟著他們生活，據說是為了替他物色妻子。一般來講，男孩會與未來妻子的娘家一起生活數年，為他們提供某種服務，使他們有機會訓練他、測試他，再讓女兒隨他離開，但八歲年紀還太小，不該做如此安排。

這段故事有許多地方交代不清。一般來講，第一個被送出家門的兒子會是長子別克帖兒。而且為何也速該會選上他所搶來之女人所屬的氏族？是因為他想彌補關係，於是把這個男孩送給他們？或者他認定鐵木真這個兒子不是他親生的？還是他想化解與其他家人的某種緊張關係？訶額侖想把他送到娘家以策安全？

無論如何，也速該和鐵木真未能抵達他母親親戚家的牧草地。離家幾天後，他們在某個陌生人的蒙古包裡落腳過夜。這個陌生人叫德薛禪（Dei-Sechen），他的女兒孛兒帖比鐵木真年長一歲。《蒙古祕史》說孛兒帖和鐵木真兩人都「眼裡有火，面上有光。」德薛禪主動表示願納鐵木真為婿，於是與這家人才共度一夜的也速該想也沒想就把兒子給了德薛禪。兩人皆同意這門親事，也速該留下這名男孩和一匹馬給德薛禪。

兩名男子結識才幾小時就爽快同意這門親事，當下還真看不出這門親事會有多重要——不只對這個當事人是如此，對世界史亦如此。這對訂了婚的男女都還只是小孩，對家長談定的婚事毫無置喙的權利，但他們最終不只結為夫妻，還成為世上最有權勢的夫妻。他們的後代將會統治龐大帝國，他們的基因將遍布中國到歐洲的諸多王族與貴族的血液裡。

把鐵木真留在德薛禪的蒙古包時，也速該說了令人費解的話：「我把兒子留下來做你的女婿，但他怕狗」，「別讓狗嚇到他」。這話是什麼意思？《蒙古祕史》裡沒有其他證據可證明鐵木真怕狗或很怕什麼東西。他們的住地很靠近也速該的死敵塔塔兒部，因此他口中的「狗」可能指的是塔塔兒人。而他指的也有可能是鐵木真的弟弟合撒兒，合撒兒一名意為「野狗」。不管是什麼理由，這段話似乎很奇怪，因為也速該的家族聲稱他們起源於化作一隻狗的一道金光，而且在許久之後的人生裡，鐵木真也一再把他最親密的戰友稱作狗。

鐵木真當下似乎安全無虞，但也速該即將要去冒一個全然沒必要的險。先前他在戰場上殺了幾個塔塔兒部的要人，包括作為他兒子命名由來的那位戰士，這時他卻選擇穿過極不利於他的塔塔兒部地盤。他遇見一營地，看到營中正在大宴賓客，口渴戰勝了理智，明知危險，還是決定加入宴飲。他以為、甚或希望不會有人認出他來，於是下場同歡。但正大吃大喝的塔塔兒人立刻認出他來。在歡慶場合流血會令所有與會者遭逢厄運，於是，據《蒙古祕史》記載，他們未中斷宴飲，而是對他下了慢性毒藥。接下來三天，在騎馬回家途中，他病得愈來愈重。一回到自家圍場，也速該就一命嗚呼。也速該頗為信賴的朋友蒙力克（Monglik）出門找鐵木真，把他帶回家。這時他和孛兒帖及其家人一起生活才一個星期多，但這段經歷將永遠銘刻在他心中。

父親死後，鐵木真學到他年幼時期最重要的教訓之一：絕不要相信親戚。一般來講，已婚男子去世時，他的一個兄弟或別的男性近親要娶他的遺孀，負起照顧他遺孤之責。但鐵木真的叔伯不願照習俗承接此責任。他們不願娶也速該的兩個遺孀，不願收留他的七個孩子。這兩個女人沒人要，這些小孩年紀太小且人數又太多，養不起，對任何收容者來說都有弊無利。

也速該死後，族人容忍他的遺孀和遺孤在氏族裡度過第一個冬天，但隨著春天逼近，他們耗盡前一年保存的乳製品和肉。周邊區域的林中動物已被獵光或嚇跑。飢餓和野狼悄悄逼近這個貧乏的氏族。一場暴風雪、一場春寒或一次特別嚴重的霜害，就能使這全族人完蛋。馬兒瘦弱，戰士營養不良，要襲擊敵人奪取食物幾乎辦不到。在這樣的時節，虛弱者會倒下，家人間彼此反目。為保住最強者，最弱者必遭犧牲。

也速該死後幾個月，族人把已成為全族負擔的這兩個寡婦和她們幼小的孩子放逐，送到草原上等死。訶額侖是搶來的媳婦，原本就有丈夫；她不是兩家族間明媒正娶的妻子，因此族人覺得對她毫無虧欠。也速該的另一個妻子速赤吉勒，可能也是擄來的媳婦，族人對她也給了同樣的論定。拋棄這群孤兒寡母的決定，在一年一度烤肉祭拜祖先的春季慶典時宣布。主持全族儀式的老婦公開禁止這兩個新寡婦和她們的小孩參加。訶額侖堅持要出席，老婦即叱責她。其中一人吼道，「法律未要我們叫妳出席、給妳食物」，另一人呼應道，「習俗未要我們叫妳出席、給妳食物」。

祭祖儀式結束時，眾人決定帶領倖存的牲畜遷走，尋找亟需的牧草地。老婦當著所有族人的面，向也速該的遺孀和小孩宣布了形同死刑的決定。禁止參加祭祖儀式只是開頭，更惡毒的對待還在後頭。她們命令族人「把這些孤兒寡母留在營地，全族人離開，不帶他們一起走！」

對遊牧民來說，在草原上遭遺棄再慘不過。誠如十七世紀手稿《黃金史》所說明的，「如果某人與自己的親友分開，那人會成為附近之人的食物。如果某人與自己的親戚分開，那人會成為孤兒的食物。如果許多人死掉，那人會成為孤立之人的食物。那人或許能找到所有會動的東西，但找不到親友。那人或許會找到部落和人，但找不到自己的親族。」

族人遷走，前去尋找「溫暖的夏季嘴巴」（蒙古短語，意為「夏季的開始」），留下這多餘的一家人等死。為永絕後患，以免他們日後再來騷擾，離去的親戚搶走這家人的牲畜和家當，然後拋下他們。整個族裡只有一個老人站出來反對這背棄孤兒寡母的不義行為。他叱責自己族人，結果卻挨了刀子，也被拋棄，跟著遭遺棄的孤兒寡母一起等死。事已至此，無可改變！《蒙古祕史》寫道，「深水已乾，亮石已碎。」

◆

蒙古高原是乾燥、寒冷的高地，愈往南走，天氣愈乾燥溫暖。三道生態帶橫亙東西：南生態帶是乾燥、多岩的荒漠，叫作戈壁；中生態帶由綠色草原構成，叫塔勒（tal）或希爾（kheer）；北生態帶是山林區，叫杭愛（Khangai）。鐵木真的氏族住在草原生態帶與多山杭愛區的交界處，在那裡，遊牧民世界與森林獵人的世界接壤。遊牧民夏季時能到草原上放牧牲畜，冬季時可退到山區避寒。

草原上的生活，即使在最好的年分都很艱苦。短暫的夏季期間，天氣酷熱，接著是漫長的寒冬。沙塵暴、暴風雪和乾旱或洪水的威脅是這個地區揮之不去的困擾。雖然生活艱苦，訶額侖頑強不屈，奮力保住她的小孩。流落草原必無活路，於是她帶著小孩逃進森林。速赤吉勒和她的兩個兒子若非一開始就跟著訶額侖走，也是在不久後就前去投奔他們。他們前往這地區最高、最神聖的山。蒙古人極尊敬山，忌諱直呼山名，使用各種迂迴的說法或替代名稱。訶額侖逃去躲藏的山叫肯特汗（Khentii Khan），意為「肯特地區之王」，或者更普遍的稱呼——不兒罕合勒敦山，意為「神山」。札兒赤兀歹就是從這座山前去探望嬰兒鐵木真，把帶去的黑貂毛皮送給他。

在陽光普照的草原，人騎在馬上，突出於周遭萬物之上，數哩外就能看到，而森林裡隱隱聳現的陰影，想必令習慣草原環境的遊牧民覺得既害怕又詭異。誠如《蒙古祕史》所描述的，那是個有著「吞噬人的沼澤地」的地方，「森林濃密到無法穿過，掏掉內臟的蛇都鑽不進去。」但那是個山坡上長滿草木的地方，生著大片纖細的高山火絨草、迎風擺動的針茅、紫苑、丁香、勿忘我草、壯麗的婆婆納、美麗的柳蘭。夏季，這些綠地上有成群的蜜蜂、黑蝴蝶和橘蝴蝶飛舞，還有許多在花與花之間拚命結網的蜘蛛。風一停，碩大的蒼蠅即成群聚集，杜鵑清亮的叫聲從峭壁反彈回來。

第一個短暫夏秋的美麗與豐饒很快就消失，無情寒冬隨之降臨，溪流和小河封凍，動物消失無蹤。原本青綠的落葉松針葉轉黃，掉落地面，猶如替地面鋪上金毯，不久後又被白雪覆蓋。刺骨寒風猛然吹過崖頂，威力大到能把裸露的臉皮刮掉或使腳趾頭脫離。漫漫長夜狼嗥聲不斷，天氣冷到連月光都似乎結凍。

訶額侖毅然面對險境，把這塊影影綽綽、神祕莫測的地方打造為她小孩的避難所。在森林裡，她努力尋找小孩能吃的食物，用一根黑棍挖起土裡的根，要她的兒子找尋嚙齒目動物、小鳥、魚和正常情況下沒有牧民會拿來烹煮的不潔食物。捕魚和獵鳥是兀良哈人的專長，這群遭放逐的男孩很快從林中百姓那兒學會這些本事。這群難民躲在崖縫裡，並築起路障防止他人騎馬進入森林抓走他們。

靠訶額侖的努力不懈和隨機應變，鐵木真和他的弟弟妹妹活了下來。她把自己所知道的全教給他們，但身為來自遙遠草原上另一個部落的年輕婦女，她不清楚她已故丈夫的家鄉傳統或這個奇怪地方的聖靈與故事。對草原部落而言，土地就是宗教。他們尊崇高山、河川、山口、聖石、樹木。被逐出部落、家鄉，也意味著被逐出他們的精神共同體。鐵木真沒有父親、祖母、姑姑、叔伯或自己家族的長輩，被自己關係最緊密的親戚認為不配活著而受到他們排擠，得找出自己與精神世界的聯繫。

訶額侖竭盡所能教導她的孩子認識《古話語》（*Ancient Sayings*）——諺語、神話、謎語、詩的集合體。它們蘊含有智慧，但未構成統一的教條或學說。這些古老話語與其說具有規範性或教導性，不如說是具有刺激思考的功用。它們提供解決問題的指導原則，可輕易修改以配合新情況，從而構成一套靈活、與時俱進的知識。蒙古人識字者極少。他們以母傳女、父傳子的方式把故事一代代傳下去，但大部分時候他們贊同身教，也就是效法他人的行為，而非只相信言語。

這群孤兒寡母最需要的東西是食物、保暖及安全。活命是第一要務；不為任何理由的探究未知，乃至報仇，都得多年後再說。鐵木真這個沒做錯事卻遭逐出自己部落且被譴責的小孩，把情感深埋心底，但因為受到不公不義對待而生起的憤怒之心，不斷地嚙咬著他。蒙古有句老話說，「嘴裡的牙吃肉，但心裡的牙吃人。」

隨著一再遭遇令他憤慨的事及沒來由的侮辱，隨著一個個冬天過去，鐵木真心裡的牙愈發銳利。

◆

一日，訶額侖一家人紮營於不兒吉陡坡（Burgi Escarpment）上，老獵人札兒赤兀歹忽然又從森林裡現身。他背後繫著鼓，那鼓是靈性強大的男女用以和靈界溝通的傳統工具。[9]從那之後，鐵木真的道德教育和精神教育就由三個人非正式的主導：他母親訶額侖、一名投奔他們且「耳似鼬鼠、眼似白鼬」的老婦、山中獵人老札兒赤兀歹。

在不兒罕合勒敦山上，這個老獵人教鐵木真認識基本的精神生活。究竟札兒赤兀歹是他的本名，還是後來被授予的敬稱，並不清楚。這個名字除了表示道德原則，還具有嚮導兼信使的意思。[10]札兒赤兀

9 部分譯本認為他背後的東西是打鐵用的風箱，而非鼓。

10 這個名字與以下的現代蒙古語詞有關：zasag（治國原則）；zasakh（改善）；zarchimlakh（確立原則或遵循原則）。

歹是鐵木真名義上和實際作為上的精神導師，為他指出人生的正道。

他告訴鐵木真，「寰宇之母」存在於浩大的虛空裡，那個虛空是個深淵，裡面沒有時間或空間，沒有人或幽靈，沒有光或形體，沒有上也沒有下，沒有善也沒有惡。她是最初的愛，四處尋找可接受其強烈溫情的東西，因而需要一個小孩。她從她無垠的靈魂創造出天，天上沒有光，於是她拿出自己跳動的心，把它變成太陽，照亮天。她以天為配偶，在她的黃金子宮裡懷了一個小孩，但小孩生出來後沒有地方可住，於是她把自己的身體化為大地。為使大地充滿生機，她的乳房成為泉水，那泉水成為滋養萬物的河川之源頭。她是個好母親，獻出自己的身體，讓她的小孩得以出世、成長、茁壯。她是每個把自己身體獻給小孩、讓他們得以存活的母親。

在自己氏族和部落不願保護鐵木真時，不兒罕合勒敦山保護了他，而從他母親和老獵人那兒，他懂得尊崇這座山，視它為世界的中心、生命的源頭。宇宙的三維在這座山的山頂交會。上方是名叫騰格爾（Tenger）的光海，也就是天；下方是水海，叫達賴（Dalai）。陽性天與陰性海交會之處是大地，大地漂浮在光海和水海裡。在這座山的山頂上，母地與父天相會。在這裡，陽光融化冰，水涓滴往下流過岩石與土地。誠如一千多年前鄂爾渾河（Orkhon R.）附近的某塊石頭上所記載的，「上方的藍天與紅褐色的地被創造出來時，人在天地之間被創造出來。」

森林遍布的山區，即杭愛區，是豐饒的生命泉源，但在林線之上的山區，巨石和陡峭岩壁突出於終年不化的冰雪之上，似乎生意杳然。這個陽性元素提供了大地的硬骨。陰性森林和陽性岩石一起構成萬物的起源。它們共同構成一個含有三種靈魂的世界：陽靈、陰靈、不死之靈。因此，每個動物既領受兩個會死之靈，還領受一個永遠不死不滅之靈。據蒙古人的信仰——人——一如其他動物，降生時骨頭裡有陽靈，血肉裡有陰靈，心裡有永遠不滅的靈魂。

◆

不兒罕合勒敦山的冬天是獵殺的季節，但也是一年裡最神聖的季節。雪，一如奶，被認為具有既能淨化身體、也能淨化靈魂的純淨靈性。獵人用新雪使勁地擦裸露在外的肌膚，直到雪融、皮膚轉為鮮紅為止，使身體能承受下雪後必然降臨的寒冷，並淨化自己最近的不當行為。這項儀式被普遍認為與冬季第一場大雪的降下有密切關係並主要由男人施行，但只要身體或靈魂需要恢復純淨，就可執行這儀式。

如札兒赤兀歹等較有經驗的獵人，也鼓勵年輕人以其他方式考驗身體的能耐。每個日子都是場搏鬥，要和種種危險——寒冷、炎熱、饑餓、口渴、孤單或痛楚——搏鬥。碰不到新挑戰的日子，蒙古人自行創造挑戰。他們常手握熱燙的石頭，拿熱石摩擦身體或坐在最熱的火旁，努力不顯露痛苦。每個挑戰都是征服的機會，讓人有機會征服自我。

波斯史家拉施特（Rashid al-Din，舊譯拉希德丁），原為猶太教徒，後來皈依伊斯蘭教，但效命於蒙古人，對他們忠心耿耿。他寫道，過去，在斡難河與克魯倫河（Kherlen R.）之間的成吉思汗家鄉，薩滿「光著身子坐在結冰的河裡，冰會因他身體的熱氣而融化，蒸汽會從水面升起。」另有人說，聖徒光著身子走在冬雪裡。[11]中亞神話常把裸身與法力連在一塊，因為幽靈幾乎一絲不掛。

蒙古人不崇拜具有人形的神。在他們看來，沒有什麼具有人形、具有手臂或腿、頭或臉的神，沒有會對他們講話的神。他們只承認有種凌駕寰宇的最高神力，一種沒有形體、不會言說且瀰漫整個世界、不可言喻的神聖存在。他們不相信有什麼神下到世間執行魔法、用燃燒的火舌講話、或與人類交配。他們未把人類的嫉妒、憤怒情緒加諸到天上的神。同樣的，他們認為神沒有向他們講話或授予他們法律的必要。他們深信每個人都含有寰宇之神聖本質的一部分，根據這一神性，每個靈魂都具有基本的道德性，而且這一道德性超越任何能用人類言語描述或能載入法律的東西。

從這個山頂上，人能看到天，根據天候來判斷天的心情，而大地則透過森林的樹來表達其心情。在蒙古語裡，森林除了可用來算孩子的歲數，還蘊藏人地的集體智慧，因為蒙古語的「森林」（oi），包含了「心」與「記憶」的意思。當大地滿意於她的人類小孩，樹就繁茂，果實、堅果或松果結實纍纍；樹的香氣瀰漫空中。人行為不當，樹就長得不好，果實枯萎，原本鮮豔的顏色褪去。崇拜這區域最高山的遊牧民，以同樣方式尊崇最大的樹，以獻供、禱告、儀式來隆重慶祝特殊時節。

與蒙古人一同生活的波斯史家志費尼（Juvaini）寫道，「他們走近樹，向它們致敬，就像乖小孩向父母致敬；他們也向樹木成長的土地表達崇敬之意。」樹吸收雨水，將其轉化為可燃的木頭，藉此把水轉為火。而以類似的方式，樹製造香，香燃燒時把禱告轉化為煙，把禱告帶到天上。地、火、水（生命的陰性元素）在樹裡合為一體。

◆

《蒙古祕史》生動描述了鐵木真童年和青少年時期草原各地的動蕩不安，其中有一段寫道，「星辰運行於天上」，「人爭戰不休，大地翻騰。」蒙古人生活在沒有目的或任何益處的翻騰動亂之中，在那個世界裡，惡行沒來由地持續不止：「人明明不想打仗卻打仗；明明不想背叛和殺人，卻還是背叛和殺人。」鐵木真在有組織的宗教之外成長、在他的部落和祖先所影響不到的地方成長，此後的人生，他始終對這兩者深感懷疑。

鐵木真的年輕歲月在「打漩的水」和「熊熊的火」之間度過，而不兒罕合勒敦山則成為他的避難所。被逐出部落一事，從原本的懲罰變成絕無僅有的身、心、靈磨練機會，使他從此不同於世上他者。一如此前歷代的遊牧民小孩，他懂得以這座山為師，以岩石和樹為他的聖典。他馬匹上鬆脫的皮帶、落下的石塊或長在突兀地方的樹，都可能含有這座山所要從天上傳給他的信息。他開始解讀且漸漸看得懂這些信息。在這座山上，鐵木真有幾次從馬鞍上滑落，從此知道時時保持平衡的重要。再怎麼強大的力氣或意志，都會因為馬鞍上一丁點的失衡而毀於一旦。騎士必須不斷調整他們綁在駱駝上、犛牛上、獸

11　「他是從一名能騎白馬升天的裸身先知那兒領受成吉思這個意為『最偉大』的稱號和征服、支配世間的神授權利。」出自吉朋，《羅馬帝國興亡史》。

拉車上和自己背上的行李。懂得整理好每樣物品的位置，將行李捆綁妥當，保持平衡，成為活命的要件之一。

在艱苦且往往無情的大自然學園裡，鐵木真學得找到正路抵達目的地的本事。在開闊的草原上，騎馬者能輕易找到路，因為放眼望去幾無遮掩。凶險之物近身之前數小時，騎馬者就能先一步看到。白天的太陽和夜裡的北極星有助於遊牧民判定所在位置，從而找到正路，安然脫困；但在山區，路徑鮮少是通行無阻或清楚的。處處潛伏著危險。鐵木真懂得靠解讀樹紋和獸徑，靠著獸糞判定哪種動物在多久以前經過，找到該走的路。

這個年幼男孩能活命，有賴於他懂得分辨馬蹄的回聲和其他野獸逼近的聲音。就是在這座山上，他的「智能開始迸發，腦筋開始開竅。」這座山雖然強大，卻不會逼他做不想做的事；它只會指路。年幼時他得自己擇徑，而且常常選錯路。蒙古人深信要犯上七次錯才會學到教訓，鐵木真得對自己犯的錯心懷戒懼，一如他得對其他每個草原戰士心懷戒懼。

不兒罕合勒敦山的峽谷和岩質露頭提供了庇護之所，也提供了一個可讓他低聲說出害怕之事和他最希望、最冀求、最想要之事物的地方。久而久之，這個男孩與這座山之間的親密情感，彌補了他未能從他的男性親人那兒得到的東西。那些人排擠他，不管他的死活，而這座山成為他的知己和嚮導。他幾乎不信任任何人或向他人透露心事，似乎很少有什麼時刻像在他熱愛的不兒罕合勒敦山上那樣自在快活。他人生中的重要原則和重要的人際關係，發軔於它的山坡上、森林裡和影子下。

鐵木真把自己得以活命歸功於這座山的賜福與庇佑，誓言此後至死祭祀它，向它禱告。據《蒙古祕史》所載，他爬到山頂，「將繫腰掛在項上，將帽子掛在手上，椎胸跪了九跪，將馬奶子灑奠了。」12

綜觀寰宇，他的性命和虱子或蚱蜢一樣卑微，但儘管他不配拯救且落魄，這座山還是救了他，滋養他。

他發誓，「對不兒罕山，每日清晨要祭祀，每日白晝要祝禱！我子子孫孫，切切銘記！」

12 人所繫的腰帶，象徵該人的權力、力氣和人性。除下身上的腰帶後，人以無力的姿態站在別人或聖靈面前。

第二章

上天的金鞭

在某場重大衝突發生之前，《蒙古祕史》鮮少描述這一家人的行為或想法；原本只是兄弟間的爭吵，卻一下子演變為令人意想不到且費解的暴力衝突。鐵木真在少年時代初期與同父異母哥哥別克帖兒起爭執。別克帖兒是速赤吉勒的長子，大概只年長鐵木真兩三歲。衝突的緣由似乎是別克帖兒從鐵木真的魚鉤上搶走一條小魚。別克帖兒想藉此表明他是較強壯的長兄，由於父親不在，他打算負起一家之長的責任。

鐵木真向自己母親抱怨時，母親站在別克帖兒那邊，而非鐵木真這邊。她告訴兒子，他「除影兒外無伴當，除尾子外無鞭子。」按照部落傳統，有妻有子的男子去世後，如果男子的兄弟不願娶他的遺孀，這個遺孀要嫁給亡夫另一個老婆的兒子，即使那個兒子的年紀比她小很多。別克帖兒可能已開始要求訶額侖嫁給他，這可以說明為何她站在繼子那一邊，而非自己兒子這一邊。不管緊張關係的緣由為何，他母親的叱責只使鐵木真心情更差，挑起他心中的恨意。

鐵木真決定除掉別克帖兒，而且在打定主意沒多久之後就動手。他和弟弟合撒兒就像要獵殺野狼或鹿那樣，悄悄跟蹤別克帖兒。發現他坐在一座小山上，他們從兩側分別靠近。別克帖兒沒帶武器在身，因此沒有抵抗。他搬出訶額侖講過的話，先是揶揄鐵木真除了自己的影子外沒有朋友，除了馬尾外沒有鞭子，然後懇求他的兩個同父異母弟弟，說大家應該團結一致對外，而非自己人互鬥。

鐵木真和合撒兒都發箭，一起殺了別克帖兒。他成了成吉思汗崛起過程中倒下的第一人。

知道這慘劇後，訶額侖大怒，厲聲辱罵自己兒子是虎是豹是龍蛇是狼是狗。「你們把事情搞砸了！」她尖聲說。但她再怎麼痛苦流淚，別克帖兒還是死了。鐵木真不為所動，他的那些弟弟不久就體認到，如果和他作對會有什麼下場。只有和他一起殺人的合撒兒始終不怕他。至於別克帖兒的親弟弟別勒古台，儘管胞兄遭殺害，始終沒有貳心，最後成為這一家庭裡最晚離世的成員。

在過往的人生危機——自己遭棄、父親死亡、在荒涼山區長期為勉強活命而奮鬥——鐵木真是個被迫回應外在情勢且無力改變的小孩。那時他年紀還太小，擋不住周遭大人的力量。殺掉別克帖兒則是個轉捩點。他首度掌握自己的命運。此舉戲劇性地展示了他的凶狠和勇氣，但這有利也有弊。為此他引來新敵人的注意，那些人體認到一個能殺害自己兄長的年輕男子，未來也可能威脅到他們。曾救過鐵木真一命的泰亦赤兀惕部首領，這時覺得他是心腹大患。提到鐵木真和合撒兒時，他語帶輕蔑地說，「如今莫不似飛禽的雛兒般毛羽長了，走獸的羔般大了，流鼻涕的傢伙長大了。」於是要部下捉拿鐵木真。

鐵木真逃離泰亦赤兀惕人的襲擊，避難於森林裡，沒多久便又累又餓。他覺得走出森林應該沒事，以為追殺者一直找不到他，這時已死了心。他打算逃出藏身所在的狹窄溪谷時，發現一顆落下的大白石擋住去路。他想把它移開，但被灌木和樹木擋住。他認為這是上天的兆示，要他不要離開，但他不想聽天由命。肚子餓了九天後他知道如果不和等在另一頭的那幫吃得好、武器精良的人打一場，他會死在這山上沒人知曉。他自問，「這般無名，如何死了，不如出去。」

除了用來削尖箭頭的小刀，他沒有別的防身武器，但他還是慢慢切斷擋路的大樹枝，最後終於開出一道大到足以脫身的缺口。泰亦赤兀惕部戰士在灌木叢另一頭守著，把他「拏將去了」，並套上木枷，就像替牛套上牛軛。鐵木真被捉走後受到奴役、羞辱，時時可能性命不保，但他挺住了，未忘卻自己的唯一目標：生存下來並逃跑，揚名立萬。

許久以後，泰亦赤兀惕人在慶祝活動中喝醉，他終於有了脫逃的機會。牢牢套住他脖子和手臂的木枷，旨在防止犯人脫逃，但此時他把這個枷鎖當成武器，用粗木框攻擊一名俘虜他的人，把他擊倒，然後逃走。他木枷在身，跳進冰冷的河裡，躲避追捕者。那天深夜，在一戶先前結交的人家幫助下，他拆掉木枷，逃離敵人，回到自己家人身邊，回到安全的不兒罕合勒敦山。

◆

小時候，母親每天含辛茹苦養活小孩，那份拚搏鐵木真都看在眼裡。從她身上他學到，再大的困難、再悲慘的遭遇，命運都絕非只會折磨人、傷害人——那不是懲罰。命運祭出種種橫阻，但只要意志堅強就能克服。訶額侖遭逢被劫走、喪夫、遺棄的不幸，但始終不低頭，決心保住自己的小孩。這份毅力使她更勇敢、更精明，最後讓她更能洞察世事。訶額侖從每次挫折裡都學到東西，鐵木真從則她身上學到東西。

蒙古人深信眾生皆有命，命是上天注定。如果天不要人奮鬥，就不會給人夢想未來的能力。在何時出生、哪裡出生、生為誰家的小孩、日後會窮還是富、會長成矮個子還是高個子，這都是命定——鐵木真一如其他孩子，無法作主。命運決定了他所無力掌控的天氣和其他許多因素，但他的靈決定了他能如何因應這些情況。

蒙古人說，父天與母地給了每個人一匹「風馬」（Khiimori），即掌靈感的靈。有時它照命定的路奔馳，有時它提出新挑戰，指向意料之外的方向。要捉住風馬，年輕人得赤腳在封凍的大地上追它，忍受大自然所加諸的不適。每個人都有一匹風馬，但只有最勇敢的人能捉住它，並懂得駕馭它、馴服它。風馬類似古希臘人的克里斯瑪（charisma）和羅馬人的蓋尼烏斯（genius，守護靈），但並非全然外在於人。這個靈的力量隨善行的累積而增長，但當人懶散、行事不當、作惡、或違反傳統，風馬會萎縮、衰弱。

據說「寰宇之母」在每個小孩的心裡留下一條金光臍帶，這條光帶拉伸到北極星，寰宇則繫在北極星上。這條光帶是金色拴繩，就像拴住牛使其不致亂跑但又讓牛有許多空間可以吃草的長繩。它讓每個人與天有直接的、專屬個人的連結，使每個人得以藉其在人生中不斷往上爬。兒童長成青年時，保住了選擇的能力，仍擁有那條把他的心與靈魂永遠和「寰宇之母」聯繫的無形金繩。

鐵木真小時候就認定自己能選擇未來的路。他從生活的歷練中知道，再怎麼不幸的遭遇，人都能召喚力量予以克服。人能認命接受乾旱，或出去找水源；能任由狼宰割，或對抗狼；能在敵人面前低頭，或想辦法征服他們。接受失敗的人，失敗會接二連三，因為那是他們應得的下場，因為上天對他們的死活變得無動於衷。始終抱著戰勝決心的人不多，而對這些人，勝利會接踵而來，隨之贏得上天更深的關愛和獎賞。神要人們思考，勿盲目服從。許久以後，這一思維反映在蒙古戰士用箭射進報達城的信息上：「如果神要實現祂的意圖，會剝奪他們最敏銳的感官。」

草原遊牧民騎馬時，用小短鞭驅策馬兒跑。它通常是一根短木柄，一端綁了用生皮編成的辮子，另一端有個皮環，供騎馬者懸掛在手腕上，以免妨礙雙手做別的事。這條鞭子只能用在騎者身後，鞭在馬臀上，絕不可用在前面，因為鞭打馬臉或馬頸是可判死刑的重罪。一如普通馬匹的騎士需要這樣的鞭子，風馬的騎士需要一條特殊的鞭子，以趕走惡靈和災殃。小短鞭用來策馬疾奔，但也象徵政治權力和神授的超凡能力。沒有鞭子的人，被認為人生沒有方向；但有了鞭子，什麼地方都能去，什麼事情都能做成。

鐵木真知道他得找到自己的鞭子。母親的嘲笑只加深了他的決心。沒有鞭子，他怎麼騎得了他的風馬？

◆

據蒙古諺語，「成長過程中學得的知識會變得像早晨的太陽」。鐵木真在不兒罕合勒敦山周邊森林裡遭遇到了身體與精神上的磨練，但他的山中避難地未能讓他對世界有廣泛的認識。在不兒罕合勒敦山離群索居受保護九年後，想要有人作伴的念頭和想要對抗命運的衝動，使他走出安穩的世界。到了十七歲時，他已準備好離開這座山到外面闖天下，但從未忘記他對摯愛的不兒罕合勒敦山許下的承諾。日後，他一再回到這座山思考該走的路，找到亟需的慰藉，進而下定困難的決心和夢想任何草原男孩從未夢想過的大業。

他的第一項作為是找到孛兒帖，即他的未婚妻。他八歲、孛兒帖九歲時，雙方父親訂下這門親事，那之後不久，他父親也速該即遇害。自從第一次見到她的那一刻起，她一直是那個「面上有光、眼裡有火」的女孩。他沒多久就找到她，很高興她未嫁給別人。《蒙古祕史》說她的父母看到他很高興，但想必驚訝於這個奇怪的年輕男子未忘記多年前要娶她的承諾。鐵木真不是她家的一員，但他加入其中一段時間，透過他們，他體驗到此前他的族人不願讓他參與的家族儀式。孛兒帖最終會把鐵木真帶進一個比他的山中避難地還要寬廣的文化及精神世界。

在自己母親的陪同下，孛兒帖前來與鐵木真和他的家人一起生活。他仍舊貧無立錐之地，她想必有過一番掙扎才接納這麼一個困乏、無盟友、看來沒有前途的人當丈夫。對一個習慣於龐大畜群和豐饒草原生活的女孩來說，鐵木真居住所在的半森林地區想必是荒無之地。這裡的牧草地不大，一家人主要靠獵殺野獸為生，而這裡的野獸並非時時都很多。當母親回家，留下她在這個遭部落排擠的陌生家庭裡生活，想必令她覺得有些孤單。但孛兒帖對鐵木真死心塌地，一如鐵木真對她死心塌地。彼此的愛成為他此後人生的重要支柱之一。

愛，或者說愛的幻覺，能抹掉數年的貧困與苦難，能使人忘記不如意的事。透過浪漫朦朧的記憶，鐵木真與孛兒帖的後代把他們想像成美麗、英勇的戀人。孛兒帖被述說成明亮如早晨的陽光，有著鳳眼、玉一般的鼻子、珊瑚扣般的嘴唇。她像九天神女，國家之母。鐵木真面如滿月且溫潤如玉，有著龍眼、聖山般的鼻子、綠松石般的嘴唇。他耳大，胸闊，散發茉莉花般的氣息。任何人在十步外都能看出他會登上九五之位。

照童話故事的情節，最後可能是男主角不畏艱險，捱過不可思議的危險與苦難，保住性命，在彼此的懷抱裡找到真愛。但我們的主人公沒有這樣的未來。對鐵木真和孛兒帖來說，找到對方並相愛只是兩人冒險犯難的開端。

消息在草原上傳開，有個美麗女孩嫁到不兒罕合勒敦山旁邊受部落排擠的小家庭裡。鐵木真雖以殘酷無情聞名，但在這個男人熱中於為爭奪任何東西打鬥，特別是為搶女人而打鬥的社會，他的新娘子頓時成為令人垂涎的珍寶。訶額侖的第一任丈夫屬蔑兒乞部，他的某些親戚得知孛兒帖這個人之後，決定把她搶過來，以報訶額侖遭劫走之仇。

孛兒帖嫁來幾個月後，有支蔑兒乞人襲掠隊猛然撲向這個孤立的營地。訶額侖衝到馬兒旁，要她的小孩包括鐵木真立刻上馬逃走。她知道蔑兒乞戰士想要什麼，於是丟下速赤吉勒、孛兒帖，還有幫這家人剪綿羊毛的老婦。訶額侖的首要角色是母親，她唯一的目標就是保住她的小孩，即使得犧牲她的兒媳婦亦在所不惜。鐵木真跟著母親跑掉，未想到後果。十七歲的他，說是個男人，但也還是個男孩。他還未能掌控自己的命運。用他自己的話說，他後來坦承那時「我很害怕」。年紀更小時，他不肯受擺布，意志夠堅定，敢於殺掉哥哥。他生氣時，一怒殺掉別克帖兒，令母親大為痛心；但他害怕時，出於本能地照母親的指示丟下孛兒帖，不知失去她會有多痛苦。

這一家人奔向不兒罕合勒敦山，孛兒帖和老婦則坐牛車往反方向逃。速赤吉勒沒逃，在原地等著。戰士先拿下速赤吉勒，把她丟上馬，讓她橫趴在馬背上，然後動身去追另外兩個女人。由於牛車車軸斷掉，孛兒帖和老婦棄車在樹林裡狂奔。戰士很快就找到她們。因為這三個女人被捉住，而成功引開了襲掠隊的注意，使訶額侖得以有足夠時間帶著馬和小孩逃到山裡。

蔑兒乞人未能捉住訶額侖或她六個小孩的任何一個，但搶到的東西足已讓他們很高興，於是把這三個女人當戰利品帶回營地。他們終於報了也速該從赤烈都身邊奪走訶額侖之仇，而且搶到孛兒帖這個好東西，已足以彌補他們當年的損失。蔑兒乞人把孛兒帖交給赤烈都的弟弟赤勒格兒（Chilger）。

鐵木真認識到他該開始學著控制情緒，因為就像他在盛怒之下殺掉哥哥，如今他在畏懼之下拋棄妻子。如果讓恐懼與憤怒支配他，他將永遠受制於非他所能控制的外力；但如果他能控制情緒，集中心力，一切都會在他的掌握之中。

鐵木真知道，自己再怎麼強壯、勇敢、堅決，都敵不過一大群帶有武器的漢子。由於在世間沒有盟友且救回妻子似乎無望，鐵木真求助於禱告。他爬到不兒罕合勒敦山的山頂，直挺挺站著面對「日母」。他脫下帽子，卸下皮帶，掛在脖子上以示徹底的屈服。他握起一只拳頭，捶胸，向太陽下跪九次，然後禱告。

這時，鐵木真做了他成人後的第一個決定。他發誓定要找回妻子，不願認命接受自己心愛的女人被人奪走。他誓言救回孛兒帖，不惜為此喪命。寧可戰死，也不要屈服於殘酷的命運。

在這之前，他一直倚賴區區幾個人的幫助，例如他的弟弟合撒兒或老人札兒赤兀歹，但要襲擊蔑兒乞部救回妻子，他需要更多的盟友。當時兩大部落群稱霸草原，即西邊的克烈部（Kereyid）和東邊的塔塔兒部。這些部落曾數度統合為一，但後來克烈部脫離塔塔兒部，此時雙方早已誓不兩立。

塔塔兒部殺了他的父親，成為他氏族不共戴天的仇人，因此，鐵木真唯一可行的選擇，就是讓他的家族重新投入克烈部首領脫斡鄰勒．王罕（Torghil Ong Khan）的帳下，乞求他援助。做這個選擇不難，但影響深遠。塔塔兒部和克烈部生活方式相似，只有一項重大的文化差異：塔塔兒部和其他東方部落把中國視為適合效法的文明典範，克烈部則把目光往西瞧，以源於閃族的字母來書寫文字，且已把基督教當成官方宗教。鐵木真選擇投入克烈部陣營時，大概不知道個中差異，也肯定不在乎這差異，但日後這會成為影響他一生和他所創立國家之走向的重要因素。

孛兒帖遭擄走後不久，鐵木真、合撒兒和他們忠誠的同父異母兄弟別勒古台一起離開不兒罕合勒敦山，騎馬經過博格多汗山（Bogd Khan Mountain），來到土兀喇河（Tuul R.）黑森林邊的王罕營地。那裡就在今日蒙古首都烏蘭巴托南邊不遠處。鐵木真抵達王罕營地，求他「救回我的妻子」。王罕和他的部眾住蒙古包，過著四處遷徙的遊牧生活，但這位大汗的生活與訶額侖營地的簡樸生活，在文化上天差地別。他的大蒙古包內襯毛皮，他的諸多妻子一身綢服。克烈部和鐵木真這邊的人喝一樣的馬奶子，但王罕的人用銀碗喝，而且騎著裝了鐵質馬鐙的馬。衣著華美的基督教教士不向父天母地做簡單的禱告，而是吟頌來自他們聖書的「阿布衣巴布衣」（Abui Babui），即玄奧的主禱文開頭語。

克烈部王族有過多次自相殘殺的內鬥，而鐵木真的父親曾在其中一場內鬥時幫了王罕大忙，而且在克烈部攻打塔塔兒部的數場戰役中，他父親也扮演了舉足輕重的角色。王罕知道將也速該兒子納入麾下可能帶來的助益，於是欣然同意助他一臂之力。「我們會把蔑兒乞部整個消滅，」他承諾，「會把你的妻子救回去給你！」

這趟王罕汗廷之行鼓舞了鐵木真，令他信心大增。幾乎是他一鼓起戰鬥的勇氣，命運就給了他一項意想不到的加持——他找到一條鞭子。當時，他穿過博格多汗山北坡的一道狹窄山口，要從老可汗的營地騎回家，來到展開於土兀喇河南側而坡度很緩的一處肥沃草原。此前的將近五百年前，這個區域是突厥部落的遙遠東界，他們的勢力範圍在這裡與塔塔兒人和南邊強大的中華文明接壤。通過博格多汗山不久，鐵木真大概會見到一連串愈來愈大的石頭安插在一條禮道上，最後是兩座碑，碑上有西元七一六年左右銘刻的突厥語碑文。

照口耳相傳的傳統說法，就是在這裡——大突厥帝國的政治、精神發跡地——鐵木真在某個小山的地上找到一條鞭子。小山名叫崇津博勒多格（Tsonjin Boldog）。對蒙古人來說，找到走失的牲畜或失物者，有義務找到失主。就鞭子這種個人專用且具重要象徵意涵的東西來說，特別應如此。據十三世紀波斯史家朮茲札尼所述，成吉思汗的法律載明，「任何（蒙古）人都不可拾起落在地上的鞭子，除非他就是鞭子的主人。」不過，鐵木真拾起這條鞭子，決定納為己有——那命該歸他所有。

這是鐵木真開始掌握自己人生的時刻。終他一生，這條鞭子都將充當某種持續不消的象徵，不只在蒙古史裡如此，在外國史裡亦然。誠如朮茲札尼所寫道，鐵木真「事業順遂，福星高照」，「用災難的鞭和殲滅的劍」把他的敵人嚇得大氣不敢喘一個。

王罕同意出兵，但要鐵木真找名叫札木合（Jamuka）的另一位戰士從東邊夾攻。札木合是鐵木真的遠房表親，兩人童年時即是好友。那時，札木合的家族紮營於斡難河邊鐵木真家的營地附近，兩個男孩常在結冰的河上一起玩。他們兩次發誓結為「安荅」，即結拜兄弟。第一次時兩人互換髀石（以跖骨製成）為誓。髀石是小男孩用來玩遊戲和預卜未來的東西。然後，進入青春期後，兩人都要成為獵人時，他們再度相遇，互換箭頭重立此誓。札木合的箭頭用獸角製成，鐵木真的箭頭用木頭製成。這時，他們則要第三度走在一塊。

信心大增之後，鐵木真的語氣跟著改變。第一次找上王罕時，他吞吞吐吐地請求王罕為他救回孛兒帖，但這次他向札木合開口時，胸懷過往沒有的信心，意志更加堅定。「我們是結拜兄弟，我們是同一條河的親戚，」他提醒札木合，「但蔑兒乞部使我的床變空，我們如何才能一報此仇？」

「得知你的床變空，我心痛肝傷。」札木合回道。他誓言帶著他的戰士出征，助結拜兄弟救人。「我們要救出孛兒帖！」

◆

蔑兒乞部住在鄂爾渾河與色楞格河（Selenge R.）交會處另一頭的更遠處，但時序還未入冬（蒙古人大多在冬季時出動襲掠），因此河川還未封凍。札木合提議造筏渡河，進入蔑兒乞人地盤。「我們要徹底消滅這些人，甚至殺掉他們的女人小孩，一個都不剩。」整軍備戰時，他傳了另一個信息給鐵木真，「我已把奶灑在我的馬尾旗上，我已擊了響鼓，我已彎弓拉箭。來和他們決一死戰吧。」

得知孛兒帖遭擄和鐵木真準備出兵將她救回之後，札兒赤兀歹前來尋找鐵木真。這個老人帶來兒子者勒蔑（Jelme）當他的第一個追隨者。者勒蔑與鐵木真的年紀差不多，據《蒙古祕史》記載，札兒赤兀歹說，「此後讓者勒蔑來替你上馬鞍，替你開門」，然後「把他交給鐵木真」。一如札兒赤兀歹是鐵木真出生後第一個帶禮物給他的人，這時他也成為第一個領戰士前來為鐵木真此後的征戰效命的人。不久後，有許多人從各方氏族投奔於鐵木真，然後，者勒蔑的兩個同族兄弟，「弟弟」速不台（Subodei）和察兀兒罕（Chaurkhan），也投奔於他。鐵木真自己的親戚背叛了他，但這些人始終忠心耿耿。比骨、血、肉還更強固許多的情感紐帶，把他們繫在一塊。透過老札兒赤兀歹和不兒罕合勒敦山，他們在精神上合為一體。速不台最後征服了東歐許多地方和俄羅斯，是最了不起的蒙古戰略家，並且可能是史上最了不起的將領。

鐵木真、他的兄弟及者勒蔑，與札木合所派出的襲擊隊和王罕的戰士會合，但渡河時，有捕魚、設陷阱捕黑貂的蔑兒乞人發現他們的行蹤，迅即向他們的族人示警。驚慌失措的蔑兒乞人來不及拔營或招來援兵，夜裡往四面八方逃竄。

這時孛兒帖已懷孕，但襲擊隊抵達時發現她遭遺棄，她的新丈夫赤勒格兒則已嚇得逃走。或許赤勒格兒認為，不管來者是誰，都是想搶走孛兒帖。他痛悔於娶她為妻。據《蒙古祕史》的說法，他本該食鼠，卻妄想吃雁鵝。如果他繼續和孛兒帖在一塊，他的命將「和綿羊糞球一樣賤」，如果被捉到，可能人頭不保。

襲擊者橫掃營地時，孛兒帖認出鐵木真，跑向他。「月光下，他看著孛兒帖，兩人相擁。」

鐵木真救回孛兒帖和老婦，只有速赤吉勒仍然下落不明。她的兒子別勒古台在人已幾乎跑光的營地裡四處奔跑尋找。聽說她住在另一個營地，他連忙奔去，但接近她的蒙古包時，她「穿著破爛的綿羊皮外套」逃走，不想與他見面。她想留在她的新丈夫身邊繼續過她的新人生，不想回到殺害她長子的那個人的營地。她跑進濃密的森林裡，她兒子則是看到男子就射出響箭，高喊「把我母親帶來！」沒人照他的話做，速赤吉勒消失於森林裡，別勒古台從此未再見到母親。

鐵木真首度嘗到真實的戰爭滋味。他不再像過去那樣見到攻擊者就逃離。如今他是侵略者。他欣喜於自己成為正格的戰士。他慶祝這場勝利，不只因為找回孛兒帖，還高興有王罕當他的新父親，高興有札木合這個新朋友。「我們受到父天召喚，靠母地度過難關，使蔑兒乞人的胸膛空掉，」他得意說道，「我們把他們的肝撕成碎片，使他們的床變空，殺光他們的親戚，從而消滅了蔑兒乞部。」這位初出茅廬的戰士意興風發地陳述戰果，但其實蔑兒乞人大部分皆成功逃脫，保住性命，日後將會再度和他廝殺。

第三章
草原的智慧

在不兒罕合勒敦山，凡是該知道的事，如老札兒赤兀歹之類的智者無所不知，但在草原高高的草叢裡，藏著過去的帝國締造者留下的痕跡，那些人所締造的帝國，版圖之大超乎鐵木真的想像。他們在草原各地的石頭上留下銘文，講述他們的成敗和對未來居民的建議。鐵木真看不懂這些石上銘文，但深深對此著迷，知道自己得借鑑他們的寶貴心得。

此前千百年裡走過這塊土地的遊牧民和獵人，有形形色色的名字：黠戛斯（Kirgiz，乞兒吉思，或譯吉爾吉斯）、塔塔兒、乃蠻（Naiman）、蔑兒乞、回鶻（Uighurs，畏兀兒）、鮮卑（Xianbei），但最重要且最有名的是匈奴（Huns）。在首領冒頓（Modun）[13]單于帶領下，匈奴於西元前二〇九年在蒙古創立了第一個草原帝國。據傳說，匈奴也與狼有密切的關連。他們的首領叫單于，首領本身具精神領袖的身分，而單于這個頭銜可能源於他們對狼的稱呼。

遊牧民逐水草而居，因此匈奴不斷在尋找他們與善變的大地之靈的正確關係。據中國的記述，匈奴一年聚會三次，向天、地、祖先獻祭。部落聚會為祭祖儀式提供了機會，而這種儀式正是也速該遇害後不久後鐵木真一家人被拒於場外的那種儀式。年中最大的聚會在秋季舉行，那時牲畜吃了一夏天的草，長得最肥最健康。單于細心控制這些儀式，因為這也是收稅的時節。單于根據牧民所擁有的牲畜數量和前一個夏季的天候，評估該收繳的稅。

鐵木真在王罕汗廷所看到的活動，類似於此前一千多年前匈奴的活動。匈奴聚會時，單于聽取子民訴願，裁定訴訟，解決爭吵，執行行政庶務。取得並分配貨物是單于的政治、宗教職責裡最重要的一環，而這兩種職責密切相關。以牲畜獻祭、祈求神助、飄散的焚香、大鍋煮熟或烤熟的肉、裝在皮囊裡的大量馬奶子、數千人共同參與的集體儀式，打造出以稅收為核心，而精神、感官氣息極為強烈的活動，有助於政府治理的順利。

匈奴帝國初期，就已出現國教存在的明確跡象。與冒頓單于同時代的中國史家司馬遷寫道，匈奴祭「天地鬼神」。每天「單于朝出營，拜日之始生，夕拜月。」他們常以日和弦月的圖象陪葬。從匈奴帝國之始，他們的宗教就頌揚統治者。在寫給中國朝廷的某封信中，這位單于說他一如中國皇帝，蒙上天的欽選來統治萬民。

有幾十年期間，雨量豐沛，草原上青草繁茂，匈奴的畜群因此膘肥興旺，奶與肉的產量提高了，匈奴小孩變多且更強壯。但隨著既有的牧草地不敷畜群所需、隨著這些小孩長大成人，較老一輩人帶著家中部分牲畜離開，前去更遠處尋找新的牧草地。畜群興旺的牧人不斷需要更多的土地，從而造成人畜從杭愛山谷地和草原不斷往外移，移出蒙古高原，進入從中國到歐洲的農田和村莊。外移的路上，匈奴偶爾襲掠營定居生活的村民，且在不得已時拿他們所珍愛的牲畜作買賣。

歷史上比突厥人和蒙古人還早出場的匈奴，勢力橫跨整個大陸，南抵印度，西抵法國。從中國到羅馬，學者、軍人和官員開始記載他們的移動，談到這些神祕、凶狠的人時總是語帶貶意。匈奴移入歐洲和亞洲的遙遠地區時，分裂為數個自成一體的部落。這些部落漸漸與位於蒙古的家園失去聯繫，成為自行決定遷徙路線的流浪小王國。

匈奴未留下書面紀錄，因此，我們對匈奴史的瞭解，以當時他們敵人的記述為依據，並靠著現代考古成果予以補強。然而在從前，公正客觀地記載這些部落的事蹟有其風險，由西元前九十九年中國漢朝史官司馬遷的遭遇就可見一斑：當匈奴大敗漢朝軍隊，而這位史官替此役敗戰的將領向震怒的皇帝求情，皇帝卻為此勃然大怒，下令要司馬遷受宮刑。有鑑於這類危險，學者下筆寫到外夷時往往力求審慎。

到了西元五世紀阿提拉擅場的時代，匈奴已抵達歐亞草原西緣，在那裡建立自己的王國，將其取名匈牙利（Hungary）。這時，匈奴已控制東歐許多地方，征戰腳步遍及巴爾幹半島到萊茵河的歐洲各地。匈奴的新大本營位在平原，靠近歐洲文明的幾個中心，只要發現哪個地方散發出財富迷人的氣味，他們

13 「冒頓」的稱號「撐犁孤塗單于」直譯的話，意為「擁有上天之克里斯瑪（kut）的單于」。後來，老上單于在位期間，這位匈奴君王被稱作「天地所立且日月所生的大匈奴皇帝」。

就從大本營竄出，奔往該地，而五世紀時，衰敗的羅馬帝國就散發出這種難以抗拒的氣圍。

四世紀時，羅馬戰士暨史學家安米亞努斯・馬爾凱利努斯（Ammianus Marcellinus）把匈奴說成來自「封凍之洋……一個殘暴程度無與倫比的種族。」他對阿蘭（Alan）的描述，套用在匈奴身上，似乎亦無不妥。阿蘭是與居住在北高加索地區的現代奧塞梯人有親緣關係的草原部落，和匈奴一樣營放牧生活，且與匈奴有政治聯繫。他以驚愕的口吻寫道，「他們國內看不到神廟或聖祠，連用茅草蓋頂的小木屋都沒有。」

阿提拉不是最重要或最成功的匈奴領袖，但由於史家描述他攻打羅馬城和歐洲各地城市時語帶驚懼和著迷，他成為最有名的匈奴領袖。後來，他成為世上所有四處襲掠之蠻族的原型。他登場的時代，西匈奴遠離蒙古已數代，並在西遷途中從他們所征服、遭遇的許多民族裡吸收了宗教傳統和文化傳統。他們強化了自己的核心信仰，從斯基泰人（Scythians）那兒吸收了拜劍的習俗，把基督教元素納入他們的意識形態。

希臘觀察家和中國使節說匈奴人以肩胛骨占卜，藉由解讀燒焦的綿羊肩胛骨上的裂紋來預卜未來，而在鐵木真的時代，蒙古人仍沿用此一占卜術。匈奴人的占卜者，除了希臘語稱作祭司的薩滿之外，還有如札兒赤兀歹等解讀兆象、預測未來的預言家。現存的匈奴語太少，無法弄清楚匈奴人怎麼稱呼薩滿，但「kam」（突厥語的「薩滿」）這個詞頻頻出現在匈奴人名裡，間接表明突厥人有可能從匈奴人那兒取得這個詞。[14] Khan和kam分別指稱草原歷史上的國王與薩滿，兩詞彼此相似且可以互換，由此可看出當時宗教權力與政治權力兩者幾乎不可分割。掌有大權的軍事領袖被認為具有不同凡響的強大精神力。只有精神力強大的人能打勝仗。這類厲害的領袖通常是男人，但在草原上，女人往往也兼具精神力、軍事力及政治力。[15]

拉丁史家把匈奴人阿提拉稱作上帝派來懲罰、折磨人類的上帝之鞭（**Flagellum Dei**）。這一稱呼後來會被用在許多草原征服者身上，包括成吉思汗和帖木兒（**Tamerlane**）。

草原遊牧民不認為自己是陸地上的征服者，因為在他們的世界，陸地幾可說是無邊無際。他們要征服水這個更顯稀缺的資源。他們想方設法控制河湖，常以所居地附近的水域互稱。阿提拉是第一個不僅宣稱多瑙河為其所有，並稱世上所有水都是他所有的匈奴領導人。他自認陸地周邊大海裡的所有東西都歸他統治。他的名字阿提拉，意思類似「海之父」，與突厥語的海（talay）或蒙古語的海（dalai）源自同一詞根。[16]羅馬史家把他的名字譯為拉丁語的**Rex Omnium Regum**，意為「萬王之王」，說他是「匈

14 預言家：**μάντεις**，解讀兆象，預測未來；薩滿：被稱作**'ερεις**，即祭司。高官的名字，例如Ataqam, **Άταχάμ**，意為「薩滿之父」，或阿提拉某個愛妻的父親Eskam, **Έσχάμ**，則進一步指出薩滿在匈奴人文化中的重要。

15 有權力的女人：她們不是在蒙古包裡攪動鍋中物的老女人，而是活躍於權力中心，而且似乎是比較年輕漂亮的女人。六世紀初，柔然（Rouran，蒙古語**Нирун**；又稱蠕蠕）領袖醜奴可汗（Chounu Khan）愛上一個美麗的女薩滿，但此事壞了他母親的計畫，於是她於五二〇年派人將他殺了，改立另一個兒子為可汗。

奴王和幾乎斯基泰全境之部落的王……世上唯一的統治者。」阿提拉把他的兒子暨接班人取名騰伋思（Tengis），而在突厥語和蒙古語裡這個詞都意為「洋」。[17]

匈奴在世界文明上留下鮮明的標記，但與他們在蒙古的家園卻只能維持薄弱的直接聯繫。成功擴張之後，他們未能保住一個統一的世界帝國，因為在此後的千年期間，一連串部落聯盟相繼而起稱王稱霸。阿提拉於西元四五三年去世後，匈奴在歐洲的帝國迅即瓦解。這時，他們在蒙古所控制的土地已分裂為幾個彼此較勁的國家，匈奴人漸漸消失，被吸納進許多不同的部落、國家、帝國裡。匈奴人締造了草原上的第一個帝國，在他們衰亡之後，他們仍存在於神話和記憶裡，久久不消。

◆

西元八世紀以前，有個新的突厥汗家族開始以杭愛山（匈奴國原本的心臟地帶）為大本營統合周遭的部落。他們在鄂爾渾河附近建了第一座草原城市，即他們的都城哈爾巴爾加斯（Kharbalgas），意為「黑城」。[18]突厥汗的家園叫於都斤（Ötükän），他們閉關鎖國，相較於匈奴人的遊走四方，簡直背道而馳。

突厥人成為第一個翔實記錄自己歷史與觀念的草原民族。鐵木真離開他的避難地不兒罕合勒敦山時，發現草原上到處是突厥語銘文。草原遊牧民拔營到他處紮營時，未帶沉重的書籍、卷軸或刻板，而是把信息刻在石頭上，如今仍有數千個這樣的信息散布在草原各地，刻在峭壁上、大石上或山頂。

千百年間，沒有文字的獵人和遊牧民在石頭上費力刻下圖畫，藉此留下標記。於是，後人在石頭上看到長著多分叉鹿角的鹿優雅跳向空中，薩滿擊鼓、神情恍惚地跳舞，以及駱駝和馬在拉車的圖畫。雕製於較早時期、幾乎等身大小的人像，裝飾著草原的神聖大地，飽受風吹日曬雨淋，仍受到後來在草原上征戰的部落尊崇。

然後，約西元六世紀時，古老圖畫被刻在石頭上的銘文取代，這些銘文以中文、粟特文（Sogdian）、梵文、或突厥魯尼文（rune）刻上。鐵木真出生前的五百多年裡，這些較早期的遊牧民一直在記錄自己的看法。草原滋養了一個古老且吃苦耐勞的文明，那個文明用多種語言，以清楚、響亮的聲音來發聲。

這些民間銘文，有許多在誇耀某場漂亮的狩獵，或以一個短語稱讚一匹美麗的馬、摯愛的人，或只是「噢，我的家」和「噢，我的地」。還有些銘文緬懷這個區域的生活和歷史，較大型的銘文則推崇

16 阿提拉：Αττίλα, Atala, Atalum，可能意為「父洋」。

17 騰伋思一名被希臘人和羅馬人分別意譯為Dengizich, Denzig, Tengizich, Δεγγίχ, Δεζίχιρος, Δεζίριχος, Δεγιρζίγ。

18 蒙古語稱作Kharbalgas，但也被稱作Karabalghasun、Mubalik、「壞城」、窩魯朵八里（Ordu-Baliq，「宮殿之城」或「都城」）。

重要的領袖。草原人透過岩石，藉由在山壁上刻銘文，與上天交談。這些銘文必須敞露於陽光和天空之下，不能像見不得人或不能公開般，藏在建築中或埋在書頁裡。

官方出資建造的最古老紀念碑，出現在六世紀，以梵語和粟特語寫成。梵語是印度的神聖語言，粟特語是貿易語言，與波斯語有親緣關係，但以閃族字母書寫。這根雙語石柱安在中國式的龍首龜身靈獸背上，象徵國家的權力和權威。後來這根石柱被從原址移到山區城鎮車車爾勒格（Tsetserleg），如今仍安靜威嚴地矗立在一座形似珠寶的佛寺庭院裡，捱過二十世紀期間令許多宗教建築灰飛煙滅的社會主義浩劫而倖存下來。這根石柱能夠倖存，乃是因為它已變成歷史，被送進博物館，保留了已存世一千四百年的一段信息。他集中國、印度、波斯、突厥、閃族元素於一身，表明在鐵木真誕生地前五百多年，草原文化的複雜與多元。

這些最早期的銘文叫「法石」（nom sang），源於希臘語的nomos（法）和波斯語的sang（石）。蒙古人後來採用這個短語來指稱「圖書館」，在今日的蒙古語裡依舊沒變。銘文肯定了可汗的神聖性，可汗命人刻製這些銘文，表明歷史的加持和精神世界對他統治的肯定。沒有這一支持，天、地、風或水會推倒這根紀念碑，把它折斷，埋藏起來。銘文不只代表國家的命令，還是「偉大的法石」。

這些石頭大部分出現在西元五五二至七四二年間的兩個世紀裡，當時接連數個突厥帝國控制了大片周遭領土，彼此競爭的突厥氏族陸續掌權和失勢，構成一連串短命王朝。在那之前的一千年裡，關於草原遊牧民的資訊，來自他們的敵人。從突厥人起首，草原遊牧民開始用文字記錄自己。

突厥可汗所立的最古老石碑，用粟特語寫成，但突厥人很快就開始用自己的語言來記錄信息，以完整傳達突厥人複雜的生活、文化和思想。他們以突厥魯尼文書寫，那是有三十八個字母的簡單字母表，很適合刻在石頭或木頭上，在維京人開始用類似的魯尼文書寫之前數百年，就已在亞洲草原使用。構成突厥魯尼文的字母，長得非常像馬身上的烙印，類似於近代之前在蒙古境內使用的字母。突厥人自稱「天突厥」（Kök Türk），用魯尼文書寫，但照閃語的方式由右往左寫 𐰚𐰇𐰚 𐱅𐰇𐰼𐰚。

鐵木真在暾欲谷（Tonyukuk）碑附近找到他的鞭子，草原部落首度以文字寫下「突厥」一詞，就出現在這個碑文裡。暾欲谷是個將軍，透過這個石碑，留下他人生的最後記錄和他給未來遊牧民的建議。碑文開頭以驕傲的權威口吻寫道，「我，暾欲谷」，文中清楚指出他所設定的碑文讀者，「你們，我的弟弟妹妹和我的外甥、我所有親戚的小孩」，或「你們，我的突厥人民。」

對於石上的銘文，一如對於所有歷史紀錄，都不能盡信。因為它的作者一心要強加某種觀點給當代人和後代讀者。銘文，不管是政治銘文、宗教銘文或私人銘文，都具有宣傳性質。銘文出現的同時或稍後，往往有刻在石頭上或木頭上內容與其相對立的信息遭消滅。銘文意在限制真相，把人們的認知局限在單單一個經過精心安排的意象上。它們往往是地契或宣稱擁有財產或光榮成就的其他書面聲明、對有待商榷之權利的維護、或用以向上帝與人類誇耀當事者的功績。

但這類銘文所陳述之事儘管不盡可信，卻透露了當時人的想法和他們所看重的東西。銘文選擇誇耀戰功，誇大慈悲行為，誇示愛意或對異性的征服，從中透露了統治者最看重的東西。而遭略不提的，始終和被納入銘文的一樣重要。歷史謊言，從文化上講仍是真實無誤。它告訴我們人們希望後世信以為真的、和他們所害怕的，他們所尊敬的、和他們所鄙視或想要的——石頭清楚揭露時代所追求的東西。

暾欲谷強調，如果他的人民想要戰勝環伺的敵人，部落團結為當務之急。「纖細之物易於折彎，仍然柔嫩之物，易於扯成數塊，」他寫道，「但如果纖細之物變粗壯，就要費一番力氣才能將它折彎，如果柔嫩之物變堅韌，就要費一番力氣才能將它扯成數塊。」部落團結就變厚實，更難被「扯成數塊」。

散布於蒙古各地的諸多突厥石碑之中，兩個最大的石碑位在斡難河畔，彼此相距不遠，就在蒙古帝國的都城哈剌和林附近。有個石碑立於西元七三一年，即第二突厥帝國或汗國期間，碑文緬懷突厥將軍闕特勤（Kultegin）的一生，另一個石碑立於七三四年，碑文緬懷闕特勤的哥哥毗伽可汗（Bilge Khan）的一生。他們兩兄弟於七二一年合力打敗唐玄宗的軍隊，創下草原部落打敗亞洲最大軍事國家的驚人偉業。

這兩個石碑不只是緬懷某人的生平或重大事件。它們由高超過三．六公尺的大石板構成，四面刻字，相距約八百公尺，從一石碑可看到另一石碑。「諸弟、諸子和我的家屬、親戚，向來聽進我的話，也要聽進我的這些話，」突厥皇帝毗伽可汗以命令口吻說道，「世上沒有比於都斤山還好的地方！」它是世界的中心，誰控制它，誰就能稱霸天下。「能讓人據以控制諸部落的地方是於都斤山」。這一點在碑文中重複出現以示強調。「如果待在於都斤山，車隊從那裡出發，就會萬事順利。」

世間諸國，上天選擇讓突厥人住在這個有美麗河川灌養土地、有豐茂草原滋養動物的理想地方。碑文說當部落選擇定居於中國唐朝城市的附近時，第一突厥帝國違反了自己的命運，在那裡，突厥帝國受誘於美食和美言而讓國力衰弱。上天以摧毀突厥人的帝國來懲罰他們。如今，就第二突厥帝國來說，突厥人再度有機會在此處、在世界的中心，興旺起來。碑文主張，法律超越特定部落的習俗或個別可汗的命令。不管誰當政，某些道德原則永遠存在。突厥人的法學及宗教思想簡單且直接，並銘刻在石頭上。

這些石碑表明突厥人深信有個神授的大法，這個大法凌駕於眾人。毗伽可汗的敕令宣告，人一旦被創造出來，「最高的法隨即也被創造，凌駕於人之上。」這個法叫「脫羅」（Toro / Törö）。突厥人自認是此法之民。蒙古人採用這個觀念，使用類似的詞：「脫爾」或「脫烈」（tor / töre）。儘管習俗、語言因地區而異，但所有人都承認有套引領生活的最高原則。要成為文明之人，就得遵循這些道德原則，這些原則是自然的、神授的法，不是人造的法。「脫羅」相近於蒙古語的「出生」一詞，間接表明這些原則從「寰宇之母」創造萬物之時就存在、在每個人降生於世時就存在。它們是每個小孩天生就具有的內在之光，而從嬰兒的眼睛可看到這一內在光芒閃耀於外。

曾在這些突厥石碑附近與蒙古人一起生活了一年的志費尼，仔細端詳了它們，證實它們對蒙古人的重要。他描述了當時找到新石碑的情形，「（窩闊台）大汗在位時，有人抬起這些石碑，發現一口井，井裡有塊大石板，石板上有刻字。大汗隨之命令每個人過來，以破解其上的文字。」石板上刻的是漢字，後來窩闊台汗從中國找了人過來，才將它譯出。

◆

有些草原部落採用了基督教、佛教、祆教的元素，但「天突厥人」把外來宗教和其他外來影響峻拒於外。突厥人從他們古老的萬物有靈論發展出自己的國教，沒有祭司，沒有聖典。他們倚賴薩滿和預言家來與祖先溝通，控制天氣、預測未來、與天交談。與其他宗教裡的祭司不同，薩滿沒有聖典，從某個意義上說，每個薩滿都是自成一格的宗教，以個人獨有的手法將故事、儀式、服飾、聖物拼湊在一塊；他們的演出愈神奇，就愈令人敬畏。他們共有的儀式乃是擊鼓、跳舞、吟頌、起乩。他們的信仰充滿活動，而非僅是靜態存在或純粹要人信仰的宗教。

突厥官方石碑上的信息，政治性高於精神性，鼓勵遊牧民「逐水草而居」，勿用定居型國家的習俗。突厥石碑清楚呈現作為世界中心的草原，太陽升起於東方，落下於西方，森林在北方，大唐帝國在南方，草原居中。這些石碑透露了他們所居土地之外遙遠地方人民的重要資訊，除了談到其他突厥人和中國人，還談到吐蕃人、阿瓦爾人（Avars）、黠戛斯人、粟特人和遙遠拜占庭的人（他們把拜占庭稱作「魯姆」〔Rum〕）。

這些石碑的作者清楚外國貨和外國宗教觀念有多誘人，向草原遊牧民宣告了這一致命的危險。碑文一再告誡勿偏離草原和草原的生活方式，要人留在草原，服從可汗，敬拜天地。

毗伽可汗除了稱頌他的阿史那（Ashina）氏族，誇耀他自己的權力，還表達了一個明確的政治、道德信息：他知道他之前的突厥王朝受誘於中國的文明生活，一如前往歐洲的匈奴人，從此未再返回故土；於是他告誡遊牧民同胞避開定居文明，並拿從前的突厥先民覆滅為例，要他們勿重蹈覆轍：「你們血流成河，骨頭堆積如山；你們理該成為大王的兒子，最終成為奴隸，你們理該成為貴婦的女兒，最終成為僕人。」後來，另一個突厥人記載了同樣的心態，要他的同胞勿與其他文明接觸：「劍生鏽，戰士遭殃，突厥人採用波斯人的道德規範，就開始發臭。」

碑文痛斥所有外來之物，但也清楚告訴人們，突厥人已吸收了許多外人的觀念，特別是中國人、粟特人的觀念。早期的突厥碑文表露了高度發展的宇宙結構學——「父親騰格里」（Father Tengri）統治天，「母親烏邁」（Mother Umay）統治地，「可汗」統治人。突厥國的主要精神力是天。與其說騰格里是最高的神，不如說它是巨大的精神能量儲藏所，藉由給予或不給予人力量和財富，來激勵、引導人。天是光海，其作用猶如宇宙的巨靈，給予人靈魂和命運，賦予人生命。天提供動物及人的命運，並以同樣的方式給予部落、氏族、國家各自的命運。

根據某些記述，騰格里是更廣義的神，不單單局限於天。伊斯蘭學者馬哈茂德·喀什噶里（Mahmud al-Kashgari）在一〇七五年左右寫到突厥人（他口中的異教徒）的信仰時說道：「這些異教徒——願真主消滅他們！——把天稱作騰格里；也把他們眼中任何雄偉的東西都稱作騰格里，例如大山或大樹，而且向這類東西跪拜。」

◆

突厥的騰格里與鐵木真所拜的騰格爾（Tenger）是同一個天。騰格爾是宇宙中有些疏遠的神聖存在，鮮少干預日常事務。它指定地上的某人來管理人間的俗務，這人就是可汗。透過統治者的作為，可看出神的思想和言語。騰格爾只在必須強化他所指定的可汗的權力時，才向人說話。為了說明為何過去的突厥人遭逢如此不幸，暾欲谷碑文寫道：上天想必說過，「我給了你們可汗，但你們拋棄了可汗。」

這個碑文表明，沒人真的聽到這些話；暾欲谷根據人所受到的懲罰推斷出這個意思。它是「天意」，不是「上帝的聲音」。

刻在石頭上並散布於草原各地的銘文，表露了一個民族的強烈宿命論。這個民族認命接受事先注定的命運，覺得沒必要為任何已發生的事加諸一個超自然的解釋。人死時，會腐朽的骨肉腐爛，而不會腐朽的靈魂飛走或升天。或許有人會不由得認為靈魂離開軀體上了天，但銘文未道出這樣的目的地。如果說那時的突厥人相信有來生或輪迴轉世，他們並未透過書面信息透露此觀念。

生就是生，死就是死。闕特勤於七三一年去世時，他的哥哥毗伽可汗記載了心中的悲痛。「我感到悲痛，看得見東西的眼睛好似瞎了，有意識的心變得好似沒有意識。」他表達了一個簡單的信息，而在接下來的千百年裡，這個信息成為草原精神哲學裡一個永恆的主題：「人被創造出來都是為了一死」。面對這樣的痛苦，突厥人得靠他們修煉過的心來指引。「流淚時，我哀而不泣，心慟時，我哀而不慟。我哀痛至極。」毗伽可汗哀痛逾恆，但上天不該或不能干預個人的人生，即使像可汗兄弟那樣位高權重的人亦然。同樣的宿命論貫穿鐵木真的一生和作為。行動始終比哀痛或抱怨來得重要。

歷史表明國家往往在覆滅前不久過著最豪奢的生活，替自己立起最宏偉的紀念碑。這些高大的突厥紀念碑，並非標誌著突厥人稱霸草原的國力巔峰時代，而是代表他們偉大帝國終結的時刻。此時期突厥

統治者只能透過言詞，而非透過事功，宣告他們的偉大。刻在石頭上的誇耀之詞歷久仍存，但阿史那王朝的帝國灰飛煙滅。過去臣服於他們的回鶻人崛起，推翻了他們，於西元七四二年宣告建立新帝國，並以聖地於都斤收回了對前王朝的加持、廢除前王朝可汗的克里斯瑪，轉授予回鶻人，來證明他們建立帝國之舉是天命所歸。日後，這些早期突厥部落的後代會在印度和今日的土耳其建立更加偉大的帝國，但他們在蒙古的黃金時代已一去不復返。

鐵木真看不懂突厥石碑上的碑文，但日後將有看得懂的人追隨於他。突厥統治者的重要心得成為草原口述歷史和民間傳說的一部分。鐵木真能領會其中許多心得，而且同樣重要的，能從他們的失敗中學到教訓。比起他所知道的那些可汗，這些突厥統治者在創立帝國和與外國周旋上，表現得遠為出色，因此他密切注意他們所留下的信息。但他無意遵從他們的指示或命令。

碑文裡的忠告雖然值得細究且重要，在他看來卻不是永恆不變的上天之法的一部分。這一忠告只為特定情況下的問題提供暫時的解決之道。鐵木真認為他能決定哪個忠告可採納，哪個忠告可不予理會。他同意碑文裡關於大地、天意的精神教誨，和要人團結、避開會腐化人心之城市影響的告誡，但他不接受碑文裡的孤立鎖國和仇外心態。日後他會認為，若沒有來自遙遠異地的產品和貨物，草原部落不可能過上好日子。他靠軍力和戰場上的勝利創立帝國，但為穩固並擴張帝國，他決定鼓勵、並促進貿易。

草原上的石碑和過去匈奴人、突厥人的經驗，為他指出兩條截然相反的路。匈奴人散布到歐亞大陸各地，早期突厥人則頑固卻不切實際的孤立鎖國，鐵木真在這兩者之間尋找新的道路。他想留在蒙古，同時征服世界。

第四章

矛盾的自我

每個人都藏有數個自我，而在這些不同的化身之間，衝突與矛盾在所難免。人的個性似乎有一部分是與生俱來，但隨著人生閱歷的增加，新的部分漸漸浮現，與舊的部分爭奪主導權。人生陷入這樣的內在搏鬥，正代表獨立人格的開端，因為人開始選擇自己想要成為什麼樣的人。隨著時間改變，新的自我在前頭爭奪地盤，較舊的自我退出舞台或頑固死守著它們早已時不我予的地位。在這些分分合合的爭鬥中，人有時能聽到自己過去的聲音，聽到兒時所習得的短語、故事、神話及歌曲。這些是遭拋棄的過往所留下的人造物，成年後仍留在人們心中。

鐵木真的一部分內在仍是那個遭世界遺棄、命運乖舛的男孩，但隨著時日的推移，他也成為不兒罕合勒敦山的靈性小孩，成為札木合的忠誠摯友，成為孛兒帖的奮起丈夫，成為復仇心切的戰士，打定主意要讓那些折磨他或搶走他東西的人受到懲罰。他是靠己力闖出一片天的草原漢子，並為此感到驕傲，但也知道別人不願與他為伍，認為他只是個受眾人排擠、靠獵鼠活命的野蠻人。他成為戰場上果斷的指揮官，但在蒙古包裡，卻是個瞻前顧後、時而恐懼的一家之長。

他的人生隨著這些自我在他內心爭鬥而展開。一個據稱怕狗的愛哭男孩如何成為不屈不撓的世界征服者？那個對一名同齡女孩鍾情不渝的年輕人，會壓制住權勢蒸蒸日上、有機會一親許多女人芳澤的征服者？對童年朋友的忠誠，會壓過家族的需要？對鐵木真來說，如同我們大部分人，內心的對立往往比外界的鬥爭更為重要。

◆

一一七九年救回孛兒帖後，鐵木真還不到二十歲，但已開始走上自己的路。除了在孛兒帖那兒找到一生無悔的浪漫愛情，他似乎在札木合那兒找到一個永遠的盟友。這兩個人懷著對年輕友誼的堅定樂觀之情，第三次結拜為安答。這一次，他們不是互換髀石為誓的男孩、也不是互換箭頭為誓的少年，而是立下堅定誓約的男人：兩人互相在對方的腰上繫上金腰帶，互換馬匹。他們發誓共有一條命，絕不拋棄對方。他們在雙方的部眾面前結拜，藉此表明他們的結合既是政治結盟，也是私交的展現。後來札木合說他折服於鐵木真的克里斯瑪。《蒙古祕史》對此的敘述簡單直接，毫無添枝加葉：「鐵木真與札木合相親愛時，就是相親愛。」

這兩個年輕人一起大吃大喝，睡在一塊，一如蓋同一條毯子的結拜兄弟。離開不兒罕合勒敦山後，鐵木真既是獵人，也是牧人，兩人並轡騎在他們已合而為一的部眾前頭。鐵木真長這麼大，首度有一個志趣相投的好友。他不再孤軍奮戰。他終於能打造原本被拒於命運門外的家庭。除了與札木合結拜為兄弟，鐵木真還認王罕作父。蒙古人把這種選擇性的關係稱作「乾爹」或「穿著衣服出生的兒子」——有別於光溜溜出生的親生子。

鐵木真同時打造了兩個新家庭：這場結拜儀式後不久，大概在一一七九至一一八〇年那個冬天，孛兒帖生下第一個小孩，是個兒子。鐵木真把他取名為朮赤（Jochi），意為「客人」。取這個名字可能是因為鐵木真和孛兒帖當時作客於札木合的營地，但選這個名字的確有點古怪，並加劇了他的生父究竟是鐵木真還是擄走孛兒帖的蔑兒乞人之爭論。朮赤始終深得鐵木真寵愛，但因為這一爭議，他最終無緣躋身接班行列。鐵木真記得自己的童年遭遇，將朮赤視為己出，公開且義無反顧地擁抱他。但有時，家庭易組卻深難維繫。

朮赤出生不到一年，札木合與鐵木真之間的深摯情誼就開始變調。孛兒帖說札木合喜新厭舊，「已開始厭倦於我們」。札木合若非開始厭煩於鐵木真，就是察覺到兩人開始出現對立。有天，兩人並轡帶領長長的牛車隊和畜群騎了一段路之後，札木合要原本與他一地紮營的鐵木真到別處紮營。此舉表示他把鐵木真當成弟弟或部下，而非他的安答。

這一貶低身分的舉動令鐵木真感到困惑且羞辱，於是回去向母親和妻子請教這是什麼意思。孛兒帖似乎從來都不喜歡札木合，憤恨於他的影響力高過自己丈夫，得知此事後力主鐵木真離開札木合，到遠處另闢一個放牧區。她建議勿到札木合所提議的地方紮營，而是舉家遷走，整夜不停下腳步，離他愈遠愈好。鐵木真同意，於是帶著他的家人、牲畜逃走，整夜未停，有些人當場選擇追隨他，跟著他一起出走，後來，還有些人拋棄札木合，前來投奔他。

由於此一決裂，永遠的朋友成了永遠的對手。

接下來的八年裡，札木合與鐵木真的對立加劇。兩人都是王罕的家臣，但王罕未壓抑他兩個下屬間的敵對，反倒激化對立，先是偏袒一方，然後偏袒另一方，有時也唆使他們彼此反目。王罕需要他們兩人在他的部落內外為他征戰。札木合與鐵木真仍忠心於王罕，喚他父親，屢次在他原本可能失勢時保衛他，但他們兩人持續彼此對抗。

鐵木真與他的戰士替王罕在外征戰時，他的大本營已壯大為一個小型的遊牧鎮，隨著季節轉換和情勢移居。一一八三年冬，孛兒帖生下次子察合台（Chagatai），三年後的一一八六年初冬，生下三子窩闊台（Ogodei）。窩闊台幼時體弱多病，她辛勤哺育，終於使他健壯成長。或許就因為幼時病弱，窩闊台日後將最得她的寵愛；事實上，他將成為最受寵的兒子，最後成為他父親的接班人。孛兒帖生下三子時，剛過二十五歲，鐵木真約二十四歲。用今日的標準來看，他們還很年輕，但在大多數人活不到四十歲的時代，他們已是對有三個小孩要養的中年夫妻。

◆

鐵木真的部眾人數不多且變動頻仍，包括自願追隨他的各路好漢和一些原本被俘之人。他們有的是牧民，有的是獵人，來自許多氏族和部落——兀良哈部、塔塔兒部、泰亦赤兀惕部、札剌亦兒部

（Jalayir）、八魯剌思部（Barulas）、斡勒忽努部（Olkhunuud）、弘吉剌部（Khongirad）。他們是草原多族群面貌的縮影，多種精神性、宗教性習俗的混合體。他們深受周遭文明的許多大型宗教影響，但以他們自認適切的方式將自己的信仰、習俗和萬物有靈信仰結合在一塊。這時，按照現代的定義，他的追隨者裡，可以說沒有哪個人稱得上是世界性宗教的信徒——不是佛教徒、穆斯林、道教徒或基督徒——但草原社會已吸收消化了他們周遭這些宗教的元素。

鐵木真負有效忠王罕的義務，但他不是克烈部的人，肯定也不是基督徒。在克烈人眼中他非我族類，他的部眾言行粗野，若非格格不入之人，就是變節者。自負且有點傲慢的王罕似乎不想讓鐵木真那幫人太靠近他高雅尊貴的汗廷；最好讓他們一直替他戍守邊疆，負責擊退塔塔兒人和其他入境襲掠的團夥。因此，鐵木真和他的部眾猶如守衛王罕地盤邊境的看門狗。

鐵木真想獲得承認為一群幫眾的首領，而非只是雜牌守邊部隊的頭頭。他請王罕承認他為可汗，以便他能成為自己部落的首領。王罕同意了。這時，一一八九年左右，鐵木真約二十七歲。他在藍湖邊聚集他的部眾，部眾們宣告他為可汗，宣誓效忠於他。藍湖在黑心山附近，黑心山距不兒罕合勒敦山不遠。「作戰時抗命的話，取走我們的財產和家人，」他們發誓道，「承平時抗命的話，把我們流放，丟進荒野裡。」

鐵木真的部眾分成十三大營，每個營有自己的放牧區，且下轄幾個小營。他把部眾組織成三個單位，每個單位萬人，但他統轄的人大概不到三萬。女人管理各大營，照料牲畜，男人則在外打仗。孛兒帖操持作為機動總部的中央營區，她的蒙古包成為部落斡兒朵（ordu），即汗廷，因為她丈夫是可汗。

他的母親帶著他的么弟住在別的營地，有自己的斡兒朵和部眾。

一一九〇至一一九三年間，鐵木真在外征戰時，孛兒帖生下四子暨么子拖雷（Tolui）。這時她有了四個兒子。蒙古人把么子叫作斡赤斤（otchigen），意為「守灶的人」。兒子長大後要離家，自立家庭，唯獨么子例外，因為他得負起照顧父母之責。

鐵木真替他的妹妹鐵木倫談成一門親事，不過，當提親者為她獻上十五匹馬時，他勃然大怒。「撮合婚事，討論財富，那行徑就像商人！」他激動說道。他引用了蒙古人的古諺：「心靈的交會因相互需要而變得堅定」。他想透過婚姻得到的就只是忠誠的友誼。「財富多少有什麼關係？」

成為可汗之後，鐵木真開始慢慢制訂法律。最初他的法律只是他所知道且他認為最好的習俗，但漸漸地，他的法律開始增多，且有所修訂以配合新情勢。他確立了他的軍隊與幕僚的組織，根據每個人的才幹授予職責。他宣告「我指派你們每個人到不同的地方任職」，然後任命他們為廚師、扛箭囊者、指揮官、傳信員、掌馬官、牧馬人、掌車官。他的組織大體上類似一個大家族，而非一個新興的國家。每個追隨者和幕僚仍屬於某個家族或氏族，但此時他們被整合為一個新興的部落，有一個全新但還未被命名的身分——要再過十三年鐵木真才會正式宣告成立蒙古國。

在可汗即位典禮上，鐵木真感謝天與地帶他走到人生這個階段，但未有其他宗教儀式見諸記載。王罕派來一名信使，鼓勵鐵木真的部眾繼續效忠於他，且頗為露骨地告誡這位新可汗也要繼續效忠於他。「勿背信，勿棄義。」他說。草原人常把領導人叫作領子，於是他告誡他們「勿扯掉你們的領子」。

鐵木真感謝他的部眾選擇追隨他而非札木合，但他登上可汗之位只是激化了這兩人之間的對立。鐵木真派人前去告知札木合他要當可汗之事，似乎意在邀請札木合出席觀禮，認可鐵木真作為他的可汗，然可想而知，札木合不會接受此一邀請。札木合指責信使挑起兩位領袖的對立，說他們「戳腰窩，扎肋骨。」

不久，這兩位結拜兄弟就再度兵戎相向。開戰的藉口是札木合的一個「弟弟」從鐵木真底下的人偷走一群馬。那人在馬匹遭竊後追上小偷，用箭將他射死，該箭「射裂他的脊骨」。雙方以此為藉口，各自召集兵馬，旋即出征。

草原戰士在戰場上凶狠無情，但不願濫殺無辜。仁慈被視為和英勇一樣崇高的品性。戰鬥結束時，勝利一方常收養戰爭孤兒。但與鐵木真交手時，札木合卻展現出凶狠，未表現出同等的慈悲。在出乎意料擊敗鐵木真之後，札木合一度施行恐怖統治，以前所未有的殘忍對待俘虜。他把鐵木真的部分麾下軍官砍頭，並把其他人丟進大鍋裡煮。這兩種處決手法令蒙古人驚駭莫名，不只因為這種肉體折磨令人髮指，還因為其對靈魂慘無人道，他們深信靈魂會隨著遭斷頭者噴灑出的血流到地上，從此永無超生之日。同樣的，所有攜帶靈魂的液體（血、膽汁、黏液、精液、汗）會隨著身體遭烹煮而被消滅。札木合的殘酷表明他對所曾深愛的那個人報復心切。

這場仗和其令人髮指的結局，未解決誰是蒙古人真正領袖的問題。幾年後，可能是在王罕的鼓動下，札木合的支持者也立他為可汗，兩個昔日的結拜兄弟，對立因此更發尖銳。他們給了札木合「古兒汗」（Gurkhan）的稱號。這是自古即有且很普遍的稱號，在草原歷史上的不同時期，有不同群體使用過。這下王罕底下有了兩個互不認輸的可汗，各自宣稱是王罕之蒙古家臣的領袖，而王罕自信能操控這兩個自負且野心勃勃的死對頭，使他們為己所用，不致生變。

札木合打贏鐵木真，卻有更多部眾背離他，投奔鐵木真。蒙力克就是其中之一。也速該遇害時，被派去德薛禪家告知鐵木真者，就是蒙力克。蒙力克帶著他的七個兒子歸附鐵木真。不久後，他開始與「母親訶額侖」一起生活，那之後他常被稱作「父親蒙力克」，從而使他和他的兒子在鐵木真日益壯大的部落裡享有特殊地位。後來鐵木真憶起與「父親蒙力克」的團聚，說那是件「幸運且快樂」的事，承諾以後每年每月下決定前都要徵詢他的意見。不過後來的發展表明，他將會為自己這麼說感到遺憾。

◆

除了札木合，鐵木真還有許多更大的危險要面對，還有許多更重要的敵人要對付。接下來十年，三十幾歲的鐵木真和他有消有長的部眾，在蒙古草原上到處征戰，與其他勢力組成來得快也去得快的脆弱同盟，投入無休無止的爭鬥、襲擊及戰鬥。這些征戰大部分是為克烈部統治者王罕而打，但鐵木真愈來愈清楚王罕是個無能、氣量小、貪得無厭的領導人，除了想著再次出擊搶回戰利品之外，胸無大志。他隱瞞自己帳下這位後生晚輩的彪炳戰功，並往往對此心懷嫉妒。

克烈部的宿敵塔塔兒部，仍是東邊的隱患。王罕對塔塔兒部開戰，由鐵木真總綰兵符。鐵木真厭倦於對同樣一批敵人征戰不休。他在戰場上替王罕賣命，但打贏之後，王罕卻維持不了天下太平，總是與舊敵重燃對立，同時樹立新敵。

鐵木真行事開始更為自主，不再徵詢王罕意見或迎合王罕的意思行事。一二〇二年打敗塔塔兒部之後，他召集高階部屬開會，籌謀如何免於和塔塔兒部不斷的互相征伐。最後，他決定以兩個看來矛盾的斷然措施，一舉終結對塔塔兒人的征戰。為消弭日後的威脅，他把在戰場上與他為敵的大部分男子殺掉，尤其是他們的領袖。但他也把許多未在戰場上與他為敵的塔塔兒人併入自己部落，包括所有婦孺。

這時，鐵木真已四十歲，和孛兒帖結褵將近二十五年。他的部落與塔塔兒部結合之後，為促成雙方的團結，他把敗在他手上的塔塔兒汗的么女也速干（Yesugen）納為妻子，但在也速干力促之下，他也同意娶她的姊姊也遂（Yesui）為妻。孛兒帖未動氣，坦然接受此事。「生為男人就是會把姊妹一起娶進門，」她說，「兩層布的袍服會使人免於受凍……三股線絞成的繩子不會斷掉。」這對塔塔兒姊妹從未取代孛兒帖的位置，但也遂會在日後成為備受倚重的國事顧問，且在許久以後，在相爭的孩子間扮演和事佬。她們的新丈夫消滅了她們的部落，毀了她們的家庭，但這兩個女人終身效忠於他。

除了娶進兩個塔塔兒女人，鐵木真還收養了一名塔塔兒望族出身的兒子，為他的部眾立下一個榜樣。他把這個叫失吉忽禿忽（Shigi-Khutukhu）的男孩交給他的母親撫養。隨著鐵木真征服、打敗一個個部落，訶額侖最終會有四個養子和人數不詳的養女。這些養子女始終忠心耿耿，最終登上高位。其中失吉忽禿忽這位遭遺棄的塔塔兒男孩，成就最大，表現最為亮眼。

◆

早年，關於鐵木真的史料一再出現大段的時間空白。《蒙古祕史》在某些時候交代了特殊細節，甚至是私下的交談，然後，突然間一下子跳過數年，對那幾年間的事完全略過。這些空白的出現，可能出於許多原因，但至少某些空白似乎是蓄意的。若非原作寫成時就刻意略而不提，就是在後來幾十年間，在蒙古人統治中國時，原文曾遭不明人士審查、編修。關於鐵木真的早年，有哪些是後來的蒙古人不想讓我們知道的？

不管是誰審訂了這份文獻，都毫不猶豫地保留了對他殺害同父異母兄一事的詳細記述，或毫不猶豫地詳述了對鐵木真家族成員生父疑雲、通姦方面爭議的論點。但外國針對鐵木真和蒙古人寫就的第一份報告，卻在無意間隱約透露了其中有章節佚失。這份報告的撰寫者是宋朝使節趙珙，而且他的觀察心得於鐵木真在世期間形諸文字。他呈給宋朝皇帝的報告，針對蒙古人和他們晚近的歷史，提供了民族誌式的全面概述。

他的觀察和報導普遍來說很出色（儘管犯了一些顯著的錯誤），還收進一則不見於其他原始資料的故事，他寫道：鐵木真年少時「被金人虜為奴婢者，十餘年方逃歸」，金人就是女真，當時統治華北的一個滿洲族群。這樁遭擄為奴之事，發生於金人試圖發動戰爭消滅黑韃靼之際。當時金人殺掉蒙古男子，把婦孺帶回中國當奴隸。據記載，在華北，就連最窮的人家都養了一些這樣的奴隸。鐵木真可能就曾淪為這樣的奴隸。趙珙說，因為這段經歷，鐵木真「盡知金國事宜」。鐵木真「逃歸」一說，表示他並未獲釋，而是自己逃掉。

淪為奴隸之事或許屬實，但從後來鐵木真征伐塔塔兒部期間與金國結盟一事來看，似乎有些說不過去。就是在這場戰役之後，金國皇帝授予鐵木真「招討使」軍階，負責守衛金國北疆。鐵木真肯定對中國人的生活和文化頗有瞭解，比他光從道聽途說和民間傳統所能得到的瞭解還要多。他敬佩且在後來採用了許多中國的科技與治理之道，將中國顧問與工程師聚於自己旗下，對中國的精神傳統特別感興趣，但至死敵視金朝和其盟友塔塔兒部。

鐵木真父親死於塔塔兒人之手，但他從未以此為仇恨的緣由，反而是把他的仇恨歸因於一一五〇年左右發生的一件事：那時，距鐵木真出生還有十幾年，他的祖先受俺巴孩汗（Ambaqai Khan）統治，其與塔塔兒部相處和睦。俺巴孩汗以為自己女兒與塔塔兒人的婚事已談定，於是親自送女兒到塔塔兒部，不料途中被另一群塔塔兒人捉住，那群人大概是替金朝守邊的士兵。他並未犯法，但據說最近有人在那個區域殺了一名金朝皇帝的信使，於是他們拿下俺巴孩以示報復。這個藉口似乎站不住腳。較可能的理由乃是這麼多代以來，黑韃靼首度開始統合為一，而俺巴孩是黑韃靼的首領之一（中國人把住在最北邊且以行事最凶殘而著稱的草原遊牧部落稱作黑韃靼）。若俺巴孩與塔塔兒人聯姻一事談成，草原部落可能從此走上大一統之路，從而不利於金國。不管理由為何，金國官員想除掉他。他們一心要把勢力伸入草原更深處，於是著手除掉任何不願乖乖歸附之人。

俺巴孩被俘期間，想辦法送了口信給他的族人。「我落入塔塔兒人之手。」他說。蒙古人常透過詩歌來傳達信息，不僅讓信使可輕易記住信息內容，也可使每個人聽後不忘。他就以這種傳話形式要族人替他報仇：

今後以我為戒，
你每將五個指甲磨盡，
便壞了十個指頭，
也與我每報仇。

然後，《蒙古祕史》對此事閉口不談，除了說俺巴孩被捉，未有其他說明。對蒙古人來說，沉默比言語更大聲。他們知道俺巴孩除了被捉、被囚，還受了令人髮指的折磨。蒙古人一想到要詳細描述死時的恐怖情景就深感不安，深怕會把受害者的靈魂召喚到眼前，於是這份文獻對此突然噤聲不語。

穆斯林史家對於血淋淋的細節沒有這樣的恐懼，甚至似乎樂於描述這樣的事。波斯大史學家拉施特填補了一部分佚失的細節。他寫道，俺巴孩所受的折磨，始於行刑人把他釘在木驢上，讓他在木驢上慢慢死去。根據其他記述，行刑者慢慢剝掉他的皮，直到把皮全剝掉為止，或者以「千刀萬剮」將他處死，先是砍掉他的手指、腳趾，然後小塊小塊割下肉，將他凌遲至死。如果這說法屬實，就可以說明他為何要後代不惜「壞了十個指頭」也要為他報仇。不管他受到哪種刑罰，約略與他同時被捕的一位男性親戚，也受到同樣的對待。通常，處死之後，受刑人的頭會被砍下，梟首示眾，以儆效尤。

勝者興高采烈誇大自己的戰果，敗者療傷止痛，擺脫不掉失敗的恥辱和憤怒，於是用歷史來助長仇恨。歷史灌養對宿敵的記憶，加劇報仇的念頭。這則故事雖然駭人，但俺巴孩與鐵木真只有間接的親緣關係，而且這事發生時，他遠遠仍未出生。此外，正是俺巴孩汗的兩個遺孀，在春季祭祖時將訶額侖、速赤吉勒和她們的小孩逐出部落。會是什麼樣的因素使鐵木真這麼堅決要替她們遇害的丈夫報仇？除非日後有學者找到與這些事有關的中文、波斯文新史料，否則鐵木真早年的這些離奇空白還會繼續縈繞我們心頭，我們對此只能訴諸揣測。

◆

鐵木真的兒子漸漸長大，他的政治生涯也於此時踏上新階段。他看出聯姻有助於促成部落間的和平，打造可長可久的友誼和同盟，而他已準備好讓自己的權位獲得更正式的認可。他大膽地向他的主子提議雙重聯姻：由他的兒子娶王罕的女兒，讓他的女兒嫁給王罕的兒子。

不過，王罕拒絕。鐵木真家族地位卑下，配不上克烈部的王族。幾年來，鐵木真以家臣身分，以「乾兒子」的身分，忠心效命於王罕。但王罕對待他，幾可說只想著利用他。鐵木真一再冒生命危險助王罕保住權位，卻一直只是個有用的工具。鐵木真的彪炳戰功和日益受到部眾的愛戴，只令王罕更加鄙視於他。直至此時為止，他對王罕始終沒有貳心，但隨著他的權勢和信心上漲，繼續效忠的理由就開始減弱。

對於鐵木真的野心和廣受愛戴，王罕猜忌之心愈來愈重。王罕自己推翻了部落首領而後登上大位，非常清楚如今看來忠心耿耿的下屬，日後可能奪權將他取代。他那個愛發牢騷的兒子桑昆（Senggum），對這位嶄露頭角的蒙古人的赫赫戰功和廣受愛戴向來反感，於是在父親旁邊煽風點火，加深王罕對鐵木真的猜疑。佩帝・德拉克魯瓦說桑昆「屬於冥頑不靈之人，這類人一旦相信某事或打定主意要做某事，別人怎麼勸也不會承認自己有錯。」

最後，在得到鐵木真賣命那麼多年之後，王罕出賣了鐵木真，密謀殺掉他。他認為這麼做沒什麼不對，說那才是正路，並且用了「阿爾迦」（arga）這個字眼，即當年那兩個老婦把鐵木真一家人趕出部落時所用的詞語。鐵木真召集忠心部眾，告訴他們，反叛王罕的時機已到。據佩帝・德拉克魯瓦的說法，他首度向其部眾發出宗教性的訴求：「心知『權力之教』（Power Religion）已主宰人心，他在最後向他們保證，他此刻向他們提出的大業，不是出自他私心，而是上帝的啟發，派他來將他們從奴役的重軛解救出來。」

鐵木真準備造反時，許多克烈人棄王罕而去。就連這位老可汗的弟弟札合敢不（Jaqa Gambu）都投奔鐵木真陣營。經過一場漫長、艱鉅的交手，鐵木真擊敗王罕和他不成材的兒子，兩父子逃離戰場，而後死去。誠如史家把・赫卜列思為了說明一基督徒國王為何敗於非基督徒之手而寫道：「上帝拿走這個王國，把它交給比他優秀的人；在上帝面前，他的心變成正的。」

鐵木真決定不將克烈人趕盡殺絕，一如他先前處置塔塔兒人的方式。他鼓勵部眾慷慨認養克烈人遺孤，鼓勵他們與戰敗的敵人通婚。他把王罕的近衛隊（Torguud）全部接收，納為自己的衛隊，表彰他們對戰敗之主子的忠貞不貳。他未像先前處置塔塔兒人那樣拆散家庭，消滅氏族，反倒保留克烈部，允許大部分克烈人住在一塊，留在他們的傳統地盤裡。

◆

王罕戰敗的消息慢慢傳遍草原，最後傳到歐洲。在這之前，蒙古高原之外，沒有人注意到這位一統草原諸部落的蒙古戰士和他周遭連年不斷的戰事。這個消息觸動歐洲人心，不是因為他掃平群雄，而是因為他打敗了當時西方世界所知道的最遙遠的國王。在歐洲，長久以來一直有人期待有個來自亞洲的基督徒國王從東邊進攻伊斯蘭世界，摧毀這個全新的宗教。於是有些西方基督徒開始把這份希望寄託在鐵木真身上。

這個夢想發軔於十二世紀，當時有封信送抵歐洲，信中誇大不實地講述亞洲有個富強的基督教王國，但其實那封信是偽造的，可能是十字軍戰士所寄出，這些十字軍戰士想鼓動基督徒兄弟為反穆斯林國家的大業投入更多心力。似乎每一代都有個位在不同地方的新國王被捧為基督教世界的可能救星。這一虛構的基督徒國王，有時被稱作「祭司王約翰」（Prester John），有時被稱作「大衛王」（King David），被認為是耶穌誕生時從東方前來向耶穌致敬的三位國王的直系後裔。

不久後，信仰基督教的王罕就被認定是那個神祕的祭司王約翰。十字軍不知道誰打敗了他，但希望這位新征服者能成為另一位基督徒國王，甚至是更強大的基督徒國王。那時歐洲還沒人聽過鐵木真這號人物或他未來的尊號成吉思汗。要再過一個世代，歐洲人才知道蒙古人是什麼樣的人，屆時他們會把目光從亞洲轉向非洲，把希望改寄託在阿比西尼亞（Abyssinia）的衣索匹亞皇帝上。

鐵木真吞併克烈部後，他昔日的結拜兄弟暨敵人札木合立即投靠乃蠻，乃蠻是蒙古中部、西部八個部落組成的聯盟。年邁的乃蠻王塔陽汗（又譯太陽汗）為基督徒，既懼怕鐵木真，也看不慣他的成功。乃蠻長久以來被公認是與東邊的塔塔兒部、克烈部相抗衡的強權，把蒙古人視為野蠻狂妄的後生小子。塔陽汗曾把蒙古人說成「這些帶著箭囊的人」，以嘲笑口吻問道，「如今他們想當家作主了？」在自己家人的鼓動下，他打算趁蒙古人還未成氣候，先發制人消滅他們。「我們去把那些蒙古人帶來這裡。」而他並不知道自己要對付的是什麼樣的對手。

乃蠻王后勸他三思。她問，到時候「我們要怎麼處置他們？」，然後自問自答道，蒙古人還沒開化，要他們做事，幾乎沒一樣做得來。他們身上有臭味，穿髒衣服。即使她想用蒙古女人替她的牲畜擠奶，她都會要她們「洗手」過後才能碰她的綿羊或母牛。

塔陽汗聚集了兵馬，但不久就未戰先怯。得知塔塔兒部和克烈部先後敗在這位衝勁十足的新征服者手上，乃蠻汗還未開戰就自居下風，把自己和大部分兵力困在一座山上，以為那裡固若金湯，但鐵木真夜裡在草原各地升起數百個營火，虛張聲勢，而乃蠻汗也中計，以為他真的募集到一支大軍。乃蠻戰士趁夜逃亡，許多人在慌亂下山途中摔落山崖、相壓而死。

塔陽汗未能維繫住軍隊，心裡滿是對世事虛幻無常的無奈，說出的話似乎既是詛咒，也是墓誌銘。「有生就有死。」他嘆道。他的話呼應了將近四百年前突厥石碑上的銘文，「肉體即是苦，眾生皆然。」隔天早上鐵木真進攻期間，塔陽汗遇害。蒙古人迅速拿下勝利，把塔陽汗葬在他所失策退守而葬送掉自己王國的那座山上。

鐵木真一解決掉乃蠻部，即對乃蠻部僅存的盟友蔑兒乞部發動最後攻擊。當年蔑兒乞人擄走孛兒帖後，鐵木真第一個征伐的對象就是這個部落。他迅即將他們擊潰，處死了該部許多出身貴族的領導人，然後把蔑兒乞部大部分人併入他自己的部落。他把他們分成數股，分別納入不同領導人帳下，以免他們在任何地盤上自成一股勢力，但允許他們保有蔑兒乞人的身分。他們成為忠貞的追隨者，在日後的帝國裡扮演了重要角色。

到了一二〇四年，四十二歲的鐵木真已消滅了他周遭的三個部落聯盟（塔塔兒、克烈、乃蠻），以及大部分較小的部落。自回鶻帝國於將近五百年前傾覆以來，首度有人一統整個蒙古草原。他控制了整個突厥故地、古城廢墟，過去那偉大遊牧文明的心臟地帶。

鐵木真稱霸草原後，即開始報復早年時背叛他的某些人。針對當初把他母親和他的兄弟姊妹拋棄在草原上的那些人，他捉住其中兩個。事隔三十年，他仍怒不可遏。他靈魂裡的牙已變得更強壯更銳利，對他的叔父來說尤其如此。「我要讓他從我眼裡消失。」他嚴正宣告。然後他以違反了忠於親人這個神聖原則的罪名，判處這兩人死刑。[19]

草原上三個部落帝國都已垮掉，曾背叛他的人遭到處決，至此，只剩札木合還不受控制。札木合的追隨者一個個離他而去，幾乎眾叛親離，最後，幾個還留在他身邊的人反叛，捉了他獻給鐵木真。一二〇五年，經過一場公開審問，鐵木真下令處死札木合和出賣他的那些人。此前，鐵木真為了主宰家族和自己的未來，殺了哥哥。如今，他已推翻了他曾奉為義父的人，處決了他曾愛如兄弟的另一人。已沒有人不服鐵木真對蒙古草原所有部落的統治。

19 拉施特清楚表示成吉思汗處死了他的叔父，《蒙古祕史》也清楚寫道成吉思汗判他死刑，但又說行刑前，他心一軟，饒了叔父。不管是哪種下場，不管是生或死，叔父此後消失於歷史，未再被提到。

第二部

成為成吉思汗

成吉思汗從自己的心靈之頁創造出自己。

——阿塔蔑里克．志費尼（Ata-Malik Juvaini），《世界征服者史》（*The History of the World-Conqueror*），報達，十三世紀

第五章

光明使者

鐵木真以將近二十五年的時間一統草原，使草原上的部落全聽他號令，在這期間，他未碰到值得效法的可汗，未找到值得追求的理想，放眼當世之人，他未看到哪個英雄的成就足以和古代雄才大略的匈奴可汗、突厥可汗相比擬。在王罕和塔陽汗的汗廷裡，他未看到多少值得效法的東西，但有件事引起他的注意，那就是文字。文字確保法律的神聖不可侵犯，似乎既能讓現今連結過去，也應許了後人對現今的肯定。鐵木真想為他的新國家創立文字，最終使得蒙古人與一種極奇特的文化、宗教傳統搭上線。此事將對他未來帝國的政治、精神走向有莫大的影響。

今日的維吾爾人（回鶻、畏兀兒人）住在中國西部，信奉伊斯蘭教，以源自阿拉伯語的一種字母表書寫其語言；但在許久以前，畏兀兒人住在蒙古，信奉摩尼教，以源自古敘利亞語的字母表書寫。他們曾主宰草原上的第三暨最後的突厥帝國，從七四四年開始到八四〇年落敗逃到中國為止。與只營遊牧生活的蒙古人不同，畏兀兒人在草原邊緣建城，在河谷發展農業，同時從未放棄沿襲已久的放牧習慣。到了一二〇四年鐵木真從乃蠻部取得畏兀兒人的故地時，他們的城市已幾乎如同廢墟，但畏兀兒文明未消失，而是靠那些在自己土地遭蹂躪後仍留在家鄉的畏兀兒人、靠他們的文字，保存下來。位於鄂爾渾河畔哈爾巴爾加斯的畏兀兒故都廢墟，既宏偉又神祕。第一個匈奴帝國在此發跡，後來的突厥人在此建立他們第一個草原城市。

相較於中國城市，這座畏兀兒城市是個小城，但城內有來自許多不同國家、文化的人，國際色彩濃厚，除了厚實的城牆和高大的城門，還有神廟、宮殿、堡壘、隱修院及市集。畏兀兒人開鑿灌溉溝渠，開闢菜園和果園，建倉庫，致力於將不適人居的冰冷高原改造成往四面八方都要花上一個月才走得完的農業國度。先前的突厥帝國努力將各種外來影響全阻絕於境外，回鶻人則與中國唐朝締結了強固的外交、軍事同盟。中國皇帝肯定他們獨一無二的作戰本事，把這歸功於他們在嚴酷的蒙古氣候長大：「嚴霜識貞木，疾風知勁草。」

回鶻人不想只倚賴與某個特定外國強權締結的同盟，他積極與粟特人建立密切的商業關係。粟特人是古波斯人的後裔，這時在撒馬爾罕城（Samarkand，位在今日烏茲別克境內）周遭居住及經商。粟特人曾在中亞建立大帝國，在西元前許久就已派旅行隊到中國，並沿著絲路到君士坦丁堡。粟特人於西元前三二七年被亞歷山大大帝征服，此後將希臘語、希臘信仰、希臘哲學吸納進自己的文化裡。[20]他們將希臘文化與波斯傳統、印度影響交融在一塊，然後將他們先進的混合文化傳播到蒙古草原。千百年來他們失去了大部分的政治權力，但以商人的身分繼續行走於天地間，透過一連串綠洲和南抵印度、西通中東的路線，經營一個將中國與中亞串連在一塊的複雜商業網絡。中國擁有已發展成熟的軍隊、皇廷到製造業、龐大工程的種種文明，粟特人則是已逝文明的殘存，只有少許公權力機構，沒有自己的國家。

千百年來粟特人不辭艱辛，帶著駱駝隊來回穿越沙漠。十一世紀一名突厥觀察家寫道，「然後來了商人，他們一直在做買賣、追求獲利。」他話中隱含批評之意，但隨後即肯定他們的貢獻：「他們提供各種絲製品，以及全世界稀有、神奇的東西……要不是有行走世界各地的商人，你什麼時候能穿上黑貂毛皮襯裡的衣服？如果不再有中國商隊揚塵於道路上，種類數不勝數的這些絲織品怎能來到這裡？如果商人不行走於世界各地，誰見得到一串珍珠？」

對於粟特人，特別是其中的商界對手，中國人抱持較不友善且較為猜忌的心態，對他們始終想以最低的價錢買進最優質的商品反感。《唐會要》卷九十九寫道，粟特人「生子必以蜜食口中，以膠置手內，欲其成長口嘗甘言，持錢如膠之粘物。」

粟特人的批評者反感於他們的上述習性，卻承認他們讀寫能力高且擅長數學，已創造出悠久先進的文化、文學及宗教。有位穆斯林觀察家寫道，「他們行走各地謀生，同時始終虔誠信奉上帝。」虔誠的粟特商人也充當傳教士，在外行走時傳播他們的宗教。

透過與多種宗教接觸，粟特人信奉多種信仰，與各種宗教族群都維持商業往來，但大部分人信奉他們所謂的明教；史書以他們的先知摩尼（Mani）之名，將他們稱作摩尼教徒（Manichaeans）。如今，在英語和其他許多語言裡，Manichaean是個貶語，指將世間膚淺地分為善與惡。這個詞通常被用來侮辱是非觀很簡單的人，與Machiavellian（狡猾的）一詞有密切關係，兩者有時會被人搞混。最近，這個詞被普遍用在各種宗教的基本教義派上，特別是用在穆斯林恐怖分子上，而且被籠統用在任何被認為無道德原則的、偏差的或邪惡的政治、宗教或商業活動上。但摩尼教原本是個充滿活力且很特別的宗教。

摩尼於三世紀時出生於報達附近的波斯人家，那個人家屬於施行洗禮的一個猶太教小教派。他在小時候第一次看到先知顯靈，並寫下數本聖典，如今那些聖典只剩諸多片斷和一些不完整的長段經文。摩尼不滿於自己一生下來就歸屬的宗教，致力於將身邊各大宗教融而為一。他深信上帝先是化身為先知瑣羅亞斯德，以人形出現於波斯，然後轉生為佛陀和耶穌，分別出現於印度和以色列，最後化身為摩尼，降生人間。他的追隨者膜拜神的上述各種化身，深信神靈出現在不同地方，以各種語言教諭世人。除了結合來自印度、波斯、以色列的元素，摩尼還認為希臘哲學家的學說受過神的啟發。

摩尼在《沙卜拉干》（*Shabuhragan*，即《二宗經》）裡闡述他的哲學，那是他唯一以中古波斯語寫成的書。他把此書獻給薩珊王朝波斯王沙卜爾一世（Shapur I），但他未能讓這位國王皈依他的宗教，而他的教義雖然盛行，在波斯始終未能成為國教。他還以古敘利亞語寫了其他著作。古敘利亞語與希伯來語、阿拉姆語（耶穌的用語）有密切的親緣關係。

據摩尼的說法，宇宙原是由純粹的光、靈、智慧所構成。所有善的東西都與黑暗、邪惡的物質世界涇渭分明，但邪惡引誘光明，兩者開始混在一塊。所有屬於靈的東西都是善的，都是光明世界的一部

20 進入突厥語、蒙古語的希臘語詞，大部分是古希臘詞語。

分；所有屬於物質的東西，包括人體，都是邪惡的，都是黑暗世界的一部分。摩尼要追隨者將自己內在的聖靈與物質世界的黑暗分開。他的目標是使人放棄俗欲，包括性與食肉，藉此重新進入光明。在他所清楚描述的嚴酷世界裡，邪惡被擬人化為一個惡靈，那個惡靈「燒焦大地、摧毀萬物……駭人。他以空氣翅膀飛翔，在水裡時用鰭游動。他像個黑暗生物爬行……他噴出毒泉，呼出濃霧；他的牙像匕首。」

許久以前，例如西元前六世紀居魯士大帝（Cyrus the Great）在位時期，波斯採行宗教寬容政策，但到了摩尼在世時，祆教獨大，該教領袖把摩尼視為心腹大患。祆教祭司力促沙卜爾王（Shah Shapur）剷除摩尼和他的異端邪說。波斯王照辦，宣布摩尼和他的教義「無用且有害」，把他關了將近一個月，然後在西元二七四年春天前不久將他處死。

摩尼和他的信徒致力於統合所有宗教，結果激怒舊教，因為每個宗教的領袖都把自己的宗教信仰和實踐說成無所不包且完美無瑕，不需要外來觀念補強。九世紀有一阿拉伯史家把摩尼教斥為「比基督教還糟糕」。四世紀初，厭惡轉為迫害，羅馬皇帝戴克里先（Diocletian）明令宣告摩尼教信徒為非法。他在三〇二年三月三十一日的敕令中寫道，「明令嚴懲這些教派的著書者和領袖」。摩尼教信徒「以及他們那些令人厭惡至極的著作」，被判定要受「火燒」之刑。壓迫於五世紀時加劇，當時摩尼教徒希波的奧古斯丁（Augustine of Hippo）宣布脫離舊信仰，改信基督教。奧古斯丁撰寫神學著作痛斥摩尼教，指摩尼教教徒不道德。奧古斯丁未激進到號召發動聖戰對付他們，但剛獲得大權的基督教主教團迅即將其哲學性駁斥和所加諸的罪名用以殘暴迫害。

但每一波的殉教都促使逃亡的摩尼教徒把他們的信仰傳播得更遠。隨著他們被趕出歐洲、非洲、中東，他們的信仰傳遍亞洲直抵印度和中國各地。在中國，他們有時被吸納入其他宗教，即使在受到包容之時，都常遭到鄙視，有中國人稱他們是令人厭惡的「食菜事魔教」。他們最後的避難地位在蒙古草原上的哈爾巴爾加斯，那是歐亞大陸上最偏遠的城市之一。在此他們終於在回鶻人那兒找到支持者，自立教以來，首度有政府不只容忍他們存在，還把他們視為宮廷與國家的官方宗教，予以接受。

◆

鐵木真出生時，摩尼教已在草原流行四百多年。遊牧民從未遵行摩尼教不吃肉、不行房的戒律，但許多關於光明、太陽、水的觀念已成為傳統文化的一部分，幾乎不可能弄清楚哪個觀念源自何處。摩尼教的宇宙論和神學，與草原傳統靈性觀嚴絲合縫交融為一。一如他們之前的匈奴人和他們之後的蒙古人，回鶻遊牧民與光明有深遠的精神聯繫。黎明是一天中最神聖的時刻。在幾乎無樹無雲的遼闊草原上升起的太陽，讓整片大地呈現特殊的光明，冬季時一小塊一小塊覆冰或積雪的土地反射陽光，夏季時青草在陽光下猶如黃金閃閃發亮。在讚美旭日的詩歌中，人們歌頌每日神奇降臨的溫暖與光明。即使今日，蒙古人仍常在日出時走出他們溫暖的蒙古包，懷著敬意伸展四肢，以感激之心向四方灑奶，讓自己沐浴在陽光中，接受金黃光芒帶來的最純粹祝福。

「大家接受明教吧！」七六三年的回鶻可汗敕令碑文如此寫道。這個碑文命令回鶻人揚棄野蠻習俗，以「變成一族」，「讓殺人之國轉型為鼓勵善行的王國」。回鶻可汗驕傲地宣告，他已決定用這個不凡的外來宗教統一他的子民。

這些有點類似清教徒且不寬容異己的摩尼教徒一旦掌權，即摧毀回鶻人所尊崇的許多肖像和薩滿器物。他們吸納了較古老的宗教信仰和希臘哲學，卻容不下草原的萬物有靈習俗。由老婦操持的傳統家庭拜火習俗，得和來自祆教習俗的新拜火觀念爭奪地盤（祆教習俗也是由粟特商人從波斯引進）。摩尼教徒說明他們的宗教時，用語和數百年來突厥部落所用的語彙沒有兩樣：神是騰格里，只是這時他們加上古老祆教神阿胡拉・馬茲達（Ahura Mazda）這個名字。最後，蒙古人把這個神的名字叫作霍爾穆茲達（Qor-Muzda）或霍爾穆斯塔（Khormusta）。

◆

大部分宗教倚賴一種神聖語言（例如梵語、希伯來語或阿拉伯語），但摩尼教稱智慧在不同時期以不同語言呈現。「智慧和功業不時被神的使者傳給人類，曾有叫作佛陀的使者將它們傳到印度，在另一個時代，有叫作瑣羅亞斯德的使者將它們傳到波斯；又另一個時代，則有叫作耶穌的使者將它們傳到以色列，」摩尼在其聖典裡如此宣告，「於是，此一啟示降臨，這個最終時代的預言，通過我，摩尼，真上帝的使者，傳到巴比倫。」摩尼深信，用不同語言膜拜，就像能用不只一種曲調唱歌同樣重要。他說，「古人的宗教傳於一地，只用一種語言，但我的宗教會顯現於所有地方，會以所有語言傳播，會散布於遙遠地方。」

在這新引進的世界觀裡，水、風、光構成生命的最初物質。摩尼教徒承襲了古巴比倫人的觀念，認為地上是「水之洋」，天上是「光之洋」，是「知識之神」的居住地。回鶻人普遍將他們的宗教稱作「世界洋」——希臘語所謂的Thalassa，梵語所謂的Samudra，突厥語所謂的Tengis，蒙古語所謂的Dalai——因為它匯聚此前所有宗教的大川為一海。回鶻人把他們的摩尼教信仰比喻為所有河川或知識所匯入的大「世界洋」，有心一統世上所有宗教。「世界洋」據認代表純潔、知識、力量、和平，而來自此洋的有形寶物，例如珍珠、珊瑚，被認為是此洋本身之超自然力的體現。

摩尼教的神學能打動人心，但該教僧尼卻維持古怪的生活方式。他們盡量只吃他們認定充滿光的食物。溪河裡流動的水，閃著粼粼波光，人喝下這水，也喝下光，但來自地下深處的井水只含有黑暗，因此他們主張應避免喝井水。生長在地上的綠色植物、水果、蔬菜吸收了陽光，但根和塊莖長在地下，吸收不到陽光，因此應避食。他們吃水果、蔬菜、葉子，但不吃洋蔥、大蒜、胡蘿蔔、蘿蔔等長在地下的部位。他們不吃肉，因為肉非生長於陽光下，未能讓食者吸收光。他們喜歡吃葡萄，但不喝葡萄酒，因為為了製造葡萄酒，把葡萄裡的光給榨完了。摩尼教徒偏愛綠色、黃色蔬菜，認為它們是具有最多光的食物。他們也吃種籽。他們認為種籽含有數百萬個靈魂，正符合他們的一植物有一靈魂的觀念。吃下這些靈魂，使人充滿光，有助於將諸靈魂集中在一塊，從而有助於使所有靈魂最後集中在一個充滿光的實體裡。

回鶻人的摩尼教充滿神祕氣息和儀式。祭司會講述遙遠地方之神與人的神奇故事。耶穌以道德小故事闡述道理，摩尼則以含蓄的措詞鋪陳。他的某部聖典引用了耶穌的話——在回鶻傳統裡耶穌被叫作耶穌·不兒罕（Jesus Burkhan）——說為「使你們免於死亡和毀滅……我要給你們眼睛所從未見過的，耳朵所從未聽過的，手所從未碰觸過的。」只有最高階官員聲稱充分瞭解這個宗教和其不讓人知的儀式。摩尼教徒強調祕密，因此他們被稱作諾斯替教徒（Gnostics）。這個詞來自希臘語的gnosis（知識），而在回鶻語和蒙古語裡，gnosis變成bilig一詞。

摩尼教結合了來自其他宗教的實踐與觀念，但該教嚴禁某些重要的宗教儀禮，例如基督教的施洗禮、猶太教的割禮、佛教的火葬禮。摩尼教要人獨身不婚，卻不贊成某些基督徒所自願施行的閹割或其他地區為了有供人使喚的閹人而強加的閹刑。

摩尼也禁止印度教徒所規定的淨身儀式。他說進入任何大大小小的水域都是罪過，因為此舉污染了眾生所倚賴的水。火能淨化自己和它所接觸的任何東西，但水易受傷害，易被污染。人稱「科隆摩尼抄本」（Cologne Manichaean Codex）的文獻，講到這麼一則故事，說有個人就要下河洗淨自己時，遭水的靈魂訓斥，質問他「你們的牲畜傷害我還不夠，你自己也要沒來由地惡待我，弄髒我的水？」那人回道，「世上的淫亂、髒污、不潔丟進你裡面，你都來者不拒，這時你怎麼為我的作為而難過？」水勸誡此人應行公義，勿做這類壞事。還有一次水也勸誡這人，人與水是一體，我們對一滴水做了什麼，就是對整個大洋做了什麼。

只有被選中的教徒必須遵守獨身與茹素、不喝酒與不吃發酵食物、不吃根部、塊莖或在沒有光的地下長出的植物的規定。貴族或老百姓則不必遵守。

這些被選中的人一身白袍，戴白頭巾，以示純潔；於是白色成為此教的象徵性顏色。相對的，佛教在人們口中變成黃教，基督教變成黑教，因為基督教教士穿黑袍。穆斯林則被視為纏頭巾的人。摩尼教祭司的白袍表明他們不做會弄髒衣服的工作。與積極參與日常生活的薩滿不同，摩尼教祭司自成一個階級，有別於一般老百姓。後來，鐵木真組成自己的政府時，指定身穿類似白袍的薩滿為他的精神顧問。

祭司對回鶻平民大眾的管轄權，不只來自他們的觀念所具有的力量和他們的公開儀式所具有的感染力，還來自他們的收稅權力。這時，人民除了每年繳稅給可汗支應國務、軍隊開銷，還得繳交名叫「靈魂服務費」（soul service）的新稅，以支應僧院營運和照顧神職人員的開銷。為使人民乖乖聽話，回鶻可汗沿襲古老的草原軍事傳統，以十人為一單位將人民編組。他還下令每組得有一人負責照料其他組員的行為和精神康泰。這位靈魂監督充當精神導師、意識形態警察和宗教稅徵收員，通報不符道德、法律的行為，要人照規定繳交救濟物和規費給教堂。

鐵木真最終否決了宗教稅的構想，但採納了基本的社會原則，以十進制編組蒙古軍隊，最基層單位是十戶，往上依序是百戶、千戶、萬戶，每個單位均由一人掌管。牲畜以群為單位來計算。要分別計算綿羊、乳牛、山羊、馬、犛牛及駱駝的數量太麻煩，於是蒙古人想出一個以馬為基礎的簡單計算單位。五隻山羊或綿羊合一匹馬，五頭乳牛或犛牛合四匹馬，四頭駱駝合五匹馬。於是，所有牲畜可合在一塊，化約為一個數字。

據某個說法，回鶻人「強大、不可戰勝」，因為「王公與平民的差異不大」。但摩尼相信有個較優越的菁英階層存在，提到佛陀、耶穌等宗教領袖的教義時，刻意不提人人平等的觀念。他說少數被選中的族群，比平民大眾優秀，他認為應由這個較優秀的小團體統治其他人。隨著回鶻國變強，隨著該國領袖與摩尼教的關係加深，菁英家族屈服於這個教義的誘惑，畢竟在他們看來，這個教義讓他們可以理直氣壯地為所欲為。聖典的真正義理有一部分被蓄意不交代清楚，從而造成認知上的混淆，而這一混淆讓他們有藉口以摩尼所從未主張的方式滿足自己的欲望。

回鶻統治者建豪華宮殿，裡面滿是奢侈品、華服、美食、珊瑚、綠松石。「女人有化妝粉、眉彩、繡了圖案的衣服。」這些奢侈品於「中國製造」，而隨著它們的進口，回鶻人斷然「擯棄了蠻俗」。

歷史告訴我們，墮落的社會也許能苟延殘喘，卻終將亡於某個出乎意料的變故。對畏兀兒人來說，這一下場降臨於八三九年的要命寒冬。那個冬天，一場嚴重的暴風雪使牲畜集體餓死，也就是發生了所謂的「白饑荒」。一方遭殃，往往就是另一方的機會。趁著回鶻人因饑荒而暫時元氣大衰，數萬名黠戛斯人從西伯利亞的葉尼塞河（Yenisei R.）大舉湧入蒙古劫掠。黠戛斯人殺掉回鶻汗和他的家人，蹂躪此地，洗劫寺廟、燒毀城市、搶走牲畜、奴役人民，前後超過五年。

如此大肆破壞之後，黠戛斯人未建造新帝國、未重建城市，也未建立新王朝，而是離開這個滿目瘡痍的國家，帶走他們想要的東西，前去尋找可供掠奪的新地方。當塵灰落定於燒毀的寺廟及宮殿上時，一些倖存者爬出廢墟，拋棄城市，走入草原尋找新生活。有些人往南逃，越過戈壁，來到吐魯番、哈密等中國西部絲路沿線上的綠洲，他們的後代如今仍住這些地方。還有些人加入逐水草而居的遊牧民行列，放棄他們的都市文明，過起已盛行數千年的牧民生活。

並非所有回鶻人都逃走，也並非每個黠戛斯人都轉進他處。他們之中有些人留下來，形成草原上的新部落。他們的後代時而回古城遺址，讓他們的山羊和馬在廢墟間吃草，身子靠在古廟的牆上，或爬到舊堡壘的廢土丘上遠眺草原，期望看見一隻走失的牲畜或友善的蒙古包。隨著信摩尼教的回鶻人加入其他部落，帶去新的宗教實踐，也充實了他們新鄰居的傳統泛靈信仰。

◆

鐵木真理解回鶻文明所傳達的一項明確信息：帝國要長久，需要一套文字。他認識到要把他的遊牧民戰士和他們的追隨者改造為一個國家，第一步是要像中華帝國、突厥帝國那樣創制文字，但最初，他不清楚該採用哪種文字。蒙古語與突厥語在文法和詞彙上有密切的親緣關係，但最初那種用魯尼字母書寫的方式已落伍。至於出現在某些石碑上的梵文，與蒙古語關係太疏遠且晦澀難懂。中國漢字需要廣泛熟悉中國人的生活方式和思想才能掌握，因而難以轉用於其他語言。鐵木真在文字上所做的不尋常選擇，最終成為他塑造蒙古國的未來文化最重要、最持久的方式之一。

蒙古語一下子成為有文字的語言。蒙古人把他們的新文字稱作畏兀兒字，因為他們的書記官講畏兀兒語，但此舉也讓他們與豐富的過往文明搭上線。畏兀兒文源自粟特字母表，而粟特字母表以古敘利亞語為基礎，且與由右至左書寫的阿拉姆語、希伯來語和阿拉伯語有親緣關係。而讓情況更加複雜的是，回鶻人和蒙古人把字母轉直，如中國人那樣由上至下直寫。他們的文字起源於亞洲、歐洲多種語言，因而替草原生活增添了國際性。中國南宋特使趙珙說這一文字類似中國的笛譜字。

蒙文「成吉思汗」

這一混合字母成為蒙古人向世界開啟的新窗口，成為連結歷史的憑藉，且備受重視。天突厥人試圖將外來影響拒於門外，畏兀兒人與此不同，歡迎外來影響，但他們把外來元素吸納入自己文化時並非照單全收，而是有所揀選。鐵木真在畏兀兒人那兒看到他想為蒙古人打造的那種社會，但他想要打造更廣大、更長久的帝國。他開始學習畏兀兒人的成功之道和他們失敗的教訓，且把這兩者看得一樣重要。

一二〇四年，即蒙古國正式創立的兩年前，鐵木真將乃蠻汗廷的掌印官塔塔統阿（Tata Tonga）收入帳下，要他用畏兀兒字母拼寫蒙古語。塔塔統阿找來其他文書人員加入這個此時規模還很小的蒙古汗廷，開始教年輕人學畏兀兒字，包括鐵木真的幾個兒子和他收養的塔塔兒人兄弟失吉忽禿忽。隨著以鐵木真為核心的小集團發展成帝國朝廷，這些看來微不足道的作為會在未來的幾十年帶來深遠影響。日後，每打贏一場仗，書記官團隊就擴編，因而有其他語言及其他文化傳統的讀書人納入行政體系。他們從單純的書記官班子成長為語言學校，聚集了大批嫻熟哲學與文學的知識分子，且彼此來自相抗衡的不同宗教和涇渭分明的知識傳統。會有一群草原學者從這一微不足道的開端裡脫穎而出，成為在未來幾十年角色日益吃重的新知識階層。

◆

鐵木真選用畏兀兒字母和與之有密切關係的治國之道，以世上第一個且是唯一一個摩尼教國家作為他新創國家的典範，使他原本不識字的部落有管道接觸世界諸文明。志費尼以有點刻薄的口吻寫道，蒙古人「認為畏兀兒語和畏兀兒字是最高深的知識和學問。」畏兀兒人在世界舞台上或許當不上主角，但蒙古人卻因此有管道吸收粟特人經商手法、中國哲學、突厥文學、希伯來聖典、希臘歷史、印度數學、波斯童話和各大宗教之主要教義方面的知識。

從透過這個新文字引入蒙古語的某些詞，可看出外來影響的豐富與多樣：水晶、糖、糖果、烈酒、鋼、王冠、匕首、肥皂、石榴、鸚鵡、象棋、鑽石、祖母綠、書本、鐘、無花果和首飾。[21]畏兀兒字也引進在與更大的世界打交道和創立政府時所需用到的新詞，比如sang這個意指倉庫或貨棧但迅即引申為意指國庫和財政的詞。隨著詞彙的增加，蒙古人認識到別種生活方式。

鐵木真把某些摩尼教宗教法直接放進他的法典，例如水的保護。後來，基督徒、穆斯林方面的觀察者對蒙古人關於水的立法，特別是禁止在河湖洗澡洗衣的規定，感到困惑與反感，但其實這些法條根本照搬自回鶻國的摩尼教法律。

畏兀兒語和摩尼教教義引進新世界觀，特別是把人生視為光明對抗黑暗之永久戰爭的看法。善與惡各自存在，不可能混在一塊，就和夜裡不可能有陽光照耀一樣。鐵木真開始把自己視為「天意」的體現，自此投入與不願順服他意念者的不斷搏鬥中。人不是善，就是惡，和他、和天站在同一邊就是善，反對他、代表黑暗，就是惡。[22]他的使命是制伏叛亂者，使他們乖乖聽話，藉此促成天下太平。

畏兀兒人提供了一個用以解釋世界、法律、國家的儀式性新語言給蒙古人。這一語言的許多成分被納入《蒙古祕史》，把來自部落神話的散文提升為具有黃金、光明之隱喻的官方意識形態。摩尼教為這位統治者提供了強而有力的宗教背書，他的權力被認為直接來自天，更具體的說，直接來自日與月。照傳統習俗，這位可汗是草原上最強大的人，但如今，經過摩尼教的加持，他成為「漂亮、討人喜歡、尊貴、光輝、英勇、崇高、強而有力的可汗。」在某一首摩尼教讚美詩中，被選中的人被告知要「穿上鮮亮的衣服，要披上光明」，然後才有資格統治萬民，有資格讓上帝「把王冠戴在你頭上」。這一光明之人的形象，最後會成為對成吉思汗讚美的一部分。在與摩尼教有直接關連的某個故事中，據說成吉思汗的祖先之一的阿蘭豁阿（Alan Goa）受孕於一個乘著一道光前來的金色男子，根據這一神奇事蹟，她預言她的後代會「成為萬民的統治者」。[23]

粟特人帶給蒙古一套複雜的王權思想，這個王權思想有一部分立基於波斯人的觀念，該觀念在亞歷山大大帝身上得到極度的體現。粟特人未把亞歷山大斥為入侵的禍害或暴君，而是把他當英雄來頌揚。以新文字譯為蒙古語的第一批外國文學作品，就包括了《亞歷山大傳奇》（*Romance of Alexander*）和《伊索寓言》（*Aesop's Fable*）。在此地區的漫長歷史裡，亞歷山大的統治為時甚短，但他的諸個王國融合了諸多文明、語言、觀念，帶來深遠的文化衝擊。透過亞歷山大，粟特人、畏兀兒人及最後的蒙古人在藝術、美學、哲學方面有了紮實的底子，隨之有了包羅廣泛的語彙。[24]

摩尼的許多觀念直接借用自希臘哲學。他談到由被選中之人組成精神性較優越的階層，而他關於這

21 鐘（tsan來自波斯語chang），筆記本（depter來自波斯語defter，dəfter來自希臘語διπτυχα，與英語diptych〔可折閉雙連書寫板〕有關）。同樣的，畏兀兒語起初指稱汗水的詞，開始被用於指稱工資。蒙古人最後也以他們指稱汗水的詞來指稱報酬、工資、雇用和此前未存在的概念。

22 蒙古人的好人、壞人之分：人若非是*el*，即和平的盟友和信守諾言者，就是*bulqa*（現代蒙古語булга）或*dayijiju*（*dayijiju qarchu odu'at*），即出去或離開的人。

23 有則被認為出自摩尼之手的安息人寓言，說有個人臨終時把兒子都叫來，告訴他們一捆棒子的故事。這則故事也表明摩尼教對《蒙古祕史》和阿蘭豁阿之故事的影響。這個摩尼教故事又可能抄襲自希臘的《伊索寓言》（或與《伊索寓言》系出同源）。

24 蒙古人把許多關於亞歷山大大帝的故事併入成吉思汗的歷史裡。一二四六年，第一位派赴蒙古的歐洲特使，修士柏朗嘉賓聽到了出自《亞歷山大傳奇》的故事，但那些故事都經過改編以配合蒙古國情，而且與蒙古可汗密切相關。他說，某次蒙古人攻打印度時，印度軍隊的首領以黃銅製成假人戰士，並以假人內部的火驅動假人前進。假人逼近草原戰士時射出火，燒傷馬，入侵者大敗。《亞歷山大傳奇》講到亞歷山大試圖入侵印度時，也提到一模一樣的故事。在這些關於亞歷山大而充滿戲劇性且大部分虛構的民間故事和神話的背後，有著一套高度發展的意識形態。這套意識形態對政治與宗教的關係抱持錯綜複雜的看法，其核心處是某種希臘哲學，主要是亞歷山大的老師亞里斯多德的哲學，但經過摩尼教義的鏡片過濾。

個階層的學說，與柏拉圖（Plato）在《理想國》（*Republic*）裡主張由菁英哲王統治的觀念緊密相符。柏拉圖把衛國者（guardian）說成「被帶進此世來當統治者」之人。透過本身所受的教育和欲掌握自己的堅定努力，他們取得統治他人所需的才幹。身為衛國者，就該摒棄世上的奢侈品和空洞的尊榮，摒棄只有偏好像豬一樣過日子的人才會看重的東西。他們把正義看成最偉大、最不可或缺的東西。突厥可汗和蒙古可汗比鐵木真還早就試圖把自己描繪成熱愛智慧的子民護衛者，但鐵木真以新的見識和執著擁抱此一身分。

鐵木真的奮鬥不只是為了實現他個人的天命；他要打造一個國家，而他在這個奮鬥中得到上天的加持。摩尼聲稱自己是貴族之後，並為在位君王的統治提供了合理化的說詞，想藉此使君王皈依他的教義。他和他的追隨者寫了幾本談君王治術的書，說明如何做決定、主持公開儀式、同時贏得人民與上天的支持。他說，國家若要強大，強大的軍隊必不可少，但光是強大的軍隊還不夠。他寫道，統治者的職責乃是「為了內在的宗教和外在的整個國度，他珠寶般尊貴的身體在為國服務中受折磨。」

摩尼教徒把有力的治國思想和統治者掌權的理由介紹到草原，還在他們的兩原則（內在法律和外在政府）理論中，針對政府與宗教的關係提供了有力的說明。就像每個人都有一個靈魂，每個國家都有一個領導人，而可汗是國家的靈魂。據摩尼的說法，可汗在神界和俗界都是最高統治者。他在「兩種善方面都達到完美」。他是兩種幸福的支配者，「兩種統治權」的支配者，「身與靈」的支配者。他「配得上兩種福惠，兩種生活，兩種支配：身與靈。」身與靈或許歸可汗支配，但信仰之事仍舊是內在的、個人的，外在之事則歸政府管。鐵木真把個人問題列為蒙古包之事，把公共行為列為草原之事，藉此配合草原的環境改造了這個觀念。[25]

對摩尼教徒來說，法律——常被叫作「純法」（arig nom）——比軍隊還重要。信他們的教，就是「走純正之路」。他們把他們的宗教和上帝稱作Nom Quti，這個詞結合了希臘語的「法律」和突厥語的「宏大」。畏兀兒人也如此強調汲取自希臘傳統、摩尼教傳統的法律，日後鐵木真亦會如此。希臘「法律」（nomos）有其悠久的哲學、法學傳統，但畏兀兒人從更廣義的角度看待法律，簡直把法律看成一部形諸文字的聖典。[26]法律既是自然的，也是精神的。蒙古人已有指稱法律的詞語，但他們採用希臘語的**nom**來指稱神授法律之書和精神道德之書。

對摩尼教徒來說，可汗的法律是神授的。摩尼教徒把上帝視為「全法之王」，把可汗視為「披著法律之宏大性」者。有一首摩尼教讚美詩把上帝說成「法律之王，佛陀耶穌！」，在另一首讚美詩裡，祂是「無所不知的法律之王，佛陀摩尼。」祂在精神界和俗界都完美。「祂制定了不花剌的法律，我們因

25 摩尼的典籍之一，《二宗經》（*Book of the Two Principles*），在西方仍大體上不為人知。它或許未被譯成歐語，但被人從古敘利亞語譯成漢語和突厥語，成為在東方最有影響力的摩尼典籍。二宗之說在亞洲大為流行，因而道教徒把它納入道藏長達一百多年，從一〇一六年直到此教義遭宋朝當局斥為外來偽說予以禁止為止。原經名：《沙卜拉干》（*Šābuhragān*），意指他為贊助者沙卜爾一世所提建議之書。

26 粟特人從摩尼教採用了此詞，粟特佛教徒用它來翻譯梵語的dharma（法）一詞。

此免於憂傷和不幸。」

在柏拉圖的《法律》（*Laws*）第九卷中，他把法律比喻為建造國家所不可或缺的石頭。有些法律在統治者誕生時已就定位，但有些法律必須經由長時間的收集才能加諸於國家的結構上。統治者頒行新法時，與其說是創造了法律，不如說是找到它們，在適切時候將它們用於適當的目的上。

從畏兀兒人和突厥人那兒，鐵木真學到宗教與法律不可分割的觀念。凡是對的，就是神聖的，凡是神聖的，就是合法的。沒有上天的支持，統治者無法統治，而要取得支持，他的法律必須符合父天母地的法律。

蒙古人已把「脫爾」視為宇宙的未成文法典，但nom字意為成文法，從而增添了一個新元素。所有人被同一條繩子拴在一塊，就像橫越戈壁沙漠的長長車隊裡的駱駝。鐵木真把這條拴繩叫作「金繩」。它把人與「金色樁」（蒙古人對北極星的稱呼）連在一塊。只要連在一塊，他們就能輕易找到通往目標的路，但如果那條繩斷了，就會漂泊無依，孤獨死去。

◆

鐵木真開始征服草原諸部落時，他的蒙古人似乎在宗教、文化上類似於畏兀兒人和粟特人，因此許多外人把他們叫作畏兀兒人、粟特人或摩尼教徒，未把他們當成有自己獨特文化的其他特定民族。[27]十四世紀的阿拉伯大史學家伊本・赫勒敦（Ibn Khaldun）說，蒙古人信奉波斯拜火祭司的宗教，是摩尼教徒。畏兀兒人以突厥語將祭司叫作bogu，但有時也用magi（祆教對祭司的稱呼）這個更古老的稱呼叫他們。祆教與摩尼教這兩個都誕生於波斯但水火不容的宗教，其間的差異往往被人搞混。

蒙古人對薩滿的稱呼boo，源自畏兀兒語bogu。bogu一名原僅在克烈之類的其他部落裡使用於聖人身上，而要在後來蒙古人才開始使用。摩尼教祭司和草原薩滿使用這同一個詞，促使把·赫卜列思寫道，蒙古人的宗教觀念有許多借用自畏兀兒人，特別是在使用「巫師」（即薩滿）一詞上。他也指責摩尼教徒淫亂（因為他們被認為是性變態者）。他寫道，起乩時，他們「與魔鬼的祕密交談要在他們被其他男人玷污之後才算完成，因為他們大部分是陰陽人。」

最後，摩尼教徒被大部分基督教、伊斯蘭、中國學者從蒙古歷史移除。幾百年後，佛教僧侶在使蒙古人皈依佛教時，將所有提及這可惡宗教的字句都拿掉。但儘管學者宰制了史書，人民在其神話和故事裡保留了這些遭刪除的歷史。

於是，有則奇怪、有趣的故事，透過人稱摩尼汗（Mani Khan）的神奇人物，把鐵木真和先知摩尼串

27 Sog一詞是帝國時期粟特人（Sog dag）的族名簡稱，在蒙古人於十三世紀稱霸後成為對蒙古人的稱呼（Sog po）。Hor，或Hor pa，是藏語族名，在帝國時期原與畏兀兒人密切相關，後來在十三世紀起，被用來通稱蒙古人。再後來，這個詞名被用來指稱受到不同程度的藏化和定居在西藏中部東邊、東北地區的特定蒙古族部落。

連在一塊。在蒙古祈禱文裡，摩尼汗被說成有著「金銀身」。先知摩尼宣導素食，禁止殺生，摩尼汗則成為野獸的保護者——「萬獸之主」，「數萬野獸歸他驅使」。

有則講述鐵木真與摩尼汗如何達成協議的虛構故事，談到素食摩尼與愛吃肉蒙古獵人的差別。根據某個大概是許久以後才編出的傳說，鐵木真在博格多汗山獵黑貂、白狐、斑紋雪豹時，摩尼汗使出大霧將他籠罩。馬找不到下山的路，鐵木真於是紮營生火，烤他所殺害的鹿和羚羊。一個滿臉皺紋的長鬍乾癟老頭出現在鐵木真面前。他自我介紹是巴顏汗摩尼（Bayan Khan Mani），意為豐饒王摩尼，然後說這裡的動物都是他的，包括羚羊、野兔、鹿、狐、虎、豹等。他告訴鐵木真，「我把其中一些動物給你」，但「請留下其他動物的性命」。

老頭的要求感動了鐵木真，鐵木真主動表示願讓山區的野獸下到他所控制的草原自由走動，但也希望有足夠的肉能餵飽他的人民。摩尼汗同意永遠提供鐵木真足夠的肉、獸皮、毛皮，助他的人民活命。鐵木真請求摩尼汗勿直接送肉，而是允許獵人獵獸取肉，以免他們荒廢了獵捕技能，摩尼汗同意。達成這一協議後，老摩尼汗趕出許多壞東西，包括「狐仙、搗亂的動物、雪人、獨腳魔。」這座山因此不再對人和動物構成危險。此後，只要蒙古牧民和獵人獵捕有道，摩尼汗就一直是他們的精神保護者。

任何社會採納某宗教時，都改造該宗教以配合自己的文化。於是摩尼教徒的素食先知成為蒙古人的狩獵神。[28]

28 巴顏汗摩尼的故事，雖採集於鄂爾多斯地區，但主要講述鐵木真在土兀喇河畔博格多汗山附近的一次狩獵之行。

第六章

草原的耶穌

在王罕逃走然後被他的乃蠻部敵人殺害之後，鐵木真扶植常與王罕作對的王罕之弟札合敢不（Jaqa Gambu）當克烈部的可汗。最初鐵木真給新可汗治下的克烈部相當大的自主權。他殺掉與他為敵的大部分貴族，但在他們的女人身上看出獨一無二且具價值的東西。他所遇過最老練、最見多識廣的女人裡，有一些就是乃蠻部、克烈部的女人。她們是典型的草原女人——騎馬、射箭、喝馬奶子，充分參與政治活動，她們的基督教信仰使她們瞭解草原以外的世界，使她們與世上某些最重要的文明中心搭上線。

鐵木真安排自己家族與札合敢不家族雙重聯姻。他娶了這位新可汗的女兒亦巴合別乞（Ibaqa Beki）為妻，要他的么子拖雷娶她的妹妹唆魯禾帖尼（Sorkhokhtani Beki）。他也把乃蠻公主脫列哥那（Toregene）從她的蔑兒乞人丈夫身邊搶走，許配給他的兒子窩闊台。鐵木真和他的兩個兒子自此各有一個信基督教的妻子，根據史料，那個時期沒有蒙古人皈依基督教，但在接下來約三十年裡，娶基督徒女子為妻會變得很流行。

鐵木真也安排他的某些女兒嫁給基督徒。阿剌海別乞（Alaqai Beki）嫁給汪古部可汗。汪古部是另一個信基督教的部落，位在戈壁以南的內蒙古。這位可汗主動歸附蒙古人，終其一生未有貳心。他死後，她再嫁了數次，每個丈夫似乎都是基督徒。中國使節說她常讀宗教聖典，但是未清楚交代是用哪種語言寫成的哪種聖典。

鐵木真的女兒在這時出現頗為突兀，因為現存的史料未交代她們的出身或母親。《蒙古祕史》原本寫有關於她們的記載，但此部分在蒙古人統治中國期間遭刪除。有六個女人可確認是鐵木真的女兒，但她們究竟是他與正室所生、收養來的，還是與他有別種關係，不得而知。鐵木真在世時，這些女兒身居要職，但鐵木真死後，她們的影響力被自己夫婿掩蓋。[29]

從鐵木真娶妻到一二九四年，有將近百年的時間，每個蒙古可汗若非是基督徒母親所生，就是有個基督徒妻子。《蒙古祕史》間接表明他中意基督徒當他的兒媳婦或女婿，且刻意替子女選這樣的配偶，因為他認為基督徒會是他孫子的好父母。他對他們的本事、知識、與更開闊的人脈關係很感興趣，但對他們的信仰不屑一顧，認為那是落敗之人的失敗實驗。

29 在拙作《成吉思汗的女兒們》（*The Secret History of the Mongol Queens*）中，我試圖重現這段關於成吉思汗女兒的佚史，主要透過描述她們被人安排的婚姻來鋪陳。

數部基督徒史書說鐵木真的妻子是基督徒，說她是神祕大衛王的女兒或祭司王約翰的女兒。據某個虛構的說法，鐵木真夢到有個信使答應讓他掌權、功成名就，他將此怪夢告訴他的基督徒妻子，她認出夢中信使是基督教主教馬兒・腆合（Mar Denha）。據說他把馬兒・腆合叫來解夢，這位主教告訴他，要「更寬大對待基督徒」，給他們「許多獎賞」，才可能功成名就。此後，據法國僧侶博韋的文森（Vincent of Beauvais）所述，鐵木真特別照顧基督徒，甚至請一位基督教僧侶替他預卜未來。

馬兒・腆合是報達當地教會的重要領導人，但他生在馬可・波羅時代，蒙古國創立時他還未出生。在任何可信的原始資料裡，都未有鐵木真與基督徒進行宗教對話的記載。但他成年後的人生，大半時候與基督徒過從甚密，先是當基督徒可汗王罕的家臣，繼而娶基督徒為妻和納基督徒為女婿。

蒙古人崛起之前，基督徒在草原上生活已兩百多年。回鶻帝國於九世紀覆滅，大部分回鶻人逃進中國西部的沙漠綠洲，摩尼教隨之失去其國教地位，萎縮為無足輕重的小教派。在新家園，回鶻人成為穆斯林，但留在蒙古草原部落者不想成為穆斯林，也不想成為佛教徒，儘管這兩個宗教都派人前來傳教。他們最終選擇了一個從未派傳教士到蒙古的宗教。摩尼教徒把耶穌視為他們的主要先知之一，回鶻國滅亡和摩尼教祭司逃亡之後，人民繼續奉他為神。他們找不到新的摩尼教祭司，於是找來也拜耶穌的基督徒。

約從十一世紀初開始，草原部落逐漸從摩尼教改信基督教。一〇〇九年，在報達，東方亞述基督教會的牧首約翰五世（Catholicos Yohannan V），收到都主教木鹿的阿卜迪修（Abdisho of Merv）寄來的一封怪信。木鹿是個小城，距報達一千公里多一點，位在今日土庫曼東部境內，當時屬於波斯的一部分。波斯的教會自認是最古老的基督教分支，在語言和精神上都最接近耶穌的教誨，但他的信徒處境愈來愈艱困。他們與其他基督徒族群隔離，先是對抗祆教菁英階層的壓迫，繼而對抗一心要征服異教徒且懷疑他們是歐洲人內應的穆斯林的壓迫。

這封信裡的消息，既奇怪又叫人樂觀其成。他說在遙遠的北方草原，有個人口二十萬的戰士部落已皈依基督教。這個部落是克烈部，後來由王罕領導。這位主教告訴牧首，皈依之事發生於兩年前，即一〇〇七年左右，他還說了一個標準的基督教故事，說有個陷入險境的異教國王靠一基督教聖徒而獲救。根據兩百年後把・赫卜列思的記述，克烈汗在山裡打獵，在暴風雪中迷了路。據說這時聖塞吉烏斯（Saint Sergius）顯靈，表示只要他皈依基督教，就會救他。透過絲路上的行商，這位可汗先前已知有這個宗教。可汗同意，並遵照某個基督徒商人的教導行事。獲救後，可汗派人到兩千五百哩外的木鹿，請都主教阿卜迪修派傳教士過來替整個部落集體施洗。

基督教與克烈人的放牧生活方式沒有扞格之處。草原遊牧民理解聖經所提及的牧羊人和放牧畜群之事，懂得法律對在艱困環境裡過活的散居民族的重要，他們本身也永遠在追尋更好的生活。克烈部遷徙時帶著一個可攜帶的聖祠（或小禮拜堂）和數名祭司。這些祭司叫拉班（rabban），意為「導師」，源自希伯來語的拉比（rabbi）。他們預卜未來、解讀星象、治病、找出失蹤牲畜的下落、控制天候、用古敘利亞語吟頌基督教聖典。他們身穿鬆垂的袍服，用焚香和燈執行複雜儀式，歌頌可汗和他的統治。

有些貴族在皈依之後接受了基督教名字，例如雅胡（Yahu，即「耶穌」）、失烈門（Shiremun，即「索羅門」）、馬可斯（Markos）。他們執行基督教的聖餐儀式，以馬奶子代酒，但未領受麵包（他們大抵不知麵包這東西）。他們的聖餐內容沿襲了在儀式場合喝馬奶子的傳統草原習俗，因此這項基督教儀式結束時，常個個都酩酊大醉。

十二世紀有個信基督教的阿拉伯人寫了《塔書》（*Book of the Tower*），書中描述了草原部落基督教的特色。據此書所述，克烈人在帳篷裡作禮拜，在帳篷附近備著特殊的母馬，生產宗教儀式用的乳汁。在克烈部被併入鐵木真部之前，族人的宗教儀式大部分由克烈汗親自操持，由他讀他所知道的祈禱文，把馬奶酒放在聖經與十字架前面的祭壇上。因此，有些記述把克烈汗說成祭司。

草原部落欣賞基督教，因為它允許吃各種肉，且在宗教儀式裡用到酒。穆斯林和猶太教禁吃豬肉，印度教徒禁吃牛肉，佛教徒禁吃各種肉，只有基督教徒不禁酒或不嚴格限制飲酒。但基督教的禮拜儀式有一點令他們反感。基督徒進行宗教儀式時宣稱吃他們先知的肉、喝他的血。一四五三年，君士坦丁堡被突厥人攻陷那一年，庫札的尼古拉（Nicholas of Cusa）描述了一場虛構的會議，與會者為各教代表。韃靼人抱怨基督徒「獻上麵包和酒，然後說那是基督的身體和肉。他們在供奉麵包和酒之後吃掉、喝掉供品之舉，似乎最令人反感。他們吃掉他們所拜的東西。」

天主教徒祈禱時雙手十指交扣擺在身前，東正教徒把雙手一起放在胸膛上，但草原基督徒以蒙古人的方式向天大大舉起雙臂。他們往空中丟一小塊食物之後再進食，並按照蒙古人供奉天地的傳統方式把酒灑在地上。

草原基督徒未向歐洲人及穆斯林發動聖戰。沒有人把他們當異端來迫害或逼他們信什麼。他們在自己的土地上四處自由行走，對自己的宗教未施予很多限制，未局限於特殊建築或為了詞語的確切意涵陷入看似沒完沒了的爭辯。基督教創立一千年來，可以說在蒙古草原上，首度找到幾乎十足的自由。

草原基督徒以靈活的心態對待其他宗教。他們利用薩滿來控制天氣（不管是放牧還是作戰，天氣都很重要），不管什麼力量，只要他們認為管用，就召喚來用。基督教充當國教，基督徒協助通信、翻譯還有治病，但基督教的角色與其說是宮廷宗教，不如說是依附於宮廷的宗教。就連王族都在需要時，求助傳統宗教醫者和薩滿。王罕和乃蠻的塔陽汗都煩惱於生不出兒子；為使汗位後繼有人，兩人都求助於薩滿。

對於草原基督徒是否真心信教和忠於教會，報達的基督教主教團始終心存懷疑。誠如敘利亞東正教會某位主教寫到王罕時所說的，上帝不接受克烈部統治者，「但他未被接受有其緣故，那是在他的心不再害怕使他更受尊崇的主耶穌基督，並娶了一個來自哈剌契丹（Kara Kitai）這個中國人部落的妻子之後才發生的事。」王罕這麼做之後，「拋棄了他父祖的宗教，拜起怪神。」

◆

鐵木真的基督徒妻子並非孤身一人來到他的營地。除了居家生活要用到的廚師、僕人，亦巴合別乞還帶了兩百名侍從和家臣。他們在蒙古汗廷中心構成一個浮動的基督徒族群。新基督徒公主和她們帶來的眾多子民，把蒙古人帶進一個橫跨歐亞的複雜宗教及商業網絡，把蒙古人與一段漫長、痛苦的宗教史連在一塊。這段宗教史所涵蓋的地區，包括俄羅斯、拜占庭帝國、歐洲大部分地區和位在穆斯林世界境內的許多小聚落。

除了娶進這些公主，鐵木真還因為看中基督徒書記官的謀略、治理長才，吸收了許多這類人才到其帳下。有些人成為軍官和帶兵的將領，基督徒是最早在鐵木真的政府裡任職的外國人之一。一二〇二年，第一個且是最重要之一的基督徒書記官，投入他帳下。此人的身分，各家說法不一，有人說是畏兀兒人，有人說是克烈人，也有人說是汪古人。他叫鎮海，源自中文的「真海」，意為「真的海」。透過他，鐵木真強化了畏兀兒文明模式，他成為日後蒙古帝國朝廷的高官。

後來，志費尼批評鎮海一逕偏袒基督教。他寫道，鎮海「不遺餘力尊崇基督徒和他們的祭司，此事傳到國外後，大馬士革、魯姆（塞爾柱帝國）、報達的祭司和阿斯人（奧塞梯人）、俄羅斯人的祭司，把臉朝向他的朝廷；被派去為他服務的醫生，大部分時候也是基督徒醫生。」他掌握「緊縮與放寬限制」的權力，「職司善與惡、福與禍」。於是，「他在位期間，基督徒勢力大盛，沒有穆斯林敢向他們發聲。」

鎮海把全副心力擺在打造與中國和絲路沿線的貿易關係。畏兀兒人較瞭解通商、農業和城市生活的組織，因此鐵木真極倚賴他的意見，要他掌管這些領域的事。他發揮治理長才，建立一座通常被叫作鎮海城的新城，該城充當軍隊駐地、小麥種植區、工藝製造中心。鎮海當權期間，蒙古人復興了位在蒙古北部色楞格河畔的一個摩尼教中心。這座城市由畏兀兒統治者藥羅葛磨延啜（Moyun Chur）建於七五七年，名叫白八里（Bai Baliq），意為「富貴城」。它是北部貿易中心，以西伯利亞的部落為貿易對象，城裡住著為蒙古貴族製造黃金首飾等器物的工匠。

由於蒙古人聘用了大量基督教祭司且使用可攜式的小禮拜堂，有些外國觀察家認為基督教是蒙古汗廷選定的官方宗教。把・赫卜列思以驕傲、誇大的口吻寫道，蒙古人偏愛基督教甚於其他宗教。「見過基督徒的謙遜（或獨身）和其他此類習性，建國還不久的蒙古人，的確非常喜愛他們。」

基督徒對蒙古汗廷極有影響力，但鐵木真對基督教神學興趣不大。對他來說，擊敗富裕、強盛、威名遠播的克烈部，清楚說明了基督教的無能。若非它自始就是個假宗教，就是該教成員已偏離真教義太遠，致使上帝背棄了他們。王罕是基督徒，但上天背叛了他。如果基督教無法令其教徒行事正派，對蒙古人來說，它就沒什麼用處。

此外，鐵木真支持主張神靈遍布各地的萬物有靈信仰，而基督徒認為上帝的話語就在他們的聖典裡，好似他們已困住上帝，把他包在一個用皮革裝幀、可帶著走的小盒子裡。只有基督教祭司看得懂聖典或聽到上帝的話語。祭司掌控了與神接觸的管道，但他們利欲薰心，把此一接觸管道賣給有錢、有權的人。相對的，蒙古人深信上天在山頂上、從林間直接對他們講話，而非透過書。他們不時與神和靈溝通，當引用並熟記聖典經文的基督徒未能回答關於聖典的基本現實問題，蒙古人感到十分沮喪。

得要到天上才能收到上帝的話語嗎？或者上帝會來到你跟前向你講話？如果你未親自收到這些話語，上帝向誰說了這些話？那個人是你的祖先？上帝說出這些話，或把它們寫下來，或透過神跡表達出來？與神的這些會晤發生於夢中、起乩時或與人面對時？你是獨自一人，或還有別人或別的神在場？上帝用什麼語言溝通？如果你不會講那種語言，怎麼辦？

蒙古草原的遊牧基督徒不像西方基督徒那麼喜愛繪畫或雕塑。偶像對他們用處不大。他們特別排斥基督教藝術，因為它刻劃了嚴刑拷打、殉教這些最惡劣的人類行徑（把人砍頭、放進鍋裡煮、釘上十字架、給野獸吃掉、勒死、放在肢刑架上折磨、用輪式刑車把人肢解、用牲畜把人體扯成數塊、用箭射死、用矛刺死、餓死、餵獅子、活活關進墓裡、鞭打、強姦、活活剝皮、挖出內臟、綁在樁上燒死、用叉子叉住放在火上烤、頭下腳上把人釘住、溺死、用繩子吊死、從高處把人摔死）。西方基督徒不只把受苦之事形諸文字、化為歌曲、表現於畫作，還積極收集他們受難聖徒的血、斷骨、乾掉的皮、毛髮等部位，對著它們禱告。

相對的，遊牧民深信提到惡事或刻劃苦難，只會帶來更多惡事和苦難。他們特別厭惡那些呈現耶穌被釘死在十字架上、血從他的棘冠流下或一支矛穿過他脅部的作品。刻畫神受折磨的情景，有違他們的道德情感。對草原基督徒來說，耶穌能被殺死同時懷著得意之情升天一事，毫無道理。與克烈人和乃蠻人不同，蒙古人認為神界與俗界截然兩分。對他們來說，上帝是天，不是人。

基督教的個人救贖觀令蒙古人不解且害怕，因為它與草原文化的強烈社群主義理想相牴觸。大部分蒙古人連夜裡獨自一人睡覺都不敢，因此，一想到在所謂的天堂永久居住而沒有家人或至友作伴，那是何等可怕的事。蒙古人認為淪為孤兒是人生最大的不幸，與群體分離令他們害怕；他們的巫術、儀式、習俗，有許多是被用來保護家人安然返家。蒙古人不解為何會有宗教以信徒的父母、祖父母、祖先所不得其門而入的天堂來獎賞信徒？

◆

現存的史料未有鐵木真與基督徒直接對談的記載，但第一位法國特使威廉·魯不魯乞（William of Rubruck），記載了一場有趣的對話。他於一二五四年抵達鐵木真孫子蒙哥汗的汗廷。法國國王路易九世是名狂熱的基督徒，要威廉前去蒙古說服韃靼人皈依基督教，並探明是否可能與他們締結反穆斯林同盟。這時路易九世已組織了十字軍並親率十字軍到巴勒斯坦，很想更深入瞭解據說位在波斯與中國之間的基督徒族群。

威廉和幾個細心挑選的同行夥伴，從君士坦丁堡跋涉將近四千哩，來到鄂爾渾河畔的蒙古人都城，途中大部分時候騎馬，有時徒步或坐牛車。蒙古人營地裡有著許多基督徒，甚至有些遠從巴黎而來，令他大感吃驚，使他生起莫大希望卻又感到非常挫折。他原希望既有這麼多基督徒，要使其他蒙古人皈依基督教或許就不難，但很快就發現就是由於他們非常熟悉基督教，反倒抗拒這個宗教。

威廉為所見所聞留下精彩的記錄，但把蒙古宗教斥為無知、不虔誠的迷信。儘管有那麼多蒙古男子有信基督教的妻子和母親，但威廉的著作突顯了蒙古人與基督徒之間難以化解的深刻差異。威廉誤以為蒙古人用毛氈製成用來紀念祖先的小人像是他們的神，在其寶貴的出使見聞錄裡說「蒙古人雖然相信一神，卻用毛氈製造他們先人的肖像，替它們穿上最富麗的衣服，把它們放在一兩輛車子裡，沒人敢碰這些由他們的占卜者照顧的車子。」威廉認為如果他們拜這些具有人形的偶像，那麼他們就可能認為上帝也將他的兒子變成人。

「我問，關於上帝，他們相信什麼？」他記載道。

「我們只相信世上有一個上帝。」他們回答。

「你們相信他是個幽靈，還是有血肉的東西？」魯不魯乞問。

「我們相信他是個幽靈。」他們說。

接著威廉想傳達他基督教信仰的核心理念，即上帝創造了兒子耶穌，耶穌既是神，也是人。「你們相信上帝從未變成人嗎？」他問。

「相信！」他們答。

威廉質疑他們的看法，指出他們膜拜偶像，膜拜具人形的神。如果相信上帝只是幽靈，「你們為何造出人形的上帝？」他還說，「你們為何造出這麼多人形的上帝？此外，如果不相信上帝變成人，為何造出人形的上帝，而非動物形體的上帝？」

蒙古薩滿主張，他們所製造並尊崇的人像不是神。「我們未替上帝造像！」他們以強調的語氣說。製造這些人像是為了紀念死者——「兒子、或妻子、或珍愛的人。」這些人像的存在，只為了懷念摯愛的人。

威廉把此舉嘲笑為自大、假虔誠。「所以你們製造這些東西只為討好。」他指責道。他寫道，「然後他們好似帶著嘲笑口吻問我上帝在哪裡？」

威廉開始以非常抽象的詞語大談基督教信仰和靈魂，但過不久後就沒人想聽他講話。他在其正式報告裡寫道，「我想繼續和他們說理，就在這時，我的通譯累了，不想再轉達我的意思，於是他要我不要再說下去。」

和薩滿及萬物有靈論者打交道已令威廉氣惱，而在和草原基督徒打交道之後，威廉更感挫折。這些基督徒對他的教誨或羅馬教皇絲毫不感興趣。草原基督徒的我行我素，令那些認為該嚴守教義和該有個強大主教團的天主教徒看在眼裡，惱火在心裡。威廉極為敵視這些亞洲基督徒。他寫道，他們宣稱是基督徒，「但他們的大王不拜基督，只搞偶像崇拜，把祭拜偶像的祭司擺在他身邊，那些祭司全是召喚魔鬼者和男巫。」威廉抱怨，草原基督徒的祭司發出「全然不實」的陳述，「憑空捏造出精彩的故事」。連佛教徒都過著「較純真」的生活。

威廉在其出使見聞錄裡抱怨，那些基督徒「什麼都不懂」。他們的祭司主持儀式亂無章法。他們有「用敘利亞語寫的書，但他們不懂這語言，因此如我們那些不懂文法的僧侶那般吟頌，而且道德十分敗壞。」威廉說祭司看重酒、女人、賺錢更甚於宗教。「首先，他們是高利貸業者和醉鬼」。有些人有數名妻子。「他們犯了重婚罪，第一任妻子死後，這些祭司就會再娶。」他們唯利是圖，要請他們主持基督教儀式還得付錢，「要他們主持聖餐禮並非免費」。他們「追求增加個人財富甚於加深信念」。

鐵木真終其一生看重其與基督徒的關係，但他與基督徒妻子亦巴合別乞的婚姻未能持久。這場婚姻是政治聯姻，也因為政治理由而中斷。她父親札合敢不登上可汗之位後不久，即不服鐵木真的命令，仍認為他的克烈部是蒙古人的主子。鐵木真派兵擊敗他，將他處死。完成這一重大任務的將領，獲賜亦巴合別乞為妻。鐵木真在公開聲明中表明，他不是因為她樣貌醜或惹他不悅而不要她；他因為政治理由而不得不這麼做，因為他不能娶叛徒的女兒為妻。他允許兒子拖雷繼續以她的妹妹唆魯禾帖尼為妻，而且允許亦巴合別乞保留公主頭銜和她的所有財產、所有撥給她管轄的人，下令眾人始終要尊敬她，透過以上作為進一步表現對她的尊崇。

鐵木真此舉，從政治上講說得過去，但他或許並非全然出於政治考量。他想娶別的女人，即被他擊敗之蔑兒乞部首領的女兒忽蘭（Khulan）。忽蘭一名，意為戈壁的野馬。[30]這種野馬速度極快，看到人就避開。與其他和馬有親緣關係的動物不同，戈壁野馬從未被馴化，那或許表明了忽蘭的個性和她令鐵木真心動之處。鐵木真在世期間，孛兒帖一直是他的元配，除了孛兒帖，他最愛的就是忽蘭，並與她生了一個兒子。

據《黃金史》所述，鐵木真不願向孛兒帖談這個新妻子的事。此前他娶了兩個塔塔兒部王后和亦巴合別乞為妻，乃是出於政治考量而非出於情愛，但對於忽蘭，他表現出較強烈的愛意。照理鐵木真應該帶忽蘭回家，把她介紹給他的幾個妻子和家人認識，然後完婚，但鐵木真一心想要得到她，希望還在外征戰時就與她同床共枕。鐵木真一名未透露名姓的夥伴警告道，「如果你在外征戰就和她共枕，那不符禮法」，「何不回鄉之後再與她共枕？」

但鐵木真「未聽進這些話，在鄉間與忽蘭夫人共枕，因此耽誤行程。」

他自孩提就認識孛兒帖，這時仍然愛她。「會沒臉見她。」與忽蘭相遇後，他如此告訴他的一名侍從。「我未跟她談過此事，」他解釋道，「我進房子時，房子會很窄」，如果「她生氣，怒不可遏，那會是丟臉、可怕的事。」於是他未親自去告訴孛兒帖他又娶妻之事，而是派人替他傳口信。

「你來做什麼？」孛兒帖問信使。他告訴她，鐵木真已改變心意，欲念戰勝他的意志，他無視同伴的建言。他要信使傳達的話簡單直接：「我沉迷於虎皮屋之美，」他說，意指他的幽會處，「我已和王后忽蘭睡過」。

孛兒帖收到這消息時，表現出正宮王后認命後的雍容大度。「他是所有蒙古人都想要的。」她激動地說道。「他是他們所有人都想要的，」她重複道，「河岸和河上有許多雁和鵝。我的大王會知道如何從馬上射殺他們，直到他的拇指磨損為止。民間有許多女孩和女人。我的大王會知道如何找到她們，據為己有。」對於他在征戰期間就違背禮俗與忽蘭同床，她似乎體諒且原諒。她引用俗語，「就把馬鞍放

30 中亞野驢被蒙古人視為某種野馬，但被西方人歸類為野驢（Equus hemionus）。

在未馴服的馬兒上吧！」

然後，孛兒帖講出謎般的話，「擁有太多是壞事？擁有太少是好事？」

把亦巴合別乞送走將忽蘭納為王后之後，鐵木真未再娶別的女人。這時他有了四個妻子，包括那對塔塔兒部姊妹，自此未再因為政治需求或感情需要娶別的女人。

◆

札合敢不死後，鐵木真不再對克烈部放任不管。他決定不讓他的國家成為像他所擊敗的塔塔兒部、克烈部、乃蠻部那樣的部落聯盟；他要把各個氏族和部落統一為一個國家，以他為唯一的可汗。所有部落和氏族都將是新蒙古國的一部分，個別身分因而將變得較不重要。從此他們的主要身分是蒙古人；其他身分都是次要。

已四十多歲的鐵木真這時把重心從征服轉到治理。他已消滅草原上的每個政府，如今該是時候建立新政府。塔塔兒、克烈、乃蠻的菁英制度已隨著他殺掉貴族，把倖存的貴族發配給他的部眾而徹底瓦解。他創立了強大的軍隊，但這時他知道若要保住權位，他需要一個遵照有條理的法律行事並將其公告周知、講究分工和責任、有辦法解決紛爭的政府。他把愈來愈多時間耗在日常事物上，比如裁定由誰取得哪塊牧草地、調解家族紛爭和解決遺產繼承問題、餵飽他身邊愈來愈多的官員與書記官，以及諸如此類大大小小的事。日常瑣事令他無暇顧及他事，但他不想如其他可汗那般治國——他想走全新的路。

鐵木真想透過政治聯姻，打入克烈部的基督教王族，藉此取得權力，但未能如願，他想透過傀儡可汗札合敢不來統治，也未能如願。他雖非可汗之子，但決定必須由他本人擔任他新國家的可汗，而這個國家要與草原史上或世界史上的其他任何國家有別。他要成為別樹一格的統治者。四十四歲時，他終於準備好走進世界史的舞台。

第七章

蒙古國的形成

有了文字和軍隊，鐵木真準備建國。為昭示一個全新的開始，他替自己選了一個簡短兼具威嚴的稱號。他不想要古兒汗這個傳統稱號，因為有太多擁有那個稱號的壞蛋不得善終，用某個基督教祭司的話說，「它的光彩已遭永遠玷污」。於是，他決定自封「成吉思」這個新蒙古稱號。這個稱號代表堅定、強大、始終如一、獻身，與他的名字鐵木真所叫人聯想起的特質有部分呼應。蒙古語的「成」這個音，意為「堅定的」、「意志堅強的」，所以他成為「堅強的君主」或「堅強的可汗」。中國最早提及他的稱號，見諸一二二一年南宋特使趙珙呈給宋朝皇帝的報告，說這個稱號意為「天賜」。

對鐵木真的蒙古部眾來說，他成了成吉思，但對他的突厥部眾來說，他是騰吉思（Tengis），意為「洋」。那是自匈奴時代以來就具有重大意涵的名稱，阿提拉和他兒子就有這個稱號。千百年來，草原統治者使用這類與水有關的稱號。它們以多種面貌呈現，例如畏兀兒人的毗伽科勒（Bilge Kol），意為「智慧洋」，或達賴汗（Dalai Khan），意為「海內萬民的統治者」。[31]

一二〇六年夏天，新帝國建立基礎的時機到來時，成吉思汗選擇回到他的聖山山腳下，即斡難河源頭的不兒罕合勒敦山山腳下。將近四十年前，他的母親避難於該處。那時她拿著一根黑棍子沿著斡難河上下跑，挖植物的根餵飽她的孩子。如今，他選擇這個地方作為他新國家的中心，此舉既在尊崇他的精神故鄉，也在尊崇他的母親訶額侖。訶額侖看著他一路奮鬥過來，這時仍然在世，得以看到他功成名就。雖然受到如此尊崇，她卻很不高興兒子只撥五千人給她的新斡兒朵。

沒有外國人在場見證蒙古帝國的創立，但後來史家以各種轉述的消息和時而虛構的內容，描述這場盛事。在《弓手國史》（*History of the Nation of Archers*）中，亞美尼亞史家阿克納的格列高里（Gregory of Akner）寫道，蒙古人祈求上帝將他們救離貧苦不幸的生活。上帝聽到他們的禱告，派一名天使化身為金羽鵰，出現在鐵木真面前。金羽鵰天使站在曠野上，距鐵木真約一箭之遙，宣告他的新稱號，然後口述這個新國家的律法。

在同樣出自亞美尼亞人之手的《東方史華》裡，海屯說由於成吉思汗幼年的不幸遭遇，由於神的啟示並非來自神聖的、受過教育的或貴族身分的人，蒙古人最初不相信成吉思汗的稱號是上天所授。為化

31 這位可汗的完整稱號有十九個字——Kün Ay Tängritä Kut Bolmish Ulug Kut Omanmish Alpin Ärdämin El Tutmish Alp Arslan Kutlug Köl Bilgä Tängri Xan，意為「已從日月神取得克里斯瑪的人，具有大克里斯瑪的人，以吃苦耐勞和男子氣概維持國度的人，勇敢的獅子，獲福蔭的智慧之洋，神授的可汗」。

解人們的懷疑，上帝遣夢於鐵木真，但仍無人相信此事。「接下來的那個夜裡，這些領袖看到這個白色的軍人，看到老成吉思向每個人講述過的那個幽靈。他們收到不朽的上帝下達之敕令，要他們服從成吉思並使每個人服從他的命令。於是，七個韃靼部族的七個領袖和王公開會，同意把成吉思視為他們當然的領袖，服從於他。」還有人描述有顆玉璽從天降下，帶有香氣的薄霧瀰漫鄉野，一顆寶石被風吹送進來，一隻五色鳥停在岩石，向眾人高聲宣告這個稱號，一道神光從天射下。

波斯史家拉施特補充道，有個薩滿乘著白馬飛到天上拿這個稱號。較可信的志費尼寫道，並非薩滿給予鐵木真成吉思汗之名，而是上天把成吉思汗這個名授予薩滿。這位薩滿說「上帝跟我談過，『我已把整個地面給鐵木真和他的孩子，把他命名為成吉思汗，要他以這樣那樣的方式主持正義。』」

這些說法都指向一個特殊的神授使命。亞美尼亞史家乞剌可思·剛扎克寫道，「他們的國王是上帝的親人」，與聖經對聖母馬利亞生下耶穌的敘述如出一轍。「上帝把天視為自己所有，把地給了……成吉思汗」，成吉思汗「不是從人的精子所生出，而是有道光從不可見的地方射來，透過天窗進入家裡，向他的母親宣布：你懷孕了，會生下一個兒子，那人會是世界的統治者。」

如果成吉思汗的父親是皇帝、可汗或國王，他統治萬民的正當性就會得到理解和接受。他缺乏這樣的政治家世，於是他的追隨者以超自然的徵兆和解釋美化他的生平。他的正當性不是來自家世，而是來自上天的金光。外國人對成吉思汗登上大位一事的描述，含有多種玄之又玄的事蹟，但《蒙古祕史》講到選擇稱號或與蒙古帝國創立有關的事時，完全未提到具有明顯宗教意涵的東西；講到即位大典時，也未提到有薩滿、祭司或其他宗教官員參與，未提到禱告、擊鼓、祭天、上帝或天，只強調鐵木真躋身為成吉思汗之舉是人心所趨。人民聚在一塊，高舉國家的白色馬尾旗，授予他成吉思汗的稱號。《蒙古祕史》不憚其煩描述馬匹和遊牧民所看重的事物，但講到這場大典，卻平鋪直敘，「成吉思汗讓住在毛氈牆裡的人享有安定的生活之後，眾人於虎年聚集於斡難河畔，尊他為可汗。」

除了替自己取得稱號，成吉思汗還決定替他的國家取個新名字。中國人清楚草原上有許多族群，但把所有遊牧部落都稱作韃靼人。成吉思汗的族群和戈壁以北的大部分遊牧民，被中國人稱作黑韃靼。中國人認為黑韃靼開化程度最低、最危險，與住在較靠近中國之地區（戈壁以南）、已略微漢化的白韃靼截然相反。成吉思汗想與過去所有名稱（匈奴、突厥、韃靼）劃清界線，於是把他的子民稱作「蒙古人」。此後的人對這個名稱提出了許多解釋，但他本人從未說明它的意涵。一如他的生平與政府有許多不為人知之處，這個詞的真正意涵仍然是個祕密；它是只有少數被選中的人才得以擁有的知識力量中的一部分。

蒙古人喜歡說「團結帶來成功」。但光是以一個名字統稱形形色色的各部族，並未能創造一個統一的國家。成吉思汗有個重大任務要完成，那就是把沒有固定居所與城市的遊牧民統一整合成一個具有向心力的國家。就連國家或政府這個對農業社會來說非常稀鬆平常的概念，用在遊牧民身上都似乎格格不入。他們是中國人所謂的「行國」或「馬上之國」。在蒙古人自己看來，蒙古人就是ulus，即國家。

《蒙古祕史》核心章節的最長段落，描述了一二〇六年蒙古人的作為。它詳細記載了每個協助鐵木真登上大位的功臣，具體說明了他們如何幫助他和受到什麼獎賞。那些在戰場上表現英勇、戰功卓著者受到特別的封賞，那些未立下彪炳戰功，但說自己看到特殊徵兆或作了特別的夢，預示成吉思汗的統治順天應人者，也受到特別的封賞。

蒙古人說夢是留在枕頭上的信，是某人從某地要傳給另一人的信息，他們深信最重要的事件都在夢裡得到預示。據說，鐵木真八歲時，他日後的岳父德薛禪曾說，「我昨夜夢見一個白海青（白色的矛隼），兩手拏著日月，飛來我手上立。」[32]自匈奴時代起，矛隼在草原部落心目中就象徵權力。它是阿提拉的族徽，而鐵木真也以白矛隼代表他的家族。

另一個預兆來自巴阿鄰部（Baarin）的豁兒赤（Qorchi），他原追隨札木合，後來背棄他而投奔鐵木真。札木合和鐵木真並非出自同一個男性家系，但被視為來自同一個子宮和同一方水，因為他們都是某個兀良哈部女人的後代。那個女人被他們的共同祖先傻子孛端察兒（Bodonchar the Fool）擄走。豁兒赤說他夢到有頭力氣很大的公牛拉著一輛國家的大車，沿著寬闊的馬路橫越大地。公牛拉著車，一路向人們吼道，父天母地已選擇鐵木真作為國主，要人們追隨他。公牛喊道，所有戰士都應前來為他效力；所有草原部落都應歸附他，跟在他車子後面。

豁兒赤揭露這一夢境之後，秉持道德原則向鐵木真提出建言。這一預示他將登上大位的夢，乃是個序曲，代表接下來他會領受到統治萬民所需要的祕密精神知識。這些建言叫作大脫爾（脫烈），它們體現了最深刻的人生原則與真理，不過內容仍祕而不宣。為肯定這些建言的重要，成吉思汗晚年時不把豁兒赤稱作導師或薩滿，並喚作年都忽禿赫（nendu khutukh），意為極有福者。

這場封號儀式後不久，成吉思汗即宣布他的新政府組織，概述了各官職的要旨和由誰出任那些官職。他任命了在他二十五年一統漠北的大業裡，每個有過不凡貢獻或英勇事蹟的人，授予他們官位、免稅待遇或符合他們貢獻的獎勵。「所有部落從此屬一個顏色，都聽從他的指揮，」志費尼寫道，「然後他制訂新法，奠定司法的基礎。」

慶典過後，年輕人角力、賽馬、唱歌、玩髀骨遊戲、調情。老一輩喝馬奶子，大啖用火熱石頭煮熟的旱獺肉，拜訪多年未見的親戚，和原本為敵之人一起大笑。男女比箭術，比角力。觀眾欣賞表演，看到一匹不被看好的馬突然先馳得點或個頭嬌小的女人扳倒塊頭大上許多的男人，便高興叫好。沒有人賭錢，但參賽者拿自己的名聲作賭注，在蒙古人稱作「那達慕」（naadam）的競技活動裡，可能在充滿戲劇性的時刻揚名立萬或聲名掃地。

蒙古國的創立是成吉思汗與其人民之間的契約，不需要別的賜福。他已把蒙古人帶回符合上天律法的正路。用《蒙古祕史》的話說，他已把他們「改正」或「把他們放進對的地方」。

◆

32 德薛禪作夢的故事有可能是後來才添入《蒙古祕史》，以安撫或討好因其後代生出許多王后而變得極有權勢的氏族成員。此故事似乎象徵性多於真實性。

對草原來說，一二〇六年的夏天是數代以來最安定的夏天之一。沒有氏族與氏族間的長期爭吵，沒有女人遭擄，沒有仇殺。群眾聚集於斡難河與克魯倫河之間，過著不必提心吊膽的生活，不必時時盯著地平線提防有人來襲，夜裡不必擔心一家人還能不能見到隔天早上的太陽。草原遊牧民習於夏季時舉辦數百人乃至數千人的聚會，但為了這場前所未有、一統所有部落的盛會，聚集這麼多人，這還是頭一遭。他們迅即蓋起一座有數百建築的城市，那些建築都用氈毯建成，以木架撐起。過往，大部分村子和城市並非按計畫建成，街道曲折，路旁建築雜亂無章；但這個蒙古營地與它們截然不同，布局展現嚴格的軍事紀律，線條筆直，街道寬敞開闊。蒙古包按明確的計畫布設，大汗的住所和汗廷位在中央，市場位在邊緣，裝備修理區、馬匹安置區、肉類分配中心、醫療區或失物招領區，各有指定的位置。任何首次來到此營地的外地人，大概都能立即知道在哪裡可找到重要的東西或人。

鐵木真於一一八九年首度成為部落可汗時，部眾不到三萬，但到了一二〇六年他成為成吉思汗時，部眾已達百萬。此時，他不是一部落的可汗，而是一個新國家的皇帝。在舊的部落制度下，可汗一人身兼立法者、軍事領袖、薩滿、法官、收稅員諸角色，但這個國家規模太大，那個舊制度已不適用。

成吉思汗很清楚，塔塔兒、克烈、乃蠻諸部的滅亡，不只因為他能征善戰，還因為它們內部的權力鬥爭和叛亂頻仍，使兄弟、父子彼此相殘。他知道只要舊部落、氏族、貴族階層存在，他就別想高枕無憂。自打敗塔塔兒部之後，他就想方設法逼貴族出逃，不然就是把他們殺掉，因為他們絕不可靠、也不可能忠心於他。他決意創立一個新政治組織，以防日後發生背叛之情事。

成吉思汗未把某些始終效忠於他的團體拆解，而是讓他們以原建制繼續受傳統領袖領導，但他的新帝國不會是各有自己可汗和傳統地盤的眾多部落集合體。他廢除所有反抗他或背叛他的舊部落、舊氏族，把他所征服的子民打散發配到領土各地，編入百戶、千戶、萬戶這些新單位。他把降服的敵人或較不可靠的人與他所信賴的人編在一塊，將他的部眾編成由不同族群混合的諸多群體。這些新單位沿襲畏兀兒人用來確保忠誠與服從的制度，打破親族、階級的藩籬。出身最低下人家的忠貞分子，此時支配著可汗、王后的後代。為防草原世界裡慣有的那種叛逃、派系對立的情況發生，他明令凡是他的子民都不得離開各自所屬的基層單位「十戶」。

成吉思汗找自己家族的成員執行法律和「斷事」。他要他的同父異母兄弟別勒古台負責定盜賊詐偽之罪和裁定紛爭。成吉思汗極看重文字紀錄，想要讓他的法律明文化，但別勒古台不識字。舊畏兀兒汗廷設有斷事官之職，成吉思汗為他收養的塔塔兒部兄弟失吉忽禿忽創立了類似的職位。他用心說明法律的重要，下令用畏兀兒字將法律寫在青冊上，「已後不許諸人更改」。這些是此後歷代人要遵行的法律。他說新法會以既有的習慣為基礎，但隨著失吉忽禿忽將它們寫下，要由失吉忽禿忽來「裁定諸判決」，由他調整諸判決以配合當下的需要和關切的事務。成吉思汗宣布，失吉忽禿忽「與我做耳目」，「但凡你的言語，任誰不許違了。」他分派了諸人職責，但誰都不能改他的法律或他的話。後來，成吉思汗授予失吉忽禿忽最高級位和裁斷一切事的職責：「如有盜賊詐偽的事，你懲戒著，可殺的殺，可罰的罰。」一段時日之後，這些法律以大札撒（Ikh Yasa，成吉思汗的大法）之名為人所知，斷事官一職叫札魯花赤（Jarguchi）。這個官銜與成吉思汗的第一個導師札兒赤兀歹（Jarchigudai）的名字有同樣的語源。

在成吉思汗指導下，失吉忽禿忽創立一套全新的司法制度，以確保法律在蒙古國全境為眾人所周知並執行。這個法律禁止官員拷問、恐嚇。被告「絕不能因恐懼和痛苦而認罪」。「別害怕，說真話。」失吉忽禿忽告誡道。據拉施特的記述，隨著帝國的擴大，失吉忽禿忽致力於將這些法律程序擴大適用於中國和常對被告和證人施以拷問的穆斯林地區。隨著成文法漸漸取代「古話語」，蒙古國確立一新的快馬驛遞網，以傳達法律和帝國的其他命令。成吉思汗的中央汗廷從此可做出以前由地方首領所做的決定。他廣大但高度中央集權的制度倚賴速度和通信，而非倚賴傳統與慣習。

◆

鐵木真這時是成吉思汗，整個蒙古草原的統治者，他實現了幼時在不兒罕合勒敦山上立下的志願，終於揚名立萬。此時他已準備好對付任何敵人或樹立新敵，他有信心讓任何敵人臣服；但他還沒準備好接受來自他家族內部的挑戰。新蒙古國以龐大的社會實驗工程之姿出現，而對厭煩於世仇舊怨、感激於擁有這份新安定生活的大部分人來說，這場實驗很成功。但一如人間所有樂事，新國家創立時的歡快不久即逝，並非每個人都同樣雀躍於此一新局面。有些人不可避免地怨恨自己得到的權力不夠。成吉思汗底下觀念較傳統的子民，在所有部眾裡居少數，看著進出他蒙古包的畏兀兒人和其他外籍顧問似乎愈來愈多，心裡很不是滋味。看到自家長老的權力和威望被一批迅速冒出頭的書記官（負責寫信和蓋印）篡奪，他們覺得備受威脅。弟弟的級位有時還高過哥哥或同族的叔伯。書記官要預測星象和日蝕或月蝕時，翻閱奇怪的曆書。還有些人為自己部落在成吉思汗四處征伐期間被滅、或自己某些親戚被殺而懷恨在心，許多人氣憤於自己得聽命於驟然成為權貴的蒙古人，畢竟蒙古人此前從未建立過帝國，始終是其他較有文化的草原部落之附庸。對他們來說，從部落到帝國的轉變，難以承受。

不久，反對派就以一人為核心集結起來，這人成為成吉思汗的最大對手。

闊闊出．帖卜騰格里（Kokochu Teb Tengeri）是蒙力克七子裡的四子，蒙力克則是鐵木真父親的忠誠夥伴。兩家有著不足為外人道的深厚交情。鐵木真和蒙力克屬不同氏族，但在鐵木真某些較為動盪不安的人生歲月裡，他們生活在一塊。《蒙古祕史》說蒙力克護助鐵木真有功，使他免於「陷入深水大火」，此處指他協助打敗王罕、札木合一事。蒙力克和鐵木真都叫也速該為父，也速該把他們兩人都叫作兒子，鐵木真對蒙力克非常恭敬。

成吉思汗透過武力取得大汗之位，但帖卜騰格里靠其法力吸引到一批人追隨。幾部外國史書把他說成薩滿，且說是他授予鐵木真成吉思汗的尊號，儘管《蒙古祕史》未有這樣的說法。中國人明確稱他為巫師，波斯人則寫他是先知。帖卜騰格里一詞具有特殊的聖化意味，但他如何取得這個稱號不得而知，因為學界對於「帖卜」一詞的起源和意涵未有定論。在塔陽汗和王罕的汗廷裡，的確有薩滿，但在成吉思汗的汗廷裡，未明確提及這類人物。有些報告表示，在成吉思汗的家系裡未出現過「起乩薩滿」。蒙古薩滿只透過祖靈傳達意思，而當年不准訶額侖和她的家人參與祭祖儀式的老婦已切斷鐵木真與這些祖靈的聯繫。於是他拜山，與天直接聯繫，中間不透過其他媒介。

男性薩滿受到有所提防的尊敬，他們招來猜疑，甚至反感。誠如某句俗語所說的，「最差勁的男人當薩滿」。蒙古語把薩滿稱作「孛額」（boo），而有一組具有負面意涵的蒙古字（惡臭的、討厭的、嘔吐、閹割、沒有原則的投機分子），都含有孛額這個詞；它也是虱子、跳蚤、臭蟲的統稱。

帖卜騰格里的部眾，在《蒙古祕史》裡被稱作「九等言語的人」，而每個對成吉思汗懷恨在心的人，似乎都廁身其中。他們愈來愈相信帖卜騰格里的不凡法力和精神權威，從而催生出必須化解的緊張關係。強烈仇視蒙古但通常能看出事情真相的波斯史家朮茲札尼，認為他是個濫用自己與成吉思汗的近親關係而圖利自己的冒牌貨，而帖卜騰格里可能真是這樣的人。朮茲札尼寫道，「這個江湖騙子在他所虛構的啟示應驗之後極為自大，開始懷有野心。」

帖卜騰格里表面上佯裝忠於成吉思汗，卻利用其日益高漲的精神權威打造個人勢力。不管他受到什麼樣的啟發，他大大低估了對手的本事、實力和受愛戴的程度，以及殘酷無情。帖卜騰格里並未直接抨擊大汗，而是不斷挑起大汗與其身邊家人的對立，特別是鼓勵大汗之弟合撒兒更上層樓，同時使大汗對合撒兒心生猜忌，藉此挑起兩兄弟的敵對。成吉思汗禁不起合撒兒的威脅，因為合撒兒比他塊頭大、更強壯且箭術好上許多。合撒兒還有背叛他的前科，曾與成吉思汗的對手王罕站在同一邊。

創立蒙古國後的頭幾年，帖卜騰格里的勢力日益坐大，到了一二〇八年左右，他終於掀起一場似乎叫成吉思汗猝不及防且不知如何壓下的危機。帖卜騰格里看準他的對手重視夢境的心態，告訴大汗他在夢中得到神靈啟示，說合撒兒已成為蒙古人的大汗。這一充滿威脅性的夢傳開之後，合撒兒逃離營地，從而使大汗懷疑他弟弟作賊心虛，陰謀叛變。有些史書說合撒兒投入帖卜騰格里和他兄弟的陣營，一起陰謀推翻成吉思汗。還有些史書暗示合撒兒曾試圖引誘成吉思汗摯愛的新妻忽蘭未果。有部史書含蓄地說合撒兒出去打獵，射下不該射的鳥，但成吉思汗一位侍從挑明說道，「你弟弟合撒兒喝醉時，抓住忽蘭夫人的臂。」

成吉思汗對合撒兒始終不盡信任，似乎有些懼怕他。札木合曾以從未用在鐵木真身上的玄虛用語形容合撒兒，說「他生下來是條盤捲的龍蛇」，有本事射中「位在山另一邊」和「草原另一頭」的敵人。他的箭很神奇，箭頭呈叉狀，能一次射穿十或二十人。他能把整個人吞下，使人「連同箭囊」整個消失。

成吉思汗仍然信任帖卜騰格里，但已對合撒兒起疑，認為弟弟威脅到他，於是以夢中兆示為藉口對付他。他捉住合撒兒，拿走原歸他統領的部眾，盤算著要如何處置他。多虧訶額侖插手，才保住合撒兒的性命。得知合撒兒遭羈押後，她乘著駱駝拉的車連夜趕來，破曉時進入她兒子的蒙古包，要大汗放人。她甚至一度袒露雙乳，以提醒他必須保護與他吸吮同一對胸脯長大的弟弟。成吉思汗不情不願地照辦，放了他弟弟，但只給了一千四百人讓合撒兒統領，並且要人嚴密監視他。

訶額侖被幾個兒子間的緊張和爭鬥弄得心力交瘁，此事後不久，才五十五歲左右的她即「早衰」，然後去世。她的死給了帖卜騰格里擴張勢力和增加旗下人馬的新機會。訶額侖的么子鐵木格，身為斡赤斤（守灶的人），繼承了她的財產。事實上他老早就在操持這份家產，因為在訶額侖死前他一直和母親同住。帖卜騰格里這時說服許多訶額侖的部眾離開鐵木格，歸附於他。鐵木格斡赤斤當面質問他時，帖卜騰格里和他的屬下公開羞辱他，要他下跪道歉，乖乖聽命於他。

鐵木格逃到哥哥的汗廷，哭著求助。他走進蒙古包時孛兒帖還在床上，聽到他的請求，她為發生這種事大為憤慨。她在床上坐起，用毯子蓋住胸部，冷靜地請求丈夫保護他的小孩，以免他們受到帖卜騰格里這個壞巫師傷害。她說，如果帖卜騰格里在成吉思汗在世時就敢傷害他的弟弟，成吉思汗走了之後，他會怎麼對付她的小孩？孛兒帖一生多舛，但在《蒙古祕史》裡，她只哭了一次，就在她懇求丈夫動手對付帖卜騰格里時。

孛兒帖力促動手之後，成吉思汗允許他的弟弟除掉帖卜騰格里，以報他的部眾遭搶走和他遭公開羞辱之仇。鐵木格斡赤斤等到帖卜騰格里再次出現在成吉思汗蒙古包裡時動手，向他單挑。兩人走到蒙古包外時，鐵木格的人早已等著。據朮茲札尼的說法，他們掐住帖卜騰格里的「喉嚨，使勁將他摔到地上，他就此倒地不起。」《蒙古祕史》說他們折斷他的脊骨，把他留在營地邊緣等死。後來成吉思汗公開宣告他的最後裁決：「帖卜騰格里將我弟弟打了，天不受他，連他身命都將去了。」

對於帖卜騰格里的父親和兄弟，他用語更為直白，把錯怪在他們頭上。「自己的子不能教訓，要與我齊等，所以將他送後。我若早知您這等德性，只好教你與札木合、阿勒壇、忽察兒每一例廢了來。」他自覺蒙力克對他有恩，於是饒了他和他剩下的六個兒子，但奪走他們的權力。此後他不再容許哪個人與他爭奪政治權力，不許宗教領袖勢力太大。自帖卜騰格里死後，沒有哪個蒙古人再敢公開質疑成吉思汗的權威。

成吉思汗致力於將不同宗教的信徒混在一塊，就和他把不同的氏族和部落混合為新軍事、政治單位的作法一樣。藉此，在他的汗廷，每個宗教都有代表各自發聲，同時不會有哪個宗教尾大不掉，形成強大集團。成吉思汗早對那些自稱比其他人更貼近天意的神職人員心存疑慮，而帖卜騰格里公開挑戰他的權威，正坐實了這份疑慮。他繼續把薩滿用在特殊用途，例如預卜未來或控制天氣，但未再允許哪個人充當他與天的中間人。

殺掉帖卜騰格里一事，立下一個血腥的先例。蒙古可汗殺掉自稱權力高於國家或可汗的宗教領袖，這是頭一遭，但絕非最後一遭。後來，蒙古人在一二五八年在報達處死伊斯蘭哈里發和他的兒子，以及處死被自家信徒視為神的阿薩辛派（伊斯蘭教伊斯瑪儀派支系）的伊瑪目時，就祭出這一政策來合理化這些作為。以致後來的蒙古統治者一再叫羅馬教皇前來，以便檢討他的行為，均未能如願，如果教皇受邀前來，很可能也會橫死異鄉。一如他們無法容忍與他們作對的政治領袖，他們把抗命不從於大汗的宗教領袖處死。成吉思汗是上天的代表，不從於他就是不服從上帝。佛教徒、蘇菲派穆斯林、東正教基督徒的領袖瞭解這項蒙古政策，迅即調整作風，遷就這股新勢力。

他未挑選特定的御用薩滿，而是沿襲傳統，指派有智慧的長者作為他身邊的精神顧問，即「別乞」（beki）。一〇二六年創立蒙古國時，他宣告，「如今達達體例裡，以別乞官為重。」他把這個稱號授予巴阿鄰部的兀孫額不干老人（Old Esun Ebugen），說他始終忠心於他，「但曾聞見的事，不曾隱諱，便來對我說了」，於是讓他當個享有特殊禮遇的顧問。成吉思汗允許他一身打扮如舊摩尼教祭司。讓他「做別乞時，騎白馬，著白衣，（在蒙古包裡）坐在眾人上面。」這些顧問極受禮遇，但除了提供建言，沒有多少自主空間，也無從干預國政。他們絕不可能像帖卜騰格里那樣享有大權甚至成為威脅。在成吉思汗的新國家裡，統治菁英不會是神職人員或部落貴族，只有他麾下的戰士有幸躋身統治階層。

每則故事，不管真實成分多少，都有值得我們細細體會之處。關於成吉思汗創建蒙古帝國和制訂法典一事，有則極有意思的記載，出自十四世紀初的埃及學者席哈卜丁・諾外里（Shihab al-Din al-Nuwayri）之手。據他的說法，成吉思汗早年時曾找猶太拉比指點迷津，問他耶穌、摩西、穆罕默德憑什麼擁有權力和名氣。

「因為他們愛上帝，獻身於祂，於是上帝獎賞他們。」拉比答道。

「如果我愛上帝且獻身於他，祂會獎賞我？」成吉思汗問。

「沒錯。」拉比回答。

對摩西、耶穌、穆罕默德的教義和律法有過漫長的討論之後，成吉思汗退入山中靜思。一段時間後他載歌載舞走出山林；他深思過自己周遭的各種宗教，最後決定「不服從哪個宗教，不歸屬哪個宗教群體」，而是「如他所說的，只懷著愛上帝的心」，「只要上帝不反對，他就繼續如此，這就是他的開端。」

成吉思汗見過拉比之事似乎不可信，但這個故事把他在不兒罕合勒敦山接受長期精神訓練和他與各宗教學者會晤之事結合在一塊。他崇拜蒙古法「脫烈」，因此許多觀察家常認為這個法就是猶太人視為《摩西律法》（the Laws of Moses）的托拉（Torah），或穆斯林視為所有先知（包括耶穌）之法的討拉特（Tawrat）。對蒙古人來說，脫烈、托拉、討拉特融而為一，代表對真理之法和正確生活方式的追尋。

成吉思汗要他的人民敬拜自己國家，就像其他人民敬拜自己的神、靈、先知、聖徒。蒙古人向國家的指導神靈「脫鄰蘇勒德」（Toriin Sulde）和國旗獻祭、許諾，就和其他人向他們的神獻祭、許諾沒有兩樣。他們把國家的權威，它的脫烈，視為神。只有國家是最高的權威和信仰。這一看法清楚表現在十六世紀成吉思汗後裔俺答汗（Altan Khan）所寫的法律中。他的法典把國家擺在宗教之上，他明令「宗教的法律就像織成的銀絲帶」，但「皇帝的法律就像金色的軛」。

數百年來，觀察家尋找成吉思汗締造曠世武功與龐大帝國的祕訣。那要歸功於草原複合弓、健壯的蒙古馬、戰士的日常飲食、牧民的艱苦生活、天氣或氣候上的某種不規則變動，或者，誠如蒙古史家所寫的，純粹是命或天意的反映？成吉思汗很清楚他為何能一再戰勝。他的成功來自他對真理的追尋、以及為維護最高原則和最高法則所付出的不懈努力。在《蒙古祕史》裡，他說「我的王朝君臨多國，因為我不斷想著神聖的正道，即大法（Yeke Tore）。」

第八章

火焰的守衛者

歷史一再表明，人再怎麼強壯或執著，都無法靠一己之力完全控制外界。統治者不放心外人，往往倚賴家人來擴大其控制範圍，但一再遭自己親戚背叛之後，成吉思汗轉而倚賴一小群跟著自己打天下的夥伴，即所謂的那可兒（Nokor）或伴當。伴當大部分是他建國之前就已認識的男子，他們的忠誠經過時間考驗堅定不移。他們通常來自最卑下的氏族，年輕時就投靠他，有時是在他們家人同意下投靠，但有些人是逃家前來投靠他，表明他們對成吉思汗的忠誠高於對他們家人的忠誠。一如許多社會裡靠自己努力出頭的人，他們看重事功，輕視出身和尊貴的身分。他們的成功歸因於勇敢、自制和對同袍、對成吉思汗無私的奉獻。

伴當成為親密的夥伴，比家人還親。「你們是我的力氣。」成吉思汗告訴他們。他知道他們是他奪取大位、創建新國的功臣，在他數十年建功立業的奮鬥過程中助他甚多。他說，「在星光閃耀的夜裡，環繞我宮帳躺臥，使我安枕不受驚嚇的……是我吉慶的宿衛。」

成吉思汗一生一再吸納豪傑之士進入他的核心圈子，之中包括曾與他為敵者，而有些人以極為特別的方式得到他的賞識：有次作戰時，敵軍一名戰士一箭射穿成吉思汗座騎的脖子。成吉思汗保住性命且打贏此仗，隨後厲聲質問戰俘，「自嶺上將我馬項骨射斷的人是誰？」一人走上前，坦承是他所射，滿心以為他將遭處死，棄屍荒野「任由腐爛」。

結果，成吉思汗奉他為英雄，獎賞他，說大部分戰敗的戰士隱瞞自己先前的作為，出於害怕而閉口不說，但這個人不簡單，敢說出事實，因此「可以做伴當」。此後，他把這人喚作哲別（Jebe），要他「隨侍在側」。哲別自豪於他的新名，成為蒙古了不起的將軍之一。

一段時日之後，成吉思汗組成一個叫作「九伴當」的團體，其中包括他所信賴的朋友，即合稱「四狗」的兀良哈部的者勒蔑和速不台、哲別、忽必來諾顏（Khubilai Noyan）。他們宣誓效忠於成吉思汗，從無貳心。速不台承諾要如老鼠或老鴉般努力替取來主子所需要的東西，誓言「蓋馬氈般蓋護，遮風氈般遮擋」成吉思汗。成吉思汗推崇他們，說他們的忠心耿耿非他人所能及。他很少居功，甚至把自己大大小小的成就歸功於他人。談到速不台和者勒蔑時，他說，「我說去哪裡時，你們就撞碎堅石去到那裡。我說進攻時，你們就裂開岩石，打碎亮石，分開深水。」

速不台成為他麾下最厲害的將領，但與成吉思汗的精神連結最深切者則是老札兒赤兀歹的兒子者勒蔑。成吉思汗晚年回顧自己年輕歲月時，說者勒蔑就在「天地增加我的力氣，把我納入他們保護」之時出現。他說者勒蔑與他共同擔負神授的使命。他引用古語，在公開大會上當面對著者勒蔑說，「你使我心安」。兩人關係始終格外地親近。每當成吉思汗或他所愛的人遇上最大危險時，者勒蔑似乎總會突然地現身。

者勒蔑救了他的命數次，而且協助救了他兒子拖雷的命。有次，成吉思汗脖子中箭，血流不止，者勒蔑在戰場上守在他身邊，整夜吸他脖子上流出的血。還有一次，為了替主子取得食物，者勒蔑光著身子走進敵營，始終未被發現。這樣的本事，常被認為具法力者才當有。

又有一次，據《成吉思汗黃金史》（*The Golden Summary of Genghis Khan*）這部史書的記載，者勒蔑陪成吉思汗和一些他的夥伴到北戈壁的翁吉河（Ongi River）打獵。騎馬走在河谷中時，成吉思汗跟著馬兒「一再上下晃動」，不禁睡著且做了個夢。夢裡他看到他童年時的大敵泰亦赤兀惕人來犯，醒來時他看到有支軍隊遠遠逼近。者勒蔑爬到峽谷頂上，「從高脊的頂部打手勢召喚」，叫來濃霧籠罩峽谷。

者勒蔑在成吉思汗營帳門外站哨，擔任他最忠心的衛兵。可汗住所周邊布設了數百名衛兵，入侵者來到帳門的機率微乎其微，但帳門具有特殊的精神意涵。凡是踏上帳門木頭門檻者，都被視為踐踏了整個家族的心，侮辱了先祖和以後的世代子孫。保護帳門，代表某種精神性的責任。者勒蔑駐守在右邊，右邊是尊位，象徵對皇族的精神性保護。

訶額侖指成吉思汗沒有朋友，只有影子，沒有鞭子，只有馬尾。或許因為母親的這番嘲弄，成吉思汗要博爾朮（Boorchu，他最早的追隨者之一）當他的影子，者勒蔑當他的鞭子。者勒蔑在成吉思汗一生中扮演的獨特角色，類似於老人札兒赤兀歹在鐵木真年輕時所扮演的角色。

他特別將者勒蔑稱作完者都·忽禿忽（oljetu khutukhtu），意為「有福慶的」。這個短語主要用來指精神力強大的林中居民。這兩個字往後成為波斯、俄羅斯、中國境內的蒙古統治者愛取的名字。後來成吉思汗接納者勒蔑的兒子，授予他「大箭筒士」的頭銜。

除了四狗，還有四個伴當以四傑之名為人所知。他們分別是博爾朮、木華黎（Muhali）、博爾忽（Boroqul）、赤老溫（Chilaun）。博爾朮小時候就投奔鐵木真，成為第一個離家投靠鐵木真者；木華黎日後領兵征戰華北；博爾忽曾在戰場上救了成吉思汗兒子窩闊台一命，卻是第一個戰死者——當時博爾忽奉命至貝加爾湖與庫蘇古爾湖（Lake Hovsgol）之間區域，征討禿馬惕部（Tumat）的王后孛脫灰塔兒渾（Botohuitarhun），中伏而死；赤老溫忠心耿耿，但受到的肯定不如其他三人。四狗、四傑，加上成吉思汗本人，共九個伴當。他們位在蒙古帝國的最頂端，掌控軍隊、政府及國家。

對其中某些人來說，例如對生為奴隸的木華黎來說，爬到這麼高的地位乃是不可思議的事，靠自己本事幾乎不可能辦到。木華黎最後成為整個華北的軍事首領，但從未忘記或隱瞞自己的卑微出身。他甚至把兒子取名孛魯（Bol），意為「奴隸」。

◆

成吉思汗是蒙古國最高領袖，四狗和四傑這八個伴當在旁輔佐。這些將領和指揮官，不常與他一起紮營。他們通常帶兵在外征戰，守衛邊界，掌管他領土的最偏遠地區。一般來講，成吉思汗遠行時只帶他四個妻子裡的其中一個，由她主持斡兒朵（ordu）。[33]其他三個妻子會在較遙遠地方紮營，各有自己的宮廷，在成吉思汗不在的期間負責管理人民和確保她所管轄區域政務的順利推行。

主營地裡的斡兒朵被左翼、右翼包圍，又自成一體，與左翼、右翼分開。它形成一個叫豁勒（gol）的特別區域，豁勒意為中心。這個由衛兵和伴當構成的內核心始終位在中心，不管是紮營時、移動時或打仗時皆然。只有少數人，乃至他的最高大臣，才能不經報准進入這個區域，有一支精銳戰士團時時保衛此區域，時刻不敢鬆懈。他們是保護國家的怯薛（Keshig），怯薛的字面意思為「被選中的人」或「神聖衛士」。他們除了充當侍衛，還構成政府裡最有力的團體。他們的工作不是一時的——他們是成吉思汗的終身伴當。

馬可·波羅把這支精銳衛隊稱作Questian，而Questian類似Equestrian（古羅馬的貴族騎士團）。由於這兩個拉丁名詞與蒙古名詞的近似，他把蒙古怯薛稱作「忠誠的御用騎士」。南宋特使趙珙驚嘆於他們對可汗的拳拳服膺。他寫道怯薛把所有好事歸功於可汗，常會說「託著長生天的氣力和可汗的福蔭」，說「為了可汗赴湯蹈火，在所不惜」。

成吉思汗規定他的衛兵必須具有最好的身體、精神素質，且必須相貌堂堂，聰明，本事好，精神強健。他親自挑選怯薛，有時把自認最沒資格當上怯薛的人賞以怯薛的身分。一二〇二年時，怯薛成員共有一百五十人，但將王罕的侍衛納入後，怯薛擴張為約一千人。一二〇六年後，隨著蒙古國的正式創立，成吉思汗把怯薛擴編為一萬人。這時，其中大部分人是侍衛、僕人和行政人員，但在早期就跟著他打天下的核心成員，仍是精銳中的精銳。

這個團體有嚴格的階層體系，但每個人所分擔的怯薛責任皆同。軍官得被要求應是所有人中最為勇敢、勤奮的。保護成吉思汗是他們最重要的職責，因此就連指揮官都得和怯薛裡的其他戰士一樣輪班站日哨或夜哨。

為維護大法並維持菁英汗廷的神祕，怯薛以外的私人情誼，甚至與自己家人的親情，都遭勸阻，而在執勤時，更是完全禁止這樣的私人交情。大部分怯薛成員不識字，這個團體傳達信息時不用書面形式。據《蒙古祕史》，成吉思汗說，「親自對面說話了方可信」。怯薛生活幾乎處處受到嚴格約束，但他鼓勵他們在這個團體裡實現自我，享受與同袍相伴的人生。他告訴他們，「不拘小節，一起大笑，要友善，就像懶懶的兩歲大黑公牛。」

怯薛構成政府裡的最高權力集團。成吉思汗要法律、司法事務書面化，但禁止他的軍隊寫下東西。情報和信息得用口頭傳達、貯存，以免落入敵人之手。有中國觀察家以驚愕口吻指出，蒙古全軍十萬人，卻沒有一張寫了字的紙條。文字僅限用於法律事務和行政治理，不過書面命令要經過蓋印、寫上日期，得到值班怯薛軍官的允許和署名，才生效。

怯薛是國家的行政中樞，但其運作極似大家庭。成吉思汗謹記他父親遭塔塔兒人下毒殺害之事，要他的內衛隊負責他的吃喝，看守他用來吃飯的器皿。他們細心監控進進出出的上菜男孩女孩，督導馬奶

33 在西方，斡兒朵一詞轉化為horde，指涉龐大且似乎野蠻的蒙古軍隊，但在印度，斡兒朵一詞變成烏爾都（Urdu）這個高雅語言，並成為今日巴基斯坦的官方語言。

子的發酵過程，監督酒的分配。隨著帝國擴張，酒成為愈來愈大的禍患。成吉思汗知道酒的濫飲不只威脅個人，還會威脅整個國家。《福樂智慧》（*Wisdom of Royal Glory*）是為突厥統治者寫的治國手冊，該書作者提醒國王，「酒是敵人」，「世間君王愛喝美酒，他們的土地和子民則受災殃。」

傳統上，蒙古人於奶汁供應最充足的秋季將馬奶和駱駝奶發酵製酒。奶汁供應量決定了酒的飲用量，冬季母牲畜不泌乳時，牧民要等到隔年秋天才有可供發酵製酒的奶汁。但隨著境外通商和入侵新國家，蒙古人似乎找到永不匱乏的烈酒來源，那些酒不只以奶汁製成，還以葡萄、米、蜂蜜和其他域外東西製成。成吉思汗未直接下令禁止飲用這多種酒，而是把酒的危害告訴軍人、老百姓和他的家人，欲藉此使他們自我節制。不過在這個領域，他的成就不大，他的四個兒子和其他後代最後似乎都嚴重酗酒。

怯薛的權力之大，遠不只是管理營地、酒、食物。他們幾乎想去哪就可以去哪，所有人都有義務供給他們馬匹、食物或他們隨興想要的東西。任何人都不得與他們爭吵或質疑他們，他們的地位高過軍中其他軍人，包括部隊指揮官。他們可以追捕任何朝他們舉起矛的人，然後殺掉他們，「脫掉他們沾了血的衣服，拿走他們值錢的東西。」怯薛戰士擁有特殊的權力，但從生至死都受到格外嚴厲的法規規範。做錯事的衛士不只犯了法，還違背了道德原則。這樣的行為危害了整個團體的身分和精神力量。

一般來講，成吉思汗懲罰其子民時，未區分罪行的輕重；在他眼中，偷馬或說謊和殺人或背叛家人沒有兩樣。他未確立犯行的輕重級別；所有罪行一樣重。犯罪就是違背人生的道德原則。說謊或通姦的人，肯定也會偷東西或殺人。這類人不該活在社會上，因此，不管犯了什麼罪，懲罰通常是死刑。對於他身邊的人，他的規矩更嚴。執勤時睡懶覺的衛士、偷馬賊、反叛可汗的子民，該受到同樣程度的懲罰，因為他們的行徑表明他們不可靠、卑劣，不可能是可靠的社會一分子。照規定，幾乎所有罪的刑罰都是死刑，但成吉思汗知道每個人一生中都難免犯罪。對於初犯，他通常從寬處理，但對於慣犯，他則大部分處以死刑。

成吉思汗常告諭他的下屬，身為他菁英團隊的一員該盡什麼本分，該有什麼性格。他的教誨透露了不少他自己的人生觀和使他獲致如此功名、權力的要素。他強調要有堅定的決心和果斷的行動。遇上大事時，行動比想法重要。人只該在行動之前花時間思考，一旦決定做了，就不要再想東想西。在成吉思汗眼中，決心與意志最為重要。如果有個山口，別人說太高，不可能越過，「就只要打定主意將它越過，想著你已經通過。」如果有條河無法越過，「別去想如何跨越，」他勸誡道，「只要起心，你就會通過！」成功始終等在不可能越過之障礙的另一頭。如果碰上壞事，你總能找到出路。

這樣的建言若出自較無權無勢的人，可能會讓人覺得是空洞的唯心主義或打高空，但成吉思汗完成諸多看似不可能完成的任務，以行動一再證明這絕非空話。對怯薛和他的其他戰士來說，對同袍所要盡的頭一個本分，乃是在戰場上勇猛殺敵。他要他們快如隼，準如鷹，饑如虎，狠如狼，夜裡則要隱身如烏鴉。任何行動或作為，重要的不是意圖，而是徹底完成。計畫再好，意圖再強，努力再多，最終，只有成功才是緊要事。他稱讚他的一名追隨者，說許多人「立了誓」，但你「完成了任務」。成吉思汗認為，如此奮不顧身、堅定不移的努力，就能改變命運。他向他忠貞的追隨者說，因為你們的行動，「門打開了，長生天給了我轠繩」。上天不需要禱告、獻供、吟詠，而是需要行動。

◆

成吉思汗組織其政府時，倚賴草原傳統、良好判斷力，還有他本身將新舊精髓融合為一的別出心裁本事。那麼多談治國之道的突厥文書籍，他一本都沒讀過，當然也沒讀過希臘哲學著作，但這兩者的觀念已透過摩尼教徒和畏兀兒人傳入草原。

怯薛結合了「被選中的人」、摩尼教的祭司、柏拉圖《理想國》的「衛國者」這三種角色。柏拉圖說「衛國者」是會「照顧自己和整個國家」的「戰士運動員」。統治者「要帶領部隊，把他們安置在我們描述過的那種營房裡；營房的一切都是大家公有，沒有什麼是私人的。」「衛國者」的職責乃是「保護我們免受外敵侵犯和維持國內安定」。他說他們是「高貴的年輕人，在護衛和看守方面很像血統良好的狗……視力好，看到敵人蹤影，很快就能追上；也很強壯。」柏拉圖把「衛國者」比作「牧羊犬」。他們必須是「機警的狗，也必須習慣於食物、氣候方面的種種改變。」一如荷馬（Homer），柏拉圖說真正的戰士應不吃蔬菜，主要食肉。

《蒙古祕史》以帶有詩意且生動的手法重述了柏拉圖的話語。在該書中，札木合把成吉思汗身邊的人說成他的狗，「那狗是銅額鑿齒，錐舌鐵心，用鐶刀做馬鞭，飲露嘶風，厮殺時喫人肉。」札木合說這些戰狗裡以兀良哈部出身的者勒蔑、速不台和別速惕（Besud）部的弓箭手哲別最為凶猛。

他們所受的訓練包括從不間斷的體能訓練。柏拉圖也強調體能訓練對身體的重要和音樂訓練對靈魂的重要。他說「音樂訓練是最有力的工具，因為節奏及和聲會不知不覺進入靈魂的深處。」成吉思汗禁止軍人寫下信息，因此要他的士兵在實踐中接受音樂節奏及和聲的訓練。他們得記住編成歌的國家法律和軍隊法令、得記住用以將信息編成歌的公式。他的士兵為了能一字不差地背出長文，因而善於運用歌曲格式以套用新訊息。同樣的，柏拉圖說理想的「衛國者」得學習音樂的「基本形式、這些形式的種種組合，不管在哪裡看到它們，都能認出它們和它們的圖象。」

◆

成吉思汗的怯薛以軍人為主，但他們在他的汗廷裡扮演重要的精神性角色，與他們的領袖共同擔負天命。他們也共享權力和獎賞。出身如此卑微的人，在其他情況下不可能躋身草原部落貴族階層，更別提征服外邦。

怯薛的成員透過與成吉思汗親近，維持住與神直接且個人的關係。他們不需要聖典、祭司或巫師，就能干預世俗事務。他們遵守規範正行的法典，只因為那是應為之事。蒙古人認為每個人都有自保、追求安逸的天性，但每個人也有追求榮耀和正行的本性。他們可自主決定要讓本性的哪些部分支配自己。對於他的核心集團，成吉思汗挑選以追求榮耀為人生道路的人。人得具有精神性的稟賦，才能實現此一道德原則。

怯薛所控制的內聖所是帝國的神聖中心。外人不得在該處寢息。晉見可汗之前，晉見者和所帶的禮物得接受火的淨化。修士柏朗嘉賓（Friar Carpini）寫到一二四六年他抵達蒙古人營地的情景，說「我們被人帶到他的汗廷時，被告知必須先通過兩火之間。」他們的隨身物品，包括聖經、教皇親筆信、十字架，也必須通過此淨化儀式。他說，「我們最初拒絕，但他們說不會有事」，「火會除掉所有禍害」。柏朗嘉賓照辦。「他們生起兩堆相隔不遠的火，在每堆火附近各立一根矛，在兩矛矛頂之間拉上一根細繩，從細繩垂下幾塊毛氈，所有人、獸、馬都得通過這繩子下方和兩火之間；兩邊各站了一個女人，全程向通過者灑水，唸誦經文。」

這個區域非常神聖，拔營後，它所在的地方仍是禁域。在成吉思汗的營地和火的痕跡全數消失之前，有數月或數年時間，沒人敢穿過或進入該處。

成吉思汗將自身和他的核心汗廷罩上神祕面紗。這一隱密性擴及所有宗教活動。與公開展示自己所信宗教和炫耀個人虔信程度的國王和皇帝不同，他很少允許民眾一睹他的精神性活動。他認為知識很珍貴，只在有必要時才與人分享，而且即使在分享時，都顯得相當審慎。世間各種知識裡，就屬關於天與超自然界的知識最為珍貴。與人分享這知識會稀釋它的重要性，將它透露給外人和陌生人，則會招來嚴重禍殃。

有些觀察家根據始終祕而不宣這一點，斷言蒙古人不具備有組織的精神生活。十三世紀一位茫然不解的亞美尼亞史家寫道，「他們沒有宗教或什麼都不拜，但在各種事物上常祈求上帝保佑。我們不知道，他們也不知道，這是否在感謝上帝或他們稱之為上帝的別種東西。」修士柏朗嘉賓說，蒙古人「完全不懂什麼永生或永墮地獄」，「但他們相信人死後活在另一個世界，相信他們會大量繁衍，相信他們同樣會吃喝和做活人在此世所做的其他事。」把・赫卜列思說，「蒙古人原本沒有文獻，沒有自己的宗教，但他們知道一個上帝，造物主，其中有些人說上天就是上帝，如此稱呼上帝。」阿拉伯作家諾外里記載了類似的心態，說蒙古人「不服從哪個宗教，不屬於哪個宗教群體，但只懷有對上帝的愛。」

在此時，法律與宗教通常密不可分；大部分社會認為法律乃為神授。但蒙古人「不同於世上所有國家。」道明會修士里科耳多（Riccoldo da Monte di Croce）在其《朝聖記》（*Liber Peregrinacionis*）裡如此寫道。天主教會派他去向蒙古基督徒傳教，要他勸他們改信天主教、效忠羅馬教皇，但未能達成使命。他寫下《朝聖記》，作為日後傳教士的指南，冀望讓他們在傳教上更有成果，「與其他許多國家偽稱自己有獲上帝認可的法律不同，他們沒有獲上帝認可的法律，只有某種本能或自然運行認可的法律，他們說有種東西至高無上，高於世間萬物，說那就是上帝。」

蒙古人沒有宗教一說，激怒了成吉思汗的後代尹湛納希。在十九世紀寫下《青史演義》的他，在該書中解釋道，觀察家把蒙古神學貶為原始或不存在。「那些認為蒙古語詞並未表達深刻概念的人，就像在海岸戲水而認為海水很淺。」[34]

宗教提供了重要的政治實力來源，使成吉思汗得以維繫住他士兵的支持與士氣，但他保護他個人精神生活的隱私，不讓他人偷走或限制他的權力。他小時候未參與自己部落的祭祖儀式，長大後以個人

34 尹湛納希是俺答汗和他兒子乞慶哈汗（Senggedügüreng Khan）的第八代後裔。

獨有的方式實踐宗教，同時納入來自許多方面的元素。始終很有洞察力的志費尼寫道，成吉思汗自出機杼，「未花力氣尋找史料或費心遵守傳統」。他的成就乃是「他自己見識的產物和非凡才智的集大成」。他不只在戰場上征服敵人，而且抱著他對上天力量的堅信，施行法律，主持正義。「他按照、順隨自己的心，制訂了適用於各種場合的規則和適用於各種情況的規定；他針對每種罪都訂了刑罰。」

就連他的敵人和痛恨他的人都認為未受過正規訓練的人有如此不可思議的成就，根本是上帝的奇蹟。志費尼寫道，靠著小型軍隊，且未帶補給，他「使從東到西這片廣大地域上的許多君王俯首稱臣」。志費尼終身虔信伊斯蘭，但寫道阿拉選擇成吉思汗這位非穆斯林在世間執行其獨特的任務，「有智慧且聰穎的萬能的主，把成吉思汗及所有與他同時代的人區別開來；警醒且具無限權力的萬能的主，把他提升到比世上所有國王還高的位置。」

成吉思汗封閉不兒罕合勒敦山整個周邊區域和斡難河、克魯倫河的源頭，只有王族成員和他最親的夥伴才能到該山，一般人和外國人則禁止行經看得到它的地方。只要他住在這座聖山附近，他就能與大地還有天培養某種精神性關係，但為了征戰，他得去到更遠的地方，且在外時間愈來愈長，他不得不找別的方法與上帝聯繫。他終身是個遊牧戰士，因此他的宗教必須便於攜帶且易適應新去處。它不能以建築為核心，不能倚賴雕像、鐘或其他不利於運輸的大型法器。他的宗教必須始終是靈活的、經久耐用的、切合實際的。

蒙古的傳統宗教實踐，以蒙古包的火為中心，家族成員（通常是母親）每日向火供上獸脂，深信家族過去和未來的幽靈都住在火裡。此前可汗的御用營地拜火，把火視為王族的象徵，但成吉思汗未沿襲此一傳統。他的火是他身邊部下膜拜的地方。他們分屬不同家族，因此，在軍營裡拜這個火，就不只是尊崇某個家族，而是尊崇所有家族。此舉成為敬拜國家、從而鞏固他們情誼和團結的一種方式。在成吉思汗統領下，他蒙古包中心的灶，成為一國信仰的中心，也成為法律以及國家、軍隊之道德權威的象徵。

在家裡，女人負責大部分儀式，例如以規定方式起火和在拔營時恭敬地將火熄掉。她們對每樣器物都帶著敬意，例如每天用來向太陽和四方奠酒的奶桶。男性儀式集中在他們放牧、狩獵、打仗這些日常活動所用到的器物，例如馬、武器和軍事裝備。弓、箭、鞍為各自的物品，但成吉思汗軍隊的鼓、旗屬所有戰士共有，久而久之成為整個群體的象徵。怯薛時時看顧著這些神聖器物，特別是鼓和旗。照顧這些東西始終是他精銳士兵之職責；祭司或薩滿管不到它們。

老札兒赤兀歹頭一次前來看鐵木真時，背上綁著鼓，鼓是他精神生活的中心。打鼓既將信息傳到天上，也從天上帶回信息。它以地上的天音和天上的人聲說話。鼓所具有的這一靈性，提升了它在戰場上的威力。在某位觀察家描述入侵中國的蒙軍的字句裡，可感受到這一威力：「鼓聲上傳天際，四面八方都可看到煙塵。」尹湛納希寫道，「聽到第一聲鼓聲，軍心即大振，他們會使勁往前衝。」開打時蒙古人往往不出聲，然後突然擊鼓，使敵人聽了更加害怕。「我們在敵人士氣蕩然時擊鼓；這是我們的致勝之道。」

在不兒罕合勒敦山上的家鄉，成吉思汗透過樹對土地說話，特別是孤立挺拔、高過其他任何樹、外觀或生長地點奇特的樹。他向樹禱告，把布條掛在樹上，獻上禮物和犧牲，有時繞樹唱歌、舞蹈。鼓攏帶方便，軍隊到哪裡，鼓都可以帶到哪裡，但樹不行。於是蒙古人攜帶一個靈旗，也就是綁在長桿或長矛頂端的馬毛。他們尊崇這靈旗，拜它，向它獻祭。他們的祕密儀式以成吉思汗的旗子為中心。它所立之處，就成為蒙古帝國的中心，從而是世間的中心。

史料未有成吉思汗想與長生天交談或執行私人的精神儀式時帶人同去的記載。他傾聽自己內心的聲音以取得靈感，然後把他所聽到的告訴人們。關於他的祈禱詞，未有記載存世，但從該區域某個較晚近的薩滿祈禱詞，可看出其大概：

我們舞弄日光
乘著月光
升天
落到山上。

◆

調集像蒙古人那樣守紀律的戰士並打造出如怯薛那樣忠貞的精銳戰鬥部隊，花了數十年的工夫。在這過程中犯過許多錯，直到成吉思汗接近五十歲，打敗草原上所有敵人，從勝與敗中吸取了最重要教訓，他才準備征戰世界。這時，他已將所有遊牧部落牢牢統合於他底下，消滅這些部落裡所有可能的異議。有了大一統的蒙古國和身經百戰且忠心的戰士，帶他的精銳部隊攻打更遙遠地方的時機已經到來。

出征之前，蒙古人會灑奶在旗子上。成吉思汗士兵在此時說了什麼話不得而知，但札木合在這樣的儀式上所說的話，被人記錄下來：「我已向我隨風飄蕩的旗子獻供，把旗子高舉示眾。我已擊了牛皮鼓，讓它發出猶如千人前衝的聲音。我已把黑色條紋布披上我戰馬的馬背，已繫上我的皮革胸鎧，已拔劍高舉向天，已把刻了我敵人名字的箭搭上弓弦。我們一起戰死吧！」

第三部

成為世界征服者

上帝已斬斷其對世間諸王的愛，祂臉上的光已落在成吉思汗上。祂已要他當王，統治所有土地。

——旭烈兀（Hulegu），一二五八年，報達

第九章
一鳥的雙翼

十三世紀揭幕時，中國大地上有十幾個王國，其中有些王國大到足以宣稱是帝國，有些王國則處處受限，只關注微不足道的對立和局部區域的爭戰。華北政局動盪，華南則陷入漫長的衰敗期。滿洲的女真這個所謂的蠻族，建立金朝統治華北。原一統中國的宋朝，在更南邊保住其萎縮的帝國，但現在也已在瓦解邊緣。在今日西藏、雲南所在的那片地區，有數個孤立的佛教王國苟延度日，沒有哪個王國能長期支配其他王國。

在黃河上游和鄂爾多斯高原周邊（今日內蒙古境內），党項人維持一佛教朝廷，控制河西走廊（中國進入絲路的通道）。絲路西部由西遼統治，西遼的祖先曾建立遼朝統治華北，後來被女真趕走，這時在天山山脈和旁邊的綠洲維持一版圖小了許多的王國。在戈壁南緣，數個突厥部落王國在將蒙古人與大型生產中心、貿易路線隔開的邊境區巡邏，這些突厥人大部分信基督教。

中國境內諸王國或許分崩離析，但它們富裕且人民享有高生活水準，相較於草原所提供的寒傖生活，他們的生活甚至可說是奢侈。在將中國境內諸王國與中亞的穆斯林中心連在一塊的貿易路線上，有各種已知的商品在流動。除了金屬，最重要的產品是絲織品。如今絲織品主要被視為奢侈品，但對當時的蒙古人來說，它是極實用的商品。中國織工製造的絲織品極為密實，虱子等體外寄生蟲鑽不過去，連品質較差的絲織品，絲縷都光滑得讓虱子無法將卵固著在其上。在乾冷且洗澡不易的蒙古環境裡，這些特性使中國絲織品特別值錢。絲織品還有更重要的一個特質，即保命——中箭時，強韌光滑的纖維能將箭頭裹住。絲織品能大大降低受創程度，而且最重要的是，可使人得以將箭頭輕輕拔出而不會造成進一步的傷害，降低感染風險。對戰士來說，絲織品是個神奇的東西。

中國貨很有吸引力，但橫跨大戈壁的貿易受限於距離遙遠，而且途中得橫越艱困地帶。蒙古遊牧民不種作物，不織布，不開採金屬，不製陶罐，但需要這些東西才能繼續其遊牧生活。他們需要中國的商品，才當得成牧民和戰士。中國強盛時，會用心控制這些商品流入草原的數量，要求對方拿牲畜、毛皮、皮革、羊毛換取。但蒙古人所能提供的東西，中國人從朝鮮人、滿洲人、吐蕃人、畏兀兒人和較小的鄰國那兒大多可更輕易取得。這些人在經商上遠勝過蒙古人，但蒙古人較驍勇善戰。這時，蒙古人既已大一統，不再交相伐，即把目光望向南邊中國的誘人財富。

成吉思汗忙著稱霸草原時，中國境內諸王國仍深陷於混亂。統一漠北之後，他即數次派兵襲擊戈壁南邊西夏王國的城市。西夏王國的居民是党項人，党項人是個在文化上與藏人有親緣關係的民族。這些襲擊似乎都只是在定居型王國國力衰弱或防衛鬆懈時，遊牧民會發動的那種典型攻擊。但對成吉思汗來說，這幾場早期的出擊意在摸清底細，測試他鄰邦的抵抗力和決心，找出他們的弱點。

這些試探性的攻擊未促使這些農商王國同仇敵愾合力對付草原遊牧民，反倒加劇緊張。由此產生的動亂製造出小規模而不規律的難民潮。難民逃離落敗的派系，成吉思汗則張開雙臂歡迎他們。最初，逃離的規模不大，都是由數個家庭組成的小群體，但接下來開始出現整個部落叛逃的情況。最早整個叛逃的部落之一是汪古部——這是個與金朝結盟的半定居型突厥部落，負責替金朝巡邏北部邊界，阻止遊牧民犯境。成吉思汗接納他們，把自己的女兒阿剌海（Alaqai）嫁給汪古部可汗，從而把這個部落納入他的帝國。

一二〇八年夏，即蒙古國創立兩年後，金朝四名中國官員攜家帶眷逃到成吉思汗汗廷尋求保護，並表示願為這位大汗效力。他們鼓勵成吉思汗推翻金朝皇帝。蒙古人陣營裡出現這些中國人，被認為是天意轉向的表徵，他們讓成吉思汗相信他的使命不只是一統草原上交相伐的部落，還要解放並統一中國。這些受過教育且備受尊敬的人出逃，鼓舞了金朝軍隊裡對當局心懷不滿的軍人，其中許多人投奔這個比中國人更尊敬且更加大力獎賞軍人的新國家。他們使成吉思汗相信金朝氣數已盡，只要有本事，就可把金朝的土地和子民據為己有。

成吉思汗未立即回應攻打中國的建議。最初他繼續鞏固他在國內的權勢。有位中國史家描述了他到來之前幾十年的混亂：內戰造成民生凋敝，走投無路的人民眼看恐怖逼近，跳河投井自盡，有人看情勢已無法挽回，割喉或上吊自殺。那是個軍民都不分青紅皂白遭屠殺、善與惡同樣死亡，屍體遍布城裡、鮮血覆蓋所有馬路、街道的時代。

成吉思汗把成年後的生涯全數投入征戰，但到這時為止，他的敵人都是和他一樣的遊牧民。他知道如何攻打生活、作戰方式與他類似的遊牧部落。此前他打過的部落或許有大有小，但與女真人的金朝相比，這些大小部落間的差異算不上大，因為金朝的子民約五千萬，而成吉思汗轄下只有百萬。中國境內諸王國的人口總共約一億兩千萬。在中國，成吉思汗首度得對付住在城裡、有高大城牆保護城市且坐擁許多較具威力武器（包括火藥和爆裂物）的人。他在草原上打遊牧民的戰法，在這裡不管用。

橫越戈壁前來投奔的難民和戰士鼓勵成吉思汗從蒙古高原南下逐鹿中原，成吉思汗受此鼓勵且測試過南邊的防務虛實之後，決定將原本的越境襲擊升高為正規的戰役，並要御駕親征。為對付這些新敵人，他搬出他在不兒罕合勒敦山打獵時體會到的最基本心得。他採用的戰略乃是要像狼那樣逼近敵人。狼從不攻擊畜群裡最強壯的牲畜；不追逐牡馬或會為了保護馬駒不惜戰死的母馬，而是挑體弱者、行動緩慢者、年幼或年老者下手。牠們攻擊防禦能力差的牲畜，而放過其他牲畜。於是，成吉思汗一開始未對付金朝或更遠的宋朝，而是挑西夏這個位在今日中國西部，較為弱小的獨立王國下手。一二〇九年初期，天氣仍然涼爽時，他率兵越過戈壁沙漠南犯。套用法國史家勒內．格魯塞（René Grousset）的話，「這位蒙古人和他的馬要像獵殺羚羊或老虎那樣獵殺中國人、波斯人、俄羅斯人、匈牙利人。」

他的新戰略取自蒙古人圍獵（mingan ava，「獵殺千頭」）時的布陣方式。進行這種群獵時，數百名獵人，有時多達數千名獵人，會散開團團圍住大片區域。他們擊棍，發出聲響，慢慢聚攏，把野獸往中心趕。隨著包圍圈愈來愈小，受驚嚇的動物驚慌失措，四處亂竄，卻怎麼也逃不掉。將牠們聚攏之後，獵人就可以好整以暇地一個個將牠們撂倒。

蒙古人逼近西夏領土時用這個圍獵戰術，把鄉村的居民嚇得往城市逃。有些外國觀察家不解於蒙古戰士似乎彼此毫無協調，他們看似在鄉間來回疾奔，對一地攻擊到一半就撤走，改攻擊他處。他們有時甚至已勝券在握卻突然撤退，未把攻擊貫徹到底。蒙古戰士刻意將敵人搞得人心惶惶，把他們嚇得不敢待在家裡。他們的目標不是殺人，而是以人作為武器，遂行對都城即將展開的戰役。逃難的人一聚集在城牆內，迅即開始消耗存糧，在擁擠的城裡激起人心恐慌、不和，從而成為疾病爆發與傳染病迅速擴散的溫床。党項人被圍困在城裡逃不掉，開始像動物一樣相殘。

成吉思汗抵達西夏都城銀川時，看到它看來堅不可破的高大城牆。他知道要部下強攻防守嚴密的城牆沒有道理。最初他苦無對策，但不久就發現他可以藉由築壩控制水的流量，把河水引離該城，或放水沖壞城牆，進一步打擊守軍士氣，削弱守軍戰力。他要士兵建造一連串運河和堤壩使河水改道，但堤壩不夠牢靠，頂不住蓄積的河水，最後反倒使他的圍城營地被水淹沒。

成吉思汗最重要的特性之一，乃是能把看來將落敗的局面轉為勝利。這時，銀川之役已打了將近一年。一二一〇年初期，他下令撤圍。西夏軍人以為擊退敵人，興高采烈，衝出城攻擊逃走的蒙軍，不知道這是欲使守軍開城並將他們誘出城的詭計。蒙古人伏擊戰力已大不如前卻得意忘形的西夏軍隊，將其擊敗。西夏王投降，向成吉思汗稱臣納貢，承諾每年獻上更多貢品以換取保住王位。

◆

這場勝利是成吉思汗在城鎮地區的第一場勝利，邊境部落聞風景從，歸附蒙古人。就像汪古部志願與蒙古人合併，不久，中國西部綠洲城市的畏兀兒人也脫離西遼，歸附日益壯大的蒙古國。西部草原上的葛邏祿（Karluks）突厥人不久後跟進。成吉思汗把女兒嫁給這些部落的首領，嫁到西伯利亞南部也歸順他的斡亦剌（Oirat）部。然後，他讓這四個王國由他的女兒控制，要它們的首領率軍加入蒙古軍隊。

受到得自西夏的豐厚戰利品和愈來愈多依附者加持，成吉思汗終於準備好對付金朝和金朝都城中都（今北京）。為使伐金之役師出有名，他視不同聽眾提出各異的理由。針對他自己的部眾，他呼籲報仇，譴責金朝將他們的祖先俺巴孩汗殘忍釘死在木驢上。針對遭女真人廢黜而今以亡國之民的身分受女真人統治的契丹人，他提醒他們與蒙古人的近親關係，告訴他們女真人是契丹人與蒙古人的共同敵人。他放話一旦滅掉金朝，契丹人有望恢復過去享有的權力，藉此誘引契丹人為他效力。針對在金朝殘暴統治下受苦的漢人，他誘之以擺脫異族統治的希望，或至少擺脫金朝的高壓統治和不斷剝削，改受蒙古人較寬鬆的統治。

蒙古人認為金朝皇帝是篡位者，為向此前統治該區域的契丹人致敬，他們始終把中國稱作契丹（Khitai）。馬可・波羅也用這名字指稱中國，但拼法不同——Cathay。成吉思汗打敗西夏且與汪古、斡亦剌、畏兀兒、葛邏祿結盟，但金朝官員最初沒把原是他們底下低階家臣的成吉思汗放在眼裡，對他非常傲慢，甚至要他重新順服。對於成吉思汗打敗戈壁邊緣這些小王國，金朝皇帝認為沒什麼了不起。他向成吉思汗挑釁道：「金國如海，蒙古如一掬細沙。」

成吉思汗利用金朝對他的侮辱激起人民的同仇敵愾之心。他既善於做精神性的表演，也善於利用巫術。攻打金朝這項艱鉅任務，他需要他的人民堅定且毫無保留的支持才得以完成。志費尼詳細描述了他如何贏得人民這樣的支持。成吉思汗把他的子民聚集在草原上的某座聖山周遭，按男女長幼之別將他們分成數個群體。「整整三天三夜，他們一直沒戴帽子；連續三天眾人都未進食，牲畜皆不准哺乳幼畜。在這期間，成吉思汗獨自一人禱告，眾人則一起禱告，高呼天的名字『騰格里，騰格里』。他們未祈求勝利，而是拜天。」

成吉思汗祈求天意指引，但未將他的意志強加於天。最終，「經過了三天，第四天拂曉」，他帶著騰格里已保證讓他獲勝的指示現身。「又以另外三天，在同樣地方，辦了大宴。後三天結束時，他帶兵出征。」

不久，就有首歌在中國大地上流傳：

韃靼來，
韃靼去，
趕得官家沒處去！

一二一一年，將近五十歲的成吉思汗再度橫越戈壁，這一次是要教訓金朝皇帝。蒙古人縱橫華北，攻擊一座座城市，把人趕出村莊，洗劫較小的城市。最後，一二一四年，在接受金朝皇帝投降後，成吉思汗急著想帶他大軍奪來的龐大財富返鄉。

一如先前處置西夏國王的方式，成吉思汗告訴金朝皇帝，只要宣誓聽命於他，他可續坐他的大位，保住他的都城。但成吉思汗不久就後悔如此寬宏大度。蒙古軍一撤走，金朝皇帝即反叛南逃，在開封另立都城，愚蠢地以為那裡離蒙古那麼遠，不易遭蒙古人攻擊。成吉思汗於隔年一二一五年再度率兵南犯，圍攻中都。

再次來到中都城外，成吉思汗在城西南約十哩處紮營。那附近有座很美的橋，橋那時還頗新，長八百七十四呎，橫跨不算寬的永定河。在晨霧的微光中，它的白色大理石靜靜橫跨空中，成排的石獅守衛橋兩側的欄杆。這座橋像道拱狀的階梯，連接一片雲霧與另一片雲霧。中國人把它叫作蘆溝橋，但後來外國人將它喚作馬可・波羅橋。這座橋如今仍屹立於河上，由於戰禍與洪水而損壞，經過屢屢修復，但模樣和成吉思汗時差不多。

他對中國人所建的城牆、護城河興趣不大，對他來說它們只是障礙，但在這座橋身上，他不只看到極美的東西，還看到很有用的東西。在蒙古他從不需要橋，因為那裡的河水低淺。除了一年中雨量最大的那些天，人畜可輕易涉水而過；但沿海平原上較大的河川，水面太寬，水勢太強，再怎麼厲害的馬都無法泅渡。這座橋打動了他的遊牧民機動意識，他瞭解到、或許是第一次意識到，龐大的結構物既能阻止人移動，同時也方便人的移動。從此他熱中於建橋，將中國建橋工人編集成隊，日後跟著他的軍隊一起出征。

他在這座橋附近紮營時，一支人數不少的女真部隊向蒙古人投誠。金朝皇帝拋棄都城逃到開封時，要這支部隊留下來保衛都城。沒有他們歸附，成吉思汗大概還是能輕而易舉獲勝，但有他們加入，勝利更快到手。金朝都城遭朝廷拱手讓給入侵者，城裡軍心渙散，成吉思汗輕易就將其拿下。

那些經歷戰火並被強迫遷徙而有幸保住性命的人，不久就發現在成吉思汗統治下竟有意想不到的好處。在蒙古人的歷次征服行動中，這一現象屢見不鮮。馬可・波羅不諳軍事，卻很快就看出蒙古人的困境：他們人數太少，沒有足夠的軍人來有效占領征服的土地。為占據上風並持續保有優勢，蒙古人只有兩條路可走，不是贏得當地人的支持，就是把他們趕走。「他征服一省後，未傷害人或財產，而只是在那裡安插一些他自己的人，搭配一定比例該地的人，他則帶剩下的士兵去攻打其他省。」誠如馬可・波羅提到成吉思汗在亞洲各地的征服大業時所寫的，「他所征服的人體認到他可提供多麼周全、安全的保護，使他們不受他人侵犯，體認到在他掌控下完全未吃苦頭，並看出他是個非常高貴的君王，隨之打從心底加入他的陣營，成為他的忠貞追隨者。」

成吉思汗於一二〇九年打敗中國西部的西夏王國和一二一五年打敗華北的金朝之後，要求所有值錢的東西都要列入清點。他拿下城市後，掠奪物和貢品都得一一記錄並細心分配。然後須統計所有貨品和動產（牲畜）、建築物、礦場、工廠及森林。失吉忽禿忽擔任蒙古國最高法官，負責監管並記錄金朝都城裡劫得的物品。

成吉思汗一心要讓他的追隨者個個都能從劫掠品裡拿到自己應得的一份，保證讓王族每個成員，還有軍人和行政官員，乃至國內孤兒、寡婦和老人，都有福同享。他力求承平時也要和戰時一樣細心、周全，知道他要能繼續得到人民擁護，有賴於他分配每樣東西都公正無私。

伏爾泰（Voltaire）以成吉思汗在中國的征戰和生活為題寫了一部幻想劇，簡潔地闡釋了被征服者對成吉思汗的看法，「這位被上天派來懲罰我們而將我們消滅的北方暴君……這些住在帳篷裡、二輪戰車裡、曠野裡而四處劫掠的野蠻人，絕對受不了被局限在這座擁擠城市的城牆裡；他們討厭我們的藝術、習俗、法律，打算全數改變它們，打算使這個氣派的帝國都城變成像他們自己都城那樣的遼闊荒漠。」

但成吉思汗無意摧毀中國文明。他大老遠橫越戈壁，如此辛苦打仗，不只是為了洗劫中國人，毀掉他們的國家。每個遊牧民都知道好畜群的價值所在，知道無法從死掉的母牲畜弄到奶。就連獵人都知道不應殺掉林中太多動物、應當留下活口供隔年繁殖。中國是個很有價值的資源，成吉思汗決心利用它，並且要保護它。

◆

成吉思汗征服了他所看到的每座城市。每座戰敗的城市都落得差不多的景象——崩塌的塔、破掉的城門、懸蕩的木材、燒毀的宮殿、垂死的軍人、殘破的市場、走失的孩童、遭洗劫過的店鋪。四處覓食的狗在街上搜尋食物，以腐肉為食的鳥頻頻出現於廟宇。原安放神像的廟宇，得到富人和窮人獻上錢財與供品的廟宇，對過去做出解釋、對未來發出預言的廟宇，向人間發出誡律的廟宇，這時皆裂開塌下，一如未能保住都城的城牆。寺廟原飾有描繪來世情景的繪畫和經文、垂掛著華麗的織錦，原有油燈照明、有大理石和黃金裝飾、瀰漫著松香，且不時傳來僧侶的誦經聲和信徒的禱告聲，這時變得光禿禿、空蕩蕩，原本人氣鼎盛、香煙繚繞之地，只剩少許破布在大風中噼啪作響。聖典變成燒焦的紙頁，委棄在地隨風亂飄，被老鼠撕成碎條拿去鋪巢穴，被餓得發慌的山羊啃咬。曾經瞭解人間正道與永恆生命之奧祕的僧侶，如今躺在一堆看不出年紀、教育程度或職業的屍體裡。對神講話、代表神講話、代表上天下達命令的祭司，不是死去就是嚇得逃走。能透過觀察鳥的飛行方式或解讀綿羊肩胛骨上的裂紋來預卜未來的占星家，這時淪為把作戰機器從一個戰敗的城市拉到下一個戰敗城市的戰俘。

蒙古人習慣於開闊的草原，來到有道路、牆壁、田野、溝渠、運河四處縱橫的都市區域，很容易迷失方向。蒙古語沒有詞語來指稱不同種類的結構物，蒙古人根據材料將它們分類為木造的、石造的、泥造的或茅草造的，但對它們的功用所知甚少。同樣的，蒙古人認不出大部分農作物，對他們來說，農作物就是「草」或「綠色植物」。他們不瞭解他們所要征服之民族的服裝款式、階級及社會組織，不會講他們的語言，幾乎分不出對方是哪國人。

蒙古人輕易就打敗金國的軍隊，但害怕受這陌生國度裡不知名幽靈報復。蒙古軍人常得病，似乎苦於情緒困擾並渴望神靈庇佑。《蒙古祕史》說「金國山川之神」因蒙古「軍馬擄掠人民，毀壞城郭，以此為祟。」蒙古人進入一個被當地幽靈敵視、處處危險的國度。他們不懂這些異族幽靈的歌，不確定他們喜歡哪種供品或會懲罰哪種行為。這不是他們祖先的土地，這裡充斥著遇害者的鬼魂。置身陌生的中國大地，一路看到塵灰漫天的道路、高大的城牆、犁過的田、拱橋、高大建築、畜棚、排列工整的果園、惡臭的戶外廁所、發亮的廟宇、堆積如山的腐爛垃圾、嘈雜的市場，他們不知道該祈禱什麼、在哪裡祈禱或如何祈禱。

成吉思汗花了二十五年征服一百萬遊牧民，但如今，在中國才幾年，他的子民突然就增加為原來的二十倍。他沒有治理以農業和複雜傳統為根基的定居型文明的經驗。身為草原戰士，成吉思汗懂得如何征戰，但還不知道如何統治複雜、文化多元的文明。他藉由在不兒罕合勒敦山打獵和在草原上牧放牲畜學到一些教訓，且不久就把這些教訓用在征伐這些定居型民族上，但光憑著治理部落的政治經驗，他做不來治理城市、管理廣大農地、組織商人網絡、監督工匠作坊或治理小農村的事。遊牧民已沿襲千百年的本事，在這個由農民和城市居民構成的格格不入環境裡不管用。

顯而易見的，光靠蠻力他成不了事。他的兵力可能不到十萬，肯定未超過十一萬。征服了數千萬人之後，他的兵力不足以占領他所征服的所有土地。成吉思汗能打敗任何軍隊，能拿下任何城市，但不能把他的軍隊留下來駐守，而必須轉進到下一個據點，打下一場仗。他不能把部隊留下來當占領軍，毫無疑問也不能相信子民的忠誠承諾。他的軍隊一遠離，被征服的子民就能反叛，而且是常有的事。每次反叛都遭他嚴懲，但他需要他們的忠心，或至少他們的合作，才能維繫住他的帝國。

成吉思汗靈光一閃，想出數個策略來統治他那個有多種語言、宗教並陳的龐大多元帝國。在他戎馬生涯的初期，他樂於接受被征服者的歸順，讓他們的舊統治者繼續治理他們的土地。但這作法不管用，蒙古人一走，這些反叛的統治者就擺出一副他們打敗蒙古人的模樣。為解決這問題，他制訂了凡是造反者一律處死的政策以永絕後患，但這還是不夠。

接下來，他嘗試要他的將領掌理地方行政，但這麼一來他們就無法帶兵打仗。此外，能征善戰的將領未必是治世的能臣。他粗略審視過被征服地的行政官僚，思索能不能運用原本在朝廷裡當官的高教育程度中國士大夫或教育程度較低但幹練的太監，最後推斷如果當初他們面對蒙古人的侵略都保不住自己國家，這樣的庸才於他何益？他們向本國君主提供了不濟事的建言，表明他們無能，叫成吉思汗怎麼相信他們在他底下會有更好的表現。

在《漢宮秋》這部寫於十三世紀蒙古人統治期間的中國雜劇裡，可看到這一懷疑心態。在該劇楔子中，壞蛋毛延壽登場，說他自己「為人雕心雁爪，做事欺大壓小。全憑諂佞奸貪，一生受用不了。」然後他描述了他如何在朝廷裡爬上高位。「因我百般巧詐，一味諂諛，哄的皇帝老頭兒十分歡喜，言聽計從。朝裡朝外，哪一個不怕我，哪一個不敬我？」

最初，成吉思汗不屑於其新子民的學問。如果他們的聖人能預見未來，如果上帝指派他們代祂發言，那他們為何未預見到他的軍隊橫越戈壁，翻越高山而來？如果他們懂得聖典、星象的奧祕，看得出飛鳥和飄葉的兆示，為何未在蒙古人進犯前先逃離城市？如果上帝教了他們該吃什麼，該穿什麼，該如何禱告，祂為何未教他們蒙古語，以便他們為蒙古人的到來做好準備？如果他們的宗教那麼厲害，為何蒙古人能扯下他們的神像，撬走他們的珠寶，把他們的黃金熔成金塊？

十年前，第一次征服乃蠻時，他已開始從他所打敗的敵人那兒吸納文書人才為己所用。這時他所需要的已不只是幾個書記官，而是需要眾多的行政人才來管理他所控制的數百座城市和數千座村子。為滿足他迅速擴張之帝國的治理需求，他找上一般來講教育程度高，嫻於書寫，善於解釋、執行成文法的宗教領袖。他們宣稱忠於原則和理想，恥於傳統貴族的貪婪和藉權牟私，知道如何領導民眾、和民眾溝通。成吉思汗找上中國的宗教界領袖協助和指引。他昭告大眾，他希望宗教人士「首贊朝廷行文教，施善道，使流風仁政，高跨前古。」

他籲請天下學者和宗教領袖「策於朝廷，請定制度、議禮樂、立宗廟、建宮室、創學校、設科舉、拔隱逸、訪遺老、舉賢良，求方正、勸農桑、抑遊惰、省刑罰、薄賦斂、尚名節、斥縱橫、去冗員、黜酷吏、崇孝悌、賑困窮。若然，則指太平若運掌之易也」，「民之歸化，將若草之靡風，水之走下矣。」

他迅即體認到城市學者對鄉村或偏遠省分只有膚淺的瞭解。為更充分瞭解這整個國度，他派使者赴新征服的各地，把學者和祭司叫到「我們蒙古，以便身為可汗的我能完成國家的偉業。」[35]根據佛教史書《珍珠數珍》，成吉思汗邀請學者前來教他認識「中國法（nom）的良俗」，他們的法律和宗教。《金輪千輻》（*The Book of the Golden Wheel with a Thousand Spokes*）和《聖祖成吉思汗黃金家族史略恆河之流》（*History of the Golden Lineage of the Lord Genghis*）這兩部十八世紀的蒙古史書，以幾乎一模一樣的措詞寫道，成吉思汗「把許多奉行別種習俗的人納入他管轄」之時，把有學問之人叫到他的軍營，以瞭解他的新子民的習俗。他就人們如何支持、維護「脫烈」（即善政的原則）以「保護、供養眾生」，詢問這些人。在檢視過這些法律和習俗之後，他才指派官員代他治理。征服華北之後，成吉思汗選擇外族裡最賢明的大臣制訂並加強帝國的法律。

35 據說他派信使攜帶敕令赴吐蕃諸省，敕令：「如今，為了讓身為可汗的我能完成國家的大業，我需要邀請喇嘛和（他們的）弟子到我們的蒙古人土地，藉此支持並傳播佛陀的宗教。」

他亟需人才來幫他計算他所已奪取的物品並將它們編目分類，於是找上在中都陷落後替蒙古人賣命的前金朝朝廷顧問。在最早吸收的人才中，有個人名叫耶律楚材（Yelu Chucai）。一二一八年，耶律楚材才二十八歲，就已在成吉思汗汗廷為官，負責觀察星象尋找徵兆。與這位瘦高的年輕人見面後，成吉思汗對他高於蒙古人的身高和這麼年輕就留了漂亮鬍子印象深刻。他常替有著難記之異族名字的官員取綽號，於是把這位年輕學者叫作「兀禿撒合里」（Utu Sakhal），意為「長髯人」。

◆

耶律楚材出身遼朝皇族，屬契丹人，而契丹人是在語言、文化上與蒙古人有近親關係的草原部落。遼朝遭女真人推翻後，遼朝皇族許多成員繼續為新統治者效命，一如耶律楚材在金國滅亡後選擇為成吉思汗效命。他的家族發跡於蒙古，但已在中國居住了三百年，耶律楚材身為家族的一員，對遊牧生活和定居生活都有深切的認識。由於兼具這兩種出身，他成為蒙古帝國初期引入中國思想、文化的有力媒介。他後來的著作成為認識成吉思汗和蒙古帝國法律、組織結構的寶貴史料。

《蒙古祕史》說成吉思汗「想讓他的許多人民過上安定的生活，於是翻越高高的山口，渡過大河，發動一場漫長的戰役」，但他清楚知道「生者都有一死」。征服華北後不久，他的妻子也遂可敦（Khatun，又譯作哈屯）提醒他，一如此前孛兒帖所提醒他的，他會老，「會像一棵高大老樹倒下」。她告訴他，就連大柱的石基最終都會垮掉。草無法永保青綠。這時他已五十七歲，已來到大部分蒙古人會退休的年紀，他知道如果要讓他迅速擴張的帝國在他死後長存不滅，他需要一套新的管理制度。

一二二一九年五月十五日，他發了一封信給老道士丘處機，要求一晤。這封信可能是耶律楚材替他代筆，以符合中國的行文風格，但信中清楚表明他召見這位宗教領袖的目的，信中言語坦然揭露他此時的心境：正值權力巔峰，但面臨不可逆轉的老化趨勢，希望他的帝國長長久久。

他未吹噓自己的征戰功績，而是以平實口吻說明他為何成功，他的敵人為何失敗。他寫道，他能獲勝，乃是因為他的敵人不堪一擊。他說，上天遺棄他們，因為他們「驕華太極」（驕傲奢華太甚），還說「蓋金之政無恆，是以（他）受之天佑，獲承至尊。」於是，「七載之中成大業，六合之內為一統。」字裡行間顯露他深切認識到自己征服大業的曠世獨有。「念我單于國千載百世已來，未之有也。」

至於他自己，用他自己的話說，「非朕之行有德」，唯「反樸還淳，去奢從儉。每一衣一食，與牛豎馬圉共敝同餐。」

照他想傳達的形象介紹過自己後，他描述了他以功勞為基礎的統治制度。這套制度雖走家父長式統治路線，但厲行仁政。「視民如赤子，養士若兄弟。」他說他的政府看重人民在思想上、精神上的一體化，認為宗教意識形態把其他社會撕裂，使它們難以抵禦外敵。誠如蒙古基督教教士拉班．掃馬（Rabban Bar Sauma）所寫道，教條「使靈魂變苦」。相對的，成吉思汗說在他的蒙古國裡，「謀素和，恩素畜」（我們始終在原則上有一致看法，始終團結在相親相愛裡）。

對於上天和歷史所加諸他的重擔，他似乎誠惶誠恐，坦承需要賢士輔佐才能完成。「然而任大守重，治平猶懼有缺。且夫刳舟剡楫，將欲濟江河也；聘賢選佐，將以安天下也。朕踐祚以來，勤心庶政，而三九之位未見其人。」然後他求助於丘處機，請「先生仙步，不以沙漠悠遠為念，或以憂民當世之務，或以恤朕保身之術……但授一言，斯可矣。」

成吉思汗在信末署名時，未用君王、暴君所愛用的又長又花俏的稱號。他的豐功偉業就說明了一切，毋需添枝加葉的無謂美化。

◆

等到丘處機得以回應時，成吉思汗已在打另一場戰役。兩年後，這位賢人和他的弟子才在阿富汗趕上蒙古軍，時為一二二二年春。他會成為與成吉思汗會晤過的許多宗教領袖裡最知名的一位，但他絕非唯一。成吉思汗每到一處征戰，蒙古官員都積極尋訪賢士。在他努力掌控新帝國的這個初期階段，對他尋訪中國聖人最詳細的描述，與兩位和尚有關。一二一九年時，這兩位和尚正在嵐州流浪，而在那之前不久，蒙古人已拿下嵐州。年約六十的老和尚要他的小弟子海雲逃命。他告訴這小僧，他已是老和尚，如果死在這場戰爭裡，也算命該有此一劫，但「女（汝）方富有春秋，今此玉石俱焚，子宜逃生去。」

海雲堅不肯走，告訴師父，「因果無差，死生有命，安可離師而求脫免乎。縱或得脫，亦非仁子之心也。」

蒙古軍裡一名漢人軍官見城裡遭戰火摧殘，眾人逃散，這兩個和尚仍心如止水執行他們的聖職，問他們為何不像其他人那樣害怕蒙古人，海雲巧妙回道，他們知道蒙古軍人係前來保護他們。這位一臉吃驚的軍官問他是哪種佛家出家人，「禪耶教耶？」——「禪」指專志於冥想的禪師，「教」指密教這個較著重儀式的教派。

海雲說佛教的兩個支派理當受到同等的看重，「禪教乃僧之羽翼也，如國之用人，必須文武兼濟。」不久後大家就看出，這兩個和尚是禪宗一派。

木華黎折服於他們的行止，發信給成吉思汗，推薦這兩位和尚，說他們是真正的「告天的人」。36 成吉思汗人在遠方，無法接見，於是請他們把其他人聚在一塊，一起祈求上天成功、保佑蒙古人。他說他希望日後能見見他們，指示「好與衣糧養活者教做頭兒」，如果發現這類的人，要把他們集中在一塊，讓他們盡情「告天」。他還下令任何人都不得對他們不敬，並把他們列為答剌罕自由人的一類，享有免稅、免服兵役、免服修路等官方所規定之徭役的待遇。

木華黎把這兩人帶到他位於中國東北部的司令部，照他所接到的指示供養他們。他封老和尚為慈雲

36 「告天的人」這個短語記載於中文版的《蒙古祕史》。或許，以現代蒙古語表示的тэнгэрийн итгэлч來看，與其說是告天的人（向天說話的人），不如說是上天的說話者或來自上天的說話者。與釐清者或闡釋者итгэгч類似，但為不同的字，itgel。成吉思汗死前對木華黎講話時，使用了itegelten in'ut這個短語。羅依果（Igor de Rachewiltz）在《祕史》裡把它譯為「可靠的朋友」（ina'ut是inaq的複數），「如今，博爾朮和木華黎你們兩人是我可靠的朋友。」

正覺大禪師，封海雲為寂照英悟大師，但他們婉拒這些世俗尊榮，繼續與一般人為伍，乞食為生。老禪師於不久後的一二二〇年夏圓寂，他的弟子海雲則始終未能見到成吉思汗，但會在成吉思汗孫子在位期間扮演重要角色。

從最初率兵出征起，成吉思汗就著重物色人才，但早年他主要著重於吸收忠心的戰士和懂得打造武器、加工金屬，或可充當嚮導、間諜、偵察員之人。後來，他著意的人才擴大到包括醫生、織工、木匠、首飾製造者、通譯、工程師、陶匠和種種手工藝工匠。在華北多場征戰之後，他也開始吸收各種教士和巫師。為了找到他的行營，僧侶、占星家、巫師、預言家、煉金術士、占卜者、賢人、算命師、江湖郎中，橫越最寬的河，從遙遠的邊境外跋涉數月，不遠千里而來。拉施特在十三世紀末寫道，「全天下不是在某個支派（的蒙古人）掌控下，就是在另一個支派（的蒙古人）掌控下，於是與中國、古印度、喀什米爾、吐蕃、畏兀兒有關的各派、各宗教的哲學家、天文學家、學者、歷史學家，還有突厥人、阿拉伯人、法蘭克人之類的其他民族，大量出現在我們面前。」此外，他說「他們每個人都有書，那些書籍包含有那些國家的歷史、年表、宗教思想。」

成吉思汗的汗廷吸引來帶了魔石的蒙古薩滿、道教煉金術士、念經的佛僧和占星家、禱告的伊斯蘭教毛拉、唱歌的基督徒、嫻熟典禮和宮廷禮儀的儒士、吐蕃占卜者、多種以召靈著稱或只是能以魔術娛人的跑單幫巫師和江湖郎中。成吉思汗的營地既像個四處移動的大學，又像個宗教大觀園，擁有來自多種語言、文化、宗教的學者。這個營地裡人來人往，袍影翻飛，袍色有鮮黃、純白、虹橙、牛血紅，還有墨黑。一天開始時，傳來宗教念珠、鼓、鑼、笛、木鈴發出的聲音，結束時則有插著羽毛的薩滿在火邊起乩，有男巫在解讀燒過之綿羊骨上的裂紋，有占星家向夜空呼喊，有軍人在擲髀石。

從一開始，吸收異族學者和宗教人士一事就未受到所有蒙古人衷心接受，因為凡是外來事物，蒙古人往往都不信任。把·赫卜列思說成吉思汗入侵中國時，聽到有人拜偶像，有「睿智過人的教士」，就「派使者過去，要他們把教士找過來，承諾會以禮相待。而教士過來時，成吉思汗命令他們與巫師（薩滿）就信仰展開辯論，與巫師一起探究信仰。教士開口講話，念出他們典籍裡的片段——他們把自家典籍叫作Nom——巫師無言以對，敗下陣來，巫師無法應對，乃是因為他們知識貧乏。從此，與蒙古人為伍的這類教士變多，他們奉命打造偶像，如在他們祖國那般仿鑄偶像，按照他們的習俗獻上全套祭品和奠酒。蒙古人極為禮遇這些教士，同時卻未將巫師打入冷宮。這兩派人仍廁身於蒙古人之間，各執行自己的特殊工作，未鄙視或瞧不起對方。」

找宗教人士執行組織新社會這項任務似乎適才適所，因為他們大多有管理收稅和編集法典的經驗。在成吉思汗看來，所有教士都崇拜某種形式的天。他尚未親眼見到往往使某教與他教、使某教信徒與他教教信徒水火不容的深仇大恨。他把不同宗教的人士聚在一塊，輔佐他治國，迅即就會看到他們是如何

37 *Rosary of White Lotuses*之類的佛教史書說成吉思汗接見了他和數位來自西藏的喇嘛，但當時成吉思汗並不在該區域。

的挑動人們猜忌、懷疑，乃至仇視在信念或實踐上與自己不同調的人。成吉思汗即將要被拉進他的第一場宗教戰爭，只是自己渾然不覺。

第十章

上帝的全能

打贏伐金之役後不久，成吉思汗收到一份急切且不尋常的請求，求助者是住在西遼帝國境內的一群穆斯林。西遼位在天山東部的鄰近區域，天山則橫跨今日的中國和吉爾吉斯。這群人看到同屬穆斯林的畏兀兒人和葛邏祿人脫離西遼歸附成吉思汗，於是懇求他前來把他們從目前的主子底下救出來，以便歸順於他。他們求助於這位蒙古領袖，原因之一是他們目前的統治者正是他的宿敵——屈出律（Guchlug），乃蠻部塔陽汗的兒子。

成吉思汗於將近十年前征服信仰基督教的克烈部和乃蠻部時，殺掉兩部的可汗，但他們的兒子都逃脫。王罕的兒子最初得到信佛教的西夏人庇護，後來遭部屬拋棄，在戈壁南部遊走時死亡。塔陽汗的兒子屈出律差點走上同樣的命運，但最終履艱歷險，在一二〇八年左右逃到西遼（中國境內最西王國）的都城，受到西遼領導人熱情接納；畢竟他們同是天涯淪落人，都因部落遭逢劇變而逃難他鄉。

西遼人的祖先契丹人建立遼朝，過去曾在九〇七至一一二五年間統治華北和蒙古諸部落，但此時他們已失去往日的輝煌，統治西遼（即哈剌契丹〔Kara Khitai〕，哈剌意為「黑」或「西」）這個小了許多的王國。他們以巴剌沙袞（Balasagun）為中心，創立他們的新帝國。巴剌沙袞位於伊塞克湖（Lake Issyk Kul）附近，曾是粟特人貿易中心。伊塞克湖是位在天山高處的深水大湖，接近今日吉爾吉斯首都比什凱克（Bishkek）。西遼統治家族堅守他們舊帝國的遺風和佛教信仰，與他們的子民脫節，因為他們的子民愈來愈多人皈依伊斯蘭教，且開始擺脫原來控制他們的東西。一如許多政權走到窮途末路時出現的情況，當權者既對他們已不再瞭解的子民心生害怕，又無法理解他們已無力掌控的世界。

西遼皇帝古兒汗幻想有了屈出律的支持，或許可打敗猝然崛起的對手成吉思汗，把草原部落重新納入他控制。他認為屈出律這個衝勁十足的野蠻人，有助於他恢復已僵化的西遼王朝之國力和榮光。屈出律助長古兒汗的錯覺，欣然揚棄基督教信仰，改信佛教（西遼皇族信仰的宗教）。用某穆斯林史家的話說，屈出律「從耶穌的宗教改為崇拜偶像的宗教」，而且試圖要人民跟他一樣皈依新宗教。「他把正道的光明改為不信教的黑暗，把對至慈之主的效命改為受撒旦奴役。」滿心感激的古兒汗把女兒嫁給屈出律，封他為可汗，允許他開始召集草原戰士組建私人軍隊，這些戰士都來自與成吉思汗為敵且遭他擊潰的勢力。

綜觀古兒汗一生，治理無能，打了幾場規畫不周的戰爭，頒布的律令彼此牴觸，而收容屈出律則是會是他所犯下最嚴重且最後一個大錯。屈出律一掌握兵權，即調過頭來對付他的岳父，「像雲中打出的閃電攻擊他」。一二一一年，即成吉思汗入侵金朝那一年，屈出律廢黜古兒汗，將他打入大牢，控制都城、國庫和政府。兩年後的一二一三年，古兒汗去世，屈出律成為唯一的統治者。他展現充滿企圖心的造反者一貫的衝勁，派兵出征，以將中國西部以生產葡萄、甜瓜、葡萄酒著稱並原為西遼帝國領土的肥沃綠洲城市重新納入版圖。

屈出律此時是佛教徒，但最初仍指派穆斯林官員管理他的穆斯林子民，不過對當局不滿的穆斯林百姓迅即痛斥他們是走狗，暗殺了這些新任命的官員。屈出律的回應最初很溫和，邀基督教、佛教、伊斯蘭教學者公開辯論，以紓解宗教緊張，但辯論場上的唇槍舌劍針鋒相對，只加劇子民間的歧異，使相對立的宗教更加水火不容。屈出律一度決定，既然穆斯林不接受他所派去管理他們的官員，他只好毫不留情鎮壓他們，於是他關閉清真寺，禁止講授伊斯蘭教義。最後，無計可施的屈出律要求穆斯林改信回他們原本信的基督教或佛教，揚棄穆斯林衣著，採納西遼帝國的傳統衣著，想藉此消弭他子民的宗教對立。為執行這些不利於伊斯蘭教的嚴格新政策，屈出律在每個穆斯林家裡派駐一名軍人監督他們的行為，逼他們乖乖聽話。志費尼寫道，「壓迫、不義、殘酷、剝奪的行徑出現，拜偶像的多神教徒隨心所欲，無往不利，而且沒人阻止得了。」

以今日的烏茲別克為大本營的花剌子模（Khwarizm），國王摩訶末二世（Muhammad II）是中亞境內離西遼最近且國力強大的穆斯林統治者，但受到西遼迫害的穆斯林未得到他絲毫援助。因為他和屈出律是盟友，至少短期之內是。於是，這些陷入困境又無計可施的穆斯林遣使求助於屈出律的死對頭成吉思汗。十五世紀的中亞突厥族史家米爾咱·馬黑麻·海答兒（Mirza Muhammad Haidar）寫道，「世界皇帝成吉思汗征戰之事傳到國外之前」，穆斯林就向蒙古人求救。「在世界皇帝成吉思汗保護下」，他們「得以不受古兒汗屈出律的惡行危害」。

成吉思汗以禮相待穆斯林來使。他相信他們動機純正，於是接受他們的請求，一二一六年派已是他麾下最優秀指揮官之一的哲別率兵前去解救他們。用志費尼的話說，他們的「禱告未落空，如願得到回應和接受。」成吉思汗著手「除去屈出律的腐敗，切開他煽動的膿腫。」對這位蒙古領袖來說，這場戰役讓他得以看似輕易地擴大他的帝國，把一心要歸附的人納入旗下。這場戰役也讓他有機會向他先前草原戰爭的最後一位倖存敵人屈出律報仇雪恨。

這次出征比哲別所預期的還要順利，因為屈出律把集中在山區主要駐地的部隊散開，要他們駐守在沙漠綠洲中分散各地的民宅裡，造成意想不到的後果。蒙古軍逼近村鎮時，穆斯林自行揭竿而起，攻擊駐守他們家的衛兵。於是，「他那些住在穆斯林家裡的軍人……遭一舉悉數殲滅，如水銀洩地。」屈出律往南翻山越嶺逃往印度，仍忠於他的部眾一路劇減。蒙古人「像瘋狗」般在後面追，越過今日塔吉克、阿富汗、巴基斯坦邊界，一二一八年終於在巴基斯坦捉到他，將他殺掉。

獲解放的西遼穆斯林和他們的結盟部落成群奔赴成吉思汗旗下。志費尼把蒙古軍的到來稱作「主的恩惠及神聖的恩典之一」。訓練有素的蒙古戰士未搶奪戰利品，未要求西遼人納貢，令西遼人感到意外。哲別「對他們毫無索求，只要求提供（關於他的敵人的）消息。」成吉思汗眼光放遠，特別想得到關於花剌子模國王的情報。這位國王統治波斯大部分地區和天山與裡海之間的中亞。解放穆斯林並殺掉靠篡位坐上可汗之位的屈出律，哲別凱歸蒙古中部。他帶回一百匹白馬獻給成吉思汗，以彌補十餘年前被他一箭射死的成吉思汗座騎。

征服西遼並將該國的穆斯林、佛教徒、基督徒子民納入旗下，使成吉思汗首度遭遇宗教派系對立的破壞力。他的回應之道簡單且公正。再一次，他不只允許乞求他出兵將他們從西遼控制下解救出來的穆斯林「召喚信徒禱告」，也允許各宗教的信徒這麼做。成吉思汗遣使分赴新解放地區境內的各城各村宣布他的律法，以讓每個人都聽到並知道這律法。他下令「每個人都應遵守自己的宗教，遵行自己的宗教信條。」這成為他此後征伐的根本原則，此後至死都如此對待他的所有子民。

綜觀歷史，宗教寬容難得一見，但在十三世紀卻非破天荒頭一遭。除了居魯士大帝和亞歷山大大帝這類天縱領袖未明言的宗教寬容作為，在十三世紀之前至少有位皇帝曾頒布意涵明確的「寬容敕令」（Edict of Tolerance）——那就是被人冠上背教者（Apostate）之名的羅馬皇帝朱利安（Julian），因為他生為基督徒，卻在三六一年登基為帝時與基督教決裂。隔年他發布「寬容敕令」，既讓各種基督徒享有信仰自由，也恢復希臘羅馬多神信仰的國教地位，並且一如先前的皇帝自封大祭司長（Pontifex Maximus）。他表示願恢復耶路撒冷的猶太教索羅門神殿，但儘管他對某些宗教寬大為懷，反基督教的立場始終堅定不移，一如基督徒始終不改反朱利安的立場。這道敕令因其獨有的用心而享有無可非議的盛名，卻未創造出宗教自由。隔年，在伊拉克征戰時，這位三十二歲的皇帝遭麾下士兵暗殺身亡。據曾是朱利安老師的利巴尼烏斯（Libanius）所述，行凶者是個不滿當局、認為皇帝是多神教徒的基督徒。他死後，羅馬帝國迅即重拾基督教，且再度發動更為嚴厲的宗教迫害。朱利安的敕令適用於神廟、教堂、祭司，容許基督教、多神教諸教派在特定的限制下運作。

成吉思汗的法律獨一無二，因為它不只允許神職人員履行其神職，還允許每個人選擇自己最中意的宗教或信仰。在蒙古人治下，宗教自由是個人權利。在許久以後的十八世紀，作為個人權利的宗教自由和作為群體權利的宗教自由兩者之間的這項差異，會在歐美產生重大的哲學、政治影響。

第一個指出成吉思汗新法具備重大意義的是志費尼。他這麼做，原因之一是其為成吉思汗的第一道國際敕令。成吉思汗在一二〇六年就為蒙古人制訂了新法典，且針對其在中國境內的征戰頒布了數個軍事、行政敕令，但這是第一個陳述明確之法律性暨道德性原則的普通法，而且這一原則會擴大適用於整個新蒙古帝國。這是日後所謂之「大法」的第一法，是一套適用於帝國內任何國家的國際法。後來的學者，包括寫下對湯瑪斯·傑佛遜影響甚大之《成吉思汗傳》的佩帝·德拉克魯瓦，稱這是成吉思汗的首條法。

◆

這時，成吉思汗無從知道他的新法會變得何等重要。與西遼穆斯林的相遇，使他對各大宗教間的藩籬有了新的認識，瞭解到各大教眼中自己宗教與別種宗教的差異有多大，各大教之間的敵意有多深。他認為各大教都追求同樣的目標，都向同樣的神講話，沒有誰對也沒有誰錯；只是在用來教導各自道德觀的方法上有所不同。與其說他平等對待各大宗教，不如說他認為它們都一樣。世間有個普世宗教，但以不同的形式呈現，一如世間只有一個普世帝國——他的蒙古帝國，但在該帝國裡，語言及習俗殊異，人們根據各自的傳統和祖先的教誨而堅守不同的政體。

隨著制伏屈出律和接下來併吞前西遼帝國，成吉思汗無意之間成為宗教自由的提倡者和受壓迫人民的捍衛者。在草原遊牧社會裡，家族出身和部落出身構成自然而然的人我區隔，但在定居型社會裡，宗教斷層線縱橫全國，就像鑽石裡的瑕疵，等著被人一舉擊碎。成吉思汗清楚挑動派系互鬥從中得利的道理，但體認到要使他日益壯大的帝國長治久安，只有一個法門，那就是化解這些可能引爆衝突的人我區隔。

在大馬士革為官的十四世紀阿拉伯史家烏瑪里（al-Umari），驚嘆於成吉思汗對外來宗教的開放包容，但卻背離史實，說他的幾個兒子各信不同宗教。他說成吉思汗有個兒子信猶太教，有個信基督教，有些兒子恪守蒙古人的本土宗教，還有些人拜各不相同的偶像，但沒有哪個兒子走上狂熱之路或試圖逼其他人跟他信一樣的教。他寫道，根據成吉思汗的律法，因他人的宗教信仰而殺掉該人——唯一死刑。

志費尼也對成吉思汗對宗教自由的執著，做出流於天真的正面解讀。他寫道，「他不信什麼教，不遵行什麼宗教信條，不盲從哪個教，不偏愛哪個教，不獨尊哪個教。」他不迫害他們，而是「禮遇、尊敬每個教派裡有學問和虔誠之人，認為這樣做才能覲見到主。」此話或許為真，但成吉思汗採取這樣的宗教政策有其明確的政治動機。

成吉思汗天生善於利用敵人的弱點來提升自己的優勢，也善於將敵人據認擁有的有利地位轉化為不利處境。他發現宗教自由可拿來作為政治、軍事武器，對付他周遭的文明國家，清楚瞭解宗教信仰駕馭人的威力之大，他利用人的信仰來取得戰略優勢，一如攻城時截河沖破城牆。

耶律楚材曾發出精闢之論，說「甚哉生民之難治也。速於為惡，緩於從善。」光靠軍隊和政府，無法保證人循規蹈矩。成吉思汗知道他需要宗教來控制形形色色的子民。他的宗教自由政策為解決他日益壯大的帝國裡緊迫的派系對立問題，提供了實用的良方。在緩緩成形的蒙古人世界觀裡，上天選擇成吉思汗來使世界秩序回復正軌，糾正錯誤，恢復固有的正義，把諸多迷途的國家統合為由蒙古人控制的單一帝國，藉此將他們帶回到「白路」上。為以強勢但真誠的方式實現他的神授使命，成吉思汗在揮軍入侵每個國家之前，都給了他們主動歸順的機會。只要他們把握住這機會，他們的城市會不受侵擾，市場會繼續興旺，統治者和宗教領袖必能繼續穩坐大位。蒙古人承諾保護他們，不受國內外敵人侵犯，承諾管理他們的貿易路線並施行統一且公平的稅則。成吉思汗未給予他們政治自由，但給予他們受保護、安穩的生活和完全的宗教自由。

他的政策打動受迫害的穆斯林，給了他們支持多神教領袖的神學理由。志費尼寫道，只要統治者提倡伊斯蘭教，「即使他本人不信該教，社會都會更加繁榮。」佛教徒和基督教徒享有同樣的自由，他們未彼此仇視或譴責這位信多神教、摧殘他們家園的征服者，而是順理成章將他的統治視為某種解放。

根據某部穆斯林史書，成吉思汗在戎馬生涯初期做了個夢，夢中他替自己纏上頭巾，但頭巾不斷變大，頭巾布愈來愈長，似乎沒有結束之時。只有穆斯林戴這種頭巾，於是這位可汗請人找來一位很有學問的穆斯林商人解夢。這個商人解釋道，對穆斯林來說，頭巾是權力的象徵，而他夢中頭巾的大小，意味著他會征服所有伊斯蘭國家，有天會統治穆斯林世界。

後來的發展表明，穆斯林是成吉思汗最親近的盟友、他最凶狠的敵人、部分最早出資贊助其統治事業的人，以及最終，受害於蒙古人征伐最慘的人。八個世紀後，伊斯蘭仍在努力恢復元氣。比起對其他宗教的理解，成吉思汗對伊斯蘭似乎有較出乎直覺的理解，他尊敬穆斯林的文化及知識成就，畢竟穆斯林文化的核心與蒙古人有共同的遊牧民族淵源。蒙古人和穆斯林都是具有悠久且受尊敬之軍事傳統的牧民，都討厭吃豬和狗。誠如志費尼所寫道，「那時，蒙古人對穆斯林懷著敬意，會為了他們的體面和舒服，替他們蓋起乾淨的白氈帳。」

與獨大於先前希臘、羅馬、埃及、印度、中國境內帝國的玄祕宗教不同，伊斯蘭提供了一個以律法為中心的明確信息，而且這個律法被包含在《可蘭經》這部相對較小的書裡。阿拉伯字母造形彎曲而優美，類似與阿拉伯文系出同源的蒙古字母。在某些替成吉思汗辯護的穆斯林眼裡，他與伊斯蘭有著神祕的關連。《可蘭經》第九十六章寫道，阿拉用一個血塊造了第一個人，而成吉思汗出生時，手裡就握著一個血塊——成吉思汗代表人類新時代的開端。

◆

征服中國北部、西部的王國之後，蒙古人這時控制了世上最富裕的貿易路線。這條路線始於華北的城市，穿過河西走廊和中國西部的畏兀兒綠洲，抵達天山的城市，連接中國和伊斯蘭這兩個偉大的商業文明。每樣東西都在快速變動：階下囚成為君主，君主成為階下囚。成吉思汗的女兒這時掌管汪古、畏兀兒、葛邏祿這三個主要的貿易王國，她們的丈夫則在他軍中服務。這位大汗頒布新法，以推動貿易，降稅、廢除地方關稅；在貿易路線沿線派人駐守，「使每個來到他領土的商人都能安全通行於境內」。

劫掠過中國的城市，使蒙古人擁有多到處理不來的戰利品。他們入手大量珍貴的絲織品、塗漆家具、玳瑁梳子、玉瓶、黃金、白銀、綠松石、珊瑚、碟盤、壺罐、藥物、武器以及酒，東西多到令他們大嘆駱駝太少，無法把它們全運走。在蒙古的寒冷刺骨天氣裡，遊牧民再怎麼想盡辦法把絲織品穿在身上，把首飾戴在身上，把家具塞進蒙古包裡，終究有限。多出來的貨品塞滿倉庫，成為四處遊牧的蒙古人的累贅。

得知蒙古人的驚人征戰事蹟和他們擁有的龐大財富，充滿事業心的穆斯林商人收集了不織造衣物的草原遊牧民始終想入手的多種棉織物、毛織物和其他織物，組成旅行隊，往蒙古人的所在地進發。這些穆斯林商人來自位於今日塔吉克境內錫爾河（Syr Darya R.）畔的貿易城市忽氈（Khojend）。成吉思汗問這支旅行隊的隊長，「這個傢伙以為過往從沒人把織物帶到我們這兒？」然後要人帶這批商人去蒙古人的倉庫，看看塞爆倉庫的絲織品和其他貨物。他們長這麼大沒看過這麼多值錢東西，幾乎嚇傻了，最後打消了把帶來的貨物賣給蒙古人的念頭，而是把它們當禮物獻上去，冀望成吉思汗把他的財富給他們分一杯羹。

事實證明這個決定很明智。穆斯林商人帶來一些令成吉思汗中意的上好棉織品，還有一種他從未見過的繡金織物。中國織工用絲線繡出精美的山、鳥、樹圖案和精細複雜的風景圖案，但這些穆斯林織工用金線繡出精細複雜的幾何紋，加上渦旋狀花卉圖案，偶爾還有一隻鳥、獅子或其他動物。

成吉思汗中意他所見到的東西，決定用他的新財富買進他從中國那兒得不到的貨物：除了忽氈的商人所帶來的華美繡金布料，還有來自大馬士革的上等鋼和來自印度散發香氣的檀香木。他不必派兵進入中亞就能取得這些貨物，因為似乎只要派支商隊過去就能辦到。新近歸附於他的穆斯林子民善於經商，自古即組織商隊橫越沙漠。派遣商隊的開銷，遠少於裝備一支軍隊所要付出的成本和精力。憑藉老實的夥伴和良好的關係，蒙古人透過用金銀購買或以物易物的方式就能取得想要的異國商品。

◆

一二一八年，成吉思汗派了一支使團去見花剌子模國王，以商定雙方通商之事。花剌子模是片寬闊肥沃的三角洲，位在阿姆河（Amu Darya）注入鹹海處，也是花剌子模王朝王室的所在地。花剌子模國王仿照早前的波斯王國打造國家，使他們成為古粟特人的繼承人。他們的領土包括許多重要的貿易城市，但也含括不適人居的沙漠和山地，國境從鹹海往南延伸到阿富汗境內，往北延伸到今日哈薩克境內，包括今日伊朗、土庫曼、烏茲別克三國的許多地區、哈薩克南部、亞塞拜然東半部和塔吉克、吉爾吉斯、阿富汗三國的西半部。花剌子模國王的帝國，西與報達哈里發的阿拉伯人土地接壤，東北與前西遼帝國相接。不知怎麼回事，這位國王竟與他大大小小的鄰國都失和。

就連一向對所有蒙古事物都嚴詞批評的朮茲札尼都坦承，成吉思汗去花剌子模時，最初是想和好的。他引用了這位可汗寫給花剌子模國王的信：「我是日出之地的主子，你則統治日落之地。我們何不締結明確的友好和平條約。雙方的商人和商隊可彼此來去，帶著值錢和普通的商品從我的土地到你的土地，一如他們從你的土地到我的土地。」

花剌子模國王給了正面回應，以蒙古人成功助西遼王國境內的穆斯林擺脫佛教迫害為例，表示成吉思汗已成為伊斯蘭的永久盟友。他邀成吉思汗派商隊過來。為組成一支大商隊，成吉思汗命令他的每個女兒、兒子都從自己的穆斯林侍從裡挑出一位參與這趟遠行，並配備該員「一塊金磚或銀磚」。除了黃金，蒙古人還送去黑貂毛皮、麝香、美玉以及上等駱駝毛製成的紡織品。這既是派赴中亞最大國的貿易團，也是使節團。

成吉思汗告知花剌子模國王，「我們已派一群商人隨他們同去貴國」，希望他們能買得「令人驚嘆的商品」，同時「藉由雙方關係改善和達成協議，切開邪惡思想的膿腫。」《蒙古祕史》記載，這支商隊有一百名商人，隊長是兀忽納（Uquna）。這人可能來自印度，因為至少有一名印度人身居這支商隊的領導高層。志費尼說隨員總數四百五十人，還有他們的牲畜和貨物，滿載貨物的駱駝超過五百頭。不管數目為何，這是歷來從蒙古發出最大、最值錢的商隊。

成吉思汗想統治的帝國，要以貿易為繁榮的基礎，而且不只讓蒙古人繁榮，還要讓他統治下的諸多屬國，從中國人的國度到穆斯林、基督徒的國度皆繁榮起來。但誠如志費尼以詩意筆法指出的，有時難以判定在屋頂靜靜築巢的鳥是帶來繁榮的鳳凰，還是招來禍殃的梟。成吉思汗或許還在世界的屋頂上休息片刻，但就要讓低估他尚存之實力與決心的人嚇得破膽。在「繁榮之水」能跟著「他們的欲求之河」一起流動之前，花剌子模的穆斯林要承受得住「苦難與悲傷的大軍」。一旦走到殺戮的地步，那將會是毫不留情，但並非必然要走到這一步。

一二一八至一二一九年那個冬天，蒙古商隊一抵達花剌子模的訛答剌（Otrar）城，就遭一名當地官員襲擊。訛答剌位在今日哈薩克、烏茲別克兩國交界附近，這名官員則是花剌子模國王的舅舅。他把帶隊的幾個商人關起來，在也很想奪取這批財富的國王首肯下，將商隊成員處決，只有一名成員得以逃脫，向成吉思汗回報此事。這一攻擊之惡劣，超過以一般商人的旅行隊為對象進行的伺機搶劫。此舉激怒成吉思汗，更重要的是，原本他以為已和穆斯林建立互信，但此事使他信心動搖。這一充滿敵意的行徑，危害了他所構想的連接東西方的貿易網。

他把這場襲擊視為花剌子模國王蓄意且無理的背叛。用志費尼的話說，「憤怒的旋風把沙子吹進耐心與寬厚的眼睛裡，憤慨的火燃起滔天的火焰，把水趕離眼睛，只有靠殺戮流血才能將其止息。」但最初成吉思汗相當克制：遣使面見該國國王，要求懲罰訛答剌的行政長官。國王對這位遙遠蠻人的要求嗤之以鼻，認為成吉思汗或許令鄰近的中國人膽寒，但對他固若金湯且有比成吉思汗兵力大上許多倍的強大軍隊保護的穆斯林城市，完全不構成威脅。國王未回應這要求，反倒處決來使。向來無能且優柔寡斷的花剌子模國王，在此做了他畢生最糟糕的決定。

花剌子模國王不只背叛了成吉思汗。從蒙古人的觀點看，他的行為偏離正道，從而已違背了天意。用成吉思汗的話說，這位國王已打斷將人與道德之路、與上天拴在一塊的神聖紐帶。他問道，「金繩怎可打斷？」然後要軍民再度備戰。他認為入侵中亞穆斯林國家乃是為了使他們回到正路，因此是順天應人之舉。他帶著長生天的明確訓令，要「使他們改邪歸正」。

◆

蒙古軍於一二一九至一二二〇年那個冬天出征，也就是商隊遭襲擊不到一年後。成吉思汗攻打花剌子模國王和穆斯林城市一事，不管是最正面，還是最負面的部分，都展現蒙古人的一貫作風。他的兒子和女婿陪他出征，孛兒帖可敦同樣留守後方掌理蒙古國，他的女兒則統治絲路沿線的商業城市。戰役之初，成吉思汗找兒子開會以決定接班人。這時他五十七歲，這樣的年紀，說不定無法活著回鄉。經過激烈的家族討論，他的諸兒子同意支持他的三兒子窩闊台為下任大汗。其他三兄弟則都會是可汗，各自掌理部分領土。成吉思汗偏愛長子朮赤，幾個兄弟裡就他最聰明，但生父未明的困擾，使其他兄弟無法支持他。

成吉思汗召集他大家族的男子和軍隊，踏上漫長的西征中亞之路。他要第四個老婆忽蘭可敦陪他出征並管理他的行轅，其他三個老婆則留在蒙古本部。這次出征有他的五個兒子同行，即孛兒帖生的四個兒子和忽蘭生的小兒子闊列堅（Kolgen）。

在離開蒙古心臟地帶和翻過阿爾泰山進入中亞的前夕，成吉思汗和他的軍隊停下來祭拜帝旗。這是怯薛在長期戰役開打時所執行的最重要儀式之一，對相關各人都具有很深的象徵意義。儀式舉行於七月，但隨後不久卻降下三呎深的雪。

他的顧問耶律楚材寫道，「雨雪三尺，帝疑之」，而一如每個解兆高手，他把這雪解讀為吉兆：「玄冥之氣見於盛夏，克敵之徵也」。優秀占星家的職責，與其說是預測未來，不如說是把可能被軍人或老百姓視為不吉的情況解讀為吉兆。與其說是成吉思汗需要人解兆，不如說是他需要讓他的人民聽到徵兆的解讀。此後至死，耶律楚材始終善於把原可能是凶兆的事，解讀為成吉思汗必然成功勝利的好兆頭。他變成宣傳高手，把替主子操縱輿論這項重任做得得心應手。

此後又降下更多雪，這時那就是不折不扣的麻煩，不只關乎徵兆而已。耶律楚材報告，「時方盛夏，山峰飛雪，積冰千尺許。」他說山口小到無異於「羊腸樵路」，但大汗下令「斵冰為道以度師」。此刻沒什麼擋得住他。耶律楚材寫道，堅毅之人做了決定，決心就如山屹立不搖，不為時間和情勢所左右。

這會是史上最慘烈的戰役之一，但對年輕的耶律楚材來說，起初簡直就像在玩樂。隨蒙古軍出遠門，給了他原本大概無緣享有的身心解放。橫越蒙古、中國西部、中亞，讓他見識到新東西，接觸到新觀念。他大半生耗在詩、書、畫、書法上，從中認識世界。此時突然有個機會，親自發掘山中薄霧的模樣、陽光在光滑如鏡的湖面上反射的情景、或群集在山頂上的鳥如何使山頭簡直像是罩了白雪。

他懷著學童般的熱情和始終昂揚的好奇心，寫下許多小詩，而有「光風滿貯詩囊去」之語。耶律楚材也描寫了成吉思汗在蒙古的移動式帝都，說它「山川相繆，鬱乎蒼蒼。車帳如雲，將士如雨，馬牛被野，兵甲赫天，烽火相望，連營萬里，千古之盛，未嘗有也。」

生命是場賞心悅目的發現之旅。翻越高山進入花剌子模的領土時，耶律楚材見到穆斯林花園和梨園、杏園、蘋果園，心情非常愉快，看到大如雙拳、滋味酸甜的石榴，嘖嘖稱奇。他看見大到一隻長耳驢一次只載得上兩顆的西瓜。在其他地方，瓜大「如馬首」。有時，最簡單不過的事都令他大為不解，例如中國錢幣中間開洞，以串在一塊，方便計算和運送，而穆斯林錢幣中央不開洞。他很喜歡吃葡萄，喝葡萄酒，憑著年輕人的慧心巧思和天真的叛逆，不久就懂得自釀葡萄酒，從而不必「輸課」（繳稅）。此後他對葡萄酒的熱愛終身未減，有時還過量飲用，常在詩中提到它。

讀耶律楚材記載他隨蒙古人出征的見聞紀錄《西遊錄》，看著他筆下對杏仁、石榴、免稅酒的描述，有時讓人難以置信他置身於戰爭之中。他正參與一場極了不起的征戰，最初他似乎尚未體認到這趟出征的重大意義，但漸漸開始理解它的重要，認識到他必須把所見所聞記錄下來。蒙古人征討花剌子模國王之役，使他踏足新地方，接觸新觀念，激發他更深入思索自己的出身背景，釐清自己的信念。他找到自己的認同。耶律楚材對成吉思汗和蒙古人忠貞不貳，但離家愈遠，隨著他早年所受的教育在他心裡不斷發酵，他對漢文化的認同愈深。

蒙古人尚未到城下，花剌子模國王就已聽到他們大舉來犯的消息，但他不知該如何因應。他似乎既害怕蒙古人，又相信阿拉會保護他，使其不受殘暴異族侵犯。他派兵強化訛答剌城的防禦，知道那會是蒙古人的第一個攻擊標的。蒙古人抵達，將訛答剌團團圍住，自此展開長達數個月的圍城。花剌子模國王誤以為蒙古人若非放棄圍城，就是會洗劫該城以報蒙古商隊遭襲掠之仇，於是當蒙古人派小股部隊往多個方向同時攻打數座城市，國王仍可悲地以不變應萬變。這些分散多處且似乎亂無章法的攻擊，類似蒙古人在圍獵之初驚嚇動物的手法，令國王摸不著頭緒，使他無法做出有條有理的回應。他不知道該往哪個方向迎擊蒙古人，大大誤判接下來的情勢發展。

蒙古人先直搗花剌子模帝國心臟地帶，再動手拿下邊境城市訛答剌。如果他們走自亞歷山大大帝時代以來大部分軍隊走的貿易路線，會通過一連串城市，包括撒馬爾罕這座重要的貿易、藝術中心，然後才抵達不花剌（Bukhara）或都城希瓦（Khiva）等城市。希瓦又稱花剌子模，位於今日烏茲別克的馬爾根奇（Urgench，又譯玉龍傑赤）城附近。成吉思汗和他的么兒拖雷未走這條路線，而是各帶約五支萬人部隊，在當地遊牧民帶路下，於一二二〇年初天氣仍較涼爽時橫越克孜勒固姆沙漠（Kyzylkum Desert）。二月，蒙古人撲向不花剌，像狼群撲向毫無察覺的綿羊，兩個星期就拿下該城。

不到一個月他們就來到防禦工事強固許多的撒馬爾罕城下，儘管城裡有大軍駐守，蒙古人還是很快就拿下該城。蒙古人把怒氣發洩在訛答剌這座城上。該城軍民知道城若被攻破會有什麼下場，竭盡全力抵抗。守軍耗盡箭矢然後倒下，女孩上前遞補，開始拆下宮殿磚塊以擲向攻城軍，但蒙古人打定主意非勝不可。誠如志費尼所說的，蒙古人殺掉戴面紗的女人，就和殺掉纏頭巾的男子一樣毫不手軟。「護城堡壘和城牆遭夷為平地」，那位扣押蒙古商隊而掀起戰爭的高傲行政首長，不得不「飲下那杯殲滅之酒，穿上永恆之服」。志費尼引述波斯史詩《列王紀》（*The Shahnama*）的詩句：「這就是上天的作風；一手拿著王冠，另一隻手拿著絞索。」

蒙古人在花剌子模的勝利，血腥且可怕，尤以戰敗的士兵對此的感受最為強烈。蒙古人通常把戰俘集體殺掉，或暫時留下他們一命，日後再賞以更悲慘下場，例如要他們充當戰時的人肉盾牌，或把他們活活丟入並填平護城河。在外攻城略地的蒙古軍兵力不大，因此成吉思汗不讓他與他可能得撤回的蒙古家鄉之間，有任何可能與他為敵的軍隊存在。這類軍人若活著，就是時時存在的禍患，於是他把他們翦除。他對待平民的方式較不定，有時嚴厲，有時特別寬厚。在未來的漫長戰役裡，對待戰敗的士兵，他的作風沒變，但對待平民的方式，隨著更深入中亞，更遠離家鄉，他變得更為嚴酷。

在大展兵威攻下不花剌、撒馬爾罕、訛答剌之後，成吉思汗給每個他想攻下的城市投降的機會。他派穆斯林特使到那些城市，力勸他們「從破壞的漩渦和鮮血的溝槽裡抽身」。如果他們抵抗，他保證會讓他們葬身在血海裡。「但如果你們用聰慧、體諒的耳朵聽進意見和規勸，歸順、服從他的指揮，你們的性命和財產會安全無虞。」成吉思汗始終說話算話。凡是投降者都未受到傷害，得到他的善待。然後，他以這項仁政鼓勵其他城市投降。

有些城市的確開門迎降，但有些城市，在蒙古軍兵臨城下之前，就選擇揭竿而起抵抗他們國王的高壓統治，於是，有些難民逃走以躲避入侵者，有些則迅即投奔入侵者。那些投奔蒙古人者，有些人與蒙古人一樣營遊牧生活，較願意受成吉思汗統治，而不願受花剌子模國王的高壓剝削。還有些人來自信多神教的部落。這些部落通常講突厥語，痛恨居多數的穆斯林逼他們放棄傳統宗教改信伊斯蘭教。而選擇抵抗者，則要面臨遭蒙古人殘殺的命運，而且隨著每場新戰鬥的到來，蒙古人對抵抗者愈發殘酷。

這時已沒有東西擋得住蒙古人的進逼。碰到大河，他們即用船搭建浮橋，用土石構築堤壩。敵人想乘平底船河遁，蒙古騎兵緊追不捨，朝他們發射以石油為基底的易燃石腦油，拉巨鏈橫鎖河道。蒙古人用土石、俘虜填平護城河。碰到高大城牆，他們建梯，要他們的基督徒工程師造攻城槌、弩炮等精巧的攻城機器，並遣戰俘挖地道。

花剌子模國王摩訶末嚇壞了。志費尼寫到這位國王時說，「撒旦已讓這人的心被害怕與驚懼攫住，致使他已在尋找地洞或通天的梯子以便避禍。」他開始與長子札蘭丁（Jalal ad-Din）劇烈爭吵，札蘭丁希望父王抗敵，因為蒙古人尚未攻到都城。他告訴父王，「把軍隊分散到多處，還沒碰到敵人就轉身逃跑，乃是膽小鬼的表徵，不是強大君主該走的路。」面對蒙古人的進逼，札蘭丁清楚父王未能擬出統合全局的因應之道。每個城市和省分得自行應付來犯的敵軍，須自己保衛自己，得不到中央的協調和指導。他請求父王讓他總綰兵符，否則，「我們會像樹膠被人放進指責的嘴裡咀嚼，在所有人面前淹死在悔恨的洪水裡。」

花剌子模國王搬出哲理，替自己的立場辯解。他打高空道，「所有完美之物都有缺陷，每個滿月都會虧缺，每個缺陷都有完美之處。」有時，不打仗是較明智之路，因為「有個眾所周知且廣被認可的事實，即為絞索而激動不安，只會加快死亡的到來，臆測與幻想的結合，不僅會產生空無，還伴隨著瘋狂。」札蘭丁悻悻然離開，決意「策馬奔往男子漢的戰場」與敵一戰，即使得因此忤逆上天也在所不惜。

花剌子模國王從首都希瓦逃往裡海，蒙古人在後追擊。這位無能的國王丟下母親、妻子、小孩，任由他們自生自滅，去面對被蒙古人俘虜的悲慘人生。他所遺棄的都城，位在今日烏茲別克、土庫曼兩國交界附近，是個無比富裕的城市。「它是統治世界之蘇丹的王位所在地，世間名人的居所，」志費尼寫道，「它的郊區是稀世珍品的貯藏處；它的大宅洋溢著各種崇高的理念，它的大大小地區充斥著許多玫瑰園，並有達官貴人徜徉其間。」

國王的母親統籌後宮嬪妃和王室財寶的撤離，殺掉城裡所有人質，以免蒙古人釋放他們，避免他們投入敵營。城裡軍民遭遺棄，因為「未有人奉命主持大局，供他們在發生不測時求助，掌理國務和公共福利事務，助他們抵抗命運的暴力。」

成吉思汗派速不台和哲別這兩位勇將，帶領兩萬士兵往西追殺竄逃的花剌子模國王和財寶，但他未親自圍攻希瓦，而是把這項重任交給他的三個年紀較長的兒子，以讓他們享有攻破此都城的殊榮，同時學習同心協力。但事實表明他們難以齊心合力一如防守希瓦的城民。朮赤認為此城拿下後會由他承接，因此希望攻城時盡可能減少對此城的破壞。察合台和窩闊台只想將它摧毀、洗劫一空。他們「帶著軍隊抵達，軍隊浩浩蕩蕩像奔流的洪水，像陣陣大風。他們悠閒地騎馬繞城一圈，遣使要求城民放下武器投降。」城民置之不理，「他們即忙著準備木頭、射石機、火箭之類的作戰工具……那裡沒有石頭……他們於是用桑樹木頭製作火箭。他們一再對城民許以承諾、放話威脅、祭出利誘和威嚇；偶爾雙方互朝對方放出一些箭。」

蒙古人的攻擊不連貫，亂無章法。士兵填平護城河，用石腦油火攻，使城裡著火，幾乎就要拿下該城，但接著，為了保住城裡建築，又導引河水灌城，反倒毀了火攻的效用。成吉思汗不得不拔除朮赤的兵權，以窩闊台代之。雖然不夠乾淨俐落，蒙古人還是攻下此城。然後，由於貪婪作祟，幾兄弟搶走所有值錢的東西，自行瓜分掉，未把帝國中央應有的一份送交他們的大汗父親。

成吉思汗入侵花剌子模帝國時，發覺中亞的城市穆斯林未折服於他的魅力，對與他一同出征的穆斯林未表現出連理同枝的親近之感，與草原和中國西部沙漠綠洲的突厥部落穆斯林的表現截然相反。歷來多少野蠻的襲掠者突然撲來，搶走能帶走的每樣東西，然後又消失得無影無蹤，這些城市穆斯林以為成吉思汗只是這一長串襲掠者裡最新的一個，後來才發現這個人無意搶了就離開，只是發現時已經太遲。

花剌子模的人民未像西遼帝國的穆斯林那樣把蒙古人當成解民倒懸的英雄來歡迎。而蒙古人也鄙視他們的新敵人。據某位穆斯林所述，蒙古人認為「住在房子和城鎮裡的人是退化、嬌弱的種族——耕耘土地者，是像牛一樣幹活的奴隸，只為讓上位者可以過上奢侈生活。」在蒙古人眼中，撒馬爾罕、不花刺、訛答剌的人就像山羊群或綿羊群，易受驚嚇，被人牽著鼻子走，完全任人擺布。

就連站在蒙古人那一邊且為蒙古人效力的穆斯林，一時都想不通他們的帝國和社會怎會淪落到此般境地。對這些虔誠的穆斯林來說，伊斯蘭文明的珍寶遭前所未有的破毀，既令人不解又是破天荒頭一遭。只有真主的盟友才有這樣的威力，但為何真主同意這樣的摧毀？對於穆斯林彼此征伐、襲掠、入侵、殺戮，就和對於穆斯林和基督徒、不信上帝的人打仗一樣，他們早已司空見慣，但此前從未有多神教徒如此大規模地征服他們。如此的征服雖然奇怪，卻必然是真主的意思。成吉思汗想必與真主有某種無形的關連。誠如十四世紀某庫德族史家所說的，「他不是穆斯林，卻的確是真主的朋友。」

蒙古軍隊橫掃花剌子模和古波斯文明的土地，拿下一個又一個城市。位於德黑蘭東南的雷伊（Ray）是其中的重要城市之一。伊斯蘭教法的不同版本之爭，使這個城市陷入嚴重分裂，無法團結一心抵禦來犯的蒙古人。據十六世紀波斯史家穆罕默德・宏達迷兒（Muhammad Khwandamir）的說法，勢如水火的伊斯蘭兩派教徒各自面見哲別，都懇請他殺掉另一方。結果，他把兩方都處決，問道，「暗地裡要讓自己同胞血濺五步的人，能有什麼用處？」宏達迷兒的說法與攻下此城的年代相隔太遠，不能當真，但突顯出當時穆斯林不同派系間的宗教對立。

伊斯蘭內部的敵對與仇視太深，致使許多與花剌子模國王為敵的穆斯林投向成吉思汗和蒙古人陣營，看著蒙古騎兵擊潰國王的軍隊，心裡大為歡喜。報達的哈里發和伊斯瑪儀派支系尼查里派（Nizari Ismaili，以阿薩辛派〔Hashshashin〕之名更為人知）的首領，都被其他穆斯林指控暗地協助蒙古人征伐。不管此說是否屬實，他們兩人都未出手幫助花剌子模國王。

成吉思汗肯定與伊斯瑪儀派有不為人知的交易。尼查里派第二十五代伊瑪目哈桑三世（Hasan III）主動表示願歸順蒙古人，然後他的使者晉見了成吉思汗。花剌子模國王統治波斯世界的大部分地方，但有一大塊山區由哈桑三世控制。哈桑三世以位在阿剌木特（Alamut）的軍事基地為大本營，阿剌木特位於裡海附近的一個多山地區。他領導的穆斯林教派被大部分穆斯林斥為異端，卻被他的信徒尊為神一般。伊斯瑪儀派以狂放、奇特的行徑而著稱於世，吸食大麻等會讓人上癮的東西，淫亂無度，頻頻激烈更動他們的思想體系和宗教實踐。他們領土不大，四周強鄰（東北邊的花剌子模國王、西邊的報達哈里發、西北邊的塞爾柱突厥人）環伺，以家鄉的崎嶇地形為屏障，阻卻強鄰的併吞野心。他們並未擁有兵力眾多或武力強大的軍隊，但保有一連串建於山體裡且看來堅不可破的要塞。

為拉攏報達的哈里發一起對抗花剌子模國王，哈桑三世公開宣告脫離什葉派，效忠遜尼派。他的部眾認同如此突然的改弦更張乃是因為真主本身不拘一格的本質，但也知道這可能只是一時的政治謀略，沒有什麼神學意涵。在他們的宗教、政治傳統裡，這類計謀極受看重。他們死心塌地追隨領袖，毫無質疑、懷疑或懊悔。

尼查里派以暗殺和製造恐怖為手段，將它們運用得出神入化且成效卓著，雖是小國寡民，卻讓人不敢小覷。他們無法在戰場上打敗敵人，因此鎖定敵人的領袖發動精準的特殊行動。為此，尼查里派養了一批經過特別訓練的人。這些人叫作費達伊（fedayi，複數形：費達因〔fedayeen〕），意即願意以身殉教的死士。一三〇七年亞美尼亞史家海屯在《東方史華》中寫道，「這些人沒有信仰，無法無天」，「這些人沒有信仰或信念，只聽他們主子『山中老人』的指示；他們對主子言聽計從，主子要他們死，他們就去死。」[38]

每個費達伊都要學習鄰國的語言、文化、衣著，以及偽裝、祕密行動的本事，待精通之後奉命滲入暗殺對象的核心集團裡，然後行事力求緩而穩，不求速成，等到情勢有利時才出手。他們大部分時候充當間諜，但必要時他們會出手，不惜犧牲性命。他們獨來獨往或小組行動，因此如果一人失手，另一人能迅速遞補。

他們的目標大部分是其他穆斯林，特別是塞爾柱突厥人，但他們也殺害著名的十字軍成員，例如的黎波里的雷蒙二世（Raymond II of Tripoli）和蒙費拉特的康拉德（Conrad of Montferrat），宣稱暗殺法國國王腓力二世（Philip II）、路易九世和英格蘭的愛德華二世（Edward II）未遂。有些刺殺行動被認定是尼查里派成員所為，但其實很可能是更接近受害者的尼查里派對手所為，而那些據稱未能得手的行刺之

38 除了馬可．波羅著作中關於尼查里派的不實說法，以此教派為主題而最具影響力的現代著作之一是小說《阿剌木特》（Alamut）。該書作者是斯洛維尼亞人巴托爾（Vladimir Bartol）。巴托爾把此題材寫成寓言故事，以批駁一九三〇年代義大利墨索里尼的法西斯意識形態，後來還藉此對後來的獨裁者和世界各地的極權主義制度發出類似的批判。巴托爾的小說裡有「沒有哪個東西絕對真實，一切都是可以的」這句話，後來它被布洛斯（William Burroughs）改寫為「沒有東西是真，每個都是可以的」，作為他的小說《裸體午餐》（*Naked Lunch*）的中心思想，而更為人知。

事，有些很可能是出自返鄉的十字軍之口且經加油添醋的戰爭故事。這些十字軍成員熱中於以自豪口吻描述自己的豐功偉業和逃出鬼門關的驚險經歷。

即使行刺失手都造成草木皆兵。十二世紀，費達伊打入庫德族偉大將領暨統治埃及、葉門、敘利亞的阿尤布王朝蘇丹薩拉丁（Saladin）的核心集團。他們混進他的私人居所，兩次行刺未遂。傳說刺客刻意饒他一命；該刺客悄悄潛入他的帳篷後，並未殺了他，而是用他的小刀把警告函釘在蘇丹的枕頭上。就連尼查里派的盟友都對彼此的友誼不大放心。志費尼寫道，「有些人，不管是曾任國王者還是當今的統治者，雖然與他們關係很好，還是提心吊膽。」

費達伊的暗殺行動通常是自殺攻擊，因為通常來講，刺客若非遭暗殺對象的侍衛當場擊斃，就是被捕，然後遭刑求至死。但有些費達伊成功逃脫，回到阿剌木特周邊地區，在那裡獲邀過著人間天堂般的生活，意即有充足的致癮物和女人供他享用。據說，就因這項吸食大麻（hashish）的習慣，他們得名阿薩辛（hashshashin），意為使用或抽大麻者。至於大麻吸食量的多寡未有定論，而且說不定這純粹是他們的敵人為了說明他們精神的昏亂而加諸的辱稱。總之，不管此說是否屬實，這個詞在西方有了新義，演變為assassin（刺客）這個現代詞語。

伊瑪目哈桑三世與成吉思汗兩人特使的會晤，肯定是歷史上罕見，也是最不為人知的其中之一。志費尼在其寫的成吉思汗傳記中以長篇幅介紹了尼查里派的來龍去脈，包括哈桑三世的生平事蹟，對於伊瑪目哈桑與成吉思汗的互動，卻只給了簡單且隱晦得叫人挫折的概括說明。他說這位伊瑪目在雙方使者會晤之前曾修書數封給成吉思汗，然後志費尼推斷，關於這些信，「真相不明」。他暗示成吉思汗曾與哈桑三世當面會晤，但未詳加說明此事。他只承認了一件事，而且那大概是當時眾所周知的事：他坦承，「確切無疑的部分，就只是當征服世界的皇帝成吉思汗的軍隊進入諸伊斯蘭國家時，烏滸河（阿姆河）這一邊第一位派出使者、表達敬意、表態輸誠的統治者，乃是賈拉勒丁（哈桑三世）。他採行了正確道路，奠定了公正的基礎。」志費尼花了不少篇幅為蒙古人與異端結盟的這個行徑辯解，強調至少在那時，哈桑三世娶遜尼派女人為妻，屬遜尼派陣營。

不管會晤情況如何，蒙古人與尼查里派談定，成吉思汗出兵時尼查里派和哈里發的部隊會袖手旁觀，讓成吉思汗消滅他們的敵人花剌子模國王。尼查里派不會出手干預蒙古人，但不必為成吉思汗出兵助陣。尼查里派要怎麼攻擊、何時攻擊花剌子模都不成問題，只要不扯蒙古軍事行動的後腿即可。或許最重要的一點，乃是在成吉思汗整個征戰中亞期間，尼查里派所占有的土地全境，充當了逃離蒙古人或花剌子模國王之難民的安全區。尼查里派的土地成為許多平民的保命地帶，但並不歡迎軍人。

成吉思汗與尼查里伊瑪目達成的協議，似乎既著眼於政治，也著眼於戰略。雙方結盟時，成吉思汗把重心擺在征服上，伊瑪目則已接近人生盡頭。成吉思汗不需要尼查里派出兵助陣的原因之一，乃是他們有遠遠更加有用的東西可提供。尼查里派有極出色的間諜網，情報偵刺範圍廣及中亞全境，遠至地中海。據史家阿里・伊本・阿昔兒（Ali Ibn al-Athir）的說法，有個尼查里派官員與蒙古將軍綽兒馬罕（Chormaqan）見了面，提供蒙古人有關札蘭丁的情報並鼓勵蒙古人追捕他。這項結盟終成吉思汗一生未斷，他死後尼查里派繼續提供情報給蒙古人十餘年。尼查里派未向蒙古人提供兵員或獻貢，但蒙古軍隊拿下一座座城市時，尼查里派有時自行出兵襲擊花剌子模，並向背棄花剌子模國王的各類難民敞開邊境。

穆斯林世界內部的分裂對立，使成吉思汗得以訴諸宗教對立和教派世仇，輕鬆攻城略地。成吉思汗說他是上帝派來懲罰他們的人，許多穆斯林接受這一說法，但有些神祕的蘇非派信徒說他們想要摧毀他們在伊斯蘭內部的敵人，懲罰花剌子模國王宮廷的墮落，於是把蒙古人召喚來，以實現此一神聖志業。據某份記述，蘇菲派領袖親自帶路，把蒙古人帶進城，鼓勵他們殺光穆斯林，喊道「噢，異教徒部落，殺掉這些作惡者。」有些彼此處於競爭關係的蘇菲派教團，都把將蒙古人帶進穆斯林世界一事說成自己功勞，他們重述這個故事且照搬以上短語。這些記述為數不少，但都寫於此事發生許久以後，虛構的成分似乎多於實情。

在某份較可信的記述裡，拉施特說一二二一年，成吉思汗想先救出住在花剌子模都城希瓦的蘇菲派偉大領袖納奈集木丁．庫布拉（Najm al-Din Kobra）和他的弟子，再進攻這座都城。蒙古人向城裡射箭傳書，鼓勵蘇非派逃走。七十名蘇菲派弟子出城，但他們的教主年紀太大，逃不出來。據某些記述，他此前一直在祈求真主發動這樣的攻擊。這位蘇菲派老教主拒絕成吉思汗棄城出逃的邀請，說他活了七十年，「苦甜」都嚐過，此時逃離家會有失「男子體面與尊嚴」。據稱他說，「我會從你那兒得到聖戰、殉教的幸事，你會從我們這兒得到伊斯蘭的加持。」他深信蒙古人淨化伊斯蘭之後，最終會皈依伊斯蘭。

據拉施特的說法，希瓦城一投降，成吉思汗就派人尋找這位老蘇菲行者，「幾番搜尋之後，在橫七豎八的遇害者裡找到他的屍體。」後來，有位反蒙古人且與這位蘇菲行者打對台的蘇菲派領袖，把他的死說成自己的功勞，說他命令成吉思汗殺掉他和其他離經叛道的蘇菲派領袖，以懲罰他們向不夠格的弟子、乃至向狗宣揚真信仰的罪行。

成吉思汗認識到穆斯林普遍信教虔誠，迅即擬出一個有效辦法，以把他們對真主的深信不移當成對付他們的利器。一二二〇年三月，在走訪過新拿下之不花剌城的清真寺之後，他召見該城諸位領袖。據志費尼的記述，成吉思汗告訴他們，「你們犯了大罪」，「你們之中的大人物犯了這些罪。如果你們問我憑什麼這麼說，我說那是因為我是真主派來懲罰你們的。你們如果沒犯大罪，真主不會派像我這樣的人來懲罰你們。」一如他認為敗在他手上的領導人要為把他們的社會引入歧路負責，他認為宗教領袖要為他們的作為、為他們信徒的行為負責。

他召見穆斯林領袖，不是為了成為他們的學生或弟子。他把他們叫來接受評判。身為上天在世間的代表，他認為他有職責檢討他所征服之人民的宗教，以裁定他們所作所為是否正當，以糾正他們的錯誤。他仔細檢視穆斯林領袖，就和商人查看蘋果有沒有害蟲或寶石有沒有瑕疵一樣細心。他的職責是區分善行與惡行，懲惡獎善，把每個人拉回正道。投奔他的那些人，只有少數人真的懂得蒙古人入侵的真義。有位伊瑪目被問到怎會發生這樣的事時，要他的徒眾「安靜！」——成吉思汗是「真主的全能之風，吹過來，我們無能為力。」

接下來的幾個月裡，他見了那些自封為先知和智慧導師的人，聽他們講道，問他們如何實踐道，瞭解他們的成就，測試他們的道德。他想做的不是好整以暇地探究學者或在遺世獨立的洞穴裡冥想的隱士；他以行動派的立場展開他的探索。他身邊激烈的戰事、關於生或死的決定、戰場上身心的不平靜，使他更急欲完成他的精神探索任務。理念必須有說服力且清楚，才能在戰爭的嗆人濃煙中脫穎而出，才能凌駕垂死者的哭喊之聲，為人所注意到。

他帶著金繩前來以拴住迷途的宗教，將它們帶進會由他帶隊的旅行隊裡。單單一頭駱駝構不成商隊，因此他認為光靠一個宗教無法把人帶到天上。他說他有職責使「這整個偉大民族走在真正依循律法的道路上，以取得光榮和榮耀。」

與其說他不信任宗教，不如說他不信任控制宗教的人，不信任利用手中權力來推動自身目標而非上天目標的人。他要做錯事者得到究辦，處死了某些人，把許多人逐出教。對於其他人，他承諾只要他們履行對社會和上天的義務，就給予自由和金錢支持。他在所征服的地區提倡宗教自由，但只要碰到宗教極端勢力，就予以摧毀。

在撒馬爾罕與穆斯林學者會晤時，成吉思汗請虔誠的穆斯林不管在哪裡禱告，都為他祈福。他認可穆斯林的大部分習慣作為，稱許他們獻身於禱告和布施，但指責他們「吃喝無度，淫逸通宵」，甚至在神聖的齋戒月都如此。可蘭經的訓示或許有其道理，但在促使人行為正當上，效用似乎和其他宗教的聖典一樣差。典籍有時和其所啟發的行為一樣不重要。如果穆斯林自己都不照他們自己聖書的指示行事，蒙古人又何必看重那書？

他告訴穆斯林，沒必要去清真寺作禮拜或赴麥加朝覲，因為上帝無所不在。他批評但未禁止這類習俗，他更費心於打壓穆斯林的截肢刑罰、割禮和女人戴面罩或男女隔離的作為。就像他痛惡中國人纏足的習俗，他把某些穆斯林習俗斥為可嘆、不淨。在他看來，他們違反了更高的道德法則。例如他極力反對以割喉、放血至死的方式宰殺動物。在蒙古人眼中，此舉殘酷、浪費、不淨，因為污染了空氣與大地。同樣的，蒙古人認為在溪潭裡沐浴，污染了人畜所需要飲用的珍貴水資源。

◆

隨著戰事平息和某些城市選擇投降，蒙古人開始體認到伊斯蘭不只是遊牧民的宗教。他們碰上偉大的穆斯林文明，驚嘆於它的美麗。不花剌、撒馬爾罕的清真寺聳立如青綠色的山，它們的地板鋪了地毯，地毯如寫在白色大理石上的詩。

在不花剌，宗教人士行使政治權力，充當法官，治理國政，而在進入這城市之前，蒙古人未碰過這樣的社會。在佛教王國，統治者以神一般的身分治國，但在穆斯林國家，很難弄清楚是誰立法和到底是統治者支配宗教，還是宗教支配統治者。這兩個領域如此交混，似乎產生了問題。毛拉、伊瑪目、阿亞圖拉施行法律，實質上成為治國團隊，從而毋需世俗統治者。蒙古帝國的立國原則卻與此相反。

穆斯林立即向蒙古人傳教，欲使他們皈依伊斯蘭教，但成吉思汗不接受，原因之一是對伊斯蘭與都市生活的密切關係心存懷疑。蒙古人認為伊斯蘭是個適合工匠、商人、農民信仰的宗教。誠如某可汗向試圖使他皈伊斯蘭的穆斯林說的，「我的戰士裡沒有理髮匠、鐵匠或裁縫」，如果他們成為「穆斯林，遵行伊斯蘭的教規，他們要在哪裡謀生？」蒙古人是遊牧者、牧民、戰士；他們的信念支持他們的生活方式。

對這些道德性討論的記述，出現在神祕蘇菲派穆斯林的著作裡，但這些討論很快就變質為欲說服蒙古人攻擊與己對抗之蘇菲派教團的自私作為。這些記述常未註明發生年代，很少交代會談地點，有時連記述的作者都略而不提，但整體來看，它們讓後人得以深入瞭解討論的氣氛和主題。蘇菲派領袖赫瓦賈．阿里（Khvaja Ali）被人帶去晉見成吉思汗時，這位蒙古領袖獲告知這位宗教領袖的父親是個「拿食物濟助人」的聖徒。

「他把食物給自己人或陌生人？」成吉思汗問。

「人人都把食物給自己人，」他的一個弟子說，「此人的父親把食物給陌生人」。

「把食物給上帝的子民，的確是個好人。」成吉思汗回道。然後放了這個人，給了他一件新斗篷。對蘇菲派來說，毛斗篷是信仰的表徵，於是，在某些蘇菲派行者眼中，此舉代表了對他們之宗教實踐的認可。但蒙古人似乎不怎麼能分辨穆斯林和猶太人，更別提分辨不同的穆斯林派系。因此，可說是不足為奇的，蒙古史料無一提到與蘇菲派的會晤乃至對他們的認識，而穆斯林作者卻記載了許多與蘇菲派領袖和他們弟子的這類會晤。

沒有多少證據表明這許許多多見諸記載的會面所發生的任何軼事真有其事，但在蒙古人治下，蘇菲派的確更為強盛。蒙古人最初的入侵，迫使數千名蘇菲派行者，例如大詩人賈拉勒丁．魯米（Jalal ad-Din Rumi）的家族逃亡，把他們的教派往西帶向土耳其和東地中海地區。這些難民當然沒理由稱讚蒙古人，但蒙古人的寬容政策讓蘇菲派得以自由傳教、壯大。

蘇菲派常把成吉思汗說成自己人。有則蘇菲派記述說成吉思汗在登上大位之前是個苦行者，說他

「離開家庭和部落，待在山裡。」一如埃及百科全書編纂者諾外里所說，這則故事似乎反映了對成吉思汗早年在不兒罕合勒敦山待過數年一事有所認識。在蘇菲派的說法裡，他的聲名傳開，人們「前去朝拜他，他會向他們講話。」他「不屬於哪個宗教群體」，但人們來找他時，「他示意他們拍手。他跳舞時，他們反覆念著『ya Allah, ya Allah, yakshidir』（天啊！天啊！他很厲害）。他們如此般吟詠，替他打節拍，他則跳舞。」蘇菲派教團常用唱歌、吟詠、旋轉身子或跳舞這些非常規的方式與真主交談，而且常伴隨著擊鼓或節奏性拍手、跺地的動作。這類具有催眠效果的儀式使實行者得以進入形同恍惚的狀態，和草原薩滿的起乩差不多。

有種蘇菲派行者，因行為背離社會常規而有反律法主義者的稱號。他們的衣著不同於流俗，有時甚至幾乎一絲不掛。不知疲累為何物的阿拉伯旅行家伊本・白圖泰（Ibn Battuta）說，他們「在手、頸、耳、乃至生殖器上（戴上）鐵環，因而不可能有性關係。」他們的怪誕行徑有點類似以裸身行走於雪中和坐在熊熊大火邊卻不被燒掉而著稱的突厥、蒙古薩滿。

但成吉思汗似乎不大理會蘇菲派。他旗下的薩滿已夠多，不需再添加。他想找的人是具有實用技能者，而且他在受過較傳統訓練的穆斯林神職人員裡找到了這樣的人才。這些人能讀懂、能書寫以奇特字母書寫的外語，會計數，會編寫記錄，會同步口譯，大體上精通行政之道。他選出其中最優秀的人，負責他日益壯大的蒙古國文書業務。穆斯林學者既有哲學、神學素養，又具有設計建築、建造灌溉系統、掘井、移植樹木、飼養牲畜、製造染料、澆鑄金屬以及處理其他許多日常事務的實用本事。

蒙古人要求帝國裡的所有人事物都須統計得清清楚楚，因此需要會計，而穆斯林的算術本事令他們大為佩服。他們遇過形形色色的人，就屬穆斯林的數學本事最強。成吉思汗需要數學能力強的書記官，因為他以十進制編成的百戶、千戶、萬戶這些單位為基礎，組織起他的帝國。他需要打起算盤比撥念珠更厲害的人。他發現中國的士大夫會作詩、寫得一手好字、精通禮儀，是搞宮廷政治的能手，但他們算術不如穆斯林書記官。佛教學者專注於儀式和坐禪，迷失在針對詞語意涵的無窮無盡討論裡。相對的，穆斯林學者具有較實用的本事。拿下花剌子模後，蒙古人創立了一個全新的穆斯林行政人員集團，派他們到中國協助管理他們剛征服的領土。

穆斯林具有實用的文書本事，但成吉思汗聘用相對抗的不同教派、族群，讓他們的職責部分重疊，相互牽制，藉此限制每個宗教的潛在影響力。這些不同教派、族群包括猶太人、基督徒，以及來自彼此爭鬥的多種教派穆斯林。他強迫遜尼派和什葉派，還有祆教徒、蘇菲派共事。他們之間的緊張關係，使任何人都不致尾大不掉。他們之間的私人仇恨太強烈，往往因此壓下對蒙古人的反感。

◆

到了一二二〇年底，被蒙古人一路追殺的花剌子模國王已逃到裡海上的一座孤島，最終死在那裡。他的兒子暨王位繼承人札蘭丁，此時成為分崩離析的花剌子模帝國名義上統治者暨末代君王。他一心要戰鬥，保守王朝的顏面，雖有沙（shah）、蘇丹這兩個崇高的頭銜在身，統治的地方卻幾乎只剩他四處轉移且日益萎縮之軍隊所占領的地區。失去所有城市後，他逃進阿富汗山區，冀望在印度為他的軍隊和家人找到避難之所。

摧毀花剌子模之後，成吉思汗派兵穿過伊朗進入高加索山，要他們拿下亞美尼亞和喬治亞，進攻俄羅斯南部。然後他本人前往阿富汗追殺札蘭丁。他希望在抵達印度之前就殺了他，可能的話在那裡結交新盟友。

蒙古人最血腥的征戰，有幾場發生於接下來三年裡，成吉思汗的軍隊在這期間從喜馬拉雅山衝到烏拉山，從太平洋衝到黑海，在中國黃河、烏克蘭第聶伯河、印度的印度河這些遙遠的戰線上作戰。堡壘和城市崩塌，軍隊消滅，教堂、清真寺、寺廟淪為廢墟。此前世人雖見識過破壞力如此大的戰爭，但從未見其在如此遼闊的地域上演。

由多位不同宗教出身的人士以多種語言寫成的各部史書，都對戰爭的殘忍和民生凋敝表達了同樣吃驚且悲觀的評論。在《諾夫哥羅德史》（*Novgorod Chronicle*）作者的痛苦吶喊裡，就可聽到這樣的評論。他寫道，一二二三年春蒙古人於迦勒迦河之役（Battle of Kalka）擊敗俄羅斯人，「於是，因為我們的罪惡，上帝誤解了我們，使無數人喪命，村鎮到處是哀嘆、哭泣、悲痛……韃靼人從第聶伯河折返，我們不知他們從何而來，也不知他們會再藏到哪裡；只有上帝知道祂從哪裡派出他們來對付我們，以懲罰我們的罪惡。」

第十一章
命運的拇指

成吉思汗對他在世間的使命堅信不移，始終認定他掌有諸國全體人民的生殺大權。他的征伐嚴厲、殘酷，但嚴厲和殘酷在他那個時代遍地可見。在許多問題上，他展現了不為所處時空環境所囿的不凡思維，但沒有證據顯示他為殺了這麼多人感到後悔或質疑自己征戰是否符合道德。戰爭中喪命的人，都是在履行上天指派給他們的命運；這意味著他們理當一死。他殺掉他們，只是在履行自己的天命，替天行道。

自一二〇九年對西夏發動他的第一場對外征戰以來，成吉思汗未嘗敗績。他征服了花剌子模的城市，過程之順利和快速大大超乎他的預期。憑著連戰皆捷的輝煌戰果，他在一二二〇年夏把馬養肥，然後啟程前往阿富汗，以近乎慢悠悠的姿態追殺花剌子模的新蘇丹札蘭丁。他不喜歡中亞較低海拔地區的酷熱，因此，到了阿富汗的高地，這位上了年紀的戰士看上當地較涼爽的氣候，選擇停下休息，而讓他的兒子、女婿、孫子和他的一個女兒繼續帶兵穿過較炎熱地區。

隨著年紀逼近六十，成吉思汗發現管理他日益龐大的家族占去他較多時間。培植接班人，使他們得以擔當未來領導他帝國的重任，變得非常迫切。誠如《蒙古祕史》所述，「身體就得有頭，衣裳就得有領。」勇猛是好事，但得有理智予以節制。令人遺憾的，他未看到他那些中年兒子變得較有見識或較能幹。他們日子過得太好，為了父親離世後他們會繼承的財產而爭吵。成吉思汗開始擔心他的後代會懶到「即使全身裹著青草，牛也不會想吃他們。」有個疑問困擾他，那是沒有哪個父母會想提問或回答的疑惑：「我未來的子孫難道會沒一個好的？」他如此問，但沒人敢答。現場一片靜默。

在中國征戰時，他派兒子執行獨立任務，但始終要他們聽他指示，隨時準備好在必要時派去援兵或在關鍵時刻把他們召回。在穆斯林地區，他的部隊散布在更加廣闊的領土上。他要軍隊從位於今日巴基斯坦境內的印度河打到俄國南部的伏爾加河。在這些遙遠地區，他的兒子得獨力指揮作戰更長時間，而且他們得在聯絡不上父王時彼此協同作戰。他們也得自行作出決定。年紀較大的兒子這時已四十多歲，但他們童年時的對立和爭端事隔多年仍頻頻浮現，且似乎隨著每個兒子都認為自己不久後會繼承大位而加劇。

他的那些成年兒子和孫子分散中亞各地，有時有他在身旁，有時則是他們之中兩人或獨自一人派駐一地。這使成吉思汗有機會考驗他們的作戰本事，就像老狼教小狼狩獵一樣。他傳授他們兵法和激勵下屬的辦法，向兒子說明治國安邦之道，描述美好人生的本質，但他不只是下令或下詔，他鼓勵他們向他發問，有不同於他的自己看法，以集思廣益，找到較好的辦法。

亞美尼亞的基督徒史家乞剌可思概括說明了他幾個兒子的差異。他引述成吉思汗對他兒子察合台的看法：「他是尚武之人，很喜歡打仗，但天生驕傲，過於自負。」對於會接掌大汗之位的窩闊台，他說他「從小親切有禮，品性正直，送禮慷慨，自出生之後，榮耀與才幹就與日俱增。」另一個兒子，若非朮赤就是拖雷，「戰場得意，但小氣。」

朮赤的生父爭議仍舊未解。他的諸位弟弟希望將他排除在接班行列之外，因為他們的母親懷他時，她是蔑兒乞人赤勒格兒的妻子。但是把朮赤在家族裡孤立起來，只加劇幾個弟弟對未來遺產的爭奪。他們為如何拿下希瓦和希瓦城財產該歸誰的問題起了爭執，成吉思汗得知後，滿腔怒火與厭惡把他們叫到阿富汗。他先是氣得不肯和他們講話，最後氣消了些，訓了他們一番。據《黃金史》記載，某次與長子朮赤面談時，朮赤反駁父王的訓誡。朮赤對煩人的國政治理不感興趣，他想要征服，而不要局限於統治。他以粗魯口吻告訴父王：「我以為你會要我去攻打仍未被攻陷的那些人，以讓我把尚未被征服的人據為己有。」他嚴正表示他對父王和對蒙古國的首要義務乃是擴張帝國版圖，而非局限於統治已征服的人民和已劫掠過的城市。他抱怨道，「但你似乎要我去統治一個已完全願意接受統治的民族」，然後他把統治已征服之國一事，斥為無異於「吃現成食物」。

成吉思汗告訴他這個兒子，有這樣的心態，「你強大不起來」。他詳細描述了要製作朮赤所深深鄙視的「現成食物」有多困難。主廚得備好各種食材，確保材料和碟盤在需要的時候能立刻派上用場，確保食物份量足供每個人所需。主廚得小心食物有毒或其他危害，同時與人社交，樂在其中，鼓勵賓客和他一樣盡情享受。

他解釋道，要打造帝國，必得打勝仗，但光是打勝仗還不夠。戰士也必須懂得如何利用詞語來找到智慧和有效地統治。如果戰勝者保不住他的新國家，打勝仗也是白忙一場。他告訴幾個兒子，「你們會統治一票土地」，但統治者必須比子民更守規矩。關鍵在於要用心征服身體。他告訴他的部眾，「身體強者，征服數人」，但「心靈強者，征服眾人」，「如果你們想在我之前或之後征服，就要先抓住身體，然後守住心靈。守住心靈，身體還能跑哪去？」[39]

成吉思汗年輕時一心只想著征戰，疏於教養他的兒子，但隨著人生歲月的淬鍊，他已變成較慈愛、較懂得關心人的祖父。他覺得他那些中年兒子倔強頑固，但與他的孫子，特別是他寵愛的孫子莫圖根（Mutugen）在一塊時，他覺得較快樂輕鬆。莫圖根是察合台和他妻子也速倫可敦（Yesulun Khatun）的長子。成吉思汗把兒子派到遠處征戰，他自己征戰時把莫圖根帶在身邊，沒打仗時帶著他一起打獵，從中得到他與父親、兄弟或兒子在一塊時從未有過的天倫之樂。他「深愛他，因為在他身上發現所有善行的標記」。莫圖根是他老年時的快樂泉源。

莫圖根始終很想上戰場，衝勁十足，為他底下的人所愛戴，不到二十歲就在戰場上立下彪炳戰功。女人愛慕他，他常給她們機會表達愛意，與妻子和其他女人（包括他同袍的妻子）生下孩子。他年輕時

39　這段引文出現在幾部不同的蒙古史書裡，被認為出自成吉思汗和忽必烈汗之口（忽必烈可能在引述他祖父的話）。

迷戀上自己一名隨從的妻子，「把她帶到角落，與她一番雲雨，然後想起她可能會懷孕，於是命令她不得讓她丈夫近身。結果她真的懷孕，產下一子，名叫布里（Buri）。然後他把她還給她丈夫。」

莫圖根愛和女人亂搞之事傳得沸沸揚揚，但他的祖父愛他不減。或許在莫圖根身上，他看到自己如果自幼家境較好會是個什麼樣的人。如果家境較好，他不會去追捕老鼠或為了一條魚和兄弟打架，而是可以當個得寵的孫子，過上快樂的日子。在他眼中，莫圖根就和正午的星星一樣罕有。莫圖根是個「了不起的英雄，有張標緻的白臉，清澈的白眼睛裡噙著像泉水的淚水，體態優美，像另一個男人的妻子。」他的馬始終有人牽著，他從未嘗過塵土的味道。

在這個孫子身上，成吉思汗看到他的那些兒子所沒有的東西；他特別看重莫圖根的軍事訓練，似乎想栽培他，讓他日後成為大汗。在阿富汗追殺札蘭丁時，他帶著這個孫子同行。他們輕鬆拿下一連串城市，但讓札蘭丁逃脫。一二二一年初，成吉思汗派莫圖根去八米俺（Bamiyan）。八米俺是位於阿富汗中部山區的乾冷山谷，在此七百多年前住著數千名佛僧，其中大部分人住在山洞裡，並在洞壁畫上許多畫。這些僧侶在俯臨山谷的峭壁上鑿刻出巨大佛像，佛眼俯視住在它們影子裡的眾生。那是個有著素樸之美、豐富歷史、充滿生機之文化的地方：對莫圖根來說，這正是闖出自己一片天並開始將祖父親授的領導統御心得落實的理想地方。

◆

攻打阿富汗城市的戰役最初打得比低地地區的戰事來得溫和。負責圍攻也里（Herat）的拖雷，打得不慌不忙。為了保衛這整個地區，花剌子模國王所派來的部隊已在也里設下嚴密的防禦工事。一如在中國時所為，成吉思汗勸部屬務必尋找有見識且會為他們效力或能啟迪他們的宗教領袖，而在圍攻也里期間，有個素孚重望但笨手笨腳的伊瑪目，卡齊瓦希德丁（Kazi Wahid ad-Din），從城牆上掉下來，直直滾到蒙古人軍營裡。蒙古戰士把他抓到拖雷跟前，然後押到大汗那兒。大汗查明這個俘虜是個宗教學者之後，就伊斯蘭和道德與他數度長談。他後來憶道，「在成吉思汗帳下，我倍受恩寵」，「我總是在門口等候召見，他不斷詢問我先知的言行。」成吉思汗問這位伊瑪目，是否先知穆罕默德預言了他和蒙古人的到來。伊瑪目回道，先知預言了「突厥人的入侵」。然後他批評這位蒙古領導人殺害穆斯林，提醒他如果沒人活命，就不會有人活下來緬懷他或講述他的事蹟。

成吉思汗對此嗤之以鼻。他自信滿滿地告訴伊瑪目，「在世界其他地方尚存的人，以及位在世界其他地方的其他國君，會講述我的歷史。」成吉思汗聽厭了這位新客人的論調，將他斥退，要他回家。

在這同時，也里雖有看似堅不可破的防禦工事，城民卻決定靠向蒙古人，於是偷偷打開城門，讓蒙古人進城。他們厭煩於花剌子模王族的獨斷作風和高壓統治，札蘭丁雖與他們同是穆斯林，對他們來說，卻幾乎和蒙古人一樣陌生。當蒙古人表示只要付出少許代價就能得到解放，他們即無心替他守城。蒙古人殺掉軍人，但饒了也里城民的性命。

札蘭丁仍遠在東邊，但已在備戰。這位剛登基的蘇丹已在阿富汗部落裡找到盟友，已找來土庫曼（Turcoman）、康里（Qanli）等突厥語族群為他效力。逃出他父親搖搖欲墜的都城希瓦之後，他跋山涉水來到阿富汗山區。在哥疾寧（Ghazni），他娶了該城的康里族行政首長的女兒，從而與其結盟。他的新岳父帶來五萬名信多神教的康里族新兵助陣，與他一起對抗蒙古人。信伊斯蘭教的哈拉吉（Khalaj）部落首領帶四萬人助陣，還有許多很想打敗如今滿載財寶的蒙古軍隊、將其財寶據為己有的當地古爾（Ghuri）族戰士，也投入他的陣營。

札蘭丁在哥疾寧設立了臨時司令部，該地位在阿富汗東部，接近今日阿富汗與巴基斯坦兩國交界。哥疾寧海拔超過兩千一百公尺，四周為興都庫什山（Hindu Kush Mountains）所環繞，氣候酷寒。愛旅行成癡的阿拉伯旅行家伊本·白圖泰去過那裡，寫道，「那裡天氣太冷，寒冷季節時居民離開那裡，遷到三夜行程之外的坎達哈（Kandahar），一座繁榮的大城鎮。」札蘭丁於一二二〇至一二二一年那個冬天待在哥疾寧，打算反攻蒙古人，收復他失去的王國，把成吉思汗趕回他原來待的草原。志費尼寫道，他「這時的狀況是志得意滿而軍容壯盛，有大軍和眾多部眾聽命於他。」然後，一二二一年初，「花開始綻放的春天頭幾天」，他向伯爾萬（Parwan）開拔，準備攻打成吉思汗。

蒙古人不會坐等札蘭丁來攻。成吉思汗始終先出手，由他來決定交戰條件。聽聞「蘇丹（札蘭丁）如何糾正弊病恢復正軌」之事後，他決定趁他的獵物還未成氣候時立即出手。他的那些兒子全在遠方征戰，於是他派出養子失吉忽禿忽。就見諸史載的部分來說，這是失吉忽禿忽唯一一次接掌兵符。成吉思汗打塔塔兒部時，在遭遺棄的營地上找到幾個被拋棄的孤兒，把他們交給母親訶額侖撫養，失吉忽禿忽就是其中之一。他這時是黃金家族裡教育程度最高的人，擔任斷事官和貢品收繳官，善於寫畏兀兒文，但未以戰功聞名。不過，成吉思汗正訓練他，要他像他的其他兒子那樣統兵作戰，於是要他統領三萬兵力，派他去對付札蘭丁。這一選擇看來合理：花剌子模軍隊碰上蒙古軍隊無役不敗，成吉思汗認為札蘭丁雖登上蘇丹之位，仍是亡命之徒。

他派兩名身經百戰的軍官輔佐失吉忽禿忽，但他們對此次任務似乎不大用心。後來失吉忽禿忽向成吉思汗抱怨他們「不停說笑，沒當一回事」，說「以詼諧、惡作劇、小丑行徑著稱的人以為自己是英雄，但需要勇氣時，這類人成事不足，敗事有餘。」拉施特說他們是「小丑之流」。事實表明他們在即將開打的戰事裡毫無助益。

札蘭丁的兵力兩倍於失吉忽禿忽，但失吉忽禿忽懂得蒙古人的戰略和戰術，且似乎很想把它們使出來。他來到伯爾萬這個比蒙古人所習慣的戰場，遠遠更難以大開大闔調度的狹窄河谷，下令部隊直搗札蘭丁統領的敵軍中路。他的戰士往中路猛攻，最初有所斬獲，但在札蘭丁的部隊得到兩翼部隊增援之後，蒙古軍遭擊退。兩軍打了一天未分出勝負，各自退回紮營過夜。

失吉忽禿忽決定使出成吉思汗屢試不爽的一個故技。蒙古人征戰始終帶著大批用來換騎的馬，於是他要士兵用毛氈做假人，把它們固定在無人騎的馬上。隔天早上，蒙古人帶著大批假騎士再度策馬衝向戰場，要讓札蘭丁以為蒙古軍一夜之間多了大批援軍。札蘭丁識破這技倆，命令軍隊堅守不退，結果再度擊退來犯的蒙古軍。

最後，失吉忽禿忽使出蒙古兵法裡最古老的一計，要部隊進攻然後佯裝不敵而撤退，以誘敵追擊再予以擊潰。札蘭丁的部隊果然衝出大本營追擊敗逃的蒙古人，蒙古人眼看敵人中計，隨即突然調頭攻擊這時已散開而失去戰鬥隊形的追兵。不久蒙古人就殺掉約五百名敵軍，但札蘭丁早料到蒙古人會調頭反擊。「在這緊要關頭，蘇丹奮然起身，像草地上的獅子或洶湧大海上的海怪。」他動用全部兵力攻擊，大敗蒙古人。拉施特說「那個地區的草原遍布坑溝，許多蒙古戰士因此被甩下馬」，但蘇丹的戰馬似乎較善於避開坑溝。成吉思汗的軍隊首度遭逢大敗，要再過四十年埃及的馬穆魯克（Mamluk）軍隊在阿音札魯特（Ayn Jalut）取得類似的勝利時，蒙古人才會再嘗到這樣的敗績。阿音札魯特意為「哥利亞之泉」（the spring of Goliath），位於今日以色列北部，在以色列與黎巴嫩、敘利亞交界附近。

失吉忽禿忽帶著大部分士兵逃掉，但許多敗逃的蒙古人遭札蘭丁擄獲。此役顯示札蘭丁是個難纏的敵人，戰勝的決心似乎就和他的對手一樣強烈。他勇敢又足智多謀，但管不住他底下那些據稱聽命於他的人。與其說他們自認是他的子民，不如說他們自認是他的救命恩人，他們的目標不是恢復花剌子模帝國，而是劫掠蒙古人的財物。他的穆斯林盟友裡，有一些人鄙視他們所不得不與之並肩作戰的多神教徒，認為他們和蒙古人一樣差勁。他們擄蒙古人的馬，搶蒙古人從攻陷的城市奪走的戰利品，無法無天，誰也管不住，不久就彼此打了起來。統領右翼多神教康里族部落民的札蘭丁岳父，為了搶奪一匹寶馬，與信伊斯蘭教的左翼統兵官打了起來，往後者的頭部給了一鞭——勝利演變成一團混亂。

成吉思汗和其部隊從不拷打敵人。他們能一下子就讓人受到教訓，使城市淪為廢墟，但他們絕不沒來由地讓人承受苦痛。相對的，札蘭丁下令以最殘酷的方式處決蒙古人。他知道蒙古人害怕死時鮮血濺地，因為靈魂會隨著血流到地上而跟著失去。他們偏愛勒死、悶死或其他會把血和帶有靈魂的液體留在體內、使頭（靈魂之不朽部位的中心）完好無損的處死方式。札蘭丁命人把囚犯一個個拉出來，把釘子或木樁打進他們頭裡，讓他們流血至死，使他們的靈魂流出，消失於沙子裡。

札蘭丁打贏此役之後不久即逃往印度。成吉思汗最初忙於治理帝國而無暇追殺他，但他想知道蒙古人這次大敗的原因。他帶著失吉忽禿忽和他的一些部下到戰場。他們如實描述了發生的事，最後，成吉思汗未責備失吉忽禿忽，而是說明他用兵犯了哪些錯，指出他的第一錯是選在不易安然後撤或逃脫的狹窄河谷與敵交手。然後他給了失吉忽禿忽一個他較能勝任的任務，要他待在哥疾寧，他受命統計戰敗後的人員，統籌將挑選來的工匠和劫得的財物運到蒙古的事宜，直到一二二一年結束。

◆

蒙古軍遭札蘭丁部隊擊敗的消息，迅即傳到前花剌子模帝國全境。比起過去兩年花剌子模的失敗，蒙古人這場失敗只是小敗，但此事令花剌子模殘餘勢力士氣大振，因為這證明蠻族並非不可戰勝。這支蒙古軍隊兵力不大，但打敗這支軍隊並殺掉倖存的敵俘，還是揭露了蒙古人的弱點。這個消息跟著難民、商人傳播到一個個村落、一個個城市，仍在頑抗蒙古軍的人隨之大受鼓舞，其中許多人原本投降於蒙古人，這時起身反叛。他們殺害蒙古人所留任的官員，即使那些官員是穆斯林、同為突厥人或波斯人，亦不留情。遭征服的花剌子模人民一有機會就抵抗蒙古人，襲掠裝滿劫來之財物的蒙古輜重車隊。

蒙古軍從未散布到如此遼闊的區域，相較於自身周遭的城市居民，他們在人數上大居劣勢。此時，只要一場協同行動的叛亂或一支有組織的軍隊，就能擊敗蒙古軍。趁著造反者還未成氣候，成吉思汗又快又狠地將他們消滅。

巴里黑（Balkh）也是個以富庶和學術發達而著稱的城市，以亞歷山大大帝之妻大夏公主羅克珊娜（Roxana）的老家所在而聞名。該城人民起事造反。據朮茲札尼的說法，事後，「倖存的少數人，一整年得靠狗、貓、人的肉活命，因為成吉思汗的軍隊燒掉所有店鋪、農具倉庫、穀倉，未留下一粒穀子，耕種完全停擺。」約五萬人遇害，但有許多家族逃脫，以魯米（Rumi）之名在西方更為人知的波斯大詩人和神祕主義者賈拉勒丁・穆罕默德・巴爾希（Jalal ad-Din Muhammad Balkhi），其家族就是其中之一。為了逃離蒙古人，他在你沙不兒（Nishapur）、報達、大馬士革度過大半人生，最後定居今日土耳其境內的科尼亞（Konya），在那裡成為著名的學者和蘇菲派導師。

雖然吃過蒙古人的苦頭，以寬宏大度和道性高深著稱的魯米，似乎接受了自己的遭遇，幾乎寬容以對。他在每件事情裡找到正面之處，甚至似乎慶幸於被迫逃難而有的流浪人生。

噢，如果樹能流浪，
用腳和翼移動！
就不會遭遇斧斤之害
和鋸木之痛！

一二二一年，在有著山壁大佛的美麗八米俺山谷裡，莫圖根被「命運的拇指」所射出的箭擊中。穆斯林史家寫道，由於莫圖根愛他的祖父，加上氣惱於八米俺穆斯林的頑抗不屈，「他讓自己陷入最危險的境地中」。據某則記述，「這位年輕的王子在他祖父腳邊倒下身亡」。但結局不可能如此戲劇化。他根本和其他許多軍人一樣，在沒意義的戰爭摧殘中喪命。

成吉思汗大為震驚。打了一輩子的仗，他的兒子沒一個倒下，他的妻子或女兒沒一個死亡，他未損失過一個將領。他長大成人後，他身邊的人似乎個個和他一樣得到上天的庇佑。在創下如此曠世偉業之際，命運怎會奪走他最摯愛的家人？從此他再也無法和摯愛的孫子並轡而行，再也聞不到他的氣味，聽到他的笑聲，或看到他作戰時閃閃發亮的眼睛。一輩子打仗、追敵、逃跑，成吉思汗受過苦不堪言的饑餓、燒傷、凍傷、箭穿、棍擊、刀劈，但知道自己所愛的人痛苦萬分卻無力救他，那才是最苦的苦。他所追求的目標、追尋的夢想、懷抱的希望，都開始像落入火裡的雪那樣消解。他悲不可抑，痛不自勝。

他開始擔心他的整個家族陷入險境，他的帝國會嘎然而止。他畢生的心血可能會被一支命運之箭毀掉。有些哲學家斷言，苦與樂只是幻覺，透過冥想、慈悲、犧牲或否認可減輕苦痛，但成吉思汗不相信這說法。根據他個人一輩子的經驗，他知道樂雖然短暫，苦卻是從天上殘酷且大量地傾瀉而下。人阻止不了苦，就像阻止不了下雨、刮風或下雹。他小時候看過自己身邊的人遭受苦難，痛苦而死，但長大成人後，他開始把這苦從自己和他所愛的人身上轉移到別人身上。他成為侵略者，從未成為受害者，從而用武力建立了史上最大的帝國。

從他長大成人以來，他一直憑著精心謀畫的侵略保護他的家人和國家，但此時痛苦突然大舉湧入。他不再是了不起的征服者，只是個受命運擺布的不幸之人。伏爾泰引述成吉思汗的話，說「命運征服一切」。不管成吉思汗是否真說過這句話，他知道這句話裡讓人揪心的真諦。莫圖根之死不只威脅到他的帝國大計，還威脅到他最深層的精神核心。如果一直以來上天真的庇佑他，讓他如此發達成功，為何此刻奪走他所愛的孫子？為何在八米俺的峭壁前，命運不再眷顧他？

命運決定人何時死，但他把悲痛化為對世界的報復，藉此重新申明他的意志。他禁止發喪。不只遵照蒙古傳統，不能講出死者的名字，他還禁止提及他離世之事，以免敵人知道王族成員死了一人。就連後來寫帝國史的蒙古史家都不願提及莫圖根之死或隨後的報復，因而我們只能靠穆斯林觀察家來理解此事始末。[40]

成吉思汗下令，任何蒙古人都不得哭泣或哀號，就連莫圖根的父親都不行。成吉思汗不讓他喪子的兒子流淚或服喪，而是使當地人嚇得哀號，痛苦得尖叫，乞求饒恕而不可得。成吉思汗讓別人受苦，藉此消除他內心難抑的苦楚。照志費尼所提出的解釋，他「把右左兩軍派到東方、西方，將他們全數制伏。」突然間，「原本肥沃富饒的世界一下子變得凋敝，那裡的諸多地區變成荒漠，大部分人死掉，他們的皮、骨變成粉塵。」於是，「強大者變卑賤，陷入萬劫不復之境。」

他「下令凡是活的，從人到殘暴的野獸，都要殺掉；俘虜都不留活口；就連母親子宮裡的胎兒都不得放過。」他的士兵摧毀了一座又一座城市。拖雷趕去被難民擠暴的木鹿平亂，達成任務後殺掉每個人。先前拖雷以慈悲寬大心態對待也里城民，但被派去那裡恢復統治的將軍，殺掉每個人。蒙古人提著出鞘的劍進入一座又一座城市，離開後全城什麼都不剩，只剩塵土。

「那真是慘，」亞美尼亞史家乞剌可思寫道，「死去的父母和孩子堆疊在一塊，像一堆未加工的石頭——有年老的、年輕的、孩童、少年、以及許多處女。」整個平原上，「傷者的血與油脂浸潤大地。

曾用肥皂洗過的柔軟身體變黑腫脹躺在地上。未出城的人，光著腳被押走。」沒什麼可說的。「一切就這樣結束」。

他們把矛頭指向身為貴冑之後的貴族，也就是自亞歷山大大帝以來居統治之位者的後代，逼難民逃到印度和波斯。尹湛納希寫道，「那時的蒙古人把戰爭視為人生快事」。他們征服每個反叛的城市，放火將它燒掉，撲殺城民。凡是造反者都丟掉性命，無法再威脅成吉思汗。

夏末，仍為失去摯愛的孫子而悲痛不已之際，成吉思汗追殺札蘭丁的行動有了斬獲。痛苦的唯一解方，就是使別人受更大的傷害。志費尼寫道，「像隻報仇心切、要帶給人間許多苦難的公龍，」，成吉思汗「出發，欲打敗他以報仇雪恨，像閃電或洪流，他滿腔怒火，領著兵員比雨滴還要多的軍隊。」

◆

在今日巴基斯坦境內，伊斯蘭馬巴德西南方加拉巴格（**Kalabagh**）附近的印度河岸，他追上札蘭

40 莫圖根被記作Matykan（志費尼），Mwatwkan 或 Mö'etüken（拉施特）；也被寫成Metiken和Mutukan。他未被寫進《蒙古祕史》裡，大概因為成吉思汗不准人提到他死這項久久未消的禁令。

丁。這時札蘭丁已被他那兩個彼此失和的盟友遺棄，但仍統領著自己人數少了許多的軍隊（七百人左右）。當時他們正準備造船渡河。看見蒙古戰士出現在地平線上，他知道自己被困「在水與火之間，一邊是印度河水，另一邊是像吞噬一切之大火的軍隊」，但他未束手就擒，而是「替復仇之馬裝上馬鞍，選擇衝上前與敵廝殺。」

成吉思汗的軍隊把受困的蘇丹圍得愈來愈緊，札蘭丁當下知道自己大勢已去。他把妻子、小孩叫來，「懷著激動的心和哭泣的眼」向他們告別，然後逼座騎從懸崖上跳進洶湧河水，游到對岸。苦於在對抗蒙古人的戰爭裡英雄難覓的穆斯林作家，對他這一舉動讚譽有加。蒙古弓箭手衝到懸崖邊欲射死逃走的札蘭丁，遭成吉思汗制止。他允許他們朝其他逃跑的士兵射箭，下令對蘇丹網開一面。

成吉思汗坐在馬上，望著他平生最大敵人的兒子，唯一讓蒙古人嘗到敗績的異族人，在下方的印度河泅水遁去，心裡在想什麼？他是個一路走來始終如一的人，在戰場上很少傷感動情，但這一出乎眾人意料的饒命舉動，與他一貫的為人和此前在類似情況下的作為格格不入。在阿富汗各地殺掉數千無辜之人後，他竟給這個人一條生路。幾十年前他想饒結拜兄弟札木合一命而未能如願，如今他終於做到？他要給札蘭丁一份特殊的生命獻禮，他摯愛的孫子所無緣享有的獻禮？他在遵循蒙古人於成功狩獵後總是放掉某些動物的傳統？或者這個已步入老年的征服者，在這個不顧一切的縱身一躍中，看到他想推崇的特質？

他無語看著札蘭丁游到印度，直到，如志費尼所說的，「像頭猛獅越過大河抵達安全的河岸」為止。他未說明為何這麼做，但轉身向在莫圖根死後就被叫來阿富汗一起燒殺劫掠的幾個兒子，語重心長地說，「為父者須有子若此」。成吉思汗未追擊札蘭丁，未曾渡過印度河。札蘭丁在印度脫險，接下來數年他繼續在中亞各地騷擾蒙古軍，但蒙古人始終未傷害他。最後在一二三一年，被一名同是穆斯林的庫德族刺客暗殺身亡。

第十二章

山野之人

成吉思汗開始感受到蒙古人所謂的nasand daragdax，即身體必然不敵於歲月。他已打敗最後一個頑抗的花剌子模軍隊領袖，卻沒什麼理由慶祝。他的軍隊只輸過一場仗，但此事加上失去心愛的孫子，使一二二一年成為他人生的一個轉捩點。他累了，且離家很遠。他的長子朮赤不理會他的召喚，想盡辦法離他遠遠的，其他兒子還是爭吵不休，好似他們父親已不在人間，已然接掌帝國。

歷盡世事，體驗過最優劣的文明，經歷過人生的酸甜苦辣，爬上權力頂峰，墮入難以回復的絕望深淵，他這時展開一場此前未有的個人精神之旅，那將會是他人生最後一場戰役。他未轉向內心透過冥想求悟或尋求巫術儀式來提升內心的平和。他的新追求促使他往外尋索當時最孚重望、最知名的精神導師和最聰明的智者。他對自己的信仰和習慣有深切的瞭解，但他著手探究其他有較正式組織的宗教，以找到撫平人心的知識，找到他所未參透的奧祕。一如人生中那些最重要的追求，他不清楚自己在尋找什麼，但希望當自己找到時能認得出它。

蒙古人偏愛冬季作戰。戰士和他們的戰馬較不易疲累，而且受到寒冷的刺激，精神特別抖擻。夏季的酷熱耗掉人、獸的元氣，射出去的箭失去犀利的勁道。在漫長的夏日，馬兒吃草以儲存冬季作戰所需的能量。士兵白天喜愛角力、喝馬奶子，晚上唱歌。夏末傍晚，白天的熱氣已消，給了成吉思汗能坐下來悠閒講話的機會。夏天是蒙古營地裡比武競技、談哲學的季節。

一二二二年春，一支道士代表團抵達他位在今日喀布爾附近興都庫什山腳下的營地。摧毀巴里黑城幾星期後，他兩年前召見的道士丘處機和他的弟子走過這座已淪為廢墟的城市。巴里黑城「甚大，其新叛去，尚聞犬吠」，弟子李志常語帶玄機地寫道。杏樹、桃樹開花時，這群道士接近蒙古人營地，營地就位在蒙古人稱之為雪山的群山南邊。

在經歷過殺戮、苦難的阿富汗，花開遍地的景象預示了終會苦盡甘來。仍忠心耿耿效命於成吉思汗的耶律楚材寫道，「千岩競秀清人思，萬壑爭流壯我觀」，「光風滿貯詩囊去，一度思山一度看。」

道教源於民間對神靈、自然力量的信仰，但經過千百年的演進，已形成一整套哲學思想，有其高深的道士、精細複雜的儀式、以及各擁其主相抗衡的派系。道教是盛行於中國民間的本土宗教，儒學則是受過教育的菁英所必須奉行的生活方式。兩教都是中國土生土長，與外來的佛教、基督教、伊斯蘭教、摩尼教有別。道教沒有儒家的體大思精和哲學威望或佛教的玄祕高深，但道教對自然萬物和本土神靈的膜拜，令蒙古人覺得很熟悉，許多道教教義與他們的傳統信仰相契合。

成吉思汗最早的中國盟友裡，有一些即是道士。早在一一九〇年代，就有舊契丹王族成員逃離華北歸附於他，帶去對中國文學與精神文化的透澈瞭解，包括對道教的深刻體悟。在他與王罕的關係詭譎多變那段期間，他們始終未有貳心。從早期與道士往來的這些經驗，成吉思汗體認到他們的忠貞不貳，看出他們在爭取中國廣大民心上的用處。

為此，在出征中亞之前的一二一九年，他要年高德卲的丘處機帶著門下弟子前來見他。丘處機是當時最著名的賢人，被弟子尊為「山野」之人。蒙古人入侵中國之前不久，丘處機接掌全真教，那是道教裡極具勢力的一派。在中國處於暴力橫行和道德敗壞的時代，他贏得鄉野詩人和布衣哲學家的名號，推崇遠離王宮政治內鬥和城鎮動亂的鄉村生活，頌揚鄉村生活的純潔。他的弟子說他懂得長生不老之祕。

成吉思汗認知到自己需要好的法律，而這位老真人「體真履規，博物洽聞」，於是請他離開家鄉，以便就教於他。他在賜給丘處機的璽書中寫道，「今者，聊發朕之微意萬一，明於詔章。誠望先生既着大道之端，要善無不應，亦豈違眾生小願哉！」

丘處機並非天生熱愛旅行之人。他對這趟旅程的第一個強烈抱怨，早早就開始，出現在他得知會有一些年輕中國女子與他同行之時。這些女子被召募去阿富汗、伊朗娛樂前線士兵、提振士氣。身為受敬重的哲學家，他害怕醜聞纏身，或可能害怕有這些年輕女子同行，他的弟子會禁不住誘惑。他上疏大汗，說他覺得最好勿看會讓人激起欲念的東西。蒙古人允起所請，將他安置在另一個旅行隊，派另一批人護送。

身為中國最著名的賢人，丘處機已謁見過前一位金朝皇帝，最近北方金朝的新皇帝和南方的宋朝皇帝且都曾召他進宮，但都遭他拒絕。不過，他看出蒙古人是新勢力，而且很有可能消滅金、宋兩國，說不定會統一全中國，於是很聰明地接受了成吉思汗的召見。那時他不知道這一趟去蒙古人的行宮，也就是他所尊稱的「龍庭」，要三年後才會回到家鄉。他年歲已長，他個人從這趟遠行得不到什麼好處，但他想讓大汗親口保證他的教派及弟子會得到善待。

丘處機的弟子李志常記錄了旅途情況，從中可看到一個年事已高、囿於自身成見而欣賞不了多少新事物的人。丘處機的所見所聞，都只是讓他更加堅信數年前他已得出的結論或只是吻合他老早就抱持的偏見，從在沙漠中種小麥不合算到道路品質太差，他頻頻抱怨各種事物。丘處機此前從未冒險離開華北，而到了這個年紀，凡是未見過或陌生的東西，都未能給他多大快慰。李志常的記錄如實呈現了一個疲累老人的心態。這個老人評論天氣和風景，主要出於百無聊賴，而非出於對自己周遭地方、文化、人或歷史的興趣。山很高，沙漠沙塵漫天，天氣很熱，河流有水，雪是冰冷，沼澤裡布滿惡鬼。

這位真人把照理應是賞心悅目的東西也說得凶險難測，例如登上高嶺，看到一座形如長虹的大湖時，他說「俯視海子，淵深恐人。」他白天作詩，晚上拿給弟子傳閱，一起欣賞。他只對自己的行為賦予最大的崇敬，不管那行為多麼微不足道。前去拜見成吉思汗途中，他就他所放生在湖裡的三隻小雁寫了首詩，詩曰：「養爾存心欲薦庖，逢吾善念不為肴。扁舟送在鯨波裏，會待三秋長六稍。」

這位老真人唯一感到快慰的東西，似乎是一路上提供給他的鮮果、葡萄酒及柔軟棉織物。有一晚，享用了佳餚美酒後，他欣賞了當地一些男孩舞劍、走長竿的特技，心情很好。除了頻繁的抱怨和空洞的詩作，我們只知道他所遇到的人，都以欣然且敬畏的心情接待他，對這位老師父的虔誠和哲學大為佩服，在他離開時涕泣不捨。他似乎對他們的習俗或宗教生活毫無所感，但出於某個不明原因，他欣然記載了當地人如何驚嘆於他所帶來之「中原汲器」的精巧。

◆

丘處機終於抵達蒙古人營地時，成吉思汗已痛失他心愛的孫子，目睹過他兒子間的爭吵。成吉思汗對人性和自己的道德觀日益絕望，希望找到可指導他和帝國的真諦或主要原則。一如他之前的畏兀兒、突厥領袖，他堅守「脫烈」的原則，以正義為治國基礎的理想。蒙古人談到國家和可汗時普遍會搬出正義治國的概念，但道教徒更關注個人的精神追求。早期的道士把「脫烈」這個蒙古詞譯為中文的「道理」。他們對道的追求，類似成吉思汗對「脫烈」之正確道德原則的追尋。

很難想像蒙古人營地給這批中國訪客留下什麼印象。他們考慮到政治利害，很有禮貌地避免記下負面的觀感。在其他作家的著作裡，則可看到進入蒙古人營地後的部分感受。乞剌可思·剛扎克以既敬畏又不屑的心態，描述了在蒙古人營地裡的生活：「只要可以，他們都拚命吃喝，但沒辦法這樣做時，他們很節制。他們吃各種乾淨和不乾淨的動物，特別喜歡吃馬肉。吃馬肉時會把肉切成小塊，不加鹽煮或烤；然後會把肉塊切得更小塊，在鹽水裡浸過，然後拿來吃。有些人跪著吃，像駱駝那樣，有些人則坐著吃。」亞美尼亞人習慣於大部分王朝成員的尊卑有別，看到蒙古人的人人平等作風大為驚訝。「用餐時，主子與僕人吃一樣多。」喝馬奶子時，「其中一人先是舀起一大碗，從中舀起一小杯，把杯中液體灑向空中，然後灑向東西南北四方。接著灑馬奶子者喝下碗中部分馬奶子，並遞給貴族喝。」

成吉思汗與丘處機存世的哲學討論記錄，比成吉思汗存世的其他任何宗教交談記錄還來得詳盡，而且是兩份立場針鋒相對的記錄，出自兩位主要參與者筆下。這兩人都約三十歲，嫻熟中國歷史、哲學、文化。丘處機的觀點由李志常記下。[41]丘處機帶十八位弟子一起西行，李志常是其中之一。身為老師父的書記官，李志常陪同晉見成吉思汗，仔細聆聽翻成中文的大汗之言，記錄了雙方的交談內容。

七年後的一二二八年，即成吉思汗和師父丘處機都去世後不久，李志常出版了他的《西遊記》（與更為有名的中國小說《西遊記》同名）。然後，幾乎是緊接在這之後，耶律楚材在《西遊錄》中對丘處機的到訪經過留下截然相反的記述。耶律楚材寫下他隨蒙古人西征中亞的過程，以糾正這位所謂的真人和其弟子的謊言。李志常的記錄被當成成吉思汗與丘處機兩人交談的唯一記錄長達七百年，因為耶律楚材的報告已從中國的圖書館和檔案機構散佚，學者開始懷疑是否真有此書存在。然後，一九二六年，情況改觀，一絲不苟的日本學者神田喜一郎教授在日本宮內省圖書寮發現一部此書抄本。

投奔蒙古汗廷的諸多宗教學者，有一些是間諜。就有一群這樣的佛僧自日本前來，表面上宣稱是要

41 耶律楚材詳細描述了這次會晤，以《玄風慶會錄》之名出版。

尋找來自中國的宗教手稿，以啟迪日本境內日益壯大的佛教人口，實際上想方設法蒐集有關蒙古汗廷的情報。耶律楚材的書觸及宗教和政治，符合他們此行任務的要求，於是間諜僧帶了一本回日本。在日本，這本書受到用心保存，但在中國，刊行量有限的此書因多變的宗教政治和冷落而漸漸湮沒於歷史。由於這部手抄本的重見天日，學者突然有了另一份關於與成吉思汗交談的第一手記錄，從而得以比較道士和蒙古人兩方的觀點。

耶律楚材是很有教養的學者，具貴族氣質，舉止溫文爾雅，自豪於前遼朝統治者後裔的高貴出身。他受過中國古典教育，嫻熟中國思想，懷念已逝的過去。他深信前進之道，乃是在一段時日之後回歸早前時的社會和諧、精神和諧狀態。在蒙古人征服他所居住的金朝都城之後不久，他即歸附蒙古人，原因之一即為：他希望蒙古人恢復他契丹祖先的榮光。

◆

耶律楚材原本大力支持成吉思汗召見這位道長，但不久就對此感到後悔。他見了這位據稱令人敬佩的老真人，結果對他非常反感。他寫道，「論談之初，酬詠之際，稍嘗面許。交遊既深，窮其底蘊……故心非而竊笑之。」但他當時未將這類批評宣之於口。他解釋道，「以彼我之教異，若攻之則成是非。」他認為丘處機不只在宗教上偏離正道，而且是個貪婪、拜金、假冒真人的偽君子——簡而言之，他是個冒牌貨。

蒙古人禮遇這支道教代表團，但在耶律楚材筆下，蒙古人的反應大不同於道士一方的說法。成吉思汗未直接駁斥這位德高望重的真人，而是和婉地揶揄他，輕鬆開著玩笑，那作法讓真人誤解或者說他的弟子選擇避而不提。他召見這位真人是為了替他的帝國尋找「保命」之道[42]，想就廉能治國之道請教他的高見。但真人迅即坦承，「軍國之事，非己所能。」

成吉思汗關注不朽之事，但誠如他在許多場合上表明的，他念茲在茲的是帝國的長存和他的家族的連綿不絕，而非他個人肉體的不朽。另一部蒙古史書認為這位中國真人的拜見與需要統治「具有別種風俗的許多人」一事直接相關。他瞭解「維持政府之道和保護、供養眾生之道」，知道遊牧生活的指導原則和作戰之道，但在治理他帝國的農業區、都市區上，他想就教於高明。

丘處機和他的教派之專長，不在實用的經世濟民之道，而在精神上的騙術，主要透過法術推銷長生之道。這位真人致力於透過體內的化學變化來延長壽命，其作法是以道士所調製出的長生不老藥取代禁吃的食物，以及發展出將精子保存於男人體內的祕密技法（女人似乎不需要或不配長生不老）。與用動植物調製藥物、飲劑的信仰療法術士不同，道教的煉金術士使用不腐敗的堅硬物質，用辰砂、玉、珍

42 成吉思汗想得到長生不老藥的說法，似乎是秦始皇（西元前二二一～二〇九年）想得到長生不老藥以永遠統治天下這個古老中國傳說的修正版。在《亞歷山大傳奇》這本以希臘征服者為題的作品中，可找到幾乎一樣的故事。

珠、金箔等似乎永遠不消的寶石來調製長生不老藥。如果黃金的靈魂能使黃金永久存在不失光澤，照道理，吃了黃金也會使人活得更久。

為推廣他們的技藝，道教術士和真人散播道士妙手回春、特別高壽的故事。有些人，例如丘處機，被說成長生不老。丘處機的追隨者信誓旦旦說他已三百多歲仍然活力十足。中國各地的有錢人找上他的弟子以延長壽命。

◆

與大部分宮廷擺脫不掉的繁文縟節相反，進入成吉思汗的內廷，很像是走進蒙古牧民的帳篷。這些道士不必向他叩頭或下跪，只要「在進帳時躬身，雙掌合十」即可。他們驚嘆於與這位偉大的世界征服者會面竟比較像是場聊天。李志常論道，接待他們的蒙古人甚至遞上盛了馬奶子的碗，讓他們不要太拘謹。丘處機說他不吃肉，不喝馬奶時，這位大汗即拿大量的葡萄酒和甜瓜、水果、蔬菜招待他。

蒙古汗廷的不拘禮節，使成吉思汗得以讓他的賓客輕鬆自在，同時迅速評斷他們的為人。他提出最簡單、看來最無知的問題，從他們的回答裡評斷他們，然後才聆聽他們預擬好的說詞並就他們所認為最緊要的問題發出的哲學性論述。詢問他們的姓名、年齡、家庭、出身，並非禮貌客氣的表現或客套性的寒暄。訪客如何回答這些提問，乃是他評價來客的重要依據。他使出看似簡單的一招使對方卸下心防，那就是在提問之前先大肆恭維一番，來客聽得心花怒放，就開始守不住嘴巴，大談特談。

據李志常的記述，會晤一開始時，成吉思汗先對這位大師願意不辭辛勞遠道而來表示感激。成吉思汗告訴這位真人，「他國徵聘皆不應，今遠踰萬里而來，朕甚嘉焉」，然後問該怎麼稱呼真人，因為他有數個尊稱。丘處機似乎不知道他的東道主不喜歡花俏的稱號。通譯對丘處機說，「人呼師為騰吃利蒙古孔」，那是他的中國語稱號「長春子」在蒙古語裡的對應說法，字面意思為「天人」，但類似「不朽的真人」。這位真人的稱號似乎賦予他神的姿態，好似他具有代上帝講話的權威。成吉思汗似乎對這類超自然的稱號心存懷疑。在此之前只有一位蒙古人擁有這樣的稱號，那就是已遭上天拋棄的帖卜騰格里。

成吉思汗問，這個稱號，「自謂之耶？人謂之耶？」

真人回答的口吻，好似以為這只是對他的進一步恭維。他以帶著自誇意味的謙遜說，「山野（丘處機自稱），（該稱號）非自稱，人呼之耳。」

這個在不兒罕合勒敦山的灌木叢裡長大、與兀良哈部山中百姓一起生活過的蒙古皇帝，未問這位城市真人為何又有「山野」之人的稱號，但後來他派官員再去問真人的真名。「舊奚呼？」（過去人們怎麼稱呼你？）。這位中國真人還是不吐露真名，回道「人呼以先生」。

成吉思汗接著談到這位老真人已活了數百年的荒謬說法。丘處機生於一一四八年左右，一一六六年十八歲時開始學道。他與小他十四歲的成吉思汗見面時，已經七十出頭。大汗直接問他年紀多大時，真人不願據實回答，說他不知道自己年紀。但不久後，他的弟子就在一座大果園裡替他慶生。他的弟子李志常寫道，「十有九日（一二二三年二月中旬），父師誕日，眾官炷香為壽。」

蒙古人大多不知道自己年紀，似乎也不大在意年紀，但中國人用十二生肖紀年，大部分人知道自己的出生年，受過教育的學者當然也知道。對喜愛算命的道士來說，與出生的年、日、時辰相應的符號至為重要。誠如耶律楚材所寫道，「初進見，詔詢其甲子，偽云不知。安有明哲之士不知甲子者乎？」這時耶律楚材已對這位真人有了負面的定見，但習於與三教九流打交道的成吉思汗較能容忍這類實問虛答的作風。耶律楚材說如果連最簡單的提問都不能指望這位真人據實回答，他的意見還值得認真看待嗎？耶律楚材惱火於這位真人的欺偽，但成吉思汗和婉地揶揄這位真人，決定呼他為「神仙」。

被問到雷電起因之類實際問題時，這位真人以含糊的神學語句答道，雷電是大自然為懲罰不當行為而起。他勸這位蒙古皇帝施行道教儀式以安撫祖靈，不知道對一個曾被阻止祭拜祖先的人來說，這是多麼敏感的話題。成吉思汗仍然不吭聲。丘處機談興大發，似乎很高興自己的高明見解令蒙古人大為折服，然後建議蒙古人洗澡、洗衣服（蒙古人認為這兩項作為會污染母土）。他還建議蒙古人遵循古怪的飲食限制，以避免地震、遭雷擊和類似的災禍上身。

丘處機的弟子聲稱他已活了三百多年，因此成吉思汗向他請教延年益壽藥的調製祕方。他答永恆生命的祕訣不在長生不老藥，而在遵循正道，然後打算解釋何為正道。他的整個名聲和他的教派的興盛，都要歸功於販賣保證讓人長壽的靈丹妙藥，因此後來，與全真教打對台的佛僧為這個答覆把這位真人嘲笑了一番。這個老真人主張摒棄感官享樂，主張人該透過心智、精神上的訓練壓下肉慾。德高望重的長春真人給成吉思汗提了三項常被人引用的建議：停止狩獵、不再性交、不再向道士課稅。最後，大汗只會同意其中一項。

除了兩人面對面交談，成吉思汗還安排這位真人向他的顧問和兒子講道。對於兒子，成吉思汗除了很想教他們作戰本事，還急欲培養他們的道德知識。打了一天的仗，還要盤腿坐在地上聽這個乾癟的老頭子講自我克制的好處，他們會有何反應可想而知。丘處機於一二二二年十一月十九日發表了他最重要的演說，十年後他的弟子將它刊行於世。這次講道對宇宙的起源提出空洞的解釋，裡面有傳統道教的哲理，也有摩尼教的二元論。他一開始說道，「夫道生天育地，日月星辰、鬼神人物，皆從道生。人只知天大，不知道之大也。余生平棄親出家，惟學此耳。」

他這場冗長的講道，概括說明了道教的歷史，介紹了道教的幾位偉大導師，講述了自己的人生軼事。他介紹了道教的創世論：「道生天地，天地開闢，而生人焉。人之始生也，神光自照，行步如飛。」一生命之初，肉體與靈魂、人與自然處於完全的精神和諧狀態。但人犯了一個致命大錯，吃下破壞天賜之和諧的神祕菌菇，終結了原本的地上樂園。「地生菌，自有滋味，不假炊爨，人皆食之。此時尚未火食，其菌皆香且甘，鼻嗅其香，口嗜其味。漸致身重，神光尋滅，以愛欲之深故也。」

這則論述的寓意，乃是要人「去聲色以清靜為娛；屏滋味以恬淡為美。」他的教誨反映了摩尼教認定食物具有摧毀靈性之力量的信念。「眼見乎色，耳聽乎聲，口嗜乎味，性逐乎情，則散其氣。」有人不解既然他踏進蒙古人營地後的第一個動作，乃是挑剔端上來給他享用的食物，他怎麼還會勸人壓制需求、樸素過活。

然後他談起比食物還更危害「元氣」的東西，即女色。他說，「學道之人，首戒乎色」，然後警告說，「貪婪色慾，則耗乎精神，亦散其氣。」道由兩個方面構成：「輕清者為天，天陽也，屬火。重濁者為地，地陰也，屬水。」蒙古人理解這差別，但對他們來說，地與水都是純粹的物質，一如火。它們只有透過人力才會變成不純。對他們來說，陰陽結合從肉體和精神的角度來看都似乎是十足理所當然的事。

講到這裡，這位真人更明確針對成吉思汗發表見解。他告訴成吉思汗，就連只娶一個老婆的尋常男子，都會因為縱欲過度而毀了自己。他問道，「庶人一妻，尚且損身，況乎天子，多畜嬪御，寧不深損乎？」成吉思汗遣使赴各地尋找賢明之士為他提供建議，乃是眾所周知的事，但這位真人卻說他其實命令這些人赴「中都等（地）揀選處女以充後宮」，特別指名最初使大汗注意到他的那個人就是身負這樣的職責，誤以為他們最早那支旅行隊裡的同行舞女，全是要帶去給大汗享用的女子。他告訴成吉思汗，勿見這類女人較好。「既見之，戒之則難，願留意焉。」他建議成吉思汗一人獨睡，「服藥千朝，不如獨臥一宵。」

他以自己的另一件軼事結束這次的講道，或許意在提醒聽眾，他們的領導人不是他所見過的第一個皇帝。他談起三十多年前晉見金世宗皇帝之事，那時金世宗已六十多歲。成吉思汗這時則快六十歲。那次晉見時，金朝老皇帝已幾乎走不動，得有兩人在兩邊攙扶才上得了寶座。這位真人說，他向這位老邁虛弱皇帝提的建議，就和此時他給成吉思汗的建議一樣，就是戒美食和女色。他得意地說，金世宗照他的建議做，「自後身體康健，行步如故」，以此證明他的確見識不凡。但他的養生修真之道並不如他所說的那麼神奇。誠如漢學家亞瑟．韋利（Arthur Waley）在其研究丘處機著作的專著裡所指出的，他「避重就輕，未提及他一一八八年晉見金世宗後，一一八九年這個皇帝就死了。」

除了戒女色和多種食物，這位真人還勸大汗盡量勿從事打獵等激烈活動。成吉思汗很有禮貌地聽，但覺得這無甚高論。蒙古人不喜歡說「不」，因此大汗很有風度地接受這建議。他告訴真人，習性一時難改，但已謹記於心。後來，他婉拒了這一建議，說「我蒙古人，騎射少所習，未能遽已。」他向這位真人保證，他已命人以蒙語譯文和漢語原文將他的話記錄下來以便日後親覽，但說他會繼續騎馬和打獵一如往常。

成吉思汗最想討論的是實用的治國良策，但在這方面，這位真人除了哀嘆蒙古人消滅統治菁英、使蒼生失去適當的統治者，沒有多少建議可提。提到當今世界時，他抱怨道，如今是俗人當道。他未勸成吉思汗創立新政體，而是勸他師法金朝，起用本地漢人為行政首長，直到蒙古人能從他們那兒學到治理之道為止。他的某些建議反映了高明的見識，例如建議蒙古人「宜差知彼中仔細事務者，能幹官」治理征服之地，但他的那些具體建議，大部分擺明要圖利自己。其中最重要的建議，乃是要大汗宣布三年免稅，以刺激他家鄉所在區域經濟復甦。大汗很有風度地婉拒，說此事窒礙難行。

長春真人回到中國時，就此次西行寫了一首詩，表達了對自己未能有更大影響力的沮喪之情：

萬里乘官馬，
三年別故人。
干戈猶未息，
道德偶然陳。

論氣當秋夜，
還鄉及暮春。

後來，有位批評者以一首更短的詩回應此詩，嘲笑這位老真人無法給蒙古人所問的事情周全的答覆。

西行萬里，
不明對主之談。

成吉思汗在長春真人的冗長講道中只找到少許有用的建議，但容忍他更甚於容忍他身邊的人。成吉思汗對這位真人的縱容，激怒耶律楚材。耶律楚材說這位真人「所對皆平平之語言及精神氣之事，又舉林靈素夢中絜宋徽宗遊神霄宮等語，此丘公傳道之極致也。」

有位同事問耶律楚材，「丘公與子遊者久，亦有異聞乎？」但耶律楚材想不起有何不凡的「異聞」，還說「識者聞之，未嘗不絕倒也。」耶律楚材說，他對這老真人「友其身也，不友其心也。」鑑於成吉思汗對道教徒寬容乃至予以特別照顧，耶律楚材謹慎以對。他說他「許其詩也，非許其理也。奏對之際，雖見瑕玼，以彼我之教異，若攻之則成是非，故心非而竊笑之。」

耶律楚材從哲理的角度評判這位道長，但成吉思汗無心評斷那些哲理是否言之有理或他的思想與中國傳統哲學相符的程度。成吉思汗看出宗教領袖對其徒眾的影響力，想將那股勢力拉進來為新蒙古國所用。宗教絕非只是宗教，它與政治權力始終脫離不了瓜葛，在這些哲理討論的背後，成吉思汗和丘處機都有其明確、極為重要但慢慢才浮現的政治目標。成吉思汗想借助這位老道長之力，贏得漢人對蒙古人的公開支持。直至這時為止，他只征服了中國三分之一地區，雖已攻占金國大部分領土，他還未向南宋開戰。蒙古人尚未控制中國全境；未來還要打好多年的硬仗。這位真人的支持能助蒙古人鞏固他們在已控制領土的統治，而且說不定能爭取到來自金國、宋國境內子民的更多支持。成吉思汗希望道教徒助他安撫被征服的人民，拉攏尚未被征服者歸附於他。身為異族統治者，蒙古人需要漢人認可其統治。與舊菁英階層緊密結盟的儒士，看不出願給予這樣的支持，但在佛教徒、道教徒身上可看到這意向。

丘處機想讓成吉思汗皈依道教，想使道教成為帝國的國教。成吉思汗本人從未考慮過皈依之事。據耶律楚材的記述，成吉思汗說「安有降於喬木入於幽谷者乎！」（哪有從高樹上下來進入幽谷的道理！）丘處機未能使成吉思汗投入他門下，但希望從成吉思汗那兒得到一些特別優惠。啟程返回中國之前，他乞求豁免賦役和給予特許權。成吉思汗答應了長春真人的大部分請求，期盼道士會服務社會作為回報，他要他承諾道教徒會為了大汗的康泰和國運的昌隆恆為誦經祝禱。

耶律楚材原以為這位真人會請求讓「梵僧或修善之士皆免賦役」，結果卻「獨請蠲道人差役，言不及僧。」丘處機請求給予名叫蓋列蓋（gerege）的圓牌，以便有權利使用蒙古的軍事馳驛體系。蓋列蓋又稱「牌子」，以細繩繫在腰上，像是永遠不必繳款的萬用信用卡。持有「牌子」者能要求給予幾乎任何種貨物或服務，不必付費，甚至不必交代理由。一般情況下，只有高階官員領到「牌子」，因為它賦予持牌者極大威信和權力。「牌子」正面載明，凡持有此牌者都享有上天與成吉思汗的護持，背面則刻了警語，說凡是不服持牌者之命令者，都會被「問罪處死」。

與耶律處材始終敵視道教徒不同，成吉思汗不管同不同意長春真人所說的，看不出道教教義有何害處，反倒認為它與成吉思汗自己的蒙古傳統相契合，但更重要的是大汗已贏得這位真人的支持。他指望從這份關係中得益，於是答應他的請求，並以官方命令予以確認。這位真人獲賜金虎牌，表明大汗對他的寵信。

◆

即使未從與宗教學者的會晤中得到多少精神性或實用性的建議，成吉思汗仍覺得這些會晤在許多層面上有其效益。他知道會有敵人的密探將他在宗教人士引領下瞭解祕密知識一事通報他的敵人，而光是這一點，就具有某種益處。在中亞，中國這個非穆斯林的國度，散發出強烈且神祕的異國氛圍，中國人既精明且具有祕密知識，而一個素孚重望的老道士千里迢迢前來將他的高深智慧告訴這位蒙古領導人一事，既令他的新子民心生敬畏，而且令其他人對他心懷戒慎。

成吉思汗在阿富汗境內各地紮營時，接連晤談了各教的賢者和教士。為故弄玄虛，他刻意高調地進行這些隱祕會晤，反倒欲蓋彌彰。有幾次，他命人為這類晤談蓋起特別的禮帳，汗廷裡不相干的人都被趕離。會晤於夜裡舉行，「左右燈燭煒煌」。開始有傳言說成吉思汗被拉去參加祕密儀式，獲賜予將會使他擁有特殊力量的知識。偶爾他挑出一名已宣誓效忠於他的當地官員，邀他參加這些儀式。這名官員聽不懂漢語或蒙古語，從而為正被披露之事更添神祕和離奇。

這些場景使穆斯林學者開始猛猜究竟是怎麼回事。朮茲札尼仇視蒙古人到了著魔程度，偶爾其所言的可信性因此而大減。他說成吉思汗擁有邪惡力量，常與惡鬼交談。他說他「善於巫術和欺騙，有些魔鬼是他的朋友。」朮茲札尼認為他的作為和法力無異於薩滿，寫道，「偶爾他起乩，在那種恍惚的狀態裡，各種東西從他舌頭出來。」據說在這些時候他穿著特殊衣服。平日他把這些衣服放在密封的箱子裡，只在必須預言時才穿上。「每當神靈上身，凡是他可能希望發生的事——勝利、承諾、敵人跡象、擊敗、征服國家——都會從他口中道出。」有位書記官記下他起乩時的言語。退乩後，這個書記官會把他起乩時講的話重述給他聽，「他會根據這些話行動，而大體上都成真。」

朮茲札尼寫到，除了這些起乩活動，他還「很懂得用綿羊肩胛骨來占卜；他一再把肩胛骨放在火上烤，藉此發現肩胛骨上的徵兆。」成吉思汗穿上特殊衣服起乩或解讀綿羊骨兆象之事不大可能，但朮茲札尼的描述正記錄了草原薩滿所進行的那類活動，讓人得以一窺他營地的核心集團裡所可能發生的事。

朮茲札尼的想像力很活躍，但與各教賢人會晤之事大概激起困惑更多於驚嘆。丘處機的到訪最終似乎未令成吉思汗有多大的改變，但這位道長離開時儼然脫胎換骨換了個人，為他所新獲賜的權限而大受鼓舞。他帶著大汗的詔書離開，詔書經過大汗簽字和官印封箋，讓他有權豁免弟子的賦役。對蒙古人來說，這類詔書是聖物，看到它就會向其鞠躬，以示對大汗權力和國家威嚴的尊敬。詔書上的文字是成吉思汗親口所述，經由書記官之手寫上，與大汗有直接的關聯。在只有少數人識字的社會裡，詔書內容不重要；真正重要的乃是詔書本身表明持有詔書者與大汗有直接的關聯。

宗教領袖獲賜一丁點政治權力後變得高傲自大，在歷史上屢見不鮮。隨著返鄉的丘處機遠離蒙古汗廷，他開始運用手中權力下達命令，徵用他所想要的東西，把聖地裡的神職人員和修道之人趕走，換上他自己人。他沒收與其教派打對台的寺廟，逼其他教派的修道之人皈依其下。一些人主動投入他門下，因為此時他有權力將他們收為門徒，從而免除他們的賦役。他成為無人敢挑戰的小暴君。

這位真人和他的徒眾變得貪婪，恃寵而驕。他的弟子尹志平說，「先師遺德在人，四方孰不瞻仰？可不勞行化，自有人贊助此緣」，「或不然，常住之物，費用淨盡，各操一瓢，乃所願也。」

丘處機在返鄉途中賦詩道，「思歸無限眾，不得下情伸。」詩中語氣充滿深情，但理解到他必須為全部虔誠徒眾供給吃食，他心情為之一轉，下令道，由於他的徒眾裡有些人「縱橫無賴」，他要一名弟子全權處理這類人，「勿使教門有妨道化」，於是這些人遭驅逐。

此後幾十年，這位真人的權力和他統轄的範圍有增無減。他和他的徒眾重新解讀成吉思汗敕令裡的語句，以讓他們的教派取得掌管天下道人和最後把僧人（他們的主要對手）也納入掌管的權力。這些道士把他們的道人和道觀三年免稅的待遇擴大適用於他們的多種事業。由於稅賦上的負擔輕於其他商人，這些事業蒸蒸日上，每個道觀形同貨倉，裡面擺了許多可免稅售出的貨物。

由於享有這一特殊的免稅優惠，道人勢力大盛，以致有時他們竟深信可不受蒙古法律拘束。道觀以免稅的身分從事商業、銀行業、製造業，用於儲存貨物的空間多於用於禮拜的空間。它們成為遍布帝國各地的連鎖式免稅商場。凡是加入這教派的男子，都不必服兵役和徭役，不必應召投入勞動隊，從事鋪路、官方運輸等本地蒙古人當局所要求的種種重活。久而久之，道人勢力的擴張威脅到國家治理和供養龐大蒙古軍隊所需的稅收。

長春真人自豪於曾向成吉思汗說道，深信他領導的道教一派不久後就會被正式認可為蒙古國的國教，影響力會遠逾其在中國的發祥地。他告訴弟子，「道院（會）皆賜敕名額」，「吾歿之後，教門當大興，四方往往化為道鄉。」他要他的弟子在此地和他地都將自己教門做好接掌的準備。一如佛教、伊斯蘭教、基督教，道教已準備好成為世界性宗教。

丘處機何其有幸，擁有世上權力最大的人為其靠山，但他也樹立了一個死敵。耶律楚材的掌權得勢才剛開始；一場漫長的宗教鬥爭會在不久後襲捲中國，且會在三十年後促成蒙古帝國本身的分崩離析，而耶律楚材的著作只是這場宗教鬥爭裡的第一輪較量。

第十三章
儒士與獨角獸

蒙古遊牧民很少走來時路回去。成吉思汗從東北方進入阿富汗，因此打算取道另一條路線回蒙古，也就是往南渡過印度河，再轉東，翻過或繞過喜馬拉雅山，穿過孟加拉和阿薩姆，然後轉北穿過中國。如果走這條路線，他能沿著會把他帶回西夏王國的路線繼續擴張他的帝國，而到了西夏，他能把先是投降於他但後來毀諾，不肯派兵助他攻打花剌子模國王的西夏國王教訓一番。

但他未走這條冒險路線，而是走來時路回蒙古。這一決定或許出於現實考量。對蒙古士兵和馬來說，印度太熱。濕氣使他們的弓減了勁道，他的戰士在外打了五年的仗，身心俱疲，思鄉心切。翻過或繞過喜馬拉雅山路途漫長且極為艱鉅，此前沒有哪支軍隊能完成這樣的壯舉。因此，他放棄此路線，可能僅僅出於單純的地理因素。

波斯人的記述則對他打消原計畫一事提出全然不同的見解，認為原因出在發生於阿富汗的一件奇事。據說，蒙古軍隊準備開拔時，成吉思汗的精銳衛隊看到一個神祕幻影從霧中浮現。根據他們的說法，這個幻影看去像是個淡綠色的動物，鹿身馬尾，額頭上有根突出的角。

《蒙古祕史》常提到天與地的力量，但完全未提到獨角獸或來自上天的類似異象。獨角異獸常出現在從中國到歐洲等地的神話裡。有些故事說亞歷山大大帝在同一區域碰見一頭獨角獸，有則傳說述說亞歷山大英年早逝，乃是因為在亞洲打獵時殺了一頭神聖的獨角獸而受到詛咒。後來馬可．波羅說亞歷山大的戰馬布塞弗勒斯（Bucephalus）與當地的牝馬交配，生下一種絕無僅有的馬，其額頭上有特殊的標記。[43]

據這則講述蒙古人看見獨角獸的故事，成吉思汗的軍人未犯下亞歷山大那樣的錯。他們無意獵捕或傷害這頭異獸。對蒙古人來說，任何動物，特別是狼，出現在人面前，都代表榮耀和福氣，而非威脅。不管那是隻什麼動物，蒙古人放牠過去未予傷害，然後向牠祈禱，再向牠獻供，感激牠出現在面前。

數個穆斯林史家把這則故事寫入書中，但耶律楚材可能才是這則故事的始造者，因為在中國人對孔子生平的描述中，有與此類似的遇見異獸的故事。凡是受過古典教育的中國人，都知道在西元前五五一年孔子出生前不久，出現了一頭獨角獸（麒麟）。牠被說成是長著一支角的鹿，口「吐玉書」，上面寫

43 《亞歷山大傳奇》四處傳播，亞歷山大的生平事蹟和虛構故事被改編到各地的口述傳說裡。在《格薩爾王傳》（*Epic of King Gesar*）中，亞歷山大和成吉思汗的故事混在一塊。這個主人公與其他真實、虛構的人物混而為一，有時被視為格薩爾．成吉思。

道他的學說將會是舉世奉行的大道。獨角獸現蹤，代表舊王朝將滅，預示天下就要撥亂反正。孔子於西元前四七九年去世前不久，也出現了一頭獨角獸（麒麟）。不管這則獨角獸故事是不是出自耶律楚材的編造，人們認為就是他解釋了遇見此獸所代表的意義，就是他說此事表明成吉思汗得到上天獨有的加持。此事發生於他漫長的西征中亞之役即將結束時，象徵了上天對這位年老蒙古皇帝的一生與成就之認可。他已完成在人間的使命，已完全用盡上天所賦予他的偉大天命。十七世紀，蒙古境內一位不知名姓的佛僧提出另一種解釋，說獨角獸現身，代表對成吉思汗的警告，而非加持。他在其《黃史》裡改寫此事，說獨角獸是上天所派來，意在保護吐蕃、印度的聖地——佛教的家園，使免受成吉思汗軍隊的侵犯。

成吉思汗和亞歷山大大帝都在生命快走到盡頭時橫掃中亞，在阿富汗達到征戰事業的頂峰。兩人相隔一千五百年，但兩人的故事常交纏在一塊。根據阿拉伯語、希臘語原始資料寫成的寓言故事《亞歷山大傳奇》，是最早譯成蒙古語的西方文學作品之一。它講述亞歷山大尋找不死之水的神話故事。在這場波瀾壯闊的旅程中，亞歷山大走過長長的生命之橋，攀爬艱鉅的人生高山，越過大地，搜尋海底，就為了找到不死之水。亞歷山大講述他走過的地方，告訴我們，「我追隨黑暗朝著日落的方向走去」。他已來到「千歲的高齡」，仍想活三千年。此時，在人生走到盡頭時，亞歷山大說，「沒有人是我未見過的」。最後他終於找到不死聖水，但就在這時他反思如果一直不死，他的人生會變成什麼樣子，他理解到或許與其說他熱愛生命，不如說他熱愛與他一同生活的人。沒有他們，活著將毫無樂趣。如此孜孜矻矻尋找這個難尋的不死聖水，他卻在找到後將它淋在一棵柏樹上，從而使它永遠青綠。賦予這棵樹無限生機，讓他找到了他所苦苦追尋的不朽。他說，世上沒有哪個國王比此刻的他還快樂。在蒙古語版的這則故事中，他說，「我已成為可汗，在這世間從未有哪個可汗像我活得這麼快樂。」故事以一個簡單的道理作結：「完了，結束了，結束了！」「諸位老人，要開心，人死了，走到盡頭，一切成空！結束了，要開心。人死了，走到盡頭，一切成空！要開心啊！要興盛。」

◆

一部分就因為能把夏季降雪和獨角獸現蹤之類不尋常的事解讀成吉兆，耶律楚材作為蒙古帝國國師和宣傳家，日益受到倚重。認識他的人說他全心投入工作，永遠勤奮向學，追求精益求精，以所學改善蒙古國的治理。有位同僚說他不苟言笑，因此可能讓人覺得其為人嚴厲傲慢，但一旦為他所接納，他即變得熱情、和藹，讓人忘不了。

耶律楚材是中國古典思想與實踐進入蒙古汗廷的媒介。他依舊尊敬佛教，欣賞道教的功用，但特別看重儒家哲學和中國傳統習俗。他走過那麼多地方，觀念有所轉變，但骨子裡仍是個貴族。第一次見成吉思汗時，他是二十來歲的年輕人，充滿幹勁，具有占卜特長，以及冒險、更上層樓之心。耶律楚材的轉變，幾乎在他於一二一九年離開中國首度進入蒙古後就立即開始。描述初次來到蒙古克魯倫河的經歷時，他深刻思索了自己更加欣賞中國文化的心態。「河冰春盡水無聲，靠岸鈎魚羨擊冰。乍遠南州如夢蝶，暫遊北海若飛鵬。」夢蝶是中國哲學裡的著名典故，語出道家莊子著作。莊子寫道，「昔者莊周夢為蝴蝶」，醒來後，「不知周之夢為蝴蝶與，蝴蝶之夢為周與？」耶律楚材此時是個佯裝為蒙古人的中國契丹人，還是別種人？詩末，他表達了自己難以前進的心境。「試暫停鞭望西北，迎風羸馬不堪乘。」

寫下這首詩時，他還是個有點稚嫩的年輕人，但三十多歲離開花剌子模時，他已是成吉思汗底下成熟穩重的大臣和搞宮廷陰謀的高手，但仍表露出某種懷鄉之情——那種心情是他所受的古典中國教育的一部分。從撒馬爾罕踏上返鄉的漫長旅程後不久，他以該城為題寫了首詩，詩中思索了自他在克魯倫河邊寫下那首談到河冰、夢蝶的詩以來，他在短短四年裡已有的改變：

黃橙調蜜煎，
白餅糝糖霜。
……
一從西到此，
更不憶吾鄉。

他內在的古典學者已開始思鄉，但他不只是渴盼老家的舒適，還渴望他年輕時精神信仰的單純。幾年後，他更為憂鬱地寫道，自己再怎麼堅強，還是不由得為了遠在他鄉感到傷悲、氣餒。他已不是當年的耶律楚材，但在表象底下，我們仍可找到那個一心要重振歷來偉大精神導師（孔子、佛陀、老子）

核心教誨的年輕學者。他深信這些原始教義已因為摩尼教徒的到來和道教真人的庸俗人氣而受到腐化，「致使異端邪說，亂雅奪朱，而人莫能辨。」在這些墮落的教派中，他特別拒斥摩尼教，但在成吉思汗仍在世時，他未公開表露此立場。提到摩尼教和相關教派時，他隱晦的稱之為「香會」或「白袍會」。

耶律楚材建議不管投入哪個宗教，都應只讀原典，勿讀後人的注疏，但他也認知到即便是學問最好的學者，這件事做來都不輕鬆。他說古人著作愈是深邃就愈難懂，而且認為所有宗教可並行不悖。成吉思汗欲一統天下諸國，耶律楚材則致力於將帝國裡的各種宗教統一為一種聲音。成吉思汗欲保住他帝國裡宗教的多元，耶律楚材則認為只有透過統一不同的宗教信仰，人人才能找到共同的奮鬥目標，在和諧帝國裡和平相處。

他支持中國既有的儒釋道三教，但對它們未一視同仁。他覺得佛教最有說服力，最博大精深，提供了極度切合個人需求的道德指引和明心見性、獲致心寧平和的法門。但在指導社會和治理國家上，耶律楚材認為儒家學說最管用。在他心目中，道教的用處似乎較不明確，但似乎認為作為一般人的指導原則還算適切。

成吉思汗的蒙古統治令受過古典教育的中國學者無所適從、惶惑不安。按照孔子思想，不該把異族領導人視作和中國皇帝平起平坐，更別提來自草原的蠻夷。成吉思汗在世時，中國境內仍有兩個王朝，分別是北方的金朝和南方的宋朝，各有自己的皇帝。儒家學者說征服蠻夷是中國王朝固有的職責。在這之前，中國曾遭異族統治，但在蒙古人到來之前，所有異族統治者都承認中國語言、文化較為優越。他們追求漢化，要儒家官員擔起文化、精神指導者的特殊角色。至此時為止，儒士從未是比中國還大之帝國的一部分，當然也未曾把中國視為帝國之從屬國。對成吉思汗來說，他的龐大帝國包含了儒士毫無所悉的國度，而中國只是這個帝國裡的一員。儒家學者不知如何應對這一想像不到的情況，因此大部分時候他們無視新的現實，繼續認為自己是世界的中心。在成吉思汗和蒙古人的世界觀裡，他們沒有一席之地，因此，成吉思汗未找他們幫忙治理他日益龐大的帝國，也就不足為奇。耶律楚材有個艱鉅非常的任務在身：使儒家思想和中國文化為成吉思汗所喜愛，同時使儒士至少願意忍受他們的新主子成吉思汗。

如果說有哪個人能完成這一艱鉅的任務，非耶律楚材莫屬。他的祖先是草原遊牧民，雖然已經漢化，接受中國語言和文化，他與自己的契丹出身仍保有強固的精神聯繫，而且大概是最後一個能以他祖先的契丹語讀寫的人。他堅信成吉思汗已得到統治全中國和世界的天命。與南宋某特使會晤時，他清楚表達了這一點。他告訴對方，「我朝馬蹄所至，天上天上去，海裡海裡去！」他希望中國統一愈快愈好。這一追求成為他的指導原則，使他自此受到中國學者歡迎。

◆

一如成吉思汗設立怯薛軍作為個人侍衛，他也在身邊聚集了一批以思辨能力見長的衛士，充當他自己的「光明會」（Illuminati）。這批人共約二十個，充當他的顧問，個個都是才智不凡之士。他們大部分來自草原，或祖先來自草原，個個能讀寫畏兀兒語、蒙古語和其他語言。其中一個顧問是鎮海。鎮海來自突厥語族的某個族群，信基督教，會講其他部落的語言，還會講漢語。與主要在財政、課稅領域效力的穆斯林，或精通技術性服務、藥物和在某些情況下擔任備受器重之統兵官的中國人不同，這些人較難辨認出族群身分或宗教歸屬。他們在文化認同上偏向中國，但保持練達的世界主義精神，以兼容並蓄的作風結合來自多種文化的觀念。

成吉思汗贊同耶律楚材所闡釋的某些儒家準則，例如盡忠職守、一生始終如一。他認為背離職守、懦弱、說謊、懶惰是最不可饒恕的罪過，而且他讚許那些把個人榮譽看得比自己的安康乃至性命還重的人。他知道那些把發財看得比榮譽還重的人絕對不可靠。「這類人卑鄙、怯懦，天生的奴才，」志費尼寫道，「成吉思汗瞧不起這種人，消滅他們毫不留情。」他告訴兒子，過去那些貯存金銀的國王都不值一顧，「他們少了人應有的智力和高明判斷力，因為分不清財寶和塵土。」這類財寶既無法「讓人得利」，也無法「防止傷害」。他說，「至於我們，為了留下好名聲，我們要把財寶貯存在人心的角落裡，什麼東西都不要留到明天。」

他雖然欣賞儒家這些基本德性，卻未像他的顧問耶律楚材那樣較看重儒家學說，而且不認同儒家的某些基本教義。這一拒斥很可能出於情感，而非出於理性思辨。儒家學者激烈反對某些蒙古習俗，例如有妻的男子去世後，與他最親的男性親戚應娶他的遺孀一事。在蒙古人看來，這位男性近親若拒絕這麼做，殘酷且自私，但儒士把這類婚姻斥為亂倫，特別是兒子娶繼母之舉。成吉思汗認為這種看法心態偏狹，認為那違反了最基本的慈悲、責任原則，因為寡婦若不再嫁就活不下去。他遭族人遺棄的母親的悲苦經歷，肯定影響了他在此事上的看法。

儒家哲學沒有真正的神，儒士沒有控制天氣、預卜未來或治病的本事。如果上天不對他們講話，他們怎有辦法向天講話？他們的儀式正經八百且無從理解，令蒙古人覺得格格不入，畢竟蒙古人參加儀式時，習於坐在馬上，想晃到哪就晃到哪，以便在禮拜時靠近朋友，聯誼一番。蒙古人的儀式總是以吃東西、喝酒收尾，即使是最嚴肅的儀式性聚會，都給了男人聊天、吃東西、打情罵俏的場合，和最重要的——喝醉的機會。宗教活動是慶祝活動，而非肅穆的官方儀式。這類活動就該有趣、讓人開心、滿足個人需求。如果薩滿或祭司無法以他的表演讓人注目觀賞，那恐怕無法吸引到神靈注意。相對的，儒家儀式根本無聊。

成吉思汗尊重孔子，視他為史上聖人之一，但對那些自稱是孔子門徒的人他不感興趣。他們的學說在他看來沒什麼道理，在帝國征戰與改變上，他們沒多少東西可宣說。孔子的著作強調維護過去的秩序，而成吉思汗想摧毀舊秩序，打造全新的社會。那些著作教人要幾乎不計代價服從統治者，而成吉思汗造反，除掉他的主子。儒家學說強調父權制和對親人、祖先的義務，但這些人正是曾帶給他一生最大困擾的人。他的氏族把他趕出去，不讓他參加祭祖儀式，但他從這一殘酷不公的待遇裡翻身，成為部落裡和世界上最強的領導人。

他曾在人生過程中違反了儒家最基本的戒條：他殺了同父異母的哥哥，違抗母命，造反推翻他的主子王罕。就連頭腦敏捷、口才甚好的耶律楚材，都費了好一番工夫，才使他新主子的作為和儒家學說不致顯得相牴觸。孔子在社會的幾乎每個方面都強調父系的優先地位，但受過自己男性親戚如此惡待的成吉思汗，倚賴著女人且賦予女人權力。蒙古女人擁有財產（包括蒙古包）和一定比例的牲畜。她們能繼承家產，也根據她們平時或戰時的貢獻取得家產，而且她們常被授以重任，男人得聽命於她們。成吉思汗的母親、女兒、妻子各有自己的王廷，管理自己的土地、水和部眾。由於僅靠約一百萬的蒙古人來控制有一億多人口的帝國，成吉思汗得做到人盡其才。男人主要的工作是打仗，因此他靠女人來管理本土，控制貿易和財政，統治他所征服的許多國家，特別是絲路沿線的國家。

這類作為坐實了儒家所謂草原蠻夷未文明開化的觀點。在儒士眼中，蒙古人是個自稱狼與鹿之後裔的部落；只能勉強稱得上是人。蒙古人沒有世代、階級或兩性的區別，不懂禮儀或傳統。蒙古人的治理體制完全違反了讀書人應居上位、武人和商人應居下位的儒家觀點。成吉思汗借助怯薛軍來遂行統治，怯薛軍既管軍事，也管法律、行政、宗教。在他眼中，教育和心性訓練是技藝，和織毯、製陶或農耕相當。每一門技藝都在社會裡有一席之地，但這些不是蒙古人適合從事的行業，蒙古人生下來就是要打獵、打仗、統治其他人。

基督教、佛教、伊斯蘭教的狂熱信徒懷著讓全天下人皈依本教的念頭，但儒家典籍仍死守著中國傳統為其根本。不是只有阿拉伯人才會信伊斯蘭教，不是只有印度人才會信佛教，但似乎必須是中國人才會實踐儒家思想。儒家學說專注於人與人之間的社會關係，堅守領導者所必須學習和遵守的一套嚴格規則。成吉思汗覺得上天賦予強大的領導者統治子民的固有權利，特別是統治被其征服之子民的固有權利。他真心想聽取宗教人士的建議，但會根據他們所言是否言之有理和切實可用來決定要不要採納。他認為他是要聽取建議，而非指示。下達命令、頒布法律者終究是成吉思汗。對於要遵守別人訂下的戒條，他興趣不大。

成吉思汗似乎在遇見耶律楚材之前就已對儒家有了定見，而他一旦有所認定，就不輕易更改。隨著耶律楚材在朝中地位逐步攀升，效力蒙古人三十年裡，一再提出儒家觀念、經文、見解、習慣作為以解決當下問題。久而久之，他有了甚大的影響力。

成吉思汗死後不久，耶律楚材寫下《西遊錄》，記錄他在阿富汗的所見所聞。他在此文中寫道，他「欲致吾君高蹈羲皇之跡」。他的目標是「首贊朝廷行文教，施善道，使流風仁政，高跨前古。」為此，他列出一長串具體措法：「定制度、議禮樂、立宗廟、建宮室、創學校、設科舉、拔隱逸、訪遺老、舉賢良，求方正、勸農桑、抑遊惰、省刑罰、薄賦斂、尚名節、斥縱橫、去冗員、黜酷吏、崇孝悌、賑困窮。若然，則指太平若運掌之易也。」

耶律楚材既對儒家學說感興趣，也對佛、道教義感興趣，因此試圖藉由結合不同宗教的思想來取悅成吉思汗。他說研讀不同典籍，讓他收到「汪洋法海涵養之效」。他把不同的宗教都說成「法」，每個宗教各以自成一體但彼此相似的典籍為本。「若夫吾夫子之道治天下，老氏之道養性，釋氏之道修心，此古今之通議也，舍此以往，皆異端耳。」在他看來，儒釋道三者構成哲學與宗教的三個支柱。「三聖人之教鼎峙於世，不相凌奪，各安攸居，斯可矣。」

耶律楚材雖與長春真人存有歧見，卻始終偏愛他認為是中國本土的三個宗教，即道教、儒教、佛教。他把基督教、伊斯蘭教斥可能會帶來危害的外來宗教。蒙古統治集團裡的基督教徒，大部分是女人或權力較小的大汗女婿，耶律楚材最初認為這些人威脅比較小。相對的，穆斯林在朝中影響力日大，令他大為驚恐。蒙古人認為穆斯林特別精於數學和科學（成吉思汗最欽佩的兩個領域），而耶律楚材喜歡在一些小地方找他們的碴，破壞他們的此一形象。據說他曾為穆斯林的月食預測失準而大為高興，因為事前他就料定他們預測會失準，隔年果如他所料。

◆

成吉思汗已讓所有修行之人免除賦役，但未像耶律楚材那樣信任他們。他說，太多修行之人像寄生蟲般靠別人的辛勤工作過活，未付出應有的貢獻作為回報。他們若未能證明的確精通他們所宣稱奉行的信仰，讓他們免除賦役，似乎就沒必要。耶律楚材本人是注重書面考試的中國傳統教育制度所培養出來，於是建議蒙古政府測驗修行之人，以至少有閱讀能力，作為他們免除賦稅的條件。宗教界抗拒不從，連這些簡單的標準都憤怒反對，說閱讀能力與他們的工作不相干。他們靠記憶念誦他們所需要的經文，認為要那些腦筋不夠好、記不住東西的人具備閱讀能力，居心叵測。

有位佛教領袖反駁道，怎能要僧人像學童那樣接受考試？有位不識字的喇嘛抱怨他是個粗魯的僧人，坦承他從不看佛經，一個字都不懂。他指出蒙古官員不會讀或寫，但執行起他們的職務毫無困難，那為何修行之人得會讀寫才能執行他們的職務？結果，這道法令從未實行。

耶律楚材因為幫助蠻夷，特別是因為把長春真人帶到蒙古汗廷，讓他得到過多特權一事，受到他的同胞學者不少批評。為反駁這些批評並減輕自己內心的愧疚，他斥責道人，並坦承自己有過失。他在著作中嚴正表示自己「錯了，錯了！」這段經歷使他更加堅信中國古典哲學，特別是儒家學說。他力促成吉思汗採用中國制度，也就是透過嚴格的全國性考試制度選拔出最有學問的人，然後把帝國的治理交給這些人負責。但成吉思汗無意重啟中國的科舉制度。他根據人在生活中、戰場上的成就，而非根據課堂上的表現，來選拔人才。他看重勇敢、付諸行動的人，甚於那些用心思考的人。

耶律楚材那些較富學者性格的作為，有一些未能成功，但如願將許多重要的中國治國方式導入日益壯大的蒙古治理體系裡。蒙古人把中國視為諸多失敗國家的集合體，那些國家無一能擋住蒙古人的入侵，因此蒙古的領導人對採用那些國家經不住考驗的傳統和習俗興趣不大。耶律楚材常得巧施計謀，掩蓋他的某些建議的中國淵源，把它們說成天經地義的常識，才得以讓蒙古人採納。提出這些建議時，他未把它們說成經過時間考驗、證明有用的中國儒家想法，而用含糊但令人振奮的措詞描述它們，說「善道為政之要耳」，國家再怎麼兵強馬壯，若無人民支持，無法存活。

耶律楚材主張改革稅賦，將其系統化，以使國家有穩定且可預測的收入，但遭到成吉思汗之王族成員的反對，那些人只想著把更多稅收放進自己口袋。他一直是蒙古汗廷裡親中一派的核心人物，受到併吞花剌子模後蒙古人所帶進來的穆斯林官員小團體強力挑戰。這些穆斯林官員很懂得怎麼把中國農民的錢財刮取淨盡，且手段無情、往往殘酷，因而甚受大汗的後代寵信。他說他們在收稅上採用流氓辦法，傷害極大，希望遏止此作風。

耶律楚材致力於改變蒙古汗廷的作風，使其行仁政，符合中國的治國之道，但任職成吉思汗朝廷期間，他本人也有所改變。據《元史》記載，「楚材嘗與諸王宴，醉臥車中，帝（窩闊台）臨平野見之，直幸其營，登車，手撼之。楚材熟睡未醒，方怒其擾己，忽開目視，始知帝至，驚起謝，帝曰：『有酒獨醉，不與朕同樂耶？』笑而去。」耶律楚材頭髮凌亂，迷迷糊糊，來不及戴上帽子繫上腰帶，就趕往行宮，與窩闊台宴飲，「極歡而罷」。這位平日拘謹的中國儒士，變成蒙古汗廷裡另一個喝醉的官員。他以儒士的身分來到成吉思汗帳下，多年後也沾染了一些蒙古人的習氣。

◆

成吉思汗啟程離開阿富汗時，已認知到宗教人士在治理他的龐大帝國上功用有限。他們具備一些有用的技能，但喜歡坐而論道，行動能力太差，因而難有出色表現。成吉思汗想找到高明的判斷力，他們卻在尋求明心見性。被引進蒙古汗廷的教士、僧侶、毛拉、薩滿，往往令成吉思汗失望。問以任何難題，他們都建議以講道、開示作為回應之道。每個難題都需要更多思考、更多研究、更多分析，但成吉思汗得治理人口眾多的帝國，有迫切的難題需要解決，他需要的是儘管不盡完善、但當下就可派上用場的解決辦法。誠如成吉思汗的某位顧問指出的，宗教人士和學者總想等「有利時機」出現或等到情勢「平靜再推動文化和教育」。他的問題很急迫，他沒有多少時間等待悟道。有位漢人大臣抱怨道，這大錯特錯，不能只是一拖再拖，等待有利時機。他批評道人一副若無其事、自滿的樣子，袖手等待平靜之日，這種虛偽的無為，就像想要解除飢寒交迫之苦，卻丟掉穀物和絲綢。

二十世紀初期，巴黎的法國國家圖書館亞洲手稿部門主管，檢視志費尼論成吉思汗之著作的極古老手抄本時，在手稿背面找到四段簡短的銘文。每段銘文都是一首小詩，以中亞的蒙古統治者所用的四種語言（蒙古語、阿拉伯語、波斯語、畏兀兒語）寫成。這段蒙古語銘文是見諸記載的最古老蒙古詩之一，以簡練語句肯定知識與法的價值高於財富和珠寶：

知識是洋，珠寶在其面前退卻，
知識之法，智者知悉。

這首小詩被人添加在第一本講述成吉思汗生平的書裡作為補充說明，用來總結他晚年的追求，似乎非常適切。離開阿富汗時，對於與戰爭、征服有關的每樣事物，他已幾乎無所不知，而且他所累積的財富已居世界之冠，但他仍然定不下來，仍在追尋智慧。

第四部

成為神

眾神之主霍爾姆斯塔（Khormusta）何其有幸，以神聖的成吉思汗之身重生。

——十七世紀某份蒙古語手稿的書尾題署

第十四章

最後一役

一二二四年，六十二歲的成吉思汗決定返鄉，在從不兒罕合勒敦山流下的土兀喇河邊度過晚年。與他開始西征中亞時的迅猛前進不同，從阿富汗返鄉走得緩慢且悠閒，包括停下頗長一段時間進行一場極大規模的狩獵。這四年征戰期間，他的軍隊征服了從印度河到伏爾加河的土地，包括今日的哈薩克、阿富汗、土庫曼、塔吉克、吉爾吉斯、烏茲別克、亞塞拜然、伊朗、喬治亞、亞美尼亞、南俄羅斯以及部分巴基斯坦。他的軍隊已厭煩於沒完沒了的打仗、劫掠，他們想回家。

返回蒙古後，他們在與親友團聚和喧鬧慶祝中度過一整年。老兵講述遙遠地方和英勇戰鬥的故事。小孩見到不認識或已不記得的父親。許多年輕小伙子已成為男人，身為得勝歸來的戰士，他們急欲展現自己的富有，急欲討個老婆。到處都可看到年輕士兵在追求女孩，女孩揶揄他們，和他們打情罵俏，朋友奚落、嘲笑他們。士兵則騎馬耍帥，互相角力，玩髀石遊戲，享用母親親手做的料理。

但並非每個人都歡欣鼓舞。凱旋歸來的軍隊也帶回許多俘虜，包括戰敗之花剌子模國王的母親和其他家人。這位國王的家人因為未乖乖歸順蒙古人而身敗名裂，淪為奴隸，自此湮沒於歷史，而他們淪落嚴酷、陌生的草原環境後，幾可肯定有過一段慘不忍睹的短暫人生。由於擄得這麼多奴隸，每個蒙古人皆變得富裕，都不必幹活，一整年在慶祝。

成吉思汗結束其第二次的境外長征返回故鄉時，他從小就認識的人，大部分老早就作古，但景物依舊。他的幾個老婆個個在自己的領土裡主持斡兒朵，經營得有聲有色。孛兒帖控制克魯倫河和她出生地區的相鄰草原。這個曾被蔑兒乞部擄走、被迫嫁給蔑兒乞人、幾乎淪為奴隸的女人，這時是王后，有遭罷黜的前王后、公主供她使喚。忽蘭掌理肯特河上游和斡難河，也遂掌理土兀喇河，也速干掌理鄂爾渾河上游和杭愛山。

成吉思汗的征戰改變了世界，但他的家鄉幾乎沒變。他出生時，草原上沒有城市、要塞、寺廟或其他定居型生活的表徵，而他刻意保留這樣的樣貌。他的人民繼續住在以毛氈搭建的遊牧蒙古包裡，帶著成群的馬、乳牛、犛牛、綿羊、山羊、駱駝隨季節遷移。他們研究天象，以判斷何時該轉場到另一個牧草地。

他不接受征服英雄的角色，把功勞全歸給他的軍隊和上天的加持。他宣告，「我要向騰格爾，我神聖的父親，禱告」，然後，「他登上高崗，攤開他的氈製馬鞍布，把腰帶掛在頸上，禱告。」他的禱告詞簡單、謙遜、直接：

我成為皇帝，不是因為我有男子氣概，而是因為我的父親騰格爾要我成為皇帝！

我成為皇帝不是因為我有過人之處，而是因為我的父親騰格爾要我成為皇帝！

上天為我制伏了外敵！

成吉思汗未立起紀念碑表彰自己的征戰偉業，而且不許人以銘文講述他的偉業。他的實際作為就表達得夠清楚。但在表彰他人成就上，他劍及履及，曾命人製作紀念碑表彰一二二五年那達慕大賽的最佳弓箭手——合撒兒的兒子移相哥（Yesungge）擊中三百三十五阿勒得（超過四百八十公尺）外的目標，創下空前的新記錄，理當立紀念碑予以表彰。阿勒得（ald）是蒙古的度量單位，為男子張開雙臂後兩手指尖之間的距離。

成吉思汗數十年來征伐遠近民族，仔細檢視了世上諸多外國宗教，發現它們（基督教、佛教、道教、伊斯蘭教）各有可取之處。一如每塊土地長出特定的作物和水果，每個宗教有自己特有的習俗和價值觀。數百年後，尹湛納希在《青史演義》裡寫道，「每個國家的書籍和著作都遵循本國的特性，在主題和觀點上各異」，「例如世上最香最美的東西是花，但並非所有花都長得一樣。它們都具有自己特有的顏色。水果可口，但滋味各異。」每種語言都能寫出好詩，但每個國家有自己的作詩方法和規則。「漢人作詩押尾韻，蒙人押頭韻，吐蕃人運用節律，滿人運用平行結構。」

所有宗教都聲稱要教化世人，使人開悟，都崇善，拜上帝和天。它們教人要有德、誠實、守本分、行正道，痛斥為非作歹，譴責貪婪、嫉妒、害人的本能。各宗教的差異在細節上，在它們對如何做到上述事情的認知上。信徒該順時針或逆時針繞著聖地走？該禁食牛肉、魚肉、禽肉或洋蔥？祈禱時該穿著黃色、黑色或白色衣服？該脫掉鞋子或腰帶再祈禱；該戴帽子或不戴帽子；該遮住臉或不遮住臉？人死了該埋葬、燒掉、吊在樹上，還是餵狗、鳥吃？以砍頭或勒死的方式處決死刑犯較體面？上帝較中意人們拿綿羊，或米、酒加一束花，亦或一塊信徒的肉祭拜？上帝較想聽到信徒用阿拉伯語誦經，用拉丁語唱歌，用吐蕃語吟詠，用漢語禱告，或較想看到信徒一逕跳舞？

成吉思汗認知到宗教信仰與實踐滿足了一個重要的普世性精神渴求，那是不分國家與族群所共有的。佛教、基督教、伊斯蘭教都清楚擁抱普世原則，而且大部分宗教似乎都把這原則視為其基本信念。這一普世主張直接打動他欲打造普世帝國的志向，但他決定不讓他的帝國單單建立在某個先知、某部聖典或某套信念上。

與薩滿、教士、學者、佛僧、道人、毛拉多次晤談之後，他得到一明確的結論。其中某些人展現了對善的真心追求，但他認為沒有人展現了對道德、生命意義或神之本質的充分認識。他們和他一樣都只是努力欲瞭解世界的人。再怎麼孜孜矻矻的鑽研，都未使他們之中哪個人較接近上帝。沒有哪部聖典、吟詠、舞蹈、儀式、藥物或禱告，揭露了找到人生正道的祕徑。他深信人不需要來自先知、導師、悟道大師、薩滿或其經籍的祕密知識。每個人都有同樣的內在羅盤；每個人天生能夠透過仔細思考、內省，甚或單單以判斷力、體察，來發現、培養符合道德的道路。行走於這條道路時，任何宗教或許都有所助益，但他發覺沒有哪個宗教必然能提供通往正道的唯一入門。

每個宗教的虔誠信徒都要人們只以他們理念的內涵，而非以他們實際的作為或他們所作所為的後果，來評斷他們。他們把世間的善行歸功於自己，把惡行歸咎於那些思想錯誤、誤解教義的人，或歸咎於蓄意作惡的不信者。成吉思汗的世界觀太務實，不願把想法與行動判然兩分。他判斷的依據是作為，不是言語。嘴巴講出的目標，只有達成時才值得看重。

他發覺每個宗教都有弱點和虛妄之處，都有其胡言亂語和詭詐的成分。每個宗教都有缺陷，而且在宗教領袖未受監督，而獲准管理自教事務和墮入貪婪深淵時，這些缺陷浮現得最為清楚。他認為獨尊一教，貶抑他教，會危害他的帝國。每個宗教都說已完全看透人生世事，但每個宗教都有其畛域，都紮根於特定地方、語言和文化，而他想要打造的帝國是普世的，涵蓋所有土地、人、神。每個宗教都含有某些重要的真理，但它們的導師和聖典並未具有唯一的、最根本的道德真理。一教裡的學者，讀同一部聖典，卻為了大大小小的爭議爭吵不斷，甚至相互殘殺。他們解讀同樣的經文，卻得出截然相反的評斷。要他們負起管理社會這個最重要的責任，怎叫人放心？只有堅定不移的法治和強勢的統治者，才能阻止同一教派的成員像搶骨頭的餓狗般相互撕咬。關鍵在更有力的管治，還是較少的限制？這是成吉思汗晚年苦思的最大疑問。

修行，就像學射箭或騎馬，既需要身體鍛練，也需要健全的心理素質，而這兩樣東西都非來自一套規則和指示。倫理道德不來自典籍，而來自積極的實踐。道德修養是種唯有透過力行才能學得進而臻於完美的技能。成吉思汗未從學者、教士或宗教導師那兒學到是非觀，而是從自己最親近的人，從一般人那兒學到倫理道德與價值觀。小時候，那指的是他的母親和來自山區的老漢札兒赤兀歹。但隨著年紀漸長，擔任這一角色者變成他身邊的人、他的伴當和軍中同袍。在《蒙古祕史》裡，他向地位低但具有睿智的人說，「你們督促我做對的事，勸我勿做錯的事」，「你們拉著我，直到我開始做對的事；你們約束著我，直到我不再做錯的事。」他公開承認博爾朮、木華黎等出身卑微的伴當之教導「使我登上大位」。

那些有眾多信徒的宗教，成吉思汗一個都不願信奉，使某些學者認為他對宗教毫無興趣，但二十世紀初期寫作著書的俄國學者尼古拉・特魯別茨科伊（Nikolai Trubetzkoy），非常清楚蒙古人有多倚重宗教在俄羅斯和他們所征服的其他國家裡獲取成功。他寫道，「人得堅信——不是理論上堅信，而是整個人出乎本能的堅信——自己的命運，一如他人的命運和全世界的命運，都握在無限崇高且不受批評的更高『存在』的手裡，才會無所畏懼且無條件地履行自己的職責。這個『存在』必定是神，不是人。」只有奴隸會順服於另一人的權威，但德性高尚之人在「存在」的等級體系裡順服於神。「能夠心甘情願遵從上級命令、始終懂得自重而且遵守紀律的軍人，天生就具有只向非物質的、超驗的（transcendent）第一因順服的可能，而與順服於世間的恐懼、繁榮、虛榮之擺布的奴隸相反。」成吉思汗終其一生「認為只有那些發自內心虔誠信教的人對他的國家有用。」

成吉思汗較年輕時，他最親近的伴當，都是每日跟在他身旁的怯薛軍成員，但隨著他成為擁有愈來愈大領土的皇帝，隨著他和他們年紀漸長，這些人大部分遠在外地帶兵打仗，分散從中國到伊拉克、俄羅斯諸地，於是他們在怯薛裡的空缺，由他們的兒子、孫子和併入蒙古族的諸部落可汗的兒子填補，而且這些部落可汗的兒子愈來愈多。隨著帝國的擴張，這些人愈來愈受倚重，但成吉思汗與這些未曾與他一起打天下的較年輕一輩情誼較淡。因而他最親近的伴當，愈來愈多是他治國核心集團裡不屬於怯薛軍的人。

◆

成吉思汗晚年時似乎清楚意識到自己將不久於人世，為自己未能完成上天要他征服全天下的使命而愈來愈沮喪。宋朝固守華南，他的軍隊只攻到俄羅斯、吐蕃、伊拉克、高麗和印度。而歐洲、拜占庭、敘利亞及埃及仍未納入他掌控。

但有個國家仍讓他最耿耿於懷，使他夜不能寐，晝時煩擾於心。那就是西夏，也就是党項人所自稱的「白高大國」。他們在超過十五年前的一二〇九年就向他投降，發誓永遠聽命於他，但蒙古軍離開西夏不久，成吉思汗命令西夏國主派兵與蒙古軍一起征伐花剌子模國王，卻招來西夏國主語帶不屑的嘲笑。西夏國主說，如果成吉思汗真是世界的統治者，就不會需要西夏伸出援手，如果成吉思汗認為他的軍隊無法打敗花剌子模國王，那就不該出兵攻打。

西夏國主拒絕履行其義務，讓成吉思汗感到憤怒且受辱，但眼下他無法教訓西夏國主，因為當務之急是集中全力攻打花剌子模國王。他把教訓傲慢的西夏人之事推遲，但從未原諒或遺忘。如今，人生快走到盡頭時，他決心要讓西夏人為其背信棄義受到教訓。

一二二六年初的冬天，他帶兵出征。他選擇他的塔塔兒籍妻子，懂事且受敬重的也遂可敦，隨他出征。她的斡兒朵將是他的司令部。對蒙古人來說，出征時遇上寒冷天氣是個吉兆，當年前往攻打花剌子模國王，在翻越阿爾泰山時遇上強烈的夏季暴風雪，就被如此解讀。但這一年的寒冷特別嚴酷，他們得替馬裹上氈毯以防牠們凍死，而且他下令士兵帶上綿羊毛作為他們已加了厚墊的袍服之襯裡，有些士兵還帶了用狼的毛皮製成的斗篷。他從土兀喇河畔的營地騎馬出發，那個營地位在今日蒙古國首都烏蘭巴托附近的黑森林區裡。天氣清冷，小冰晶在冬日裡閃閃發亮，像飄蕩在風中的鑽石。拉車公牛的吼叫、旅行隊駱駝的呼嚕叫、許多馬匹的噴鼻息和喘氣，製造出籠罩牠們的大霧，猶如隨行保護這支大軍的雲。

不到一星期，大軍就順著翁吉河（唯一流入戈壁沙漠的河）南行。冬天時穿過戈壁礫漠時感不易，但對人畜來說，仍比起酷暑時容易。士兵從封凍的翁吉河鑿下大塊冰，用牛車或駱駝運送。路上需要水時，把冰放在大鍋裡煮融即可。

離開翁吉河之前，成吉思汗決定停下來獵捕中亞野驢供軍隊使用，再啟程越過荒涼、冰封的大地。這是他一生最後一次打獵。他騎著白沙馬追逐野驢，往獵物衝去時，座騎被受驚逃竄的野驢嚇到，突然弓背躍起，脫韁跑走，他被馬甩落在地，身受重傷，痛苦不堪。領導人墜馬，不管什麼時候，都是不吉之兆，而在重大戰役之始主帥墜馬，則會重重打擊他底下士兵的士氣。就連一向聰敏的耶律楚材，都無法把這件意外說成吉兆。

也遂可敦立即看出如此年紀的人禁不起這樣的事故，拚命求他推遲征討，返回蒙古草原養傷。他不肯。撤兵會使他的部眾更加害怕，削弱他們對他的信心，使他的敵人更加肆無忌憚。他下令軍隊前進，越過戈壁，穿過人稱「三美女」的古爾班賽汗山（Gurvan Saihan Mountains），往西夏領土進發。

成吉思汗一派平和做出他的選擇。寧可死在戰勝的前夕，也不要死在必敗的境地裡。他不要在家裡的病床上，在唸唸有詞的術士和哀傷的親人環侍在側，而他的國民個個呆呆等著，看著他呼出每一口氣息的情況下，結束他的生命。他要死在出征的路上，死在奮力爭取命運所承諾給他的東西之時。如果他無法像他的孫子莫圖根那樣死在戰場上，至少要死在戰場旁，以他打死不退的精神鼓舞士兵。

◆

西夏信奉的國教類似藏傳佛教，以神君治國，神君擁有神名不兒罕（Burkhan）。成吉思汗率兵征討西夏時，西夏國主是易魯忽不兒罕（Iluqu Burkhan），意為「勝利之神」。不兒罕合勒敦是「神的聖山」之意，但對蒙古人來說，人取神名就是自封為神，要人膜拜。人不可能成為神，即使是一國之君也不可能。

身為人間之神，這位西夏國主以具有經強大法力加持過的神聖性而著稱。據說他是個令人害怕的變身高手：早上，他「成為有毒的黃紋蛇」，中午成為「褐紋虎」，晚上「成為漂亮的黃色男孩」。與他的名字相符的，他能變成霍爾穆斯塔（Khormusta），即「天王」。他身旁有隻「能預言、戴黑色口套的淡黃狗，名叫庫貝列格（Kubeleg）。」

西夏地跨絲路，靠絲路的財富而致富，國土為大片沙漠所包圍；西夏人自覺高枕無憂，可以放心大膽生活在墮落的虛幻世界裡。西夏國主建造宏偉寺廟，樹立佛塔，以尊榮自己，用比真人還大的雕像和設色鮮豔的繪畫裝飾它們。松香和酥油燈燃燒的氣味，瀰漫於他們的儀式會場，中間偶有響亮的鈸擊聲、聲如呻吟的巨大喇叭聲、咚咚的鼓聲打斷儀式。僧侶四處奔忙，穿著一模一樣的袍服，袍服顏色如珊瑚那般鮮亮；他們使用仿自漢字的西夏文出版彩繪書，把祈禱文印在長長的絲質經幡上，經幡隨風飄動。西夏人製作美麗的玉瓶，刻製木祭壇，用珍貴的金銀雕塑神像和用麵粉、奶油、糖、沙之類材料雕塑較易損壞的神像。西夏人的宗教儀式撫慰人的感官：視覺、聲覺、嗅覺。悅耳的言語和輕柔的吟詠讓人心靜了下來。

對成吉思汗等蒙古人來說，在開闊的山頂或遼闊的草原上祈禱，既強調了人的微不足道，同時讓膜拜者與長生天直接接觸。佛教徒和基督教徒用磚、石、木頭建造寺廟，上頭覆以厚重的屋頂，好似不想讓上帝看到裡面，或想避免與天的直接接觸。只有透過祭司，一般人才得以和上帝聯繫上。祭司站在位於宇宙中心的臺上，有恢宏的藝術作品和建築替祭司增添光輝。

西夏人的佛教儀式和人造寺廟，標舉著雕像、繪畫、佛塔等人造物。他們宣稱膜拜山或洞穴，但在山上或洞裡立起人造偶像和建築，從而破壞山或洞穴的原貌。他們尊崇祭司、僧侶、聖徒更甚於敬天，傾聽人的話語而不願聽神的話語。他們的牆把大自然隔絕在外，人聲在裡面迴蕩而變大。蒙古人偏愛毫無遮蔽的戶外，在那裡，人聲再怎麼響亮，都絕對比不過包圍大地的長生風的聲音、河水的怒吼、狼的嗥叫、杜鵑不斷的叫聲、或黑啄木鳥的擊打聲。

佛僧不只掌管信仰、主持儀式，還占據西夏朝廷大部分高位，擔任信使、書記官、使節及間諜。他們不能娶妻生子，無法為自己後代積聚財富和權勢，因而對國王和王族的威脅較小。佛教團體是國家機構，每項宗教人事案都得經過朝廷批准，因此所有佛僧實質上都是政府官員，他們的布道、宣講、寫作都受到嚴格監督。任何建築和宗教結構物都得經官方批准才能興建；未經書面核准，連在佛教團體的房地產裡鑿井都不行。懲罰嚴厲且迅速，凡是威脅到國家或佛教團體福祉的行為，都會被處死。西夏王國和佛教是一而二二而一，因而他們的神和國王是同一人。

西夏國師贊助印製不少講「雙修」的密教典籍，強調他需要與女子交合，才能打造「至福之體」。根據寫於南宋晚期的《黑韃事略》，有位見證了蒙古征服西夏一事的人說，「某嚮隨成吉思攻西夏，西夏國俗，自其主以下，皆敬事國師。凡有女子，必先以薦國師，而後敢適人（嫁人）。」這不是成吉思汗所欣賞的習俗。「成吉思汗既滅其國，先臠國師；國師者比丘僧也。」

征討西夏之役的大部分期間，也遂可敦主持蒙古汗廷，將成吉思汗受傷且日益惡化的病情祕而不宣。他待在她的蒙古包裡，不拋頭露面。他與他的主將，兀良哈人速不台，一同主持軍務。他們沿用傳統模式，先攻較小的城市，但遇到超乎預期的頑強抵抗。進入夏天後，炎熱不利成吉思汗的復原，也遂將他移到山區。他仍主持大局，下令夏季期間繼續攻打，結果如願攻下數個較小的城市，但決定等天氣轉冷才圍攻都城銀川。河再度開始封凍後，他們於一二二七年初圍攻都城。

西夏人陷入絕境，但心知投降後會有什麼下場，仍拚命抵抗，不過蒙古人攻城更力。未能以自己的宗教力折服蒙古人之後，易魯忽不兒罕決定禮敬蒙古人。他急急收集數部聖典、一尊金佛和其他珍貴物品，獻給成吉思汗，消解他的怒氣，乞求他原諒。西夏國主前來投降時，成吉思汗已快要嚥氣，但他不願見他或不讓他帶來的宗教器物進入他的御帳。臨死之際，他不需要敵人的聖典或偶像。如果它們未助西夏國主走上正道、保住王國，於他有何用。用《蒙古祕史》的話說，「成吉思噁心了」。

他叫人傳話給等在門外的西夏國主，說他已遭上天拋棄，不配有不兒罕這個神聖名字。他是凡人，不是神，於是成吉思汗將他改名失都兒忽（Shidurgu），意為「向正義投降」。在名義上把西夏國主拉回正道之後，成吉思汗將他處死。西夏佛僧告喻世人，人生在世脆弱短暫如「夏花」或「秋露」。個人或整個國家的命運如「潮中浪花」。自此消失於世的，不僅只這位西夏國主，還有他的王朝和他的國家。

西夏人相信輪迴轉世之說，因此，殺掉西夏國主之前給他一個適切的名字，會使他轉世後有機會走上正道。為使西夏國主死後不致投胎於他的王族，伺機向蒙古人報仇，成吉思汗下令殺光整個西夏王族，「滅其父母子孫」，以永絕後患。然後他把西夏國主帶來的金碗和禮物集中起來，賜給行刑者。接著蒙古戰士把怒火發洩在西夏人身上，對他們施以嚴懲。他們怪西夏人逼使成吉思御駕親征，認為若不是他們，大汗不會遇到這場危及他性命的意外。蒙古戰士不知道自己的領導人是死是活，心中的恐懼和哀痛轉為憤怒。

成吉思汗去日無多，生不起這樣的怒火。他下令停止濫殺，饒了倖存者性命，把西夏人交給助他攻打西夏的妻子也遂可敦掌管。西夏人已不再有王族，她自此就是他們的統治者。他完成了最後任務，把西夏國帶回正道。有些蒙古史書誤載他娶了西夏國主的遺孀，但如果他那時還活著，肯定娶不了親。那些記述說她投黃河自盡，但此說法的情節似乎直接借用自元朝戲曲《漢宮秋》，而非來自史書。

《黃金史》說成吉思汗快死時，表示希望他身邊的好伴當跟他一起去來世，但後來想到帝國需要他們來護持，於是在嚥氣前夕，他命令他們「現在不要死」，要他們協助他的後代治國。他要有學問的大臣教他的人民如何「在沙漠裡（找到）水，在山裡（找到）路。」

蒙古人不用「死」、「將死」之類字眼，而代之以「成神」這一委婉說法。於是，一二二七年八月成吉思汗成了神。也遂可敦叫人將他的遺體裹上毛氈，他的貼身侍衛則為將他運回家鄉埋葬之事作準備。他死時不是佛教徒、穆斯林、基督教徒、道教徒或哪個教的門人。他死時的身分是蒙古人。仔細觀察過他所知道的每個宗教且與正牌、冒牌宗教領袖長談之後，他未譴責其中哪個宗教，但也未在其中哪個宗教裡找到慰藉。一二〇六年他創立蒙古國時，未有異族人參與，他死時，未有異族人獲准來到他身旁。他選擇歸葬不兒罕合勒敦山，即讓他找到避難之所和終其一生獲得精神重生的聖山。蒙古人死時，一如生前，屬於大自然。他不需要墳墓或陵墓。成吉思汗的紀念碑未以石刻成或裝飾以珠寶；緬懷他所創立的國家，就是在紀念他。他的紀念碑是他生前所立的法之文庫。

他的家人聚在一塊向他致敬告別，但陪同他的遺體前去他首次遇見札兒赤兀歹之地埋葬的是他忠心耿耿的怯薛伴當。這時，護送成吉思汗遺體歸葬家鄉的衛隊隊長，就是札兒赤兀歹的孫子也孫帖額（Yisun Toe）。五十多年前，鐵木真以受苛待、遭遺棄孩子的身分離開不兒罕合勒敦山，如今，他要以皇帝成吉思汗、世界征服者的身分返鄉。彼時老札兒赤兀歹是他的道德導師，這時，札兒赤兀歹的孫子則是他遺體歸鄉的嚮導。

他的一位戰士代表整個蒙古國講話，向他們的領導人致上最後的敬禮。他把成吉思汗當成還活著一般直接對他講話，說他的士兵要把他送回他出生的土地和水域。他向要離去的成吉思汗靈魂激動說道，

「它們就在那裡？你那面用你的紅棕牡馬的馬鬃製成的靈旗……你的鼓、海螺殼、哨子」，就在那裡。最重要的，「你的所有大法，就在那裡！」

他會死，但他的國家會繼續存在。他會死的肉體只有一個阿勒得長，他雖是強大的可汗，還是要和其他每個人一樣結束，於是，死了之後，他和其他任何人一樣微不足道。但他的國家能涵蓋世界。《寶明經》言簡意賅地概括了他的一生：「鐵木真為天意所生，始造這個最崇高的國家，把全世界納入他掌控，以神聖的成吉思汗之名聞名於世。」

成吉思汗去世後不久，有位哀悼者向這位已逝的征服者講話，表達他那些此前從未見過這樣一位領袖的人民所共有的哀痛。他哭喊道，「你拋下這個偉大的國家？」「主上，你迷失了自己？」或者「你跟著風一起飛走？」他代表全國人民請求，問道：「主上成吉思汗，你拋棄了你熟悉的蒙古人民？」

哀痛之情瀰漫於無風的大地，到處只有靜默。但對那些願意記得過去的人來說，成吉思汗已在四年前在前線發出的急報（他見諸記載的最後一份急報）裡，回答了那個提問。

「我不曾忘了你，」他在從阿富汗發出的聖旨裡說，「你休忘了我者」。44

44 成吉思汗下給長春真人的聖旨。成吉思汗於一二二三年農曆十一月寫了這份聖旨。

第十五章

對內與對外的戰爭

人要蓋棺才能論定。我們可以主張佛陀、耶穌、穆罕默德或亞歷山大、凱撒、克麗奧帕特拉之類的政治人物最大的成就，不在他們生前的作為，而在他們對後世的影響，在他們的追隨者受他們啟發而有的作為。成吉思汗最長遠的影響，來自他所創造的律法和他所注入他龐大且仍日益壯大之國家的動能。他的帝國在他死後繼續擴張超過六十年，在那之後又存活了一個世紀。

成吉思汗死後，他的人民遵照他的遺願，未替他立石碑或木碑，未替他造墓或廟。他死後，大部分人民行事一如往常，好似他仍掌理一切。他的四個遺孀個個繼續在她曾與成吉思汗一起生活的蒙古包裡召集群臣議事。馬兒備著供他使用，獲准自由吃草，好似在等他召喚。他的繼承人繼續以他的名義發布敕令和書信。

根據他生前的指示，他的諸個兒子會各為可汗，掌管自己的領地，但窩闊台會是大汗或皇帝，地位高於他的其他兒子。他的遺孀和女兒各已獲撥土地、水及人民。土地已依據他後代出生的順序從東到西分封，而接掌大汗之位的後代則居國土的中間。拖雷分到最東邊的土地，包括華北大部、滿洲、東蒙古，不兒罕合勒敦山位在他的領地裡。窩闊台分到西蒙古，與拖雷的土地相接。在窩闊台的西邊（或者說在他的右邊，因為蒙古人把西邊說成右邊）是察合台的領地，位在今日哈薩克、中亞境內。朮赤比他父親稍稍早死。他的死因撲朔迷離一如他的生父疑雲，而他的死使接班計畫變簡單；他的繼承人（不久後被稱作金帳汗）承繼了帝國最西邊的土地，位在今日俄羅斯境內。

一二二八年鼠年（據《蒙古祕史》）春季或一二二九年牛年（據志費尼所稱和更晚的中國史料）夏季，蒙古人召開大會，立窩闊台為新大汗。他選擇了達賴汗這個稱號以有別於他的父親，稱號裡用了蒙古語的「海」（達賴），因此，一如阿提拉，他會是被諸洋所包圍之所有土地的皇帝。窩闊台上台後的第一項作為，乃是重申他父親的律法。「成吉思汗的律法應予以維持、保護，不受改變、更動、混淆這些惡事傷害。」他留任父親的將領、重要軍官和近衛隊，但小心地將先王的怯薛趕離政壇，指派他們擔任他父親墓地的永久守衛。

新政府就緒之後，人們開始宴飲，白天睡覺，晚上大肆慶祝，「葡萄酒燒起的火，明亮如白晝。」窩闊台打開貯藏國家財物的倉庫，把裡面的東西慷慨分給他的部眾。志費尼寫道，那是「草地上花草盛開」的時候，於是，「世界開始微笑」，「欺騙和妒忌這兩樣不潔之物遠離他們暗藏的心思」。但欺騙和妒忌似乎很少完全遠離有權有勢者的心思。儘管有這些美妙的詞語和令人心情為之一振的隱喻，鬥爭已經開始。窩闊台登基大典的狂飲狂歡，乃是即將到來的混亂之預告。

成吉思汗的諸位嗣子已瓜分了土地，但這時他們都想掌控未來——麻煩就出在這裡。該派兵攻打中國、高麗、印度、歐洲或伊拉克？每個兄弟都想擴大自己的疆域，而非整個帝國的疆域。他們未能敲定一共同目標，於是同時往各個方向出征，每個兄弟各自統領自己的軍隊。他們的戰役乃是彼時為止最接近世界大戰的戰爭。

往如此多方向同時出兵，兵力分散在從高麗到匈牙利的廣褒土地上，帝國似乎會因此迅即崩解。就連成吉思汗都未曾在相隔如此遙遠的許多戰線上同時用兵，或把兵力如此稀釋在兩大洲。眾兄弟表現出既頑固又傲慢且不顧後果的危險作風，但有時上天就是疼傻人。叫人意想不到的，他們的大膽計畫奏效。雖遭遇一些挫折，蒙古軍在每個戰線上都打敗一個又一個敵人。他們似乎和成吉思汗領軍時一樣無堅不摧，無敵不克。窩闊台在位時，蒙古戰士征服了從今日印度境內的喀什米爾，遠至波蘭、德國邊界，以及從西藏高原到維也納郊區的廣大地域。其中有許多征伐比較類似一連串大規模的襲掠，軍隊攻到哪就洗劫到哪，但這時他們的兵力散得太開，無法將他們持有的廣大土地有效組織成一個名副其實的帝國。

蒙古軍打了勝仗，卻未必贏得戰爭。每個兒子似乎都如朮赤生前所宣告的，熱中於征服、劫掠新的領土，而非治理舊領土。成吉思汗一撤出中亞，他的盟友尼查里派就試圖取而代之，掌控前花剌子模領土。蒙古人與尼查里派的結盟，在成吉思汗去世後不久就突然瓦解，尼查里派暗殺了蒙古指揮官察合台・豁兒赤（Chaghatai Qorchi）——某些穆斯林原始資料說這場暗殺的對象是成吉思汗在西夏戰役結束時收養的年幼孤兒，但拉施特說這個男孩是成吉思汗與西夏女子生的孩子。不管哪種說法屬實，只要此人與成吉思汗本人具有如此的親緣關係，都會迫使蒙古人切斷與尼查里派的所有關係。

不久後，尼查里派於一二三八年更進一步密謀對付蒙古人，與報達的哈里發聯名遣使晉見英格蘭、法國兩國國王，試圖聯合尼查里伊瑪目、哈里發、羅馬教皇三方之力對付蒙古人——但結盟失敗。

新征服的土地為蒙古本土帶來大量財富，但帝國中心卻已開始腐爛。兄弟之間私下為小事而失和。身為大汗而權力最大的窩闊台，奪取弟弟拖雷的封地，下令在雙方封地之間蓋邊境牆，以防止獵物，特別是數量龐大的草原羚羊群，遷徙到拖雷的封地內。就在兄弟彼此爭吵，漸漸併吞他們姊妹、叔伯和父親年老遺孀的土地時，全新一代的女人開始掌權。這些人是成吉思汗為兒子精挑細選的媳婦，丈夫在外打仗時，她們留下來掌理汗廷。此後三十年，直到忽必烈汗於一二六〇年崛起，這些女人保住了帝國的一統。

窩闊台妻子脫列哥那可敦是這批新掌權的女人裡表現最耀眼的人物之一。她是乃蠻部公主，原是蔑兒乞部某領導人之妻，後來嫁給窩闊台。她選任大臣，執行法律，分配金錢，聽取訴願，主持汗廷（這個汗廷基本上就是帝國政府）。她從小是基督徒，但撥款興建伊斯蘭學校，慷慨贊助道教典籍的出版。在成吉思汗治下做得有聲有色的官員，在窩闊台和他妻子脫列哥那可敦治下，大部分表現依舊出色。朝廷對待道人稍稍特別優遇，但讓各宗教都能自由禮拜。

成吉思汗在世時，耶律楚材已說服他揚棄某些較古老的蒙古傳統，改採中國的治國模式。他不急於求大成，但堅持不懈，深信「物速成則疾亡，晚就則善終」。在窩闊台治下，耶律楚材更公開提倡中國思想，他的政策順利開展，畢竟窩闊台比他父親更肯定儒家學說。一二三三年，窩闊台讓儒士享有和道人、佛僧一樣的特權和免除賦役的待遇。他也在他的都城哈剌和林建造了蒙古境內已知的第一座孔廟。

耶律楚材吸收能幹的儒吏治理帝國，協助奪取蒙籍顧問手中的權力。久而久之，怯薛失去裁斷訴訟的權力，位階不再高於軍中指揮官和朝中大臣。窩闊台最終招募高麗人當他的侍衛，取代其中部分蒙古人。一如成吉思汗招募不同宗教信仰和文化的人士為其效力，以維持朝中大臣之間的權力平衡，一二二九年窩闊台將耶律楚材的宿敵，年輕時以長春真人弟子身分在阿富汗會晤過成吉思汗的李志常找來，命之為國師。

蒙古皇族內部衝突日劇，但李志常、耶律楚材之類人士的影響力，使蒙古人的統治更為漢人和喜愛中國傳統文化的鄰近民族所接受。耶律楚材的漢系繼續與朝中的中亞穆斯林、基督徒起衝突，但此時，衝突的性質主要是族群性、文化性而非宗教性。他堅持將更多中國典章制度引入朝廷，堅持在某些文件裡使用中國用語，藉此淡化蒙古人的外族形象，從而改善蒙古人在中國的觀感。耶律楚材對蒙古帝國的影響，最終比那些見過大汗且試圖引導大汗的宗教領袖大上許多。就連詆毀他的人都承認他權傾一時。據曾被引述的某人之語，說耶律楚材的言語仍迴蕩於他的耳際，清楚如星辰與太陽。

窩闊台在位頭幾年，猛攻金國，但似乎與弟弟拖雷時時處於競爭之中。拖雷似乎很享受那段以攝政身分短暫統治帝國的歲月，懷有繼窩闊台之後成為唯一統治者的念頭。

拖雷和他那四個有本事、有衝勁的兒子對窩闊台大位的威脅，窩闊台不可能沒看出。拖雷的四個兒子在母親唆魯禾帖尼領導下團結一心，窩闊台卻與他的幾個兒子不和，而且那些兒子彼此間也不和。窩闊台兒子貴由與每個人頻起爭執，窩闊台說他是個壞蛋，而且據《蒙古祕史》記載，還說希望他像個壞蛋壞掉。窩闊台原寄望他最寵愛的孫子失烈門（Shiremun）繼承大汗之位，但他沒什麼出息，不像成吉思汗當年那麼看好窩闊台。

一二三二年，就在即將徹底擊敗金國之際，拖雷暴斃。有人說他和往常一樣喝醉，然後昏迷，不料就此沒再醒來，但《蒙古祕史》對此事給了一個冗長且奇怪的解釋。話說窩闊台染病，「昏憒失音」，御用薩滿診斷後判定是「金國山川之神」作祟所致。薩滿獻給這些神靈金、銀、牛、食物、奴隸——能讓他們放過大汗的任何東西——但病情沒有好轉，反倒加劇。最後，他們檢視犧牲的內臟，研判「只要親人代之」受過，就會放過窩闊台。窩闊台汗突然醒來，索水喝，想知道自己怎麼回事。薩滿告訴他，只要他的親人代他犧牲，神靈即會放過他。窩闊台環視四周，眼光落在他弟弟拖雷身上。

薩滿調製了符水給拖雷，拖雷乖乖喝下，斃命。《蒙古祕史》記載了據說是拖雷死前說的一段詩，說他想犧牲自己以保全哥哥。這段有受害者主動求死的情節，類似札木合死前成吉思汗願放他自由但他選擇一死那段情節。

◆

與至死都和士兵在一塊的成吉思汗不同，窩闊台一二三四年將近五十歲時退出征戰。他離開戰場回蒙古。他的健康因為嗜酒而崩壞，回草原度晚年時彷彿被弟弟拖雷的鬼魂纏身。他似乎中風或得了某種重病而無法視事，因此他的妻子脫列哥那掌理朝政，一如也遂在成吉思汗晚年那般。金朝覆滅之後，脫列哥那以她病重夫君的名義向南宋、高麗王國、欽察及吐蕃發動新攻勢。窩闊台的兒子和將領在外打仗，脫列哥那和她的大臣掌理帝國，發布由她署名的敕令。

在脫列哥那治下，蒙古人取得其第一個都城哈剌和林（突厥語稱之為Karakorum，並以此名通行於西方）。它建在鄂爾渾河畔，該河流出杭愛山之處，正是先前突厥部落建立都城所在。但這時它是這個遼闊世界性帝國的都城，城裡有來自花剌子模和波斯的金匠工人和織工、來自中國的抄寫員和陶工、來自俄羅斯的軍人、來自高麗的書記官和製紙工人、王宮貴婦出身的女僕、原住在豪宅大院裡的拾糞人，乃至一名來自巴黎的金匠。各種宗教的占星家、僧侶、教士群集於蒙古汗廷。除了基督教禮拜堂、穆斯林清真寺、佛寺、道觀，在此還能找到一所兼具教學功能的孔廟。

窩闊台於一二四一年去世之後，脫列哥那成為攝政，接下來五年她統治世界史上最大的帝國。如今在蒙古境外，她鮮為人知，但在當時，統治那麼大的領土或那麼多的人民，她是頭一人。直到十六世紀西班牙的伊莎貝拉（Isabella）、斐迪南（Ferdinand）在位時，才有足以和她的帝國匹敵的跨洲帝國；直到十九世紀維多利亞女王（Queen Victoria）治下的英國兼併印度、緬甸，才有君王擁有那麼大的版圖或那麼多子民。

脫列哥那的捺合（tamgha），也就是烙印在她的牲畜上的標記，是只風格獨具的弓，而那成為她的印璽，取代她丈夫的S形印璽。她的弓印鑄在錢幣上，錢幣表面用不同語言清楚宣告她的官職和權力，至於用哪種語言，則視錢幣的發行地而定。若用帝國裡最通行的語言突厥語，錢幣上刻的是Ulugh Mughul Ulus Beg，意為「大蒙古國統治者」。

◆

窩闊台死後，耶律楚材漸漸失勢。他才五十四歲，卻已是來自另一個時代的活化石。他受尊敬但遭冷落，在朝中失勢，而信誓旦旦要增加稅收、取得更多奢侈品的其他顧問則成當朝紅人。這些人未和成吉思汗一起打過天下，未在求勝之路上出過力，但這時搖著尾巴過來，一心想剝削他的子民。耶律楚材在一二四四年死於哈剌和林，據說為成吉思汗的後人走錯路而傷心欲絕至死。

耶律楚材死後不久，兀良哈人速不台退休。他是老札兒赤兀歹的侄子，成吉思汗的核心集團裡最受尊敬且尚在人世的顧問。鐵木真年輕時在不兒罕合勒敦山認識的人，這時只剩速不台還在世。成吉思汗去世後，他繼續打了將近二十年的仗。速不台在從中國到匈牙利的諸多地方打過仗，征服的城市之多為其他蒙古領袖所不能及。晚年時他仍受到皇族較年輕一輩成員勉為其難地敬重，但此外就只得到冷落。他非常反感於蒙古政治現狀，因而像耶律楚材一樣引退。修士柏朗嘉賓說一二四七年見過他，這時他據說已變得非常笨重，但有人說他返回匈牙利，回到一二四一年他拿下平生最大勝利的地方。他把兒子取名為兀良哈台（Uriyankhadai），以向他所屬的部落致敬，而這時兀良哈台已是戰功彪炳的將領，征戰東歐各地。有人說這位老戰士想死在多瑙河邊，他兒子身邊，但這一浪漫說法完全是道聽塗說。此說或許屬實，但也可能是向壁虛造，意在掩蓋速不台對他所協助打造的帝國失望之情。一二四八年速不台去世，那批穩重老成的重臣也跟著徹底凋零。

◆

再怎麼牢靠的繩子，久了還是開始鬆散，繫住成吉思汗之蒙古國的那條金繩亦然。在穩健練達如故的表象底下，家族裡的政治對立加劇。脫列哥那鞏固帝國、集中權力有成，到了一二四六年，她認為已可以放手將帝國交給她不得人心且大體上無能的兒子貴由掌理。他登基那個夏季，天氣冷得嚇人，以哈剌和林為中心的區域刮起雪暴，下了致命冰雹，還淹水。由於強風侵擾，甚至說不定是龍捲風，登基儀式不得不延到八月。

外族人不只獲准，還被鼓勵出席這一儀式，這在史上是頭一遭。據不同史家的說法，多達兩千名外族官員和同樣多的隨員觀禮。其中許多人已是蒙古人的家臣，還有些想求得這個新世界霸主的眷顧。他們不得參與大汗的遴選或目睹真正的登基大典，但獲准在貴由登基後獻貢，表示順服。一二四六年的哈剌和林大會是第一場有許多國家的大臣和元首參與的國際高峰會。「埃米爾、省長、代理人、代表從東南西北不遠千里來到他的斡兒朵，」拉施特寫道，「沒人見過這樣的集會，任何史書裡也未見過類似的集會。」他們遠從德里蘇丹、羅馬教皇、土耳其的塞爾柱蘇丹、報達哈里發的宮廷過來。兩個都宣稱自己是正統谷兒只（喬治亞）王的人（都叫大衛）前來向大汗致敬，請求大汗冊封其為新的谷兒只王，亞美尼亞國王的兄弟，以及俄羅斯大公，連同他的兒子——大英雄亞歷山大・涅夫斯基（Alexander Nevsky）親王，也到來。為安置眾多賓客，搭了有兩千頂帳篷。

有人擔心登基大典時天氣惡劣會是他在位後局勢不靖的徵兆，結果真是如此。貴由不接見奉派前來見他的某些使節，毫無道理地拒絕與尼查里派的伊瑪目溝通。「至於來自阿剌木特的特使，他鄙視且不屑地將他們斥退；回覆他們所帶來的備忘錄時，措詞相應地很不客氣。」志費尼寫道。貴由太忙，此時抽不出時間對付尼查里派，但該派先前的背信棄義，已使他們在劫難逃。

關於貴由汗獲選為大汗和登基，我們何其有幸，有份來自親眼見聞的特別記錄：一二四六年七月二十二日，就在忙著遴選大汗、數股軍隊虎視眈眈且斡難河谷擠進人數空前的外族人而情勢一片混亂之際，羅馬教皇英諾森四世（Innocent IV）派來的第一位特使，在幾乎不被注意到的情況下，出人意表地來到哈剌和林。英諾森聘請兩位方濟各會修士為特使，要他們走不同路線前往東方。他們的任務是與蒙古人搭上線，和他們談判，帶回有關他們的政治意圖和軍事能力的有用情報。奉教皇之命出使的葡萄牙的勞倫斯（Lawrence of Portugal），似乎前往小亞細亞，然後下落不明。這位教皇也派出修士柏朗嘉賓。柏朗嘉賓是阿西西的聖方濟（Saint Francis of Assisi）的早期弟子之一，這時已六十五歲且體重過重。他於一二四五年復活節從法國里昂出發，在波希米亞的史蒂芬（Stephen of Boehmia）陪同下，完成史上第一次從歐洲出使蒙古的任務。一如在此情境下的任何外國人都可能會有的感受，柏朗嘉賓覺得蒙古人的政治和禮儀讓人大惑不解。他似乎想帶著教皇的親筆函面見貴由，結果卻被吩咐去見仍然當家作主的脫列哥那可敦。柏朗嘉賓以震驚口吻寫道，脫列哥那可敦有一頂能容兩千人的白色大帳篷，她的宮帳前方的區域擠滿官員和從世界各地過來有求於她的人。他待在她的斡兒朵四個星期，信誓旦旦說有約四千人在四處走動。由於語言障礙，他不清楚他們在做什麼，但認為蒙古人在選舉。

這個斡兒朵裡的歐洲人之多，超乎柏朗嘉賓的預期。蒙古人剛發動攻打匈牙利、波蘭的戰役，斡兒朵裡有「許多魯塞尼亞人（烏克蘭人、白俄羅斯人、俄羅斯人）、匈牙利人、懂拉丁語和法語的人、原就跟著韃靼人的魯塞尼亞神職人員和其他人，其中有些人已跟了三十年，跟著他們投入戰爭和其他情況，懂他們的語言，一直和他們在一起，因而對他們無所不知，還有些人跟了二十年，有些人十年，有些人甚至更久。」

靠著在蒙古斡兒朵裡工作的某些歐洲人幫忙，柏朗嘉賓得以把教皇親筆函譯成蒙古語呈給貴由汗。貴由汗有個信基督教的母親，因而對基督教的瞭解，比基督徒對蒙古人的瞭解多上許多。貴由汗有個私人的基督教禮拜堂，養了一個「基督教唱詩班在他最大的帳篷前，他們在戶外公開唱歌，根據希臘習俗整點報時。」憑藉先前的偵察，蒙古人很清楚教皇既不代表歐洲，也不代表基督徒，因為他未統治或未得到世上大部分基督徒效忠。

貴由汗想派蒙古使者隨柏朗嘉賓回歐，但柏朗嘉賓峻拒。他不想讓蒙古人看出歐洲人多不團結，或不想為蒙古人的性命擔責任。蒙古人未堅持。脫列哥那要他們回去，並好意賜予用絲線縫成的狐狸毛皮大衣，讓他們在返鄉的漫漫長路上保暖。那時蒙古人碰到別人說「不」，很少摸著鼻子接受。柏朗嘉賓拒絕護送蒙古使者赴歐，但蒙古人還是把他們打發走，未予傷害。

寫了一部編年大事記的英格蘭神職人員馬休・帕里斯（Mathew Paris）說，蒙古代表於一二四八年抵達羅馬。他寫道，「這年夏天，兩名韃靼人特使到來，奉他們君王之命前來見教皇，但他們到來的動機不讓羅馬教廷的每個人知道，因此書記員、文書人員等人，乃至與教皇很親近的人，都不知此事。」歐洲人與亞洲人之間有嚴重的語言障礙，因此，「他們帶給教皇的書信，在特使接近西方地區時，經過三次翻譯，從西方人所不知的語言變成西方人較知道的語言。」蒙古人說成吉思汗是上天在地上的代表，蒙古人根據他的律法保護並尊重所有宗教，但基督教教會不接受這說法。教會官員深怕這一來自多神教徒的非基督教主張傳出去，急忙封鎖。

蒙古汗廷不久就因傲慢、驕傲、貪婪而四分五裂。貴由汗重申他祖父、父親的律法，沿用他父親的稱號「達賴汗」。他這麼做，與其說是出於忠心，不如說是出於十足的懶惰。他對財富和權力貪得無厭，無心於國政，要官員和特使有事去他母親的斡兒朵，似乎甘於讓她繼續掌理國政。拉施特寫道，「他大部分日子從早到晚，從天亮到天黑，都在狂飲葡萄酒和想著有天使臉龐而四肢優美的少女。」沒有少女在身邊，「他就鬱鬱寡歡，不想講話。」

不久，他和替他鋪好成為大汗之路的母親就失和。他整肅她斡兒朵的人，她極力抗拒，但這時她大概已六十多歲，年老體衰。母子的爭鬥不久就結束，因為脫列哥那皇太后突然死亡。關於她去世的詳情，未見諸記載。她可能是自然死亡，但也可能死於謀害。這位雄才大略的可敦，死因真相大概永遠不得而知。

◆

貴由誓言支持他祖父所訂的律法，卻處決了成吉思汗所指派來協助治理中國的某些穆斯林官員。他這麼做似乎不是出於敵視伊斯蘭教，而是為了肅清舊臣，牢牢掌控政府。這些突如其來的改變造成不信任他人的猜忌氣氛，因為每個群體都覺得自己受到不公平對待，或即將受到不公平對待。謠言與事實混淆難辨。每個教派似乎都擔心自己的徒眾會遭撲殺。中國、波斯的史書皆記載了不同宗教的信徒如何試圖使別教被禁，但始終未能如願。有些中國官員主張將佛道一起查禁。天主教徒想消滅被他們斥為異端邪說的亞洲基督教，即景教。傳聞有些佛僧建議貴由汗將蒙古人統治下的穆斯林殺光，而且許多人對此說深信不移，猜忌心態的普遍由此可見一斑。據說，貴由汗不願這麼做，他們隨之讓大汗同意將穆斯林男子閹割，將他們絕後。據朮茲札尼的說法，貴由草擬了閹割令，但有隻狗突然攻擊一名佛僧，咬掉他的生殖器，大汗隨之打消此議。這據說是阿拉決心保護穆斯林的表徵。這類故事再怎麼離譜，都挑起激憤，加劇權力鬥爭。

貴由宣告，「由於上天，從日出到日落，所有國度都已授予我們。沒有上天的命令，誰能做成什麼事？」《黃金史》說成吉思汗的後代享用他勞動的果實，破壞了他一生奮鬥的成果。

貴由活得不久，且死因離奇。當上大汗才八個月，就於一二四八年春死亡，得年四十二，當時他的軍隊正奉命穿過蒙古西南部，往他的堂弟拔都（Batu）位於今日俄羅斯境內的領地進發。他死於中毒、酗酒、發燒、打鬥、精疲力竭，還是受傷？歷來揣測眾多，但沒有令人滿意的答案。他的遺孀，信基督教的斡兀立・海迷失，才德雙全，成為攝政。她在位三年，比她丈夫多了一倍時間，但她沒有她已故婆婆脫列哥那皇太后的本事和見識。

斡兀立・海迷失愈來愈倚賴她的基督徒顧問來治理已幾乎不受她控制的政府，同時與薩滿黏在一塊，透過星象學和參詳燒過的綿羊肩胛骨裂紋來預卜未來。

用志費尼的話說，她與薩滿關室密商，「執行他們的幻想與荒誕的想法」。她避開蒙古的新都城哈剌和林，在中國西部的額敏河邊設立自己的遊牧式斡兒朵。那裡位在她丈夫去世處附近，遠離她東邊的主要對手，即拖雷的家族。

貴由死後，皇族內部暗暗激化的衝突浮上檯面。隨著他的兩個兒子各自設立汗廷相抗衡，都希望成為大汗，家族內部的失和愈發以宗教對立的形態呈現。志費尼寫道，賢明之人「在泥潭裡掙扎」，「找不到出路」。宗教方面的歧異並非助長衝突的根本癥結，但宗教是藉以傳遞、表達其他對立的工具。蒙古帝國正值頂峰，還會存世一百二十年，但衰敗已經開始。蒙古人能打敗任何敵人，但控制不了自己。

斡兀立・海迷失的貪婪和有失圓融，在一二五〇年接見道明會修士安德・龍如美（Andrew of Longjumeau）時表露無遺。他是人稱聖路易的法國國王路易九世所派來。路易九世派這位特使前來，不是要以家臣的身分表示歸順，而是要商談蒙古、歐洲結盟共同對付穆斯林之事。斡兀立・海迷失的軍隊未攻打過法國或未在戰場上與法國軍人交過手，但傲慢地認為龍如美代表法國國王前來，以獻出基督教歐洲或至少獻出法國。她給路易九世的回信略去奉承之語，連對他派特使千里迢迢過來都吝於表達感激之意，反倒提出浮誇的要求和不自量力的威脅。她向他提出一份名單，羅列她所謂未能討她歡心而遭她處死的統治者，然後要法國國王「每年把這麼多的金銀送來，如果不從，我們會像對付前面提過的那些人那樣對付你。」法國國王根本不予理會。根據某份存世的記錄，對於這樣的發展，他只是說道：「很遺憾派了使團過去」。

一人的失敗往往為另一人的壯大提供了空間。斡兀立．海迷失的軟弱讓他人有機會介入，而讓皇族裡所有男人臣服者是另一個女人，遠更有本事的女人。激烈的大汗之位爭奪戰，最後由唆魯禾帖尼別乞勝出。她是成吉思汗的基督徒妻子亦巴合別乞的妹妹，本人也信基督教，丈夫是已故的成吉思汗么子拖雷，她的四個兒子——蒙哥、忽必烈、旭烈兀（Hulegu）、阿里不哥（Arik Boke）——個個都具有問鼎大汗之位的實力。

一二五一年夏，唆魯禾帖尼與拔都汗談成祕密同盟。拔都是朮赤的嗣子，掌理俄羅斯的金帳汗國，善於領導統御，若非他父親的生父疑雲，原也是極被看好的大汗之位繼承人選。透過這一結盟，朮赤的家族與拖雷的家族聯合起來對付勢弱、分崩離析、嗜酒的窩闊台家族。拜唆魯禾帖尼的精心謀畫和細心指導之賜，她的四個兒子在一場謀略周密的政變裡掌控了蒙古帝國。

她的長子蒙哥接掌大汗之位，把已封給皇族其他成員的領地據為己有，他的三個弟弟則瓜分了帝國大部分領土。忽必烈獲封蒙古人控制的中國土地大部分地方，包括吐蕃的許多領土。旭烈兀取得中亞，封地遠至喀什米爾和吐蕃西部，年紀最小的阿里不哥掌管蒙古本土。幾兄弟控制了俄羅斯以外的帝國全境。由於唆魯禾帖尼與拔都結盟，他和他的家族繼續控制原屬已有的領土，而且在治理上日益獨立自主。

唆魯禾帖尼以攝政身分為她已故的丈夫拖雷掌理華北和東蒙古多年，本可效法脫列哥那可敦和斡兀立．海迷失可敦升格為皇后。在她權勢最盛時，她幾可確定是歷來最了不起的蒙古皇后，但這時她已過了六十五歲，往七十歲邁進，接近蒙古人所謂的「她壽盡之日」。她拒絕被封為唆魯禾帖尼可敦，保留唆魯禾帖尼別乞（公主）的頭銜。她奮鬥一輩子，以讓她的兒子為這一天的到來做好準備，決定自己不出頭，而是把他們推到臺前。

在漫長的意志較量中，合法推選出的攝政斡兀立·海迷失可敦不肯參與推選蒙哥為大汗之事或不願在他當上大汗後承認此事。她堅稱只有窩闊台家族成員能當大汗，認為成吉思汗已把此大位永久賜予他們。這一權力鬥爭還在進行時，唆魯禾帖尼死於一二五二年春，正是年輕志費尼初次來到哈剌和林之時。他的父親已在為蒙古人效力，二十六歲的志費尼因此有機會在蒙哥大汗即位幾個月之後就走訪哈剌和林。他對這一新政府的親身見聞錄，儘管情溢乎辭卻極具價值。

志費尼對蒙哥汗的稱頌，比他對素未謀面的成吉思汗的稱頌還要誇張。「世界是座玫瑰園，時節光輝燦爛，」他寫道，「當世界皇帝在帝國的長榻上吉祥地坐下，權勢如日中天時」，他下令「人不應彼此敵對、仇視，而應過得快活，盡情歡樂。」志費尼以十二頁的篇幅談蒙哥汗在位的殊勝、完美之處，直到慶祝活動結束時。「諸王離開，向他們一一指派任務之後，他（蒙哥汗）轉而用心於治國，把歪曲的弄直，把錯的矯正，叱責心術不正之人，壓下煽動叛亂者。」這篇詞藻華麗的文章對即將在蒙古汗廷裡展開的腥風血雨，未給予應有的著墨。

直至此時為止，窩闊台、拖雷兩家族間的鬥爭，大部分是言語交鋒、政治把戲、虛張聲勢，但蒙哥汗母親的去世似乎解開了他的所有約束。第一個遭他毒手者是他母親長期的對手斡兀立·海迷失。他命人逮捕她及尚在人間的窩闊台遺孀。斡兀立·海迷失的確犯了許多錯，包括無能、傲慢、貪婪，但等著她的殘酷下場卻非她所應得。蒙哥汗要人把她押到汗廷，脫光她的衣服，公開折磨。飽受摧殘之後，還未斷氣的她被「用毛氈裹住，丟進河裡。」

官方加諸她的罪名是行使巫術，但一二五四年一月蒙哥汗私下告訴法國特使魯不魯乞（William of Rubruk），她是最差勁的一類女巫，「比狗還糟糕。她是個『婊子』。」蒙古帝國最後一位女皇就這樣結束了一生。

魯不魯乞對高度多疑、提防的心態印象深刻，驚訝於汗廷保安措施的嚴密和蒙哥汗及其官員的猜疑心態。每個外國特使到來之後都會被叫去問話，詳細交代生平和行程。魯不魯乞在此行記錄中寫道，「他們鉅細靡遺問我們來自哪裡、為何來、要幹什麼。」他認為如此詳細的盤問，源於擔心遭尼查里派暗殺，此時蒙古人與該教派已幾乎處於戰爭狀態。他寫道，「受到這番盤問，乃是因為蒙哥汗得報已有四十名阿薩辛派成員化成多種身分進入此城欲殺掉他。」

其他參與者也說了類似的尼查里派意圖暗殺的事，但這很可能是蒙古人起的謠言，意在替嚴密的保安提供合理的藉口。據存世的證據，未有人遭逮捕。來自斡兀立・海迷失或尼查里派的所謂威脅，成為加強各種保安措施的藉口，但事實上蒙哥汗廷的官員只迫害他們的蒙古同胞，並且大部分時候只迫害他們自己的皇族成員。

◆

掌控帝國之後，蒙哥汗需要保住他的大權。為此，他想除掉所有反對者。他把幾乎每個與窩闊台、他倒楣兒子貴由的統治有密切關係的人都找來問話，肅清他的許多堂兄弟、他們的配偶、小孩和盟友。他「下令將他們全部繫縛下獄，花了點時間思索該如何處置他們。」魯不魯乞寫道。他自居成吉思汗法律與傳統的捍衛者，但要拷打或懲罰這些囚犯，沒有合乎蒙古法律的藉口。只有由皇族所有成員參與的會議，才能下令處死黃金家族的成員。於是，蒙哥汗另闢蹊徑，以聽話的法官主持法庭，把他想整肅的皇族成員送交該法庭審判。

失吉忽禿忽這時已七十多歲，仍擔任蒙古國的最高法官（斷事官）之職，並已擔任該職四十年。成吉思汗宣告任何人都不得更動失吉忽禿忽所寫下的法律，說失吉忽禿忽是他的「耳目」。窩闊台也任命他為華北的斷事官，華北是唆魯禾帖尼統治之地。蒙哥汗整肅異己時失吉忽禿忽仍在世，幾可確定是朝中最受敬重的官員。但他不久就被拔職。

成吉思汗的同父異母弟別勒古台也擔任法官且還在世，但也遭拔除權力，成吉思汗的怯薛成員亦然。這些怯薛成員原受命執行、保護律法，但此時只負責保護成吉思汗下葬處。蒙哥汗似乎打定主意，凡是與祖父的淵源比他與祖父間的淵源還要深的人，都要消滅。他逮捕老札兒赤兀歹的孫子也孫帖額，也就是當初護送成吉思汗遺體到不兒罕合勒敦山的人，結果也遭殺害。老鎮海，也就是信基督教、一直忠心耿耿效命於成吉思汗的那位大臣，也遭拋棄。據拉施特的說法，他「困惑於行事作風，沒人聽進他的話和建議。」最後，鎮海也遭以極薄弱的藉口於一二五二年秋遭處決。

蒙哥汗任命新法官和官員來執行起訴。他不要自己身邊有人與成吉思汗有直接關連。他知道若要推翻他祖父的律法，他需要更高的先例。據拉施特的說法，他在《亞歷山大傳奇》這部講述亞歷山大大帝冒險事蹟的通俗著作裡找到所要的。蒙哥汗的某個顧問宣讀了此書的一段，說亞歷山大遇到有人造反，於是派人去向他過去的老師亞里斯多德請教「該怎麼對付他們」。亞里斯多德未開口回答，而是連根拔除一棵大樹，意思就是不除掉老樹，新樹長不出來。[45]據拉施特的說法，蒙哥汗「聽了這故事非常開心，瞭解到必須除掉這些人，讓其他人留在原位。」這則故事只是個神話，或者它與成吉思汗清清楚楚的敕令、教誨相牴觸，但並不重要——蒙哥汗下達了他的裁定。

◆

蒙哥汗把成吉思汗的斡兒朵，也就是原屬於成吉思汗妻子所有、搭設在不兒罕合勒敦山作為皇陵的那些帳篷拆走，改搭建在他的都城哈剌和林附近的草原上，然後以這些帳篷作為審判他親人的場所。據拉施特的說法，蒙哥汗「前去成吉思汗的斡兒朵，坐在椅子上，審判」他的皇族堂兄弟、親王和前嗣子。當時的人認為成吉思汗的靈仍有一部分住在這個斡兒朵裡，他未阻止這些審判和懲罰一事，被解讀為在死後加持蒙哥汗的統治，支持這些審判。

蒙哥汗的檢察官使出很有效的一招，即兜著圈子問問題，等到被告搞清楚中了圈套時已經太遲。一如讓獵物跑到精疲力竭，然後輕鬆將其捕獲的獵人，檢察官跟被告慢慢磨上數天，讓他們暢所欲言，心知他們最後會露出破綻，讓檢察官抓到把柄。拉施特寫道，「他們提問的方式極為奸巧，以讓他們自己話裡露出矛盾」，從而將他們定罪。

公開起訴堂兄弟一事持續了數天，在這期間證人屈打成招，供認罪行，出賣他人。審判變質為公開拷問大會。信佛教的畏兀兒統治者在法庭上否認加諸他的罪名，「他們即用力扭他的手，使他最終頂不住而趴在地上，然後往他額頭按上一個木質夾具。」其他人被帶上法庭作出不利於他的證詞，「嘗過韃靼人懲罰的苦頭之後，他們說出藏在心中的事。」然後這位畏兀兒統治者被帶回他族人那兒公開處決；他的兄弟奉命砍下他的頭，他的共犯則「腰斬」。

「有七十七人，全遭處死」，數百人受到別的懲罰。殺死家族成員時雖採不流血的方式，但蒙哥汗似乎決意要以最令人毛骨悚然的方式將他們處死。兩名遭控訴的兄弟「嘴巴……被塞進石頭至死」，然後他們的父親被捕，押去「與他的兒子會合」。這種行刑方式使受刑人無法為自己不朽的靈魂逃出肉體而發出最後祈求。

或許出於眼紅，蒙哥汗知道莫圖根是成吉思汗最寵愛的孫子，於是對莫圖根的兩個兒子施予特別殘

45 叫人啼笑皆非的，六百年後，俄國作家亞歷山大·普希金（Alexander Puskhin）把蒙古人說成「沒有亞里斯多德或代數的阿拉伯人」。

酷的對待。蒙哥汗刻意挑選對他們心懷仇恨的人為法官，主持對他們的訊問和審判。拉施特寫道，「汗廷的執法官像許許多多的死神使者到來」。其中一個兒子叫不里（Buri），在歐洲打過仗，從日耳曼帶回一隊薩克森（Saxon）礦工，要他們傳授採礦本事。結果他被嘲笑為爛醉的惡霸，押到俄羅斯給他的堂兄弟拔都處置，處置方式不明。莫圖根的另一個兒子被帶上法庭，眼睜睜看著被一同送上法庭的妻子遭拷問、審訊。法官「滿懷宿怨」，經過一番馬虎的審問後，「下令將她的四肢踢成爛泥」。兩個兒子處死的方式不明，但心懷報復的法官似乎很高興讓每個被他判死的人受到特別恐怖的處置。

被捕的皇族成員原只有七十七人，但隨著起訴行動遍及帝國全境，更多敵人被認出，被捕者迅即增加為數百人。清洗過皇族和高官之後，蒙哥汗似乎決意擴大清洗範圍，把與他祖父有宗教性或精神性關連的人一律除掉。新統治者們是他的後裔，他們不想要身邊有人與成吉思汗的關係比他們與成吉思汗的關係更直接，與他的私誼比他們之間的私誼更深。

據志費尼的說法，有名侍臣「上了腳鐐手銬，關了將近兩年，在那期間，由於經受種種盤問和懲罰，他覺得人生毫無樂趣。」最後，「他認命接受一死，把自己的身體交給命運處置，招認犯下他根本未犯的罪。他也遭丟入河裡，他的妻子、小孩都成了刀下亡魂。志費尼，一如他的父親，極力支持蒙哥汗，但他報導了在蒙哥汗上台後的大清洗裡發生的許多這類慘劇。舉例來說，他寫道蒙哥汗命人「左右擊打」一名被告，「直到將他的四肢都打爛為止；他就這麼喪命。他的妻子和小孩都被貶為奴，顏面掃地，受盡羞辱。」蒙古皇族陷入內鬥，彼此圖謀加害對方時，帝國的邊陲繼續瓦解。蒙哥汗一完成內部清洗，即決心恢復成吉思汗的帝國。他派兵展開新一波對外征伐，以收復失土，擴張版圖。他對自己家族成員的殘酷對待，只是他打造更大、更好之蒙古帝國的計畫序曲。他的外敵有充分理由擔心最壞的情況降臨。蒙哥汗已在準備讓他們最不想看到的事情成真。

第十六章

焚書

見過成吉思汗的諸多宗教學者裡，道教長春真人的年輕弟子李志常受益最大，活得最久，注定死得最慘。在阿富汗見過大汗之後，他的全真教日益壯大，他成為廣受道教徒敬重的人物。他以和成吉思汗的晤談為題出版了一本書，由於他與這位征服者的關係密切，他受到許多年輕一輩蒙古人敬重。

一二五一年，蒙哥汗要李志常掌管蒙古人統治下的所有道教機構，召他到哈剌和林。蒙哥汗想同時確立兩件事：他想打造忠於成吉思汗之人格與律法的形象，而邀請曾與他的祖父共事之人前來，有助於實現這目標；他同時想鞏固對已裂解之帝國的各個分部的掌控。他欲控制他新近集權化政府裡的宗教團體，而召見李志常乃是實現這一目標的最重要作為。

哈剌和林是蒙古帝國都城，但李志常抵達時，它簡直只是個處處土牆的草原村落。蒙古人較愛住在搭建於城鎮之外空曠大地上的蒙古包，因而沒有哪個蒙古菁英真的住在都城。哈剌和林是僕人的居住區，他們在那裡確保為汗廷效力的官員和工匠衣食無虞。這個都城為中國工人闢設了一個居住區，為穆斯林市場劃設了一區，為農產品劃定一區，還有擺滿貢品和財寶的長條形倉庫。哈剌和林沒有宏偉的建築或美感，但具有許多禮拜用的房子，是成吉思汗宗教寬容政策的活見證。法國特使魯不魯乞抵達哈剌和林的時間與李志常相差無幾，他記載見到十二座宗教建築，包括一座教堂和兩座清真寺，城裡還有道觀、孔廟、佛寺。

雖有這些宗教機構存在而蒙哥汗的母親是基督徒，蒙哥汗和他的兄弟仍倚賴傳統薩滿。這位新可汗和他的朝臣大部分時候住在草原上的蒙古包裡，遠離這座城市和城裡被關在建築中的諸神。從中國、歐洲、穆斯林世界千里迢迢來到哈剌和林的外國宗教代表，常嘲笑蒙古汗廷倚賴這些薩滿和算命仙。魯不魯乞輕蔑地寫道，「他們靠占卜治國」。蒙哥汗告訴他，「上天給了我們占卜者，他們說什麼，我們做什麼，我們過著太平日子。」魯不魯乞證實，凡是薩滿「說非做不可的，都立刻執行。」薩滿「預言各種事務的吉日和凶日，從未在沒有他們同意下集結軍隊、開戰。」[46]

蒙哥汗在汗廷裡設了許多薩滿，由於人數太多，一二五三年時不得不把他們分成傳統療法術士和算命師兩部。他要他最寵信的薩滿阿忽查（Aghucha）掌管獻祭。薩滿有許多專業：有些薩滿特別精於控制天氣、預測未來或主持犧牲獻祭等儀式。魯不魯乞抱怨道，阿忽查是占卜界的權威，他的蒙古包距大汗

46　一二五四年五月三十一日，魯不魯乞最後一次晉見蒙哥汗時，蒙哥汗所表達對薩滿僧的看法。

的蒙古包始終「約一石之遙」。比起千里迢迢來到汗廷的眾多外國僧侶、教士、伊瑪目，薩滿遠更接近大汗，更容易見到大汗。

在哈剌和林城裡，不同宗教信仰的人非比鄰而居不可。對基督徒來說，這是叫人極不習慣的事。得知得與來自喬治亞、俄羅斯、敘利亞、希臘及亞美尼亞的東正教教士比鄰而居，得在虛假的融洽氣氛裡執行基督教儀式，魯不魯乞很不高興。他們所拜的是同一個神，但這些基督徒似乎個個互看不順眼，在他們自己國家裡未有過一起禮拜的經驗。兩百多年來東正教徒和天主教徒相互開戰，戰火幾乎沒停過。雙方都把對方開除教籍，都宣告對方的信徒死後會下地獄。天主教徒在十字軍東征時未能打敗穆斯林，常把怒火發洩在東正教上，洗劫君士坦丁堡的教堂，乃至主教座堂。

魯不魯乞從歐洲過來時，除了傲然宣稱他所屬的基督教支派代表上帝講話之外，未帶禮物，行事違反蒙古的宮廷禮儀。蒙古基督徒很清楚最早向耶穌致意的禮拜者是來自東方的三個賢人，因此，耶穌最早的追隨者是亞洲基督徒，而非信天主教的歐洲人。此外，亞洲基督徒在聖典和儀式裡所用的語言，就是耶穌講的語言，不像歐洲人把他的話轉成自己的拉丁語。宗教自由雖然具有大受推崇的好處，卻似乎只是鼓勵不同信仰的人更加不信任對手。

薩滿主宰汗廷，但道教的地位高於其他所有外來宗教。成吉思汗在阿富汗與長春真人會晤之後，道教徒享有特殊地位。脫列哥那、窩闊台、唆魯禾帖尼獎掖伊斯蘭教、基督教、道教、佛教機構，但只有道教徒能宣稱他們得到成吉思汗本人的獎掖，而李志常就是這段特殊情誼的活見證。

成吉思汗死後三十多年，道教已成為蒙古帝國境內最有錢的組織，財富之多僅次於大汗的家族。透過李志常的領導，道教徒與窩闊台的家族緊密結盟。如果唆魯禾帖尼的兒子想掌握所有權力，就得高調打破道教勢力。要徹底推翻窩闊台和其家族，光是殺光直接的對手還不夠。蒙哥得把他們的家族外盟友網絡也摧毀才行，得把李志常消滅掉。但要除掉他得費一番特別工夫，因為他所行使的權力是成吉思汗所直接賜予。

蒙古人摧毀西夏的鮮明記憶和道教徒不斷攻擊中國境內佛僧、佛寺一事，給蒙古汗廷留下一個戰略難題。道教大體上是中國宗教，但要征服金國、宋國周邊的數個小王國或與它們結盟，蒙哥得拉攏佛教徒。這些周邊王國都信佛教：喜馬拉雅山的吐蕃人、高麗人、今日四川省境內的大理國、更南邊的緬甸蒲甘王國和今日越南、寮國、柬埔寨境內的諸王國。如果這些王國認為蒙古人反佛教，他們說不定會與宋朝皇帝聯手推翻蒙古人。為贏得他們的支持，或至少使他們保持中立，蒙古人得表現得支持佛教。除了除掉李志常本人，還得破壞道教遍布全中國的廣闊網絡，才能平息佛教徒的怒氣。

蒙哥崇佛抑道還出於一個理由：佛僧的戰鬥本事出奇高超且極富新意。一二三二年，在朝鮮半島的某場仗裡，一名佛僧一箭擊斃一名蒙古統兵官。修行之人撂倒一名蒙古指揮官，這是頭一遭。這名高麗佛僧金允侯坦承作戰經驗不多，以或許太過謙遜的口吻說，「當戰時吾無弓箭」。一個未受過軍事訓練的和尚撂倒本領高強的蒙古軍事領袖，其精神力的強大令蒙古人大為佩服。不管這個和尚的成功來自武功或來自神的啟發，都令他們刮目相看。道教徒所提供的長生不老藥，相較於懂得如何打鬥的佛僧武功，大大失色。蒙古人希望他們為盟友，而非敵人。

蒙哥汗未能召募高麗武僧為其所用，於是把中國少林寺的福裕長老叫到哈剌和林，要他組建少林寺分寺。邀請李志常和少林長老到這座小城市，必然引發對立，而那似乎正是蒙哥所希望見到的。

佛教徒無法宣稱其與成吉思汗有私人交情——未有著名的佛教領袖會晤過他，而且他未授予佛教特權。但佛教徒有個武僧護法神金剛手菩薩。佛教徒一般不吃肉，但少林和尚不只允許吃肉，還堅持非吃肉不可，這觀念與蒙古傳統完全契合。少林和尚以金剛手菩薩如何成為他們護法神的古老故事，合理化他們的吃肉習慣。據說有天金剛手菩薩出現在一名新進的少林和尚面前，問他想不想變強壯，小和尚答是，金剛手菩薩即告訴他吃肉即可。

「和尚照理不准吃肉。」小和尚說。

金剛手菩薩舉起一碗肉，「用他的長刀」把肉硬塞到這個和尚面前，但和尚不肯吃。金剛手菩薩揚言如果他不照做，會用金剛杵殺掉他，和尚嚇壞，大口吃下肉。

突然間，這個小和尚展示肌肉，「露出他強健的筋骨，他看去簡直就像神。」然後金剛手菩薩教他武功祕訣，從而開啟以高強武僧捍衛佛法的全新傳統。

◆

李志常覺得福裕長老和他的少林和尚沒什麼大不了。這些佛教徒是武僧，但李志常是學者。他認為言語的威力比這些新來者據說具有的武功還要厲害。至這時為止，李志常借助出書在蒙古的統治集團裡一步步往上爬。他講述會晤成吉思汗的著作乃是他獲致聲名和威望的主要憑藉，但在那之後至此時的幾十年裡，該書的重要性已減低，於是他決定寫本新書。為消解對道教徒日益升高的怨恨，李志常出版了一部學術著作，為他的道教優於其他所有宗教，特別是優於佛教，強力辯護。結果弄巧成拙，反倒鑄下大錯。

他的新著作重新詮釋佛道兩教發跡以來的神學史。他要弟子四處分發《老君化胡成佛經》，接著寫了《老子八十一化圖》，以更清楚闡明他的驚人主張：佛教是道教所派生出來。李志常在其配有許多插圖的本文裡，把佛陀說成只是已悟道的幾個胡人之一，而佛陀悟道並非如他的追隨者所說憑藉己力，而是借助佛陀恩師老子的教誨和著作。李志常把佛教說成道教的不完美翻版，道教則是原初的、純粹的宗教。少林和尚對他的大放厥詞非常生氣，說他所謂的老子八十一個化身，有五十個竊自佛教，這一連串化身裡只有一個是真化身，即老子本人的化身。把老子「比之於佛，猶白鹿之於麒麟。」言語交鋒自此展開。

蒙古當局不能以李志常或道教徒在成吉思汗在世時犯下的罪將他們定罪，因為成吉思汗本人支持他們。但出版這部新書給了蒙古當局扣以新罪名的依據。李志常主張某教優於他教，直接牴觸了成吉思汗的普世教誨和律法，給了他的敵人指控他違反該法的把柄。

佛教徒察覺到道教的弱點，看出有個辦法可把成吉思汗與道教徒的關係減到最低，於是開始攻擊道教徒據以得勢的最有力憑藉，也就是開始嘲笑李志常的師父，在阿富汗會晤過成吉思汗的長春真人。這位真人的弟子宣稱，與成吉思汗同年去世的長春真人是在禱告時去世，他死時「異香滿室」。佛教徒反駁道，這位道長死在茅廁裡，當時他的床已搬到茅廁中，因為得了痢疾。有人說他長生不老，他卻治不好痢疾。佛教徒流傳一首諷刺詩，拿他的道號「長春」和道教之名作文章——

一把形骸瘦骨頭，
長春一旦變為秋。
和濉帶屎亡圊廁，
一道流來兩道流。

李志常原希望他的新作會保住道教徒享有的特權，結果反倒落入自己造就的陷阱裡。蒙哥汗把他叫來，要他證明他新書裡有關老子、佛陀的離譜主張有憑有據。憤怒的佛僧要求他公開收回該書的謊言，銷毀現存所有複本，把道教徒財產轉移給佛教徒以賠償他的中傷所帶來的傷害。

令人遺憾的，志費尼當時人在哈剌和林，對中國人的神學爭執卻興趣缺缺。蒙古人打算再度征戰中亞，以將尼查里派的土地和報達、大馬士革納入蒙古帝國版圖，而志費尼正忙於幫他的父親準備這場新戰役。志費尼對蒙古汗廷的財政和哈剌和林一地商人的交易之興趣，似乎遠高於對來來去去之修行人的興趣。事實上，似乎沒有哪個財政問題小到不值得他立即投以仔細的關注；他對修行之人感興趣，完全因為他們免繳別人該繳的稅。

志費尼寫道，蒙哥汗一旦「坐穩汗位，注意力不再擺在追逐私利和令人眼紅的事物上，他的心思即轉向制伏世界最遠的東部和西部。」一二五二年，「他派忽必烈到東部」，繼續征服中國的大業，而且

「開始安排、組織他另一個弟弟旭烈兀的事，要他負責征服（位於中亞的）西部。」

志費尼於一二五三年秋離開，但就在這幾個月前，對這些宗教爭端極感興趣的另一個外國人來到哈剌和林。

◆

魯不魯乞於一二五三年春來到哈剌和林，他與志費尼都寫下出色的蒙古史著作，兩人同時待在哈剌和林的時間有將近六個月，卻未有記錄顯示他們見過對方，乃至知道對方的存在。與志費尼截然相反，魯不魯乞不只親眼目睹宗教鬥爭，還參與其中。他寫道，蒙哥汗行文給基督徒、穆斯林、道教徒、佛教徒，說，「你們個個說自家的教義最好，自家的書最切合真理。」蒙哥汗要他們「一起見個面，比較一下。」蒙哥汗要他們全都參加一場大辯論，並訂下明確的規則。「這是蒙哥的命令，任何人都不得說上帝的戒律有別於它。」一名蒙古官員如此告訴參與辯論者，「任何人都不得與他人爭吵或侮辱他人，或發出噪音干擾此事進行，違者砍頭。」眾位修行之人靜靜聽令，不敢違抗。

蒙哥汗未要薩滿參與辯論，因為他們的宗教是行動的宗教，而非抽象概念、理念的宗教。誠如某則蒙古吟頌文裡所說的，他們的宗教是「沒有書的宗教，非寫在紙上的宗教，沒有字母的宗教」，倚賴的是「以鼓和鼓棒寫就的聖典，用言說來保存的聖典。」薩滿聲稱與上天有直接的聯繫，不需要爭辯。參與辯論者將只限外國人，限於有書的宗教。薩滿只是這場宗教爭鬥的旁觀者。

正式辯論之前，蒙哥汗給了參與辯論者時間去研讀、冥想、準備說詞、練習辯詞。蒙古主辦者指派魯不魯乞代表基督徒，但在模擬辯論中，他扮演佛僧的角色，要批駁基督教。他告訴自己隊友，「我們要假設我屬於那個教派，因為他們說上帝不存在，但如今證明上帝存在。」他知道摩尼教思想已滲入佛學。他說，「他們都抱持摩尼教徒的異端邪說，認為世間事物有一半是惡，一半是善」，深信轉世的靈魂「從一個身體轉移到另一個身體」。

蒙古人把所有相對抗的教派當成一個宗教般。有個蒙古官員在發給法國國王路易九世的指令中細心說明了這點。他在這項指令中懇請路易九世按照成吉思汗的教誨公平對待與他同信基督教的人，「地上的國王下令，按照上帝的律法，拉丁人、希臘人、亞美尼亞人、景教徒、英王詹姆斯二世的追隨者（Jacobites）和所有膜拜十字架的人，彼此之間沒有差別。對我們來說，他們都是一樣的。我們對你這位偉大國王的要求，乃是勿對他們有差別對待，要以虔誠、仁慈之心統治所有基督徒。」

令這位法國特使大為反感的，在該為辯論作準備時，相對立的基督教教派不只得編成同一隊下場辯論，還與穆斯林編在一塊，於是下場辯論者只有三方：道教徒、佛教徒、基督徒—穆斯林。儒士未受邀辯論。這三支隊伍在真的辯論或比較不同宗教的信念時並不順利，因為各隊都只想用引用自己的聖典，認為那就足夠作為確鑿無疑的證據。三隊各說各話，只依據自己的前提來理論。

辯論始於一二五四年夏，即蒙古人舉行一年一度的那達慕競技大賽的季節。這一年，除了賽馬、比箭、角力（蒙古人最愛的三種競技），還有城裡的外國外交官和特使會較感興趣的神學辯論。但真正的觀眾離蒙古都城甚遠。蒙哥汗打算讓辯論的內容傳遍他的領土內外諸境，以說明蒙古人的正義和宗教寬容觀，藉此助蒙古人拉攏帝國境內的佛教徒。

與其他三種在戶外舉行的競技不同，辯論排定在新蓋好的大汗宮殿裡舉行。魯不魯乞寫道，「這座宮殿像個教堂，有中殿，有兩個側部位在兩排柱子之外，有三個向南開的門。（大汗）高高坐在北邊，以讓所有人都能看到；兩列階梯往上通向他：捧他的杯子者走其中一列階梯上去，他則走另一列階梯下來。」附近「站著他的嘗酒侍臣，以及拿著禮物的特使；他坐在那裡，如神一般。」男人坐在西側，女人坐在東側。「南邊，在右排柱子旁邊，有高出地面的一排排座位，他的兒子和幾個兄弟坐在那裡。左邊，以類似方式布置，坐著他的妻子和女兒。只有一個女人坐在他旁邊，但座位低於他。」

辯論規則大體上遵循蒙古人的角力規則。每一輪辯論結束後宣布勝方，接著是暢飲一番馬奶子。辯論開始不久，基督徒—穆斯林隊即宣告淘汰。他們原本就無心參賽，但一開始有他們下場，使這場辯論較像那麼一回事，而不只是道教徒與佛教徒對打而已。

佛教徒在第一次辯論中勝出，隨之乘勝追擊，對道教徒發出刑事控訴。這些控訴極為有力，已足以讓蒙哥汗據此下令展開司法調查。因此，辯論一結束，司法調查即展開。道教徒如今成了被告，佛教徒則是控方。

最大的控訴乃是指控道教徒散發偽經，另外還指控他們破壞佛像和聖物，強占佛教房產，對佛教施予有形和無形的傷害。李志常似乎未體察到情況的嚴重。佛教徒眼紅他的特權地位，但前兩任大汗和他們的官員始終支持他，保護他。他未能理解到情勢有異，除了一再提醒眾人成吉思汗給了他的教派特別的認可和特殊權利，未花心思針對他所遭指控的罪名擬出有力的辯詞。被問到他和他的徒眾濫權、沒收佛教房產、偽造文件、散播不實資訊、逼佛教徒改信道教、濫用自己的免稅待遇這些情事時，李志常說他對這些惡行一無所悉。如果真有這類情事，那是別人在沒有他配合或認可下所為。

少林長老福裕一一反駁李志常這些論點。李志常自稱是全真教的首領，要下屬報告所作所為，怎會對他下屬為非作歹毫不知情？若非他知情並同意他們為惡，從而也有罪在身，就是他不知情，因而犯了失職之罪。不管是上述哪種情況，他顯然都不夠格為大汗效力。李志常不習慣於受到他人公開羞辱，更別提是在大汗面前，頓然瞭解自己身陷何種險境。他開始因暑熱而大量流汗，氣得滿臉通紅。他已在汗廷諸位大臣面前丟光了臉，接下來就要面臨他的第一個懲罰。

一二五五年農曆九月二十九日，蒙哥汗下詔將李志常中傷佛教的書全數交給喇嘛，凡是被毀或受損的佛像全換成同樣價值的新佛像。雖然令道教徒受到羞辱，蒙哥汗有限的裁斷並未完全解決將由哪個宗教獨大的問題，而未令佛教徒滿意。經過這番初步的司法調查，蒙哥汗斷定在蒙古法官主導下進行的全面刑事審判，一如他針對皇族成員進行的審判，將無法令公眾信服。蒙古人主導的審判可能會被解讀為對道教徒的迫害，乃至對中國文化的攻擊。蒙哥汗想使道教徒與佛教徒互鬥，使雙方各把矛頭指向對方，而非指向統治他們的蒙古人。

蒙哥汗斷定，如果主辦新一輪的公開辯論，讓佛道兩教兩敗俱傷，他能更有效地贏得中國民心。不會有人怪他把某教派送上法庭或蔑視受許多中國人看重的信仰。他能以支持蒙古宗教寬容政策的形象示人，同時使對手相鬥，兩敗俱傷。一如作戰，凡是從這新一輪辯論裡勝出者，都會揭露天意，左右民意。

至此時為止，佛教一方都以少林長老福裕為代表。福裕所信的佛教教派盛行於華北、高麗及日本，但蒙哥想在南部地區，特別是在原歸窩闊台家族控制、後來被蒙哥奪走的吐蕃，拉攏民心。吐蕃人所信持的佛教是較富神祕儀式的密教，這類佛教也盛行於不丹和絲路沿線許多社群。為了遂行自己的目的，蒙哥有時會逼相競爭的對手攜手合作。這時他即祭出這策略，選擇那摩（Namo）這位來自喀什米爾而教育程度甚高的喇嘛與少林長老福裕合作。[47] 那摩講得一口流利的蒙古語，那是福裕所不具備的優勢。

中國人激烈批評這一決定。中國史書《續資治通鑑綱目》，以一則長篇評論概括說明了那摩所受到的批評。該評論的開頭說，國之存在建立在相互的義務上，建立在父對子的義務上，君對臣的義務上，夫對妻的義務上，年幼者對年長者的義務上，朋友彼此的義務上。至於那摩，該評論說他是個出身卑下的外人，四處流浪為生，無法履行供養父母的義務，說他剃光頭髮，敞露外衣，證明他不懂臣子對君王

47 文史料說那摩是喀什米爾人，但信藏傳佛教。他早早就看出蒙古人即將稱雄於世或「東北有天子氣」，看出「世道擾攘，吾國將亡。」

的義務，說他受教規約束不能結婚，因而沒有後代，也就不懂丈夫的義務和父親的義務，說他蹲坐，也就未給予老者應有的尊敬，說他棄絕社會，走出世之路，也就不懂朋友的義務，因此國家所賴以建立的那些倫理綱常，他無一具備。該評論說他受封為國師，但他有什麼可教導於人？他有什麼可供他人效法？評論者最後以野獸聚在一塊之語，總結對那摩和修行之人的評價。

◆

下一輪辯論排定於一二五六年七月，地點是哈剌和林南邊的御用營地。蒙哥把辯論安排在蒙古都城之外，藉此進一步撇清自己與辯論結果的關係。這場辯論是最後的較量，由少林長老福裕帶頭告發道士。中國宗教學者互鬥，蒙古人當中立的旁觀者。事實上，蒙哥甚至不會出場觀戰。

蒙哥忙著準備入侵華南時，他的弟弟旭烈兀已就攻打穆斯林哈里發的所在地報達一事集結好大軍。辯論結果已八九不離十時，蒙哥汗遵照傳統把蒙古本土交給他的么弟阿里不哥掌管，於是蒙哥、旭烈兀、忽必烈出征，阿里不哥在後留守。阿里不哥唯一的任務，就是主持辯論會，然後宣布佛教隊得勝。

阿里不哥是四兄弟裡作風最傳統者。他是典型的草原男子漢，熱愛蒙古人馳騁曠野、充滿活力的生活。他對神學辯論興趣缺缺，對於自己得留守本土，監督和尚、道士爭辯，幾個兄長卻在遙遠外地打仗，心裡很不是滋味。他自認是個戰士，不是裁判。在他的掌控下，辯論停擺，他的三個哥哥則率兵馳騁於亞洲大地上。

志費尼的撰述始終生動有趣，寫到他在以消滅波斯北部尼查里派為目標的戰役期間他所參與的活動，則更顯活靈活現。他不只隨旭烈兀的軍隊征戰，還對尼查里派懷有難消的仇恨。他鉅細靡遺描述這場戰役，概略說明了這個教派的歷史，描述了拿下此前屢攻不破的阿剌木特要塞的驚人偉業。尼查里派曾與成吉思汗結盟，但他坦然直抒自己對該教派的仇視。

拿下阿剌木特之後，蒙古人開始其一貫的作為，即徹底調查這座要塞裡的每樣東西。身為精通波斯語、阿拉伯語的學者，志費尼獲准接收大圖書館和檔案機構，從而接收它們歷代收藏的書籍和記錄。他「接到命令，要他檢查他們的寶庫裡有何寶物和圖書館裡收藏了什麼書，從中挑出有價值的東西，然後他如實執行了這項命令。」對於這項任務，他執行得很起勁。「此刻我正在檢查他們多年收集的藏書，從眾多不實論著和貫穿他們信念的虛妄教義中，挑出我覺得稀有珍貴的書卷（他們的藏書除了如上所述，還有尊貴的可蘭經和把善惡混在一塊的各種精選書籍。）」他從這些史料裡積極「謄抄觀點中肯而適合放進這段歷史的東西，引用確鑿無誤的東西。」

志費尼的著作是後人瞭解尼查里派在阿剌木特的歷史和成吉思汗與伊瑪目哈桑三世之間互動的主要依據，也幾乎是唯一的依據。史學家有時為了符合自己的需求和信念而更改歷史記錄，但史學家鮮少有機會去完全摧毀證據。他犯了身為學者不可原諒的罪，犯了像他那樣才華橫溢的人令人吃驚的道德疏失，摧毀了許多史料。焚書不僅是專屬蠻夷之為：志費尼燒掉許多文獻，理由是它們含有旁門左道、褻瀆神聖的內容。出於有力的政治考量，他必須盡量淡化成吉思汗與這位伊瑪目之間的關係，在當時看來這似乎是相當重要的事。志費尼的破壞舉動只增添了他們兩人關係的神祕。

志費尼把尼查里派視為離經叛道者，為他們遭蒙古人擊敗而額手稱慶，而他所選擇讓後人知道的事，在在點明這個教派的十惡不赦。他引用了這位伊瑪目與哈里發祕密協商的內容，但完全不提這位伊瑪目與成吉思汗結盟之事。關於這位尼查里派伊瑪目與成吉思汗頭幾次會晤之事，幾可確定曾存有記錄，而他肯定讀過那些記錄。但志費尼一心要盡量淡化這兩人的關係，於是把它們全數銷毀。他找到上好的物件，挑出他想要的，然後，「至於剩下的書，都在講述他們的異端邪說和錯誤觀念，既未以傳統為依據，又經不起理智的推敲，我把它們全燒了。」他簡直是以吹噓的口吻在講述此事，把摧毀尼查里派和他們的圖書館說成真主的豐功偉業。「於是曾遭他們的惡行污染的世界變乾淨了」。

◆

旭烈兀擄獲尼查里派的伊瑪目，將他和他的家人帶到蒙古，然後他們在那裡遭處決。伊瑪目的徒眾遭殺害，蒙古人想方設法將這個教派剷除淨盡。除掉這個障礙之後，蒙古人從此可以隨時向報達進發。

旭烈兀直搗穆斯林世界心臟地帶的行動進展神速，與他哥哥征南宋之役的進展緩慢而令人氣餒大相逕庭。旭烈兀已越過他的祖父當年率兵馳騁烏茲別克和波斯北部時入侵過的土地。這時他要從阿拔斯王朝哈里發帝國手裡征服新領土，以便展開他已盤算好的入侵敘利亞、埃及的行動。成吉思汗所征服的屬國，有一些已在此前三十年裡脫離蒙古人統治，但那些屬國沒有一個在人口、經濟或文化上完全恢復元氣。旭烈兀的行動大部分是在重申蒙古人對先前征服之地的統治權。他這時的主要目標是報達。成吉思汗攻打花剌子模時，報達的哈里發保持中立，一直以來至少是未言明的蒙古盟友。

但這時，哈里發犯了一個要命的大錯。當初成吉思汗入侵中亞時，蒙古人未能拿下報達，因此，此時在位的哈里發認為他們還是攻不下。旭烈兀的軍隊威脅到他墮落但仍不改豪奢作風的都城時，身為整個穆斯林世界的首領暨先知穆罕默德的繼承人和真主阿拉挑選的世間代表的哈里發，以為會有數十萬穆斯林從各國奔來幫他守城，結果一個都沒有。

蒙古人全力攻打報達時，哈里發只招募到一支以庫德人為指揮官的小支軍隊保衛他和這個城市。這位庫德族將領哀嘆道，「敵人來到城門，報達城裡除了我們，只有一些騎兵，而異教徒的人數是二十萬。」他建議哈里發逃走，說「信士之主還是搭上船，指示下屬存放好他的珍寶，讓他的家人上船，為宜；我們也會上船侍候信士之主。」他力促哈里發躲在巴斯拉（Basra）附近的島嶼裡，「直到全能的真主派人前來解救，異教徒被消滅為止。」

旭烈兀的軍隊如風暴般的大火橫掃大地，還未交手就已令敵人膽寒。渡過底格里斯河之後，他的軍隊挖了一道壕溝，築了一道牆，圍住整個報達城，向城裡居民明白宣告他們已如網中鳥被困住，沒有逃脫之路。然後他們慢條斯理地開始組裝攻城器械和強大的進攻武器，弓箭手則往城裡射入宣傳單。有些箭挾帶了安全通行證，供各宗教的學者和有學問的天主子民使用，穆斯林、基督教或其他任何宗教的信徒都可用。但這項優遇不適用於哈里發。

哈里發花在建造宮殿、增添後宮妃嬪上的錢，多於花在軍隊上，但他還是營造出錯覺，讓人民以為「阿拉已賜予我們勝利」。他疏於支付軍餉，許多軍人這時已開小差。有個阿拉伯詩人哀嘆自己的困境，說他所置身的社會，「宰相忙著積聚財富」，「皇宮總管有時喝得爛醉，有時彈豎琴、魯特琴。」他抱怨道，哈里發的王位繼承人沉迷於女色，「到哪都有皮條客和妓女」為他服務。報達是個把褻瀆行為捧為伊斯蘭的城市，缺乏公正法治或真正宗教的城市。

報達守軍認為穆斯林世界的堂堂都城絕不會被多神教軍隊攻占，於是毅然出城，準備決一死戰。他們犯下的第一個要命錯誤，乃是在低地設置軍營。蒙古人善於找到自己相對於敵人的意料之外優勢，而且始終能善加利用該優勢。旭烈兀的工兵迅即把河水導向那個低窪地區，於是「午夜時洪水往他們灌下來，他們開始逃離水，他們的弓、箭和刀鞘都泡在水裡。」守軍於是失去抵禦之力。

哈里發向蒙古人獻上大量貢品——「錢、寶石、首飾、錦緞、華服、金銀瓶和其他上好的物品」——承諾只要旭烈兀饒了他們，他會封旭烈兀為蘇丹。[48]他放出早先被他下獄的蒙古特使，替他們穿上漂亮衣服，給他們大量黃金和許多阿拉伯馬，然後派他們去向蒙古人求情。他請求旭烈兀饒了「他兒子、女兒」的性命，而且為了替自己卸責，他提出可憐兮兮的藉口，說「發生那些事都是居心不良的顧問搞的。」哈里發承諾如果蒙古人同意他的請求，穆斯林「會成為他的奴隸，成為獻貢的子民。」

旭烈兀對蘇丹這個外國頭銜嗤之以鼻。只有蒙古大汗有權賜頒頭銜，只有蒙古人得到上天的全力支持。旭烈兀發給哈里發的信息簡明扼要且毫不留情：「除非你們的靈魂之眼已使你們瞎了眼，看看日月所做的。看看大地與時間之王已賜給成吉思汗的東西。」蒙古人拿下該城和哈里發，還有哈里發的幾個兒子。他們「把他銬上鐵腳鐐」，關在帳篷裡一個星期，旭烈兀則在那期間思索該怎麼處置哈里發。在向這個階下囚宣告判決之前，旭烈兀「親自（去了）哈里發的宮殿，巡視過財寶和新舊的寶貴東西。那些東西被哈里發貯藏起來供來日使用，他把它們都找出來帶走。」

旭烈兀宣告哈里發有罪，下令將他處死。他的士兵要哈里發坐在毛氈上或皮革毯上，把它縫起來，像個布袋裹住他，以免他的血觸及土地，然後讓蒙古人將他活活踩死。穆斯林說蒙古人害怕讓穆罕默德的繼承人流血，但事實上他們認為他的血太邪惡，會污染土地，玷污日光。旭烈兀饒了哈里發的幾個女兒和么兒的性命，但要人以同樣方式處死他的其他兒子。

經過四十天的劫掠，死屍遍布街頭。雨落下，城裡爆發瘟疫。好多蒼蠅從死屍身上孵出來，密密麻麻漫天飛舞，簡直叫人無法呼吸。蒙古人消滅哈里發政權，建立新政府來治理報達，政府成員除了各派穆斯林（包括遜尼派、什葉派、神祕蘇菲派），還有基督徒和猶太教徒。

到了一二五八年夏，蒙古汗廷已收到旭烈兀攻下報達城、殺死哈里發及其嗣子的消息。志費尼再度接管該城的檔案機構和圖書館。在蒙古人統治下的報達，書籍極具價值，因而手邊缺少食物和錢時，

48　朮茲札尼寫道，「旭烈兀奪取報達的財寶，那筆財富的數量之多，非筆所能記錄得完，也非人的理解能力所能涵蓋，他把它們——錢、首飾、黃金、鑲寶石的花瓶、高雅的家具——全運到他的營地。」

倖存者即用書當貨幣。但儘管書籍極具價值，志費尼把令他反感或與他想要呈現的歷史相牴觸的書都毀掉。

毀掉阿剌木特和報達，加上殺害哈里發和伊瑪目，使成吉思汗的宗教寬容敕令成為笑柄。於此同時，在蒙古本土，宗教自由即將遭遇另一個致命打擊。

◆

三個哥哥在外征戰，擴張帝國版圖時，阿里不哥未能解決佛道兩教的爭端。最後，他把雙方找來開會，但他不習慣扮演不偏不倚的角色，很快就把辯論會搞砸。他未能讓人相信蒙古統治的公正無私，反倒使人更加相信蒙古人沒有宗教情懷。

佛教徒晉見阿里不哥，呈上一尊斷了頭的佛像，指控凶手是道教徒。阿里不哥命人叫來一名道教官員，未必心平氣和地問話，反倒火冒三丈，厲聲質問，然後突然舉起鞭子要打這個倒楣的道人，以逼他認罪。不久，阿里不哥更抓起這尊無頭石像，開始痛擊他。阿里不哥憤怒吼叫，這個道士則痛得尖叫，血從頭上汩汩流出。

史書未交代這名挨打道士的姓名，他很快就被帶離汗廷，不久後死掉。後來才知道這名遇害的道士就是李志常。他的死讓各方都陷入兩難。道教徒覺得顏面無光，因為一如他之前的道長，李志常被認為會長生不老。佛教徒說他根本沒死，那只是道教徒使出的詭計，以避免在辯論中落敗。[49]為證明李志常真的死了，阿里不哥要人把被他的弟子匆匆下葬的李志常遺體從墳中挖出來。經過當場驗屍，蒙古人宣布他並非死於人為傷害。一如帖卜騰格里之死被歸因於上天的憤怒，官方宣布的李志常死因是雷擊。在蒙古人眼中，這是最糟糕的死法，類似從天上鎖定目標予以處死。對道教徒來說，這是不祥之兆。

沒有了領導人又極害怕這位可汗懲罰，灰心喪志的道教徒陣腳大亂。由於太害怕，道教徒缺席了已排定的另一場辯論。阿里不哥未展現蒙古汗廷的圓融練達，反倒坐實了普遍存在的疑慮：蒙古人根本是野蠻人，碰到什麼問題都用暴力解決。佛教徒似乎靠暴力打贏釋道之爭。辯論以出人命收場一事，蒙古汗廷拚命封鎖消息，而且致力於把外界目光導向道教徒的罪行，而非他們領導人遇害一事。

釋道辯論如此血淋淋收場，背離了主辦此活動的本意。為收拾這個爛攤子，修復皇族形象所受到的傷害，正在華南打仗而無法親自處理此事的蒙哥汗，要阿里不哥不要再管此事，轉而要弟弟忽必烈負責解決這場爭論。忽必烈這時已回到位於華北的自家封地，他在四兄弟裡教育程度最高，但不像蒙哥或旭烈兀那樣以彪炳戰功而聞名。他先是徵求暫停辯論，然後提議改到未受先前的失利陰影籠罩的新地點重新開始。

忽必烈打定主意絕不要像他弟弟那樣魯莽，於是選擇把辯論地點移出阿里不哥所掌控的哈剌和林，

49 李志常死於一二五六年，但也有人說他死於更晚的兩年後或二十年後。

改到他位於南邊的都城，即內蒙古境內的上都。他精心規畫此活動，以賦予辯論全程客觀、考慮周全的氣氛，因為他知道此一活動的成敗攸關他在廣大中國人裡的聲望。基督徒和穆斯林不會受邀；忽必烈反倒請儒士加入這場經過精心安排的盛會。納入儒士之舉，象徵著對中國傳統的新態度；始終擁護強權者的儒士接受這邀請，從而為蒙古人統治中國文化菁英、知識菁英的正當性提供了加持。

三百名佛教徒和兩百名儒士聯手對抗兩百名道士，結果可想而知，但這一次每個小地方皆需安排得一絲不苟。少林長老福裕繼續領導佛教代表團，並選了十七名和尚作為團隊的主要發話人和領導人。忽必烈設想周到，務使各個地理區，盡可能讓大城市和重要佛寺，都有代表與會。除了這位長老，他邀來喀什米爾的那摩、吐蕃十九歲的八思巴（Phagspa，日後會成為忽必烈最倚重的喇嘛），還有來自鄂爾多斯、雲南和中國遙遠西部綠洲城市的其他佛僧。這麼多博學的學者與會，催生出數部描述此辯論過程的著作，包括一二九一年祥邁出版的《大元至元辨偽錄》（一二六四～一二八四年）。祥邁也是中國的佛教高僧，佛教團隊十七名領袖之一。

忽必烈在其開幕致詞時解釋道，李志常的神學著作雖然受到譴責和焚毀，許多道人仍未改變他們的想法或心態。他宣布，輸的一方要從此採用贏方的生活方式、食物、衣著，意即道人得剃光頭，佛教徒得留長髮。新加入的儒士似乎不必受到這種貶損人的懲罰。道教一方人數大大居於劣勢，但深信他們捲土重來，氣勢正旺，能捍衛住他們道教的基本信條。祥邁說他們躍躍欲試，「鳧躍鶴列藍袍錦袖，攘臂爭前」，但隨著他們與佛教徒逐點辯論，且有儒士以最後仲裁者的身分為佛教一方助陣，道人那股踴躍向前的氣勢不久即消失。

道教徒偏愛把所有討論和證據局限在中國典籍或漢譯的外國典籍。忽必烈不認可這一作法，說中國傳統只是世上諸多偉大傳統之一。辯論過程中以任何種語言的典籍為證據，他都接受。如果道人引用中國皇帝的話作為權威性依據，那麼引用印度國王的話，同樣具有公信力。道人只知道漢語，卻得對抗由多國人士組成的佛教團隊，這些佛僧引用的經文來自多種語言。忽必烈批評道教徒不懂外語，說「老君之名但聞此處，佛之名字普聞天下，何得與佛齊耶？」

◆

佛教徒和他們的儒士盟友在最後一輪辯論中輕鬆駁倒失去鬥志的道人。受挫的道人因為違反道德、法律的行徑而遭公開羞辱。他們的書大部分被查禁，有許多典籍遭公開集中焚毀。他們的特權遭撤銷，道觀遭沒收，道士遭驅逐，而或許傷害最大的，他們從此得和其他行業一樣為所從事的商業活動繳稅。

忽必烈正在打公關戰時，他的兩個兄弟繼續在戰場上為蒙古帝國開疆拓土，兩人的成功率大不相同：報達正遭洗劫時，蒙哥汗在華南強勢挺進。他在四川面對宋朝軍隊，攻勢緩慢但穩步前進。從科技角度來看，宋軍是世上最先進的軍隊，而且很可能是兵力最大的軍隊。雙方的長期對抗葬送了整整一代蒙古人和中國人的性命，但雙方都不願意屈服。一二五九年，蒙哥揚棄蒙古人冬天作戰的一貫作法，決定整個夏天留在戰場上。蒙古人和他們的馬在暑熱天氣裡戰力大減；他們的弓在濕熱的南方威力削弱。不管是因為這點，還是因為別的原因，蒙哥汗在仲夏時發燒病倒，於一二五九年八月十一日去世，與他的祖父死於中國境內一場類似戰役，相隔將近三十二年。

焚書者，焚人亦不手軟。志費尼已成為蒙古人的審查官和宣傳員，一二五九年，旭烈兀欣賞他的全力奉獻，派他掌管報達城。這位文風充滿感情的學者，這時搖身一變成為搞陰謀詭計、渴望擁有權力的行政官員。成吉思汗的正義感或失吉忽禿忽反對用刑的嚴厲告誡，在此蕩然無存。志費尼甚至把一名與他作對的人關在可帶著走的小籠子裡，以逼他全盤招認。有位人稱偽伊本·佛瓦提（Pseudo Ibn Fowati）但不知其名姓的史家，記載此時報達城裡的每日情勢。他寫道，訊問者掌摑這名被控男子的臉，「拿鞋子連續打他的頭，朝他放屁，對著他的臉撒尿」，同時拖著籠子在報達遊街示眾。他的舌頭被人用一根鐵條穿過，使其「無法說話」，以懲戒他嘲笑當局。最後，「他們砍下他的頭，換上有鬍子的山羊頭，然後又拖著他遊街。」其他異議分子遭肢解，有個人遭公開肛交強暴然後鞭笞。

這時住在外地的蒙古人，有許多已不是成吉思汗所認得出的那種蒙古人。他們已成為城居者。隨著帝國的中心移到遙遠異地的城市（例如旭烈兀的報達和大不里士〔Tabriz〕、忽必烈的新都城北京），蒙古人遺棄了草原。哈剌和林回復為牧草地，山羊和牛在曾有使節發著抖晉見大汗和曾有葡萄酒從巨大銀質容器流出的地方吃草。該城的佛寺、清真寺、教堂傾頹，成為廢墟，被新長出的青草蓋住，隱沒於大地裡。呼號的風取代了僧侶的念經聲、伊斯蘭宣禮員的召喚禱告聲、基督教贊美詩的歌聲。這時能聽到的禱告，就只有就著夜火亮光，在繁星底下載歌載舞的薩滿偶爾擊出的鼓聲。

穆斯林哈里發已死，尼查里派的伊瑪目已死，道長李志常已死；阿剌木特的藏書遭焚毀、報達的藏書遭焚毀、道教經籍遭焚毀。成吉思汗所打造的世界性帝國還在擴張，但他的律法精神已被無知、不容異己的火焰吞噬掉。[50]那些此時此刻稱頌他的人，有許多人無視他的教誨。他們尊崇他，但忘了他的話；膜拜他，但違反他的律法。蒙古帝國此時是有名無實的成吉思汗帝國，宗教衝突已開始將它裂解。

50　俄國學者古米列夫（Nicholay Gumilev）寫道，「舊蒙古傳統已流傳到太遼闊的地方，因而無法保有一致的樣貌，從這個源頭流出的溪水無法循著一條水道流，也不想循著一條水道流。」十九世紀蒙古籍作家尹湛納希得出同樣的結論。他寫道，「我們蒙古人的衰落乃是生活太安逸的結果」，但「有人想解釋此事時，該人的主張還未得到聽取，就被指控為異端邪說。」

第十七章
來世

成吉思汗以閃電般的速度打造出他的帝國，接著它繼續擴張，直到他孫子忽必烈汗於一二九四年去世為止。然後這個帝國走上漫長的衰敗期，就像在太陽下慢慢腐爛的擱淺鯨魚。一統中國並在一二七一年創建元朝的忽必烈汗，自稱新大汗，轄下版圖擴及到俄羅斯，從朝鮮半島到今日土耳其之間的所有土地人民都歸他管轄。但他真正控制的地區其實只有中國，費了好大一番工夫才得以掌控他的蒙古本土。他接受儒家祭拜祖先的作風，把他的祖父尊為元朝開國皇帝。一二八六年，忽必烈派孫子甘麻剌（Kammala）掌理蒙古，要他在不兒罕合勒敦山建廟，一二九二年改封甘麻剌為晉王。甘麻剌接掌不兒罕合勒敦山周邊的聖域和怯薛軍。他把成吉思汗諸皇后的舊蒙古包集中起來，把它們闢為可移動的皇陵。他也按照中國建築風格蓋了一間磚瓦小廟。他養了一千名老衛兵，大部分是兀良哈部男子，要他們阻止任何人進入此聖域。這個區域成為元朝皇帝的官定埋葬地。

隨著不同的蒙古氏族和派系相征戰，蒙古人在中亞的領土陷入混亂。到了十四世紀中葉，蒙古人在伊拉克、伊朗的統治已式微。一三六八年，元朝末代皇帝遭和尚出身的朱元璋所領導的叛軍推翻，中國改朝換代，元滅明興。元朝衰亡的原因，各家說法不一。有人歸因於中國人對異族統治的不滿、苛捐雜稅、社會秩序的瓦解、或水災等天災。但事實上有種致腐物已深深植入元朝朝廷的靈魂裡，並散播到全國各地。元朝晚期皇帝怠忽國政，把精力全耗在紫禁城裡的政治、宗教活動和女色上。成吉思汗開始入侵中國的一百五十九年後，他的後代回到草原重拾遊牧生活，好似這一百五十多年只是個插曲。他們回復古老的生活方式，夜裡講述他們先人的光榮事蹟，夢想著重現往日榮光。

多年以後，成吉思汗的影響開始在極叫人意想不到的地方浮現。以一三二〇年完成的《神曲》（*Divine Comedy*）一作最為人所知的義大利詩人但丁（Dante），在更早的一部傑作《帝制論》（*De Monarchia*）中，專門闡明以下論點：所有人皆同一，因此人類應該只有一個權力凌駕宗教的世界性統治者。「所有人團結在一塊時，人類最為同一，而除非全人類服從於一個君王，從而符合神的意圖，人顯然不可能團結在一塊。」他寫道。針對教會權力，但丁努力提出精辟的評論。他主張統治者的權力直接來自天，而不倚賴教皇之類扮演中間人的宗教領袖。「帝國的權威不倚賴教會而存，」他論道，「帝國的權威直接來自上帝」。

當時，基督教教會常常拷問、處死批評它的人，在這樣的時代，質疑教會的權威是極危險的舉動。但是但丁預言日後會出現一個禁絕作惡、帶來太平的世界性國王。這一神祕的未來征服者，與蒙古可汗何其相似。這人會「在兩面毛氈之間誕生」，而但丁對他的稱呼，就和他的義大利同胞馬可．波羅用來指稱蒙古大汗的名字一樣——Gran Cano。一如成吉思汗，這位未來的君王會靠著「智慧、愛、德性」而茁壯。[51]

但丁是以義大利語而非拉丁語出版重要文學作品的第一人，英國喬叟（Chaucer）受到他的啟發，也開始以本土的英語寫作。喬叟住在離羅馬教會更遠的地方，因此毫不遲疑地搬出成吉思汗這號人物，稱讚他的宗教法。他在寫於十四世紀末的《坎特伯雷故事集》（*The Canterbury Tales*）中說，成吉思汗「能吃苦、有見識、富有、虔誠、對所有人一視同仁」，言語中拿他與當時歐洲諸國國王相比的意味幾乎表露無遺。他接著說，「至於他出生就信的宗教，他恪守他發誓要遵守的律法。」

◆

蒙古帝國解體後，草原遊牧民再度居住在封閉、孤立的家園裡，在那裡繼續拜山拜河，拜父天母地。帝國來來去去，但太陽仍然每天早上升臨不兒罕合勒敦山。花朵在杭愛山綻放，年輕人採集草莓、蘑菇和松果，年紀較大的人採葉、掘根以製藥、泡茶。冬天雪覆蓋山區，夏天滿山的高山火絨草——萬物生生不息。

幾百年來，怯薛軍守衛成吉思汗在不兒罕合勒敦山的墓。隨著最早的怯薛軍成員凋零，他們的角色已大不如前，但他們的兒子、孫子繼續在墳墓周邊的廣大區域巡邏，好似成吉思汗隨時會回來，好似他想再度在他的森林裡打獵或在開闊的草原讓他的馬兒吃草。蒙古人深信成吉思汗的衛兵會一再輪迴轉世，降生為後代，同樣的，他們深信他的馬也會如此。在更早期的草原，服喪者會殺馬祭拜死者，但在成吉思汗身上，一個新傳統誕生。他最愛的馬，代代輪迴轉世，能在草原上自由徜徉，被每個人奉為世上最神聖的馬。當一馬老死時，蒙古人會找到外觀、步法、性情與該馬一樣的另一匹馬，而該馬所選擇轉世重生的畜群主人會因為這一最高殊榮而得到豐厚的獎賞。

明朝皇帝於一三六八年推翻元朝後入主中國，但蒙古人從未正式投降，成吉思汗的後代仍悍然宣稱自己是合乎正統的皇帝。十五世紀末，蒙古最了不起的皇后滿都海可敦（Manduhai Khatun）決定揮兵入侵中國。她的第二任新婚丈夫還是個小男孩，於是她把他擺在簍子裡，掛在駱駝一側，帶著出征。為使她的子民支持她身為成吉思汗繼承人的主張，她拔起他的行動蒙古包，拿走一些遺物，帶著它們越過戈壁。回來時，她在黃河河套地區把這些蒙古包重新立起，那裡就在成吉思汗攻打西夏時戰死之地的附近。這些蒙古包和遺物成為現代成吉思汗陵的基礎，如今仍可在滿都海可敦設置皇陵的所在地找到。後來，成吉思汗陵周邊的區域被人稱作鄂爾多斯（Ordos），該詞來自蒙古語斡兒朵（Ordu），即汗廷。[52]接下來幾十年，在滿都海可敦和她丈夫達延汗（Dayan Khan）領導下，蒙古人攻占了內蒙古大片土地和絲路局部。她從未對中國構成威脅，但成功將部分成吉思汗舊貿易網重新納入掌控。

51 許多文藝復興時期學者不接受這一所謂的蒙古象徵意義，堅稱這些象徵來自古希臘羅馬文化。Gran Cano（大汗）這個稱號也類似但丁的贊助者史卡拉（Francesco della Scala）的綽號Cangrande。

任何蒙古氏族或想統治該區域的外來勢力，都很想把成吉思汗陵納入自己監管。五世達賴喇嘛是最早試圖控制該陵的外人之一。一六五二年黑龍年的農曆十月，一支龐大的西藏人隊伍出席該陵的重要儀式，當時有一千多名騎著馬的蒙古人在場。誠如達賴喇嘛在自傳裡所說的，「我們抵達敖倫布拉格（Olan Bulag）時，受到白宮部落的首領接待，他是獲上天委任的成吉思汗的後代。」

成吉思汗死後，佛教高僧透過一精心設計的儀式，把他從相信萬物有靈的蒙古人轉化為佛教徒。執行這一儀式時，要把他的靈繫在一條不可見的神聖細繩上。這條細繩被叫作「馬奇格」（machig）。成吉思汗和他的所有伴當、大臣都受邀坐在「以無可比擬的珍寶製成的寶座上，飾有八朵蓮花的地毯上」，然後他被承認為金剛手菩薩（少林武僧的守護神）的化身。在這過程中，他取得全新的家譜，使他與西藏、印度的國王連結在一塊。[53]蒙古史書《白史》（*White History*）是把成吉思汗視為金剛手菩薩（祕密主）之化身的第一部史書。[54]順著這條思路，後人既可以把成吉思汗供在皇陵裡祭拜，也可以把他當成金剛手菩薩放在佛寺裡膜拜。為鞏固他在佛教神界的地位，西藏喇嘛（包括達賴喇嘛和班禪喇嘛），編寫了多部經文給他。這些經文含有禱文和頌詞，例如「你是八萬四千王裡最優秀者，權力和全世界之王一樣大。你征服了與佛教為敵的異端。最強大的守護神，我們稱頌你，拜倒在你面前。」

隨著皈依佛教，蒙古人寫下新的史書，在這些史書中把成吉思汗生平納入佛教史和佛學裡。書中引述成吉思汗的話，說「我奉佛陀之令降生時，右手握著一枚來自龍地的珍貴玉璽。大神因陀羅已賜予一個盛滿聖酒的玉杯。我不是神所命定的主？」

新儀式問世，那是據說成吉思汗曾和怯薛衛士一起執行過的儀式。其中一個虛構的儀式，要膜拜者把烈酒與戰死之敵人的血與從用來殺人的鐵條刮下的薄片、麵粉、奶油、牛奶、紅茶混在一塊，然後把這混合液當成祭牲灑出去或抹在一面旗子上。參與者得「像攪動酸奶那樣攪動敵人的白腦漿，得喝下敵人的血，得完全消滅作惡者。」這類描述純粹是幻想出來的東西，用來描述引進佛教之前的生活情況，但久而久之，成吉思汗與金剛手菩薩變得你中有我我中有你——青色——即金剛手菩薩的顏色，隨之成

52 數百年來，衛士保衛該陵，不讓外人靠近，只有少數蒙古人能進入。數百年後才首度有外人，兩名比利時人，真的見到該陵，並描述其模樣。根據他們的說法，帳篷裡「有數樣珍貴物品，例如一件金馬鞍、數個盤子、數個杯子、一個鼎、一個壺、其他許多純銀器皿。」還有位訪客說該陵是「兩座大型白色毛氈帳，左右並立，類似今日蒙古人的帳篷。」該陵極為隱祕，因此許多人誤以為陵中有成吉思汗遺骸。有則這類說法聲稱「一道紅幕拉開，即露出大而矮的銀棺，棺裡有這個皇帝的骨灰，擺在第二帳篷的地面上。」他葬在不兒罕合勒敦山，這個可移動的陵雖然連同他生前的個人物品一起四處移動，他從未再離開他所愛的這座山。

53 在亞歷山大大帝之後興起於阿富汗的希臘化王國裡，海格力斯（Heracles）成為名叫金剛手菩薩（Vajrapani）的佛陀護法。在藝術品和錢幣上，海格力斯常被刻畫為男子氣概的完美化身，而據希臘神話，他通常手持一根大棒，他就用這根大棒殺掉一頭獅子，完成他的第一項壯舉。海格力斯和他的棒子化為金剛手菩薩和他用以保護佛陀的霹靂，希臘文化與佛教在藝術與宗教裡合而為一。金剛手菩薩之名意為「霹靂的持有者」，源自兼具霹靂與鑽石之意的梵語vajra。

54 《白史》這份文獻據說寫於十三世紀晚期忽必烈在世時，十六世紀晚期奇蹟似重見天日。它最有可能的寫成年代是十六世紀，但可能收錄有某些最早來自十三世紀的段落。

為蒙古人的聖色。

其他人則把成吉思汗當成別的神予以接納。這個神是祆教、摩尼教的古神阿胡拉・馬茲達，蒙古語稱之為霍爾穆斯塔。在某部史書中，神祇霍爾穆斯塔請成吉思汗喝神聖飲料，成吉思汗領受了神授予他的地位。在另一部史書中，他則是霍爾穆斯塔的兒子。以他為主題的故事，成為將他神格化的推手之一，在這些故事裡，他更像古代神話裡的英雄，他的缺點變得較不顯著。於是，《蒙古祕史》裡那個身世多舛、憑藉征伐一統漠北的男孩，成為被派來世間實現天意的神聖代理人。

第十八章

未實行的律法

歐洲從文藝復興走向啟蒙運動時，愈來愈多知識分子贊成某種程度的宗教寬容，而他們所謂的宗教寬容大多指的是天主教徒與新教徒之間的寬容，偶爾擴大適用在猶太人身上。在這一時空環境裡，成吉思汗和蒙古模式未被提及；似乎沒人對他感興趣。如果但丁的觀點真是受自成吉思汗的啟發，他的讀者並未曾注意過此一關連，蒙古人似乎漸漸淡出歷史。

那些贊成宗教寬容的早期啟蒙運動哲學家，以合乎邏輯、具有說服力且時而優美的筆法，談全世界基督教的聯合、多元並存，所有宗教信仰同享自由，但似乎沒人知道該如何打造這樣的社會或該如何制訂法律以推動這樣的社會。約翰·洛克在一六六九年三月一日的卡羅來納基本憲章中的提議，就說明了這一點。愛德華·吉朋說洛克的觀念得自成吉思汗，但事實上洛克所提議的律法，阻止宗教寬容遠多於鼓勵。

這份文件共有一百二十個條款，涵蓋文官政府的所有層面，洛克在此文件中用將近一千個字和十五個條款談宗教這個主題。他肯定各種基督教徒、猶太人、「異教徒」禮拜的權利，卻又對他們施以某些規定，嚴格限制這些自由。他提議美國由世襲貴族治理，要求每個人積極參與禮拜。他寫道，「凡是未承認上帝存在者，都不得成為卡羅來納的自由人，或在該地區境內擁有地產或居住，而且那個上帝要得到人們公開且肅穆的膜拜。」然後，他嚴正表示，為符合英格蘭模式，英國國教是「唯一真正的、正統的宗教且是國教」。最後他說信各種教的納稅人都必須支付英國國教建築的維護費和該教牧師與官員的薪水。洛克在他所提議的憲章裡，未提供道德論據來支持宗教自由，反倒暗示讓其他教的信徒享有有所受限的自由，乃是使他們相信基督教較為優越，進而使非基督徒皈依基督教的高明辦法，藉此合理化讓他們享有有限自由的決定。「猶太人、異教徒和其他對基督教的純粹性心存異議者，或許會……被說服去擁抱和衷心接受這真理。」

洛克提議禁止一教的成員批評或騷擾他教成員，所有人都不該批評政府和高階官員。凡是違反這些規定的團體，「都不該被視為宗教團體，而該被視為不合法的集會，該受到和其他聚眾鬧事行為一樣的懲罰。」最後，他為擁有奴隸的任何宗教成員的蓄奴權利極力辯解，「卡羅來納的每個自由人對自己的黑奴都該擁有不受任何限制的權力和管轄權，不管那黑奴抱持何種看法或信何種教皆然。」洛克的法律提供極為有限的宗教自由，而且只有少數人享有這樣自由。

洛克未能把他談自由的崇高哲學著作轉化為簡單的法律一事，乃是十七世紀期間一個普遍的難題，其他政治哲學家在這方面的表現只稍好一些。洛克的模範社會雖然有所限制，卻得到某些想為較公正的新社會找到藍圖的哲學家大力讚許。在論宗教寬容的文章中，伏爾泰以韃靼地方（Tartary，當時對蒙古人所統治地方的通稱）為例，說明讓人民享有宗教自由的社會。但他認為洛克的著作為西方通往宗教自由提供了一條明路。評論過韃靼人之後隔了三頁，他對洛克所擬憲章中的寬容構想讚許有加。「把目光投向另一個半球。看看卡羅來納！該地的法律出自睿智的洛克之手。」

◆

十七世紀，也就是成吉思汗創立蒙古帝國將近五百年後，突然有人發聲，期望找回他的先知灼見。數百年來第一部以成吉思汗為主題的歐洲著作，其作者及主張一樣令人驚豔。安娜·德拉羅什吉揚是名法國新教徒，把成吉思汗形容成「熱愛美德之人」。她筆下的成吉思汗與他在敵人口中的野蠻形象截然相反，說他在世時，人們「對他的美德無比敬重，他因這美德而名聞亞洲。」在西方對成吉思汗生平只有粗淺瞭解的時代，她的著作是本帶有浪漫色彩的幻想小說，與成吉思汗的生平梗概只有薄弱的關連。但對幾乎只熟悉基督教傳統和來自希臘、羅馬古典文明故事的閱讀大眾來說，這本書打開了另一個世界，呈現一個全新的英雄人物。

這位作者對亞洲語言一竅不通，一生主要在法國、荷蘭及英格蘭度過，但經歷過宗教迫害，從而在自己個人的苦難裡找到靈感，寫出《成吉思：韃靼史》（*Zingis: A Tartarian History*）。路易十四（Louis XIV）廢除亨利四世（Henry IV）在位時所制訂的寬容法，在一六八五年宣告胡格諾派（the Huguenots）為非法，身為該派教徒，她被迫離開土生土長的法國，漂泊異鄉。[55]突然間，自小在家所被教導的方式禮拜，變成會被處以死刑的大罪。她在成吉思汗身上看到她認為在歐洲極為缺少的那種有遠見的領導人，與她出生時統治法國且與她擁有一樣的語言、文化的法國國王截然相反。她寫道，「他們仍把我們視為斯基泰人，也就是沒有法律、沒有上帝、沒有宗教的人」，而她這麼寫時，可能既是在寫蒙古人，也在寫她的祖國。

她以近似於喬叟的用語，說成吉思汗「正派、公正、溫和；很優秀的丈夫、父親、朋友和主子；了不起的將軍」，因受不了不公不義之事而「名聞亞洲」，「除了優點太多這個罪過，沒犯過罪。」《成吉思：韃靼史》把成吉思汗重新引介給新一代人認識，而書中的成吉思汗不是恣意劫掠城市的惡人，而是睿智、具有美德的立法者。

安娜·德拉羅什吉揚找回成吉思汗的形象，使他在歐洲的名氣更勝以往。當時，亞歐兩地貿易正愈來愈重要，對亞洲文化和歷史的興趣隨之升高，而她為這個新興的現象提供了關注的焦點。她的影響將持續整整百年，因為以這位神祕的蒙古可汗為題的文學、音樂、歷史作品一部接一部問世。成吉思汗這個主題蔚為風潮，安娜·德拉羅什吉揚的著作因此成為喬治·華盛頓在芒特弗農的藏書。

她的著作在剛醒過來開始認識外面世界的歐洲激起大眾對成吉思汗的興趣。一七一〇年，法國翻譯家暨學者佛朗索瓦·佩帝·德拉克魯瓦，利用父親的研究成果，完成了第一部權威性的成吉思汗傳——《古代蒙古人和韃靼人的第一個皇帝：成吉思汗大帝的歷史》（*History of Genghizcan the Great, First Emperor of the Ancient Moguls and Tartars*）。佩帝·德拉克魯瓦根據波斯語、阿拉伯語、土耳其語、希伯來語方面的原始資料，以新問世的客觀歷史研究法，仔細檢視這位蒙古可汗的生平和律法。他詳細研究過成吉思汗的律法，告訴讀者，使成吉思汗有別於其他征服者的東西是他的律法。成吉思汗版的蒙古律法，開宗明義說「根據第一法的規定，眾人必須相信世上只有一神，即天地的創造者，只有祂能賦予生死、貧富，祂要不要賜予全憑祂個人高興，祂擁有主宰萬物而不受約束的權力。」

在受過教育的階層裡，知性交談和出版的主流語言是法語，但佩帝的書實在太有趣，因而譯成多種語言。作家佩內洛普·奧賓（Penelope Aubin）將此書譯成英語，在一七二二年出版，但英格蘭學者常鄙視法國人對東方思想的這份熱中。有人嘲笑德拉克魯瓦替成吉思汗立的傳，說該書是「歷史的製造者藉以取得冗詞贅句來填充篇幅的甘藍菜園之一」。美國人大體上沒有這種倨傲心態，深信蒙古人與北美洲原住民之間有相似之處，甚至說不定在基因上有關連。北美洲原住民也信奉個人自由，對宗教持包容開放心態，而與歐洲基督教向內緊縮的傳統截然相反。[56]

55 一六八五年十月十八日，路易十四頒布楓丹白露詔書，廢除一五九八年亨利四世所頒布，讓胡格諾教派享有和天主教徒一樣之權利的南特詔書。

56 在一八一三年六月二十八日寫給傑佛遜的信中，亞當斯把成吉思汗的戰法與美洲印第安人的戰法相比較，把蒙古人哄趕獵物的方法與蘇格蘭境內使用的方法相比。當時的報紙刊出把印第安人與韃靼人、成吉思汗軍隊相連結的文章。

就在佩帝·德拉克魯瓦的書正在巴黎出版時，成吉思汗再度出現，或者說至少化身為西藏的蒙古王而出現。西蒙古和碩特部（Khoshud）首領拉藏（Lhazang）自稱是成吉思汗轉世，試圖承繼他征服世界和保護各宗教這兩項大業。在清朝皇帝支持下，成吉思汗弟弟合撒兒一系的一連三位可汗控制了內亞大片地區，從北邊俄國西伯利亞的邊界到南邊印度、不丹的邊界，包括西蒙古、中國西部的畏兀兒人和穆斯林地區、西藏中部，都在他控制下。為強調他們與成吉思汗所創建的最早蒙古帝國的關連性，這三位可汗重新啟用「達賴汗」（海內全境的統治者）等過去的皇帝稱號。在此之前最後使用此稱號者是成吉思汗兒子窩闊台和孫子貴由。一七〇一年，和碩特部的新達賴汗去世，他的兒子拉藏繼位，以成吉思汗為其稱號。

為恢復西藏秩序，成吉思汗拉藏率兵向拉薩進發，他能幹的妻子傑琳拉西（Jerinrasi）統領另一支軍隊。兩人都極力支持達賴喇嘛的黃帽派。在有些僧侶過著不避人耳目的墮落、入世生活之時，黃帽派曾力倡重拾藏傳佛教的最基本價值觀，特別強調正行，包括僧侶終身不娶。但在這場入侵之前幾年，黃帽派也變得入世、腐敗。當時的西藏攝政桑結嘉措為牢牢掌握大權，不久前已立少年倉央嘉措（純音律之海）為六世達賴喇嘛，以為他年紀小，柔順、好管。事實證明所選非人。他是個喜愛感官享受、英俊、叛逆的少年，熱愛一邊暢飲美酒，一邊運動、唱歌、性愛，不想當和尚，不想放棄在拉薩狂飲的夜生活。他拒絕成為喇嘛，拒絕剃掉他美麗的長髮。

蒙古人得勝之後，王后傑琳拉西的軍隊俘擄了實際掌握西藏大權的桑結嘉措。她把他叫到跟前，不顧眾喇嘛的懇求和悲慟，在一七〇五年九月六日將他處決。然後拉藏汗和他的妻子開始肅清其他重要的喇嘛和官員，將其中某些人流放，把其他人處死，同時重賞班禪喇嘛等支持他們的人。過了幾年，傑琳拉西就去世（一七〇八年）。拉藏成為西藏唯一的統治者，奉滿清皇帝為主子。

拉藏汗無意重走成吉思汗的征伐之路，但想重現成吉思汗世界性大帝國的精神。他在拉薩建造他的新都，立即恢復第一位成吉思汗所制訂的自由貿易、自由信仰的政策。在成吉思汗拉藏統治下，拉薩成為亞洲最開放、最富世界性、最國際的中心之一。有位當時住在那裡的基督教教士寫道，「拉薩城人口稠密，除了住有本國出生的人，還有從多國前去那裡經商的許多外國人：韃靼人、漢人、莫斯科大公國人、亞美尼亞人、喀什米爾人、痕都斯坦人及尼泊爾人。」

成吉思汗拉藏以第一位成吉思汗為榜樣，讓他的汗廷和西藏接納各種宗教的信徒：基督徒、穆斯林、印度教徒和西藏傳統宗教苯教的教徒。他鼓勵外國人前來佛教學院求學、教學，邀不同基督教派的歐洲教士前來拉薩居住。對於這些宗教領袖，蒙古人一律尊稱為喇嘛。歐洲人從義大利、葡萄牙、日耳曼等地前來工作、求學。他允許他們在色拉寺居住和做每日彌撒，基督徒在那裡很快就學會藏語。

西藏境內的基督徒受到這位蒙古籍統治者保護和贊助，對他讚譽有加。「他本身的勇武使所有人，包括外國人和自己的子民，都對成吉思汗感到敬畏，」有人如此寫道，「他天生脾氣好、和藹可親，對每個人都友善，樂於接見臣民和給予安慰，性情寬厚，對外國人表現出超乎尋常的喜愛，對於來自愈遠國度的人，他愈是親切有加，而我從他那兒感受到的親切使我心生景仰。他聰敏且機智。」

拉藏受到對他巴結奉承的外國人愛戴，卻受到西藏人仇視。一如他的妻子殺掉他們的攝政，他殺掉達賴喇嘛。成吉思汗拉藏逮捕二十三歲的六世達賴喇嘛，把他帶離西藏，表示要把他交給北京的清廷，或者說不定讓他在蒙古境內較安全的地方重新被冊封為達賴喇嘛。但這兩件事都未發生，這位年輕的達賴喇嘛在前往不明的目的地途中離奇死亡或失蹤。「在約一七〇七年之前，西藏的最高階喇嘛是個非常放蕩不羈的年輕人，」義大利籍的耶穌會傳教士依波利多·德斯德里（Ippolito Desideri）在拉薩寫道，「他是受到西藏人無比尊崇的最高階權貴，因此他所表現出的惡行，對人民的傷害更加的大。不管是透過勸誡還是威脅，成吉思汗都無法消除王國的最重要喇嘛和精神導師的放蕩不羈對他王國造成的弊害，於是他決定讓這個喇嘛一死來解決這情況。他先是告知中國皇帝此事，然後以派他自己的大批韃靼人護送這位喇嘛到中國為藉口，在途中將他斬首。」[57]

因為熱愛生命、愛情、詩歌而飽受苦難的六世達賴喇嘛，就這樣離開人間。

但說到這位喇嘛的最後下場，並非每個人都接受這位基督教傳教士的說法。有些蒙古人認為他逃到安全的蒙古，在那裡活了很久，創立了一座喇嘛廟，而且已在那之後成功轉世。西藏人說他的靈魂逃回西藏，在那裡祕密重生。拉藏找到靈童出任達賴喇嘛，是為七世達賴喇嘛，有人認為他其實是拉藏的兒子。在清皇帝支持下，拉藏下令凡是不願承認這位新達賴喇嘛者，一律處死。在平定西藏中部且穩住西藏局勢之後，拉藏往周邊區域擴張，但他的蒙藏軍隊一七一四年攻打不丹時不敵守軍的堅強抵抗而落敗。他深信自己的版圖已達到擴張的極限，於是專心發展西藏。

在拉藏治下，基督徒活躍於西藏。來自義大利中部的嘉布遣會傳教士佛朗切斯科・德拉彭納（Francesco Orazio Olivieri della Penna），編出藏語詞典，把藏語作品翻成拉丁文，喇嘛喬瓦基諾（Lama Giovacchino）則在該地以西藥幫人治病。十八世紀西藏境內作品最多的基督徒學者即是依波利多・德斯德里。他寫了一本書呈給這位蒙古籍統治者。它是一組對話錄，類似柏拉圖的對話錄，但西藏語書名為《破曉：驅散黑暗的黎明的跡象》（*Daybreak: The Sign of the Dawn That Dispels Darkness*）。他的目的是削弱成吉思汗拉藏所謂的每個宗教，在其最純粹的狀態下，都引領人向善的說法，藉此推崇基督教。德斯德里挑明他的用意就是「要說明不信教者所普遍認為人人皆可透過自己的宗教法則獲救的虛妄不實，要確立更重要的真理，即世間只有一個法則通往上天和永恆的救贖。」

57 德斯德里寫道，「他死亡的噩耗和他的死狀傳遍西藏，因此激起的普遍哀慟無法形容，各階級人民，特別是假裝為教徒、佯裝虔誠的那些人，對這位新王生起的仇恨之心，亦然。被這位國王親自挑選來接替他的新任大喇嘛，處境更慘。國王以暴力為威脅，在中國皇帝這個外國強權協助下，逼他心懷不滿的人民接受這個新任大喇嘛。中國皇帝與他的這個皇親結盟，以此方式支持這位國王的決定。皇帝和國王頒布聯合詔書，下令凡是不願承認這位新達賴喇嘛者一律處死。」

德斯德里寫道，「到了一七一六年十二月底，我已在上帝協助下完成此書，以漂亮的字抄寫了一部，編排妥當，並附有給這位國王的獻詞。」他於一七一七年一月六日這個極具象徵意義的日子呈上此書。那一天是天主教徒的主顯節，東方三賢人就是在這一天帶著禮物來到伯利恆向嬰兒耶穌致意。當時和那之前的西方人，往往把蒙古人和這三位賢人之一的後代聯想在一塊。這三位賢人接納了基督教，因此德斯德里希望這一次成吉思汗拉藏也會如此。

成吉思汗拉藏在一大群佛教喇嘛面前從這位基督教喇嘛手上接下這本書，開始用藏語朗讀此書內容。他發現這位基督徒的藏文寫得難看，不容易讀，於是把書交給助手，要他繼續朗讀。「用心聽了一段時間之後，國王拿回此書，告訴我書裡有數個原則與他們教派的原則南轅北轍，但在他看來，這本書似乎還是最公正，最值得受到認真且徹底的討論……他腦筋反應快又有洞察力，因此，針對……這幾點提出數個異議和反對意見，」德斯德里解釋道，「他以同樣方式又持續頗長時間，始終未離題，最後到了正午時，他開心且滿意地轉向全體聽眾，更加慷慨地稱讚我。然後，他把注意力全投向我，說他很高興那天我送他這本書，他看重且非常尊敬它。他還說眼下他未能把它看完，但有更多空閒時，會用心思索它，說他也想要一些較有名望、較聰明的喇嘛讀它，探究它，然後，聆聽過他們的看法之後，他會在方便時告訴我結果和他眼中較有效的宗教。」換句話說，成吉思汗拉藏一點也不喜歡這本書。

用心檢視過正文之後，這位可汗「決定辦場辯論，一方是我，另一方是該國的喇嘛、宗教大學者和該國的大學。他深知此事的嚴重性，不想見到我掉以輕心，不知道我的對手會用什麼武器對付我。於是他不希望我當下就上場辯論，而是希望我在此期間徹底認識該教派的原則和書，讀過他們最具代表性的作者的書，熟悉他們的辯證、辯論方法……（他）要我在他們的某些大學裡待上一些時日，出席在那些地方常常舉行的講課和辯論。為此，他下令讓我自由進入和停留該國任何修院或大學。」

他還沒完成學習，辯論作業還未能籌辦好，準噶爾部（Dzungar）就入侵西藏。準噶爾部與和碩特部同屬西蒙古人，彼此對立。大部分西藏人站在入侵者那一方，因為他們仇視成吉思汗拉藏，驚駭於他對達賴喇嘛的處置方式。「這些是經過多年漫長且隱密的謀畫後點燃大火的第一批火星，而國王的性命和他的王國則毀在這場大火，」德斯德里寫道，「國王遭殘忍殺害，他的家人和大部分忠心大臣遇害，都城拉薩遭洗劫，震驚、哀慟。」

為恢復秩序，清朝官員開始封鎖西藏。成吉思汗拉藏垮台後，外國人開始離境，但把他們對這個此前鮮為人知之國度的認識跟著帶出去。他們的著作讓外界認識到西藏文明的神奇之處，包括在極北處有個叫香巴拉的神祕國度的概念，後來，在西方，香巴拉就成了更為人知的香格里拉。

「母語是藏語，但人們也說韃靼語和漢語；他們智力很高。」有時被稱作「白髮喇嘛」的佛朗切斯科·德拉彭納寫道。這些基督教教士講藏語而非蒙語，但在自己著作裡描述這個國度時，他們使用較為外人熟悉的該地蒙古名，「Thibet一名在這個國度很陌生，只有蒙古人和亞洲信穆罕默德的部落使用；它似乎源自突厥語。」他們提到黃帽派首領時，以他的蒙古語稱號「達賴」稱他，而非用他的藏語名字「嘉措」，此後，這一系僧侶就以西藏的達賴喇嘛之名為國際所知。

十八世紀，歐美境內大部分人不識字，但這未能阻止歐洲人對成吉思汗等東方君主興趣日濃。劇作家寫成數部關於他的劇作，把他的征戰事蹟搬上舞台。在義大利，歌劇《成吉思汗，蒙古韃靼人的皇帝》（*Genghis Khan, Emperor of the Mongol Tartars*）於一七四一年首次公演，三年後，有艘英格蘭船被取名為「成吉思汗號」（Zingis Cham）。

事實表明劇院是描述成吉思汗生平的絕佳媒介。在蒙古人統治下的中國，戲曲興盛程度超乎此前各代。中國文人鄙視這類通俗娛樂，但一般人喜歡看戲，把戲當成藝術予以贊助。這一時期問世的重要劇作之一是《趙氏孤兒大報仇》，作者是紀君祥。這齣戲高潮起伏，有配樂，有唱詞。一七三五年，耶穌會士馬若瑟（Joseph Henri de Prémare）把此劇翻譯成法語，書名《趙氏孤兒》（*L'Orphelin de la Maison de Tchao*），成為以歐洲語言出版的第一部中國戲劇。伏爾泰改編此劇，以愛情故事代替報仇主題，把主角改為成吉思汗，一七五三年以《中國孤兒》（*L'Orphelin de la Chine*）之名出版。他的版本似乎於一七五五年夏在巴黎的法蘭西劇院演出。

與讚揚成吉思汗的佩帝．德拉克魯瓦和安娜．德拉羅什吉揚寫出的稱頌性作品不同的，伏爾泰把他說成「殘暴的萬王之王」，說他把亞洲化為一個大墳墓。他一再辱罵成吉思汗，說他「踩著血過來，世界受他擺布。」在伏爾泰筆下，成吉思汗的宗教被斥為只是對野蠻自然神的膜拜，「未（受到教育或文明的）教化和改良」。

伏爾泰說年老時的成吉思汗對自己的征戰事業大為失望，深信它們對他或他的子民未帶來多大的道德好處。「這些就是我被應許的喜悅？這是我歷來辛苦奮鬥的成果？自由，我所企盼的安定，在哪裡？

我只感受到權力的重負而非喜悅……我為多不勝數的操心、危險、密謀、四面八方的敵人而不得安寧；侵擾的對手和走偏的人民，令我心煩亂；我又窮又沒沒無聞時，反倒比較快樂。」伏爾泰生動描述了成吉思汗對宗教價值的務實看法。他讓成吉思汗告訴他的那些至交好友，「朋友們，終究該是時候封刀入鞘，讓被征服者喘口氣了；我把破壞和恐怖散播到各地，但我要給這個國家和平……從今以後我們不要抹除他們自傲的作品、他們不朽的藝術傑作、他們的聖法；他們敬重發霉的麵包，因為它們是神聖之物，他們的祖先因為迷信而膜拜它們。」在伏爾泰筆下，宗教發揮了重要但大體上未受到肯定的作用，因為它「操弄人，可能使人更聽話。」

這個劇本推出後大為轟動，因而除了搬上舞台，還有人辦了公開朗誦會。有幅名畫就呈現這樣一場朗誦會，朗誦者是名叫勒坎（Lekain）的演員，地點是瑪麗・泰蕾絲・羅戴・喬夫朗（Marie Thérèse Rodet Geoffrin）的沙龍。這幅畫叫作《在喬夫朗夫人的沙龍朗讀伏爾泰的悲劇「中國孤兒」》（*Lecture de la tragédie de "l'orphelin de la Chine" de Voltaire dans le salon de madame Geoffrin*），畫中呈現當時五十多位最傑出的知識分子和名人，包括盧梭（Jean-Jacques Rousseau）、狄德羅（Denis Diderot）、孟德斯鳩（the Baron de Montesquieu）、埃蒂昂・博諾・德・孔狄亞克（Étienne Bonnot de Condillac）、克羅德—阿德里安・愛爾維修（Claude-Adrien Helvétius）、布豐伯爵喬治—路易・勒克萊克（Georges-Louis Leclerc），個個專注聆聽這則關於成吉思汗的故事。

這齣戲在巴黎叫好又叫座，不久就在英格蘭激發出數部仿作。數個英格蘭版本問世，其中最受肯定者出自愛爾蘭劇作家亞瑟・墨菲（Arthur Murphy）之手。他改編《中國孤兒》，寫出更貼近元朝原作的劇本。在大不列顛第一任首相羅伯特・沃爾浦爾（Robert Walpole）大力支持下，這個劇作於一七五九年四月在倫敦的德魯里巷劇院（Drury Lane Theatre）搬上舞台。這一公演極受看重，英國桂冠詩人威廉・懷特海德（William Whitehead）為此特地寫了一首詩，作為每次演出前宣讀的引子。這齣戲被說成意在拓寬觀眾的文化視野，使其不再局限於已看厭的古希臘羅馬主題。誠如懷特海德在其引子的開頭所說的：

> 受夠了希臘和羅馬！這兩個國家
> 已枯竭的戲碼，如今都失去魅力。

墨菲認識到女人在蒙古社會裡地位甚高，於是在其劇作裡恢復了她們的重要性，而與把筆下的蒙古公主和皇后貶為渴望愛情、情緒多變之角色的伏爾泰不同。墨菲以行動取代情緒，並批評成吉思汗的蠻律法和他不願或無法接納儒家思想一事。

此劇上演一個月後，當時素孚重望的文人奧利佛・高史密斯（Oliver Goldsmith）在《評論》（*Critical Review*）中寫道：「第一晚，全場觀眾似乎很高興，有充分理由的非常高興。」一七五九年六月，即此劇開演才兩個月後，有個為《每月評論》（*The Monthly Review*）撰文的評論家寫道：「這時每個人都已看過或讀過」《中國孤兒》，「大部分為它拍手叫好」。隔年，這齣戲在都柏林兩家劇院同時上演。

不久，就出現以成吉思汗為題而看法較正面的其他戲劇，其中最叫座者於一七六八至一七六九年那個冬天在倫敦的劇院首演，作者是蘇格蘭劇作家亞歷山大・道（Alexander Dow）。他曾以英國陸軍軍官的身分在印度服務，靠波斯、蒙兀兒（Moghul）的原始資料認識了蒙古人。有則廣告說此戲是為「那些不熟悉亞洲國家歷史者」而寫。對許多世界觀有限的人來說，發現這位蒙古領袖和其歷史，令人眼界大開。「成吉思汗，不管我們視之為征服者還是立法者，可能是史上最偉大的君王，」有條解釋性的注解如此說道，「他不只讓他的後代牢牢掌握這個涵蓋全亞洲的帝國多年，甚至直到今日，那塊遼闊大陸仍有三分之二地方歸這個家族出身的君主所有……中國皇帝、印度的蒙兀兒、韃靼的大汗、克里米亞韃靼人的君主，都有成吉思汗的血統；值得注意的是，在某個時期，亞洲境內有五百個君主有他的血統。」還有個評論家，在一七六九年一月七日的《倫敦記事報》（*London Chronicle*）上撰文時，重現這樣的稱頌：「成吉思汗的品德是前所未見且高尚的；不屈不撓，一心要實現政策，但同時寬厚且高貴。」

並非每個人都把成吉思汗視為品德高尚的立法者，還是有不少人繼續把他說成殘酷無情的蠻族暴君。這齣戲末尾的敘事人，講了一段富有諷刺意味的收場白，對於被選定的主題——有個亞洲征服者勝過古希臘羅馬英雄——表達不以為然之意。「你們這些批評家要放棄羅馬和希臘？」他問道。「我痛恨韃靼人，痛恨他們的邪惡宗教」，因為「他們沒有靈魂」。他發出響亮的宣告，「給我希臘人和羅馬人！」

觀眾大體上喜歡這齣戲，但並非每個人都有這份熱情。有位評論家覺得這個題材沉悶單調。他寫道，「這齣悲劇有些台詞寫得很好，整齣戲不能說是齣壞戲。」然後他抱怨說這齣戲的作者「在主題的選擇上特別令人遺憾，韃靼人的互動讓人完全不感興趣，出現這麼多野蠻人的名字，讓人反感。」

一七八三年左右，義大利詩人暨劇作家喬凡尼・巴蒂斯塔・卡斯蒂（Giovanni Battista Casti）寫出

《成吉思汗》（*Gengis Cano*），又稱《韃靼詩》（*Il Poema Tartaro*）。這是有四百零八個詩節的史詩，把蒙古人描寫得比歐洲統治者還要優秀，似乎在支持最近於美國和法國發生的革命。卡斯蒂把這首詩呈給維也納的神聖羅馬帝國皇帝約瑟夫二世（Josef II）以取得出版許可，但約瑟夫二世憤怒於詩中認為成吉思汗具有的開明心態，不久就公開訓斥這位作者，建議他離開這個國家。他領會到約瑟夫的意思，離開該國。

幾年後，義大利作曲家同時也是莫札特（Mozart）在維也納哈布斯堡宮廷裡的對手，安東尼奧．薩利耶里（Antonio Salieri），與卡斯蒂聯手推出一齣抱持類似看法的歌劇，把主人公從成吉思汗改為他的孫子忽必烈汗。薩利耶里在法國大革命前夕為歌劇《韃靼的忽必烈大汗》（*Cublai gran kan de'Tatari*）完成音樂的部分，而這場革命很快就轉變為暴政和恐怖統治。這齣歌劇描述俄羅斯宮廷的腐敗，間接影射哈布斯堡宮廷，因此被當局認為太危險而不得上演。兩百二十年後的一九九八年，這齣開明的歌劇終於在德國維爾茨堡的美因弗蘭肯劇院（Mainfranken Theater）首演。

這些對成吉思汗新近燃起興趣者，有一些是基督徒，但最欣賞他的人，都是伏爾泰、亞歷山大．道等自認不信教的人。許多啟蒙運動學者欣賞基督教等宗教的精神價值，但不接受教會的權威。他們看重理性甚於儀式，看重思想甚於信仰。這種沒有教會存在的精神性（spirituality），後來人稱「自然神論」（Deism）。它在西方是新東西，卻被某些人認為類似東方思想，具體的說，類似薩滿或草原遊牧民的信仰體系。誠如十九世紀英格蘭歷史學家、愛德華．吉朋的追隨者查爾斯．米爾斯（Charles Mills）所說的，「成吉思汗的宗教是最純粹的自然神論，基督徒、猶太人、穆罕默德的信徒和偶像崇拜者，在不受干擾的安定裡講道和禱告；與一般老百姓不同，拉比、伊瑪目、教士不必繳稅和打仗。」成吉思汗成為與歐洲信基督教的統治者截然相反的典範，受到某些較新的教派欣然接納。這些教派拒斥國教的許多規則，強調人在追求正義與和諧過程中的重要性。

◆

成吉思汗在西方重獲關注，始於十七世紀的法國學者，但他的遺風在十八世紀北美洲才產生最大的影響，因為殖民地領袖不滿受到一遙遠國王的管轄。北美殖民地的反英分子爭取獨立時，在歐洲經驗的框架之外尋找重要的模式來借鏡。十八世紀期間，從查爾斯頓到波士頓的殖民地商人販賣以這位蒙古領袖為主題的書。法國文化的行家和獨立思考的自然神論者班傑明．富蘭克林，在自家報紙上為佩帝．德拉克魯瓦的成吉思汗傳刊登廣告，以從費城郵購配送各殖民地的方式販售該書，藉此大力推廣這本傳記。

十八世紀的北美殖民地學者，沒有真正屬於自己的知識史，故而在西歐經驗的範疇之外積極尋找可資借鏡的道德治理模式和正義模式。他們追尋不同於西歐的替代概念時，廣泛閱讀亞洲領導人生平方面的書。墨菲的劇作首演期間，班傑明．富蘭克林人在倫敦，他不只為他的圖書館添購了一本該劇作，還買了數份墨菲與伏爾泰為了這本劇作的問世該算誰的功勞而彼此辱罵的「名人爭吵」（celebrity feud）書信。

一七六四年三月，《中國孤兒》在北美殖民地開演，地點是南卡羅來納殖民地查爾斯頓王后街的「新劇院」，接著，一七六七年在費城的紹思沃克劇院（Southwark Theater）開演，隔年在紐約的約翰街劇院（John Street Theater）開演。一七七九年，美國革命正值巔峰，英軍占領紐約期間，這齣戲重演，以英國軍人為演員。一七八九年，這齣戲在新選定的首都費城上演，然後繼續賣座五十年。

當時許多知識分子欣然接納這股關注中國題材的新熱潮，而湯瑪斯·傑佛遜是其中之一。在寫給姻親羅伯特·史基韋思（Robert Skipwith）的一封信中（日期註明為一七七一年八月三日），他跳過墨菲與伏爾泰各自以成吉思汗為題的劇作，建議史基韋思直接讀元朝原作，而當時的原作只找得到法語譯本。傑佛遜深受佩帝·德拉克魯瓦的成吉思汗傳影響。他也在各宗教中看出可取之處，但不管是哪個宗教，都不夠好。先前，他已買進多本法語原版的德拉克魯瓦的成吉思汗傳；其中幾本留供己用，其他則當禮物送人，包括送了一本給他孫女。其中一本成為美國國會圖書館的第一批藏書之一。英國人於一八一二年戰爭中燒掉新首都華盛頓並毀掉國會圖書館的三千冊書籍之後，傑佛遜表示願把他的藏書賣給國會圖書館以補充館藏。某些國會議員設法阻止圖書館買進他所收藏的「違反宗教原則、不道德的書，提倡異教徒哲學、以許多人看不懂的語言（寫成）且大部分人不該看的法國哲學家的著作。」傑佛遜拒絕將這類書從他的藏書中剔除時，國會圖書館委員會的一名委員提議找出這些令人反感的書，建議「由委員會燒掉這些書」。

傑佛遜在看到成吉思汗的律法之前許久，就支持宗教自由和宗教寬容的觀念。當時多個政治思想、哲學思想圈子接受寬容觀，但這些思想家所共同欠缺的，乃是一個簡單且具體說明如何落實宗教自由的例子。在今日的我們看來，美國的宗教自由原則似乎是天經地義的東西，但其實它是知識、道德、政治方面長期鬥爭的產物。哲學家同意它是個值得讚許的目標，但可有哪個社會真的落實這個想法？成吉思汗的律法為這一長年的追求提供了典範。

佩帝・德拉克魯瓦的成吉思汗傳，特別著墨於成吉思汗的宗教寬容。他寫道，他「未下令懲罰或迫害不與他同教派的人」，而是明令禁止任何人「因為宗教而干擾或騷擾任何人，要每個人都可以自由宣稱哪個宗教最讓自己滿意。」這一聲明的簡單俐落引起傑佛遜注意。

傑佛遜於一七七七年開始擬他的宗教自由法，但花了將近十年才找到貼切的措詞，然後在一七八六年一月十六日，維吉尼亞州議會頒行該法。他的提議受到激烈的爭辯、修訂，但最後的關鍵詞近似於那些最早被認定出自成吉思汗敕令的詞語。傑佛遜的新法規定，「沒有人會……因他的宗教看法或信仰而受苦；所有人都可自由宣說……他們對宗教的看法。」這些詞語從中亞輾轉傳到美國，從蒙古語譯為波斯語，然後土耳其語、法語，最後是英語。它們說不定已不是成吉思汗原來的措詞，但完全體現了他以包容大度之心追求上帝的精神。

在保存於國會圖書館而未註明日期的某份備忘錄裡，傑佛遜要求死後在他的墓碑上只刻上三項成就。他寫道，它們是「我最希望後人記得」的事，分別是「擬就美國獨立宣言，擬就維吉尼亞宗教自由法，創辦維吉尼亞大學。」

傑佛遜之法在維吉尼亞州頭一個頒行，因此只適用於該州，但後來它作為第一修正案，被併入美國憲法。多年來，它已進入大部分國家的憲法和法律。從成吉思汗，經志費尼、拉施特、把・赫卜列思、喬叟、德拉羅什吉揚、佩帝·德拉克魯瓦，到湯瑪斯·傑佛遜與全世界，把宗教自由視為國家基本原則這個概念，不絕如縷。今日的公民，置身於宗教多元觀念和宗教原教旨主義雙雙上揚的日益全球化的世界裡，是否能維護並尊重這個法律的精神，乃是我們歷史的下一章，我們每個人繼續在寫的一章。

結語

神的霹靂

寫下他們的歷史之後，我們記錄了在他們關於自身信仰與宗教的書籍裡所找到的某些東西；我們把那當成令人震驚的東西，而非真實與確定的東西，來提出。

——阿塔蔑里克．志費尼，《世界征服者史》，報達，十三世紀

迷思有時比真相更啟發人心，特別是在危機時期。當舊的思想體系不符需要時，有些人會欣然接納在較穩定時期會讓人覺得完全不合道理的觀念。愈是離譜的故事，愈容易讓人突然相信。置身意識形態相抗衡和暴力宗教團體橫行的二十世紀，成吉思汗對贊成和平的人和不贊成和平的人都具有獨特魅力。

一九二一年，三十五歲的羅曼．尼古拉．馬克西米利安．馮．恩琴—史登伯格（Roman Nikolai Maximilian von Ungern-Sternberg），外號「瘋狂男爵」（Mad Baron），帶著一支反布爾什維克的騎兵隊，從西伯利亞來到蒙古。這支騎兵隊高舉帶有黃卍符號的旗子，有一千五百人，成員包括哥薩克人、俄羅斯人、西藏人、蒙古人和一些日本人、中國人。他自封為匈人阿提拉的佛教徒後裔和成吉思汗的轉世化身，支持沙皇尼古拉二世（Nicholas II）復辟，而當這位沙皇和其家人遭處決時，他設想以蒙古為大本營開啟一新的黃金時代，而在這一時代裡，日本天皇將是新的世界統治者，西藏的班禪喇嘛則會是新的精神領袖。他一身紅色絲質短上衣和藍長褲，精神抖擻，渾身用不完的精力，由司機開著他的飛雅特汽車，載他在烏爾嘎（Urga，烏蘭巴托舊名）城裡四處跑，嘴巴上香菸一根接著一根，不時發出死刑判決，命人撿起垃圾，看到狗啃食人屍就開槍擊斃。他統治蒙古一百天，然後被紅軍抓住，遭槍決處死。

蒙古的恐怖既叫人興奮，也叫人望而怯步，令某些很想進入這個有著活佛、瘋狂革命分子和山丘上散布龍骨（恐龍化石）的奇異世界的人，生起無邊的想像。一九二〇年代，兩支重要的考察隊從紐約來到戈壁沙漠。美國自然史博物館，在J．P．摩根（J.P. Morgan）和約翰．D．洛克斐勒（John D. Lockefeller）等人資助下，贊助羅伊．查普曼．安德魯斯（Roy Chapman Andrews）前來尋找最早人類的化石。他認為蒙古是「科學的伊甸園」，人類肯定是在這裡演化出來。安德魯斯未找到人類的起源，但挖出數量無可匹敵的恐龍化石和最早經科學方法確認的恐龍蛋。

十年後，英國作家詹姆斯．希爾頓（James Hilton）透過他的暢銷小說《消失的地平線》（*Lost Horizon*），讓世人認識到一個名叫香巴拉（香格里拉）的神祕地方。有些神祕主義者受到希爾頓小說的啟發，開始把蒙古視為宇宙的精神中心，說香格里拉不久後會從蒙古山丘底下冒出來。似乎沒人確定這個神祕地方會在蒙古哪裡找到，但有些叫人意想不到的人，開始熱中找尋香格里拉。

在兩次世界大戰之間，全球經濟衰退達到最高峰時，美國私下開始調查成吉思汗的祕密。美國官員資助這項研究工作，以找出佛教如意寶珠的所在地（據說成吉思汗出生時手裡就握著一顆如意寶珠），以發現香巴拉地下世界的入口。

一九三四至一九三六年間，美國總統富蘭克林．羅斯福（Franklin D. Rooselvet）的農業部長亨利．華勒斯（Henry Wallace）悄悄提供官方資金給他具爭議性的「大師」，即自稱五世達賴喇嘛轉世的俄國藝術家尼古拉．羅烈赫（Nicholas Roerich）。在華勒斯支持下，羅烈赫打算找到香巴拉，挖出據佛教史書所述成吉思汗出生時握在手中的如意寶珠。這兩人把他們的計畫叫作「東方的神聖聯盟」（The Sacred Union of the East）。他們知道這一追求可能讓人覺得異想天想，在全民都窮得苦哈哈的時期可能會令納稅人大為反感，於是根據當時甚紅的美國故事《綠野仙蹤》，把這計畫取名代號「堪薩斯」。該故事的主角，一個出發尋找神祕的奧茲國魔法師的女孩，就來自堪薩斯。羅烈赫以尋找耐旱的禾本科植物以便移植美國中西部的乾旱塵暴區為幌子，前去尋找如意寶珠和香巴拉，以在一九三六年前開始實施新的「世界和平秩序」。

在Abercrombie & Fitch公司為這次考察提供裝備下，羅烈赫帶著一支駱駝隊啟程橫越內亞，並有一支龍蛇混雜的「白俄」民兵隊陪同，民兵的武器則由美國陸軍部供應。這一群人據說與日本帝國間諜有關連，但舉著「繫在一根蒙古矛」上的星條旗旅行，這根矛則被他們稱作「救世矛」。羅烈赫希望藉由找到這顆如意寶珠，神奇地解決全世界的苦難，促成俄國蘇維埃、日本帝國主義者、德國納粹黨、西藏佛教徒、蒙古共產黨員、美國資本主義者和其他每個在觀念、意識形態或宗教上彼此為敵者和平相處與合作。他深信透過這一努力，他能說服「亞洲的首腦和美國的高層握手」。

似乎有股神祕力量在暗助華勒斯，因為一九四〇年總統大選時，富蘭克林．羅斯福挑他搭檔競選。憑著自己的新職權，自稱「務實的神祕主義者」的副總統華勒斯，成為第一位造訪蒙古並尋找成吉思汗陵的美國高階官員。一九四四年夏，二次大戰正打得水深火熱之際，華勒斯從阿拉斯加偷偷飛到西伯利亞，然後經過數次起降，抵達位於國民政府控制區深處的蘭州。

某佛寺的和尚，靠一中國軍閥的幫助，搶下成吉思汗陵，暫時把它移入他們佛寺裡祭拜，同時保護它，使其不落入日軍手裡。華勒斯長途跋涉，走到這間佛寺，一訪成吉思汗陵。

蒙古人深信凡是想得到神賜之力者，都要到成吉思汗陵，祈求賜予這力量。長久以來，許多蒙古可汗和王后來過此陵尋求成吉思汗的加持。有些人的願望得到此陵無形之靈予以實現，但許多人空手而歸。有些人在此陵或在探訪過此陵後不久，離奇遇害。

華勒斯於一九四四年民主黨代表大會舉行前不久來到此陵，結果空手而歸。事實上，他此次到訪後不久，他就開始走厄運。共和黨內批評他的人，看過他所寫的一部分所謂的「大師信」。這些「大師信」超過兩百五十封，收信人是羅烈赫和執行這趟祕密尋找任務的其他成員。報紙指控他把錢浪擲在他的神祕計畫上，醜聞隨之爆發。面對接下來輿論的憤慨，爭取連任的羅斯福總統不得不放棄讓他搭檔競選，改找較不為人知的哈利・杜魯門（Harry Truman）與他搭檔。華勒斯始終未當上總統，也未找到魔法石、聖杯、聖矛、世界和平或香巴拉入口。結果，杜魯門成為第一位擲下原子彈的美國總統。

◆

在整個二十世紀，成吉思汗依舊是亞洲境內一個很有力的象徵，激勵為擺脫歐洲人殖民統治而奮鬥的團體。受到他激勵的團體形形色色且出乎意料，從日本的帝國主義者到印度的尼赫魯（Jawaharlal Nehru）皆是。反對派領袖在他的功績裡找到靈感。二次大戰期間，毛澤東寫了一首詞，說成吉思汗是「一代天驕」。後來，十四世達賴喇嘛寫道，「成吉思汗的成就，乃是透過對勇氣與體力的堅毅運用而取得」，因此，他斷言，「以驕傲之情緬懷他為蒙古的獨立、統一、自由所成就的事業，乃是很適當的。」

就在毛澤東和華勒斯向成吉思汗獻上敬意之時，在成吉思汗的蒙古本土，他卻幾乎湮沒於歷史。蒙古受蘇聯控制期間，他的名字和形象始終被禁。凡是被懷疑與他有親戚關係或公開表露對他感興趣者，都受到迫害。黑夜裡，祕密警察「綠帽」（Nogoon Malgai）穿著黑大衣，拿著手電筒出現，拖走這類反革命分子。凡是歌頌成吉思汗，乃至提到他的名字，都被扣上一串惡名：反動封建主義、右翼民族主義、日本軍國主義、中國霸權心態或西方資本主義。中國人讚揚成吉思汗，日本人欲建造一座新紀念碑，以頌揚泛亞洲主義之父成吉思汗，美國副總統走訪成吉思汗陵，都只使俄羅斯人更加疑忌。二十世紀中葉，在蒙古，光是擁有一份以成吉思汗為始祖的手寫家譜，都足以讓持有者被判死刑。凡是被認出是成吉思汗後裔者都遭處死，喇嘛、薩滿和被指控為封建主義者、反革命分子或日本特務的其他無辜平民，亦然。

蒙古人不再能祭拜自己的開國先祖，但開始以不說出他名字的方式偷偷拜他，以外人看不出來的方式祈求他保佑。在俄國、法國、德國留過學的瀟灑革命詩人達希道爾津・那楚克道爾吉（Dashdorjiin Natsagdorj），教他的國人如何神不知鬼不覺做到這個。那楚克道爾吉對將祕密信息藏在文學作品一事感興趣，於是翻譯了愛倫坡（Edgar Allan Poe）的短篇小說〈金色甲蟲〉（The Gold Bug）。這篇有點古怪的小說，以攸關寶藏下落的尋寶密碼文為主題。這促使他生起仿效成吉思汗的念頭。成吉思汗逼他的部下以詩、歌、晦澀的短語作為傳遞軍情的主要工具，於是那楚克道爾吉也開始用詩來抵抗政治壓迫。

他因為忠誠受到懷疑而入獄，一九三二年底帶著《我的祖國》（*Minii Mutag*）一詩出獄。這首詩將在社會主義蒙古的宗教荒漠裡，取得如同聖典的地位。它沒有高潮起伏的情節，幾乎沒有動作。在讀過此詩的外人看來，它似乎死氣沉沉，以社會主義的寫實主義新風格單調念出蒙古境內的諸多地點。詩中的短語老套陳腐，類似沒有新意的旅遊廣告：河水是澄澈的或藍的，草是綠的，沙漠像大海，草原長滿青草，牲畜長得好。詩的結尾讚美飄揚在蒙古史新時代之上的社會主義紅旗。

一如以暗碼矇騙教會監督人員的但丁，那楚克道爾吉藏了一個讓史達林的審查員完全看不出來的暗碼。他把蒙古史的基本元素塞進這首詩的詩節裡。第一個詞是肯特，即成吉思汗出生所在的不兒罕合勒敦山周邊的區域，第二個詞是杭愛，即匈奴人、突厥人、回鶻人發跡所在的山上神聖森林區。每個詞都含有一個未明言的故事，標出蒙古的地理疆域和蒙古國創建者的生平。那楚克道爾吉的詩是現代蒙古文學的開場詩，在他於一九三七年以三十一歲之齡離奇慘死後（據說死於酒精中毒性昏迷），其他作家紛紛效法他的創作手法。他們找出以成吉思汗為題的舊詩歌，以蒙古地理特徵取代詩中他的名字。他們的詩保存了蒙古人的歷史和蒙古人的真信仰，即對他們國家的崇拜。在二十世紀漫長極權主義冬天期間，這些詩人使成吉思汗的靈繼續存在於世間。

一九八九年十二月，蘇聯瓦解，新一代受到成吉思汗之靈啟示的蒙古人，聚集於首都烏蘭巴托列寧博物館前的廣場上，要求擺脫蘇聯占領和共黨壓迫。在刺骨寒風中，他們共同發聲要求民主，每個人呼出的氣息混在一塊，形成朦朧的霧氣。七十年來當局阻止人民緬懷成吉思汗，但人民仍然祈求他出來領導，尋求他給予啟示。蒙古人再度得以抒發自己的意見，他們隨之唱歌讚美他們國家的創建者。同聲一氣，靈魂歸一。

對某些虔信者來說，「我們蒙古人的聖主成吉思」的歷史還未結束。十九世紀，鄂爾多斯高原成吉思汗陵的衛士預言，他會在出生八百至一千年後回到他出生的土地。如今，距他創立帝國已過了九百年。

對某些等他回來的人來說，成吉思汗的蒙古帝國只是宇宙的永恆精神之旅裡的一個階段。十三世紀，世人無法接受讓相對立的宗教攜手合作造福所有人的帝國，如今，世界依然還未準備好實現這一夢想。

真正的相信者認為，在旭日升起於不兒罕合勒敦山，陽光亮得叫人睜不開眼睛時，成吉思汗會從聖主霍爾穆斯塔的聖城出來，以完成蒙古人征服世界的大業。他下一次現身時會化身為神的霹靂，騎著有對風翼的石馬，手裡握著神聖的救世矛，帶領一百萬聖戰士出香巴拉的城門，越過充滿寶石的澄澈的「騰吉思洋」，以把我們的黑暗世界從腐敗、罪惡、邪惡中解救出來。[58]

他會憑藉他強有力的套索和金鞭，使所有宗教回歸正道，把它們繫在「北方金星」上。他的軍隊懲罰惡人，團結正派人士，然後，期待已久的「未來神」會從霧中現身，以戰勝過去，廢除歷史，消除邪惡知識，統治善明淨土。[59]

誠如蒙古人所說的，**Boltugai, boltugai!**（希望如此！）

58 香巴拉是蒙古語，來自梵語詞Sambhala，也因為藏語而有如下拼法：Xembala（用於十七世紀葡萄牙探險家的報告中）、Shambhala（常被說英語的藏傳佛教徒使用）、Shamballa（被某些神祕主義者使用）。香巴拉催生出把香格里拉視為人間天堂的概念。

59 有則傳說預言，成吉思汗會回來，在一個有寶石和一座聖湖的地方重登統治之位。

史料小記與延伸閱讀

《蒙古祕史》現存多個譯本。就英譯本來說，對此文本最具權威性的專題論著，出自Igor de Rachewiltz之手，篇幅超過一千五百頁，包括兩大冊和一冊較小的附錄。最易讀的是出自Urgunge Onon之手的較小譯本。他是來自內蒙古的達斡爾蒙古人，他的族群出身為世人瞭解文本背後的文化和意涵，提供了寶貴的見解。最差勁的譯本出自Francis Woodman Cleaves之手，哈佛大學出版社所出版。他過度追求直譯，又試圖以莎士比亞—聖經語氣撰寫，於是既侮辱了蒙古語，也侮辱了莎士比亞和聖經。不過，如果只是為了瞭解翻譯該避免的錯，這本書倒是還值得拿來翻翻。所幸，Paul Kahn把這個文本修訂、刪節為最富文采的英譯本，他詩一般的譯文是《蒙古祕史》的絕佳入門書。

穆斯林方面的記述落入挺蒙古和反蒙古兩派，而且它們的資料幾乎全取自有著相似名字但立場南轅北轍的兩位史家。老練世故的波斯人阿塔蔑里克．志費尼，一如他的父親和許多男性親屬，忠心效力於蒙古人。他生於一二二六年，就在成吉思汗去世前不久，而且他年輕時有部分歲月在蒙古都城哈剌和林度過，最後成為蒙古的報達行政首長。志費尼為後人留下對蒙古汗廷最貼近的記述，試圖從可蘭經教義的角度將成吉思汗的及其後代的作為合理化。他的權威性著作取名《世界征服者史》（*Tarikh-i Jahān-gushā*），由於資料豐富且展現優美的波斯語，仍是談成吉思汗的最出色著作。他過度使用充滿想像力的隱喻，可能令某些較挑剔的文人感到困擾，但我喜歡這樣的筆法，於是抱著多多益善的心理，盡可能將它們放進我的書裡。

他的學術對手，明哈吉·席拉吉·朮茲札尼（Minhaj al-Siraj Juzjani），在戰場上與蒙古人廝殺過，對他們恨之入骨，認為他們是世上最邪惡、最不敬神的人。他於一一九三年生於今日阿富汗境內，與成吉思汗同時代，但從未見過他。他為躲避蒙古人入侵而逃難，最後避難於德里，在那裡激烈告誡穆斯林世界，蒙古人是伊斯蘭教史上最大的禍患。他認為蒙古人具有近乎超凡的力量，離譜地說蒙古人在某些城市屠殺了數百萬人，儘管那些城市的人口始終未超過十萬。

格列高里·把·赫卜列思（Gregory Bar Hebraeus），一二二六年在今日土耳其境內生於猶太家庭，與志費尼同年，在敘利亞東正教會裡陸續成為神父、主教、聖徒。他寫了許多神學、歷史著作，包括《世界史》（*Chorography*），始終把蒙古人推崇為上帝派來把基督徒從穆斯林手中解救出來的使者。

在諸多史家中，著作最廣泛且立場大概最公允的是波斯人拉施特（Rashid al-Din）。他寫下名叫《史集》（*Jami al-Tawarikh*）的世界史著作，際遇卻最為悲慘。他的一生（一二四七～一三一八年）幾乎橫跨蒙古人在今日伊朗、伊拉克的整個統治時期，成為這個蒙古政府裡最有錢、最有權的人士之一。他是猶太人出身，後來皈依伊斯蘭教。為蒙古人效力時，與許多不信任猶太人且痛恨蒙古人者為敵。他的靠山伊利汗國完者都汗（Oljeitu Khan）於一三一六年去時，他的敵人抓住機會對付他，指控他毒死可汗，一三一八年將他處死。他最初以穆斯林的身分埋葬，但宗教激進分子最後破壞他的墓，十五世紀初把他的遺骨遷葬猶太人墓地。他寫下蒙古人的歷史，而若非蒙古人救下他的手稿，以極優美的細密畫替它們加上大量插圖，他的手稿大概會毀於那些宗教激進分子之手。

拉施特的著作有不少佚失或尚未被譯成外文，但《成吉思汗的繼承者》（*The Successors of Genghis Khan*）一書含有一些很寶貴的資訊。他的文筆比不上志費尼，但他的插圖版著作含有某些最精美且常被複製的波斯細密畫。

西方關於蒙古人的早期資訊，幾乎全來自兩位特使。他們都是天主教神父，在成吉思汗去世後不久而許多認識他的人還在世時去了蒙古。若望·柏朗嘉賓（Giovanni of Plano Carpini）是聖方濟的早期弟子之一，一二四五年以特使兼間諜的身分被教皇英諾森四世派去蒙古。雖然年紀已過六十，又老又胖，他還是完成使命並返國，以簡短但有用的報告，說明他這趟遠行和他所遇見的蒙古人。他的報告，經過隨行的波希米亞的史蒂芬的注解予以補強，提供了有趣的資訊，但看重批評和譴責更甚於描述與分析。

第二位天主教特使，威廉·魯不魯乞（William of Rubruck），一二五三年被法國國王路易九世派去蒙古，留下較詳細的記述。比起柏朗嘉賓，魯不魯乞較年輕，教育程度好上許多，較易進入蒙古大汗汗廷和都城哈剌和林，文筆較生動。他樂於描述蒙古人的宗教觀念和其他宗教的觀念，因而能說明他們的錯誤和他較合理的論據，惟其所述通常未能讓人信服。

每份記述都在某些方面存有嚴重偏見，通常是對蒙古人的偏見，但有些記述替蒙古人極力辯解。這些以蒙古語、漢語、拉丁語、波斯語、亞美尼亞語、阿拉伯語及俄羅斯語寫下的種種記述，從多個不同角度（穆斯林、儒士、基督徒、佛教徒）呈現成吉思汗生平和蒙古人文化的多個面向。每份記述都提出獨一無二的見解。

中文著作，特別是南宋早期特使趙珙、彭大雅、徐霆的報告，仍是對初興起時的蒙古人所寫下的最早期親身見聞錄，從而提供了某些最可靠的資訊，儘管它們是呈給朝廷的報告，流於簡短、枯燥。面對蒙古人入侵的可怕威脅，這些特使特別著墨於軍事方面的資訊。元朝覆滅後，繼之而起的明朝在一三七〇年修了《元史》，那是官方編纂的權威性百科全書，講述從成吉思汗以來的蒙古人歷史。雖然受制於倉促寫成、得平衡相矛盾的說法、得想辦法音譯困難的蒙古名，它仍是以蒙古帝國為題的較可信著作。目前該書只有些許內容譯成英語。

隨著蒙古人皈依佛教，從十七世紀起，數名學者寫出令人著迷的蒙古人歷史。後來的蒙古史書，在傳統的蒙古宗教實踐方面，提供的資訊非常少，因為它們是一心要使早期歷史符合自己所信宗教之教義的佛教僧侶和學者所寫。這些次要的史書，有時被謄抄為有些許差異（但為重要差異）的多種版本，具有類似的書名，大部分書名提到貴金屬或寶石——《黃金史》（*Golden Chronicle*）、《蒙古源流》（*The Jeweled Chronicle*）、《珍珠數珠》（*The Pearl Rosary*）、《寶明》（*The Jewel Translucent*）。有些有英譯本，但譯文生硬，使最動人的故事變得晦澀、乏味。

十九世紀，亞洲許多地方受苦於歐洲人的殖民壓迫時，學者和行動主義者開始把成吉思汗視為第一個泛亞洲的統治者。在劍橋求學的日本學生末松謙澄，以成吉思汗為題寫下他的畢業論文，一八七九年在倫敦出版，書名《偉大征服者成吉思汗即日本英雄源義經》（*The Identity of the Great Conqueror Genghis Khan with the Japanese Hero Yoshitsune*），後來譯成日文。末松謙澄說成吉思汗其實是十二世紀日本武士英雄源義經，他假死，逃到北海道，然後再到蒙古，在那裡招募了一支軍隊，開始征服世界。這一荒誕說法出現於工業日本正興起之時。日本閉關鎖國如此之久，這時準備取得其在世界應有的一席之地。成吉思汗為日本人一說，瞬間提升了日本在世界歷史上的角色。其他作家進一步闡釋這主張，把日本與蒙古連在一塊，在與成吉思汗的連結中找到創建新亞洲帝國的先例。

有個傑出作家與眾不同：他是成吉思汗的十九世紀後裔，名叫尹湛納希，生活於內蒙古。他猶如耶律楚材的翻版，受中國傳統教育，既極忠於他的蒙古同胞，又高度批判他們。他的父親留下一部以成吉思汗為題的未竟小說，尹湛納希將它發展成最深刻的蒙古哲學、認同著作之一。這本書叫《青史演義》，與佛教典籍大異其趣，因為它是以小說為架構的哲學著作。《青史演義》是自七百年前《蒙古祕史》寫成以來對蒙古文學最重要的貢獻之一。

《青史演義》最有意思的部分之一是該書的長篇引言，尹湛納希在此扼要說明了他對哲學、宗教的看法。他生活於清朝最後一個世紀，看盡身邊的腐敗與挫敗。他出生時家境富裕，但由於一筆失敗的煤礦投資和其領地上的一場農民造反，他失去大半財產。落魄之餘，他在成吉思汗較開明、有條理的社會觀中找到靈感。成吉思汗立下的榜樣，說明亞洲人不必向西方尋找自由、民主、社會正義方面的看法；在孔子、佛陀、老子、成吉思汗之類偉大的亞洲領袖身上，就能找到貼近於自身的先例。他未直接抨擊清朝官員，而是搬出這些領袖的教誨來嚴厲批評他的中國同胞。在他眼中，中國同胞軟弱、虛偽且浮誇。他主張，亞洲曾是推動歷史前進的力量，而只要遵循這些過往領袖的作為和理想，亞洲能再度成為世界的哲學、政治中心。

如今，新一代的蒙古學者正以尹湛納希的精神探討本國的歷史。我希望他們的分析研究會超越這些較早的著作，當然包括我的著作，更完整全面地呈現成吉思汗，使他獨一無二的洞見有助於走過未來的風暴，而我認為他們會做到。

Ssanang Ssetsen (Chungtaidschi). *Erdeni yin Tobci, Geschichte der Ost Mongololen und ihres Fürstenhaues*. Translated by Isaac Jacob Schmidt. St. Petersburg: N. Gretsch, 1829.

Tekin, Talât. *A Grammar of Orkhon Turkic*. Indiana University Uralic and Altaic Series, vol. 69. Bloomington, IN: Mouton, 1968.

Thiel, Joseph. "Der Streit der Buddhisten und Taoisten zur Mongolenzeit." *Monumenta Serica*, vol. 20 (1961).

Thomsen, Vilhelm, and E. Denison Ross. "The Orkhon Inscriptions: Being a Translation of Professor Vilhelm Thomsen's Final Danish Rendering." *Bulletin of the School of Oriental Studies*, University of London, vol. 5 (1930): 861–76.

Trubetzkoy, Nikolai S. *The Legacy of Genghis Khan*. Translated by Anatoly Liberman. Ann Arbor: Michigan Slavic Publications, 1991.

Vladimirtsov, Boris Y. *The Life of Chingis Khan*. Translated by Prince D. S. Mirsky. New York: Benjamin Blom, 1930.

Voegelin, Eric. "Mongol Orders of Submission to European Powers." In *The Collected Works of Eric Voegelin, volume 5* and *volume 10, Published Essays: 1940–1952*. Columbia, MO: University of Missouri, 2000.

Voltaire. *The Orphan of China*. In *The Works of Voltaire*, vol. XV. Translated by William F. Fleming. Paris: E. R. DuMont, 1901.

Waley, Arthur, translator. *The Travels of an Alchemist—The Journey of the Taoist from China to the Hindukush at the Summons of Chingiz Khan*, by Li Chih-Ch'ang. London: Broadway Travellers, 1931.

——. *The Secret History of the Mongols and Other Pieces*. New York: Barnes & Noble, 1963.

Zhao, George Qingzhi. *Marriage as Political Strategy and Cultural Expression: Mongolian Royal Marriages from World Empire to Yuan Dynasty*. New York: Peter Lang, 2008.

Blackwell, 1991.

Raymond, Janice. сөхөд сурсан эрдэм Өглөөний нар мэт. *Mongolian Proverbs*. San Diego: Alethinos Books, 2010.

Roche-Guilhem, Anne de La. *Zingis: A Tartarian History*. Translated by J. M. London, 1692.

Rockhill, William Woodville. *William of Rubruck's Account of the Mongols,* edited by Rana Saad. Maryland: lulu.com, 2005.

Rogers, Leland Liu, translator. *The Golden Summary of Činggis Qayan: Činggis Qayan-u Altan Tobči*. Wiesbaden, Germany: Harrassowitz Verlag, 2009.

Rossabi, Morris. *Khubilai Khan: His Life and Times*. Berkeley: University of California Press, 1988.

——. "The Reign of Khubilai Khan." In Herbert Franke and Denis Twitchett, eds. *The Cambridge History of China, Volume 6: Alien Regimes and Border States, 907–1368.* Cambridge, UK: Cambridge University Press, 1994.

——. *The Mongols and Global History*. New York: W. W. Norton, 2010.

——. *Eurasian In uences on Yuan China*. Singapore: ISEAS Publishing, 2013.

Rybatzki, Volker. "*Die Personennamen und Titel der Mittelmongolischen Dokumente: Eine lexikalische Untersuchung*." Doctoral dissertation, University of Helsinki, Faculty of Arts, Institute for Asian and African Studies, 2006.

Sinor, Denis, ed. *The Cambridge History of Early Inner Asia*. Cambridge, UK: Cambridge University Press, 1990.

——. *Studies in Medieval Inner Asia*. Brookfield, VT: Ashfield Publishing Co., 1997.

Skelton, R. A., Thomas E. Marston, and George D. Painter. *The Vinland Map and the Tartar Relation*. New Haven, CT: Yale University Press, 1965.

Sneath, David. *The Headless State: Aristocratic Orders, Kinship Society, and Misrepresentations of Nomadic Inner Asia*. New York: Columbia University Press, 2007.

——, and Christopher Kaplonski, eds. *The History of Mongolia*, 3 vols. Folkestone, Kent, UK: Global Oriental, 2010.

Gesandtenberichte über die frühen Mongolen 1221 und 1237. Wiesbaden, Germany: Otto Harrassowitz, 1980.

Olschki, Leonardo. *Marco Polo's Precursors.* Baltimore: The Johns Hopkins University Press, 1943.

Onon, Urgunge, translator. *The History and the Life of Chinggis Khan (The Secret History of the Mongols).* Leiden, Netherlands: Brill, 1990.

——. *The Secret History of the Mongols: The Life and Times of Chinggis Khan.* Richmond, Surrey, UK: Curzon Press, 2001.

Pétis de la Croix, François. *The History of Genghizcan the Great: First Emperor of the Ancient Moguls and Tartars.* London: Printed for J. Darby etc., 1722.

Polo, Marco. *The Travels of Marco Polo.* Translated by Ronald Latham. London: Penguin Books, 1958.

——. *The Travels of Marco Polo: The Complete Yule Cordier Edition.* New York: Dover Publications, 1993.

Rabban Sauma. *Monks of Kublai Khan, Emperor of China: Medieval Travels from China Through Central Asia to Persia and Beyond.* Translated by Earnest Alfred Wallis Budge. London: I. B. Tauris, 2013.

Rachewiltz, Igor de. "The Hsi-Yu Lu 西遊錄 by Yeh-Lü Ch'u -Ts'Ai 耶律楚材." Monumenta Serica, vol. 21 (1962): 1–128.

——. *The Secret History of the Mongols: A Mongolian Epic Chronicle of the Thirteenth Century*, 3 vols. Leiden, Netherlands: Brill, 2003–2013.

——, Hok-lam Chan, Hsiao Ch'i-ch'ing, and Peter W. Geier, eds. *In the Service of the Khan: Eminent Personalities of the Early Mongol Yüan Period.* Wiesbaden, Germany: Otto Harrassowitz, 1993.

Rashid al-Din. *The Successors of Genghis Khan.* Translated by John Andrew Boyle. New York: Columbia University Press, 1971.

Ratchnevsky, Paul. *Genghis Khan.* Translated by Thomas Nivison Haining. Oxford, UK:

Seattle: University of Washington Press, 1997.

Kahn, Paul. *The Secret History of the Mongols: The Origins of Chingis Khan.* Boston: Cheng & Tsui, 1998.

Kaplonski, Christopher. "The Role of the Mongols in Eurasian History: A Reassessment." In *The Role of Migration in the History of the Eurasian Steppe*, edited by Andrew Bell. New York: St. Martin's Press, 2000.

Khan, Almaz. "Chinggis Khan: From Imperial Ancestor to Ethnic Hero." In *Cultural Encounters on China's Ethnic Frontiers*, edited by Stevan Harrell. Seattle: University of Washington Press, 1995.

Khazanov, Anatoly M. *Nomads and the Outside World*. Madison: University of Wisconsin Press, 1994.

Klopprogge, Axel. *Ursprung und Ausprägung des abendländischen Mongolenbildes im 13. Jahrhundert.* Wiesbaden, Germany: Otto Harrassowitz Verlag, 1993.

Lamb, Harold. *Genghis Khan*. New York: Garden City Publishing Company, 1927.

Langolis, John D. Jr., ed. *China Under Mongol Rule.* Princeton, NJ: Princeton University Press, 1981.

Lattimore, Owen. *Studies in Frontier History.* New York: Oxford University Press, 1962.

——. "Chingis Khan and the Mongol Conquests." *Scientific American*, vol. 209, no. 2 (August 1963).

Lhagvasuren, Ch. *Ancient Karakorum*. Ulaanbaatar: Han Bayan Co., 1995.

——. *Bilge Khaan*. Ulaanbaatar: Khaadin san, 2000.

Lubsang-Danzin. *The Mongol Chronicle Altan Tobchi.* Translated by Charles R. Bawden. Wiesbaden, Germany: Göttinger Asiatische Forschungen, 1955.

Man, John. *Genghis Khan: Life, Death, and Resurrection*. London: St. Martin's Griffin, 2007.

May, Timothy. *The Mongol Art of War: Chinggis Khan and the Mongol Military System*. Yardley, PA: Westholme Publishing, 2007.

Olbricht, Peter, and Elisabeth Pinks. *Meng Ta Pei Lu und Hei Ta Shih Lüeh: Chinesische*

Publications, 2010.

Elias, N., and E. Denison Ross. *A History of the Moghuls of Central Asia: Being the Tarikhi I Rashidi of Mirza Muhammad Haidar, Dughlát*. London: Curzon Press, 1895.

Fitzhugh, William W., Morris Rossabi, and William Honeychurch. *Genghis Khan and the Mongol Empire*. Hong Kong: Odyssey Books, 2013.

Ge Menghe. *Genghis Khan's Philosophy*. Translated by Zhang Fuyong. Lanham, MD: American Academic Press, 2015.

Gilli-Elewy, Hend. "Al-H. awādit al-ğāmi'a, A Contemporary Account of the Mongol Conquest of Baghdad, 656/1258." *Arabica*, vol. 58 (2011): 353 –71.

Grousset, René. *The Empire of the Steppes*. Translated by Naomi Walford. New Brunswick, NJ: Rutgers University Press, 1970.

——. *Conqueror of the World*. Translated by Marian McKellar and Denis Sinor. New York: The Orion Press, 1966.

Gumilev, Lev N. *Searches for an Imaginary Kingdom: The Legend of the Kingdom of Prester John*. Translated by R. E. F. Smith. Cambridge, UK: Cambridge University Press, 2009.

Haenisch, Erich. *Die Kulturpolitik des Mongolischen Weltreichs*. Berlin: Preussische Akademie der Wissenschaften, Heft 17, 1943.

Heissig, Walther. *A Lost Civilization*. Translated by D. J. S. Thompson. London: Thames and Hudson, 1966.

——, ed. *Die Geheime Geschichte der Mongolen*. Düsseldorf: Eugen Diederichs Verlag, 1981.

Howorth, Sir Henry Hoyle. *History of the Mongols*. London: Longmans, Green, 1876.

Humphrey, Caroline. *Shamans and Elders*. New York: Oxford University Press, 1996.

——, and Hurelbaatar Ujeed. *A Monastery in Time: The Making of Mongolian Buddhism*. Chicago: University of Chicago Press, 2013.

Injannasi, Vanchinbalyn. *Köke Sudur* (*The Blue Chronicle*). Translated by John Gombojab Hangin. Wiesbaden, Germany: Otto Harrassowitz, 1973.

Juvaini, Ata-Malik. *Genghis Khan: The History of the World Conqueror*. Translated by J. A. Boyle.

Cambridge, UK: Cambridge University Press, 2005.

——. *Chinggis Khan*. Oxford, UK: Oneworld Publications, 2007.

Blake, Robert P., and Richard N. Frye. "History of the Nation of the Archers (The Mongols) by Grigory of Akanc." *Harvard Journal of Asiatic Studies*, vol. 12 (December 1949).

Boinheshig. *Mongolian Folk Design*. Beijing: Inner Mongolian Cultural Publishing House, 1991.

Bold, Bat-Ochir. *Mongolian Nomadic Society*. New York: St. Martin's Press, 2001.

Boldbaatar, J. *Chinggis Khaan*. Ulaanbaatar: Khaadin san, 1999.

Bretschneider, E. *Mediæval Researches from Eastern Asiatic Sources*, vol. I. New York: Barnes and Noble, 1967.

Buell, Paul D. *Historical Dictionary of the Mongol World Empire*. Lanham, MD: Scarecrow Press, 2003.

Bulag, Uradyn E. *The Mongols at China's Edge*. Lanham, MD: Rowman & Little eld, 2002.

Carpini, Friar Giovanni DiPlano. *The Story of the Mongols Whom We Call the Tartars*. Translated by Erik Hildinger. Boston: Branding Publishing, 1996.

Chambers, James. *Genghis Khan*. London: Sutton Publishing, 1999.

Chan, Hok-Lam. *China and the Mongols*. Aldershot, UK: Ashgate, 1999.

——, and William Theodore de Bary, eds. *Yüan Thought: Chinese Thought and Religion Under the Mongols*. New York: Columbia University Press, 1982.

Cleaves, Francis Woodman. *The Secret History of the Mongols*. Cambridge, MA: Harvard University Press, 1982.

Conermann, Stephan, and Jan Kusber. *Die Mongolen in Asien und Europa*. Frankfurt: Peter Land GmbH, 1997.

Dawson, Christopher, ed. *The Mongol Mission: Narratives and Letters of the Franciscan Missionaries in Mongolia and China in the Thirteenth and Fourteenth Centuries*. New York: Sheed and Ward, 1955.

Desideri, Ippolito. *Mission to Tibet: The Extraordinary Eighteenth Century Account of Father Ippolito Desideri, S. J.* Translated by Michael Sweet. Somerville, MA: Wisdom

參考書目

Amitai-Preiss, Reuven, and David O. Morgan, eds. *The Mongol Empire and Its Legacy*. Leiden, Netherlands: Brill, 1999.

Atwood, Christopher P. *Encyclopedia of Mongolia and the Mongol Empire*. New York: Facts on File, 2004.

Baabar, Bat-Erdeniin. *History of Mongolia from World Power to Soviet Satellite*. Edited by Christopher Kaplonski. London: White Horse Press, 1999.

Baljinnyam, B. *Mongolchuudin Buren Tuukhiin Tovchooh*. Ulaanbaatar: Admon Publishing, 2006.

Barfield, Thomas J. *The Perilous Frontier*. Cambridge, MA: Blackwell, 1992.

——. *The Nomadic Alternative*. Englewood Cliffs, NJ: Prentice Hall, 1993.

Bar Hebraeus. *The Chronography of Gregory Abû'l Faraj 1225–1286. The Son of Aaron, the Hebrew Physician Commonly Known as Bar Hebraeus,* vol. I. Translated from the Syriac by Ernest A. Wallis Budge. First published in 1932. Amsterdam: Philo Press, 1976.

Bawden, Charles R. *The Mongol Chronicle Altan Tobchi*. Wiesbaden, Germany: Göttinger Asiatische Forschungen, 1955.

Bazargür, D., and D. Enkhbayar. *Chinggis Khaan Historic Geographic Atlas*. Ulaanbaatar: TTS, 1997.

Bira, Shagdaryn. "The Mongols and Their State in the Twelfth to the Thirteenth Century." In *History of Civilizations of Central Asia*, vol. IV, part 1, edited by M. S. Asimov and C. E. Bosworth. Paris: UNESCO Publishing, 1998.

——. *Mongolian Historical Writing from 1200 to 1700*, 2nd ed. Translated by John R. Krueger. Bellingham, WA: Center for East Asian Studies, Western Washington University, 2002.

Biran, Michal. *Qaidu and the Rise of the Independent Mongol State in Central Asia*. Richmond, UK: Curzon, 1997.

——. *The Empire of the Qara Khitai in Eurasian History: Between China and the Islamic World.*

征服者與眾神：成吉思汗如何為蒙古帝國開創盛世 / 傑克‧魏澤福 Jack Weatherford 著；黃中憲譯 -- 初版 .-- 台北市：時報文化，2018.3；　面；　公分 .--（歷史與現場；255）
譯自：Genghis Khan and the Quest for God: How the World's Greatest Conqueror Gave Us Religious Freedom
ISBN 978-957-13-7344-7（平裝）
1. 元太祖　2. 蒙古族　3. 歷史　4. 傳記
625.71　　107002758

ISBN 978-957-13-7344-7
Printed in Taiwan.

歷史與現場 255

征服者與眾神：成吉思汗如何為蒙古帝國開創盛世

Genghis Khan and the Quest for God: How the World's Greatest Conqueror Gave Us Religious Freedom

作者　傑克‧魏澤福 Jack Weatherford｜**譯者**　黃中憲｜**審訂**　蔡偉傑｜**主編**　陳怡慈｜**責任編輯**　劉璞｜**責任企劃**　林進韋｜**美術設計**　陳恩安｜**內文排版**　吳詩婷｜**董事長**　趙政岷｜**出版者**　時報文化出版企業股份有限公司　108019 台北市和平西路三段 240 號 7 樓　**發行專線**—(02)2306-6842　**讀者服務專線**—0800-231-705．(02)2304-7103　**讀者服務傳真**—(02)2304-6858　**郵撥**—19344724 時報文化出版公司　**信箱**—10899 臺北華江橋郵局第九九信箱　**時報悅讀網**—http://www.readingtimes.com.tw｜**電子郵件信箱**　ctliving@readingtimes.com.tw｜**人文科學線臉書**　http://www.facebook.com/jinbunkagaku｜**法律顧問**　理律法律事務所　陳長文律師、李念祖律師｜**印刷**　勁達印刷有限公司｜**初版一刷**　2018 年 3 月｜**初版三刷**　2021 年 10 月 29 日｜**定價**　新台幣 480 元｜

時報文化出版公司成立於一九七五年，並於一九九九年股票上櫃公開發行，
於二〇〇八年脫離中時集團非屬旺中，以「尊重智慧與創意的文化事業」為信念。